U0819266

权威·前沿·原创

皮书系列为
“十二五”国家重点图书出版规划项目

经济特区蓝皮书

BLUE BOOK OF
SPECIAL ECONOMIC ZONES

中国经济特区发展报告（2015）

ANNUAL REPORT ON THE DEVELOPMENT OF CHINA'S
SPECIAL ECONOMIC ZONES (2015)

主　　编／陶一桃
执行主编／袁易明

社会科学文献出版社
SOCIAL SCIENCES ACADEMIC PRESS (CHINA)

图书在版编目（CIP）数据

中国经济特区发展报告. 2015/陶一桃主编. —北京：社会科学文献出版社，2015. 12

（经济特区蓝皮书）

ISBN 978-7-5097-8667-3

Ⅰ. ①中… Ⅱ. ①陶… Ⅲ. ①经济特区-经济发展-研究报告-中国-2015 Ⅳ. ①F127.9

中国版本图书馆 CIP 数据核字（2015）第 312621 号

经济特区蓝皮书
中国经济特区发展报告（2015）

主　　编 / 陶一桃
执行主编 / 袁易明

出 版 人 / 谢寿光
项目统筹 / 周　丽　高　雁
责任编辑 / 王楠楠　颜林柯　高　雁

出　　版 / 社会科学文献出版社 · 经济与管理出版分社（010）59367226
地址：北京市北三环中路甲 29 号院华龙大厦　邮编：100029
网址：www. ssap. com. cn
发　　行 / 市场营销中心（010）59367081　59367090
读者服务中心（010）59367028
印　　装 / 北京季蜂印刷有限公司

规　　格 / 开 本：787mm × 1092mm　1/16
印 张：29.5　字 数：448 千字
版　　次 / 2015 年 12 月第 1 版　2015 年 12 月第 1 次印刷
书　　号 / ISBN 978-7-5097-8667-3
定　　价 / 98.00 元

皮书序列号 / B-2009-117

中国经济特区发展蓝皮书

谷牧题

本报告得到教育部哲学社会科学发展报告培育项目“中国经济特区发展报告”立项资助和深圳市宣传文化基金资助。同时，本报告也得到中共广东省委宣传部“理论粤军·教育部在粤人文社科重点研究基地”专项建设支持。

主要编撰者简介

陶一桃　女，1958 年生于哈尔滨，1986 年考取上海财经大学中国经济思想史专业博士研究生，师从著名学者胡寄窗先生，1989 年获博士学位。1994 年调入深圳大学，曾任经济系主任、经济学院党委书记、经济学院院长、深圳大学党委副书记。现任深圳大学党委副书记兼纪委书记，教育部人文社科重点基地——中国经济特区研究中心主任；享受国务院特殊津贴专家；广东省攀峰学科深圳大学理论经济学一级学科博士点带头人、博士生导师；广东省宣传思想文化领军人才；广东省学位委员会学科评议组成员；中国经济思想史学会副会长；广东省社科联第四、第五届委员；广东省经济学会副会长；广东省《资本论》研究会副会长；深圳市地方领军人才；自 2007 年以来一直担任深圳市委市政府决策咨询委员会委员；当选深圳市第四届人民代表大会代表，深圳市第五、第六届政协委员，深圳市妇联第二、第三、第四届执委。

主要学术著作有：《中国古代经济思想史评述》（中国经济出版社，2001 年）、《经济文化论》（中国冶金工业出版社，2000 年）、《经济学是一种生活方式》（中国社会科学出版社，2004 年）、《西方经济学的问题演进》（中央编译出版社，2002 年）、《中国经济特区史论》（社会科学文献出版社，2008 年）、《深港粤公共经济制度比较研究》（人民出版社，2010 年）、《中国经济特区史要》（商务印书馆，2010 年）、《深圳经济特区年谱》（中国经济出版社，2008 ~ 2015 年连续三版）、《中国经济特区研究文献索引》

(中国经济出版社，2006~2015年连续三辑）等。其中，《中国经济特区史论》被中宣部、国家新闻出版总署列入“纪念改革开放30周年重点书系”，且入选国家社科基金“中华学术外译项目”，由英国Paths出版社翻译成英文出版并在全球发行。《中国经济特区史论》2011年获广东省社会科学优秀成果著作一等奖，2012年获深圳市第五届哲学社会科学优秀成果特别荣誉奖。

目前，承担国家及省部级项目8项，其中，国家社科基金重点项目“经济特区与中国道路”的“理论经济学创新团队”获财政部特别资助。

袁易明 男，1963年生。经济学博士，教授、博士生导师。深圳大学中国经济特区研究中心副主任，《中国经济特区研究》主编，深圳市科技工作者联合会会长，曾被聘为世界银行地区研究顾问。

长期致力于经济增长、产业结构理论与政策研究。主持世界银行，国家教育部、水利部、环保部，以及非洲开发银行的研究课题25项，主笔完成世界银行课题报告2个、深圳市政府重大政策课题报告15个。

出版学术著作8部：《资源约束与产业结构演进》《中国经济特区产业结构演进与原因》《平等－效率的替代与选择》《产权、机制、效率》《台湾香港公营经济》《政治经济学的现代形态》《市场经济的两大结构》《世界国有企业研究》。

《台湾香港公营经济》（1998年）是国内该领域第一部学术专著，《福利目标下中国所有制结构调整的路径选择》（2006年）建立了中国所有制改革的社会边际福利研究方法，《平等－效率的替代与选择》（2002年）建立了中国经济运行效率、所有制结构与平等间关系的分析框架和结构模型。此外，在《经济学动态》《经济研究》《南开经济研究》《学术研究》《海外事情研究》（日）等国内外刊物发表论文90余篇。

多次受邀在国际学术会议上演讲。2014年5月在卢旺达基加利非洲开发银行2014年年会经济特区高级学术会议上演讲，2012年1月在联合国开发计划署“中非发展与减贫”国际会议上发表主题演讲，2011年2月受邀在亚地斯亚贝巴非盟总部参加由非洲联盟委员会、联合国非洲经济委员会和OECD主办的学术会议并发表演讲，参加竞争性产业集群发展南南合作交流会中国片区会议并做学术演讲。

摘　要

“经济特区蓝皮书”是教育部人文社科重点研究基地——深圳大学中国经济特区研究中心创立于2009年并持续建设的高端学术品牌，已经成为经济特区研究的重要标志性学术成果。

本年度报告由总报告、专题研究报告、特区发展分报告和特区发展动态考察报告4个部分22篇报告构成，内容包括：2015年中国经济特区发展报告；中国经济特区产业转型发展报告、资源效率与可持续发展报告、创新发展报告、体制改革报告、智慧城市建设报告、社会保障发展报告、金融产业发展报告、文化产业发展报告8个专题研究报告；深圳、珠海、汕头、厦门、海南五大传统特区以及上海浦东和天津滨海两个国家级新区发展的分报告；深圳前海合作区、中国自由贸易试验区、中国图们江地区外商投资、深圳湾区经济、新疆新兴经济特区、朝鲜经济特区发展研究报告。

本报告针对经济特区一年来在政治、经济、社会、文化、制度、环境、创新、改革等方面取得的进展及面临的问题和挑战进行了分析，并针对性地提出了发展建议，是研究中国经济特区的重要资料和进行经济特区研究的权威性成果。

Abstract

"Blue Book of Special Economic Zones" is the high-end academic brand established in 2009 and has become the iconic scientific research achievements energetically developed by the key research base of Humanities & Social Sciences of Ministry of Education —China Center for Special Economic Zone Research, Shenzhen University.

This Year's Report consists of four parts detailed as general report, reports on specific researches, reports on the development of Special Economic Zones and investigation reports on the development trends of the Special Economic Zones, including 22 papers: annual report on the development of China's Special Economic Zones (2015); specific reports such as report on the development of industrial transformation of China's special economic zones, report on the resource efficiency and sustainable development, report on the innovation and development, report on the institutional reform, report on the smart city construction, report on the social insurance development, report on the development of the financial industry and report on the development of the culture industry; reports on the Special Economic Zones, including five traditional special economic zones like Shenzhen SEZ, Zhuhai SEZ, Shantou SEZ, Xiamen SEZ and Hainan SEZ and new special economic zones such as Pudong New Area in Shanghai and Tianjin Binhai New Area; investigation reports on the development trends of the Special Economic Zones including Shenzhen-Hong Kong Cooperation on Modern Service Industries in Qianhai Area, China (Shanghai) Pilot Free Trade Zone, the foreign investment in Tumen River area, the economic development of Shenzhen bay area, on the emerging special economic zones in Xinjiang and on the special economic zones of North Korea.

The Annual Report objectively reflects the whole year's progress of politics, economy, society, culture, system, environment, innovation and reform as well as the problems, challenges and countermeasures in the special economic zones and is the important historical resource for research on China's special economic zones and the authoritative achievement obtained on the research on the special economic zones.

目　录

BⅢ 特区发展分报告

BⅣ 特区发展动态考察报告

皮书数据库阅读使用指南

CONTENTS

BLUE BOOK

BⅢ Reports on the Development of Special Economic Zones

中国自贸区的特殊使命（代序）

陶一桃*

如果说35年前深圳经济特区的诞生是新中国历史上一个石破天惊的伟大事件——标志着一个时代的结束和另一个时代的开始，那么2013年9月中国（上海）自由贸易试验区（简称上海自贸区）的成立，则是新中国改革开放史上一个足以与经济特区诞生相媲美的重要里程碑事件——标志着中国社会改革开放的深化，标志着由外向型经济向开放型经济的转型以及新一轮更加深刻的制度型开放的开启，同时更意味着以厘定政府权力为核心的法治的社会主义市场经济体系的营建与完善已经开始向纵深发展。

自上海自贸区试水成功，2015年4月，国务院又正式批准了广东自贸区、福建自贸区和天津自贸区，其中，广东自贸区涵盖广州南沙自贸区、深圳前海蛇口自贸区和珠海横琴自贸区。可以说，犹如当年“5+2”传统经济特区（深圳、珠海、汕头、厦门、海南、上海浦东、天津滨海）以其先行先试的实践引领中国改革开放的方向一样，今天的自由贸易区作为新的历史条件下中国经济特区的一种新形式，将继续以其先行先试的率先实践和时代赋予的崭新功能，承担起中国社会深化改革的时代使命。

（一）正如中国的经济特区从来不是一个简单的经济概念一样，中国的自由贸易区同样也不是一个纯粹的经济概念，它是经济全球化和区域经济一体化的产物，同时也是中国社会深化改革的产物。甚至从更深层的意义上而言，其所肩负的改革使命远远高于其所承担的单纯的经济使命。当然，没有

---

* 陶一桃，深圳大学党委副书记、纪委书记，中国经济特区研究中心主任，教授。

经济的可持续发展就谈不上改革的成功与开放的成就，但经济的可持续发展从根本上说并不是作为改革的原因，而是作为改革的结果而存在的。同时，我们绝不能以发展替代改革，因为中国社会改革的任务还远远没有完成，还有相当漫长而艰辛的路要走。

从概念上说，中国自由贸易区是指在国境内关外设立的，以优惠税收和海关特殊监管政策为主要手段，以贸易自由化、便利化为主要目的的多功能经济特区。其核心是营造一个符合国际惯例的、对内外资都具有国际竞争力的良好的商业环境。但是，中国目前的自由贸易区既不是国际上通行的真正的 FTA 概念，也不是完全意义上的 FTZ 概念，而是一个功能上超越 FTZ，而规则上又不同于 FTA 的具有中国特色的自由贸易区的概念。

FTA（Free Trade Area）源于 WTO 有关自由贸易区的规定，最早出现在 1947 年《关税与贸易总协定》文本中。该协定第 24 条第 8 款（b）对关税同盟和自由贸易区的概念做了专门解释：自由贸易区应理解为在两个或两个以上独立关税主体之间，就贸易自由化取消关税和其他限制性贸易法规。其特点是：设立主体是多个主权国家或地区，是由两个或多个经济体组成的集团；从区域范围来看，是两个或多个关税地区；从通行的国际惯例来说，遵循的是 WTO 准则；从核心政策来看，强调的是自由贸易区成员之间贸易开放、取消关税壁垒，同时又保留各自独立的对外贸易政策；从法律依据来看，遵守的是双边或多边协议。目前世界上已有的欧盟自由贸易区、北美自由贸易区，中国 - 东盟自由贸易区就是典型的 FTA。

FTZ（Free Trade Zone）则源自有关“自由区”的规定，1973 年世界海关理事会签订的《京都公约》中指出，FTZ 是缔约方境内的一部分，进入该区域的任何货物就进口关税而言，通常被视为关境之外。其特点是：设立的主体是单个主权国家或地区，是单个主权国家或地区的行为；从区域范围来看，是一个关税区内的小范围区域；从通行的国际惯例来看，遵循的是 WCO 准则；从核心政策来看，强调以海关保税、免税政策为主，辅之以所得税优惠等投资政策；从法律依据来看，是主权国国内立法，而非多边协议约束。当然，无论是FTA还是FTZ，都是为了降低国际贸易成本、促进对外贸易和国际商务的发展而设立的，其本质更多的或主要是经济共同体或经济区域。

发展经济既是中国社会改革现实的逻辑起点，也是中国制度变迁的切入点。35年前在邓小平“发展才是硬道理”的战略指引下，经济特区不仅在“让一部分人先富起来”的口号下成功地探索出一条由普遍贫穷走向共同富裕的制度变迁道路，还完成了令世人瞩目的由计划经济向市场经济转型的试验田的使命。如果说改革始终是中国经济特区最根本的使命的话，那么深化改革无疑构成了今天中国自由贸易区的最根本使命。

中国自由贸易区如同当年的经济特区一样，是一个使命（改革）与发展（促进经济全球化、贸易自由化）的共同体，更是一个体制机制创新与制度创新的试验田。例如，国家对上海自贸区的总体要求是：试验区肩负着我国在新时期加快政府职能转变、积极探索管理模式创新、促进贸易和投资便利化，为全国深化改革和扩大开放探索新途径、积累新经验的重要使命；① 对天津自贸区的总体要求是：紧紧围绕国家战略，以开放促改革、促发展、促转型，以制度创新为核心，发挥市场在资源配置中的决定性作用，探索转变政府职能新途径，探索扩大开放新模式，为我国全面深化改革和扩大开放探索新途径，积累新经验，发挥示范带动、服务全国的积极作用；② 对广东自贸区的战略定位是：当好改革开放的排头兵、创新发展的先行者，以制度创新为核心，贯彻“一带一路”建设等国家战略，在构建开放型经济新体制、探索粤港澳经济合作新模式、建设法制化营商环境等方面，率先挖掘改革潜力，破解改革难题，要积极探索外商投资准入前国民待遇加负面清单管理模式，深化行政管理体制创新，提高行政管理效能，提升事中事后监管能力和水平；③ 对福建自贸区的总体要求是：紧紧围绕国家战略，立足于深化两岸经济合作，立足于体制机制创新，进一步为深化两岸经济合作探

---

① 《中国（上海）自由贸易试验区总体方案》。

② 《中国（天津）自由贸易试验区总体方案》。

③ 《中国（广东）自由贸易试验区总体方案》。

索新模式，为加强与21世纪海上丝绸之路沿线国家和地区的交流合作拓展新途径。①

我认为，从中国改革开放和中国道路形成的逻辑起点上来说，给予经济特区多么高的评价都不为过。因为，没有经济特区就没有中国的改革开放；没有经济特区就不可能有市场经济的确立与形成；没有经济特区就不可能引发中国社会的观念更新与革命；没有经济特区就不可能形成中国社会源自每个公民的创造力的展示；没有经济特区就不可能创造出让世界震惊的“中国奇迹”；没有经济特区就不可能有经济发展方式转型的内在驱动力；没有经济特区就不可能有科学发展观的现实依据和“中国梦”提出的社会物质与精神基础；没有经济特区更不可能有让13亿人民富裕起来的“中国道路”的形成。经济特区是中国改革的突破口，也是中国社会以非均衡发展方式实现现代化的一条“捷径”。所以，我们应该从中国改革开放的全过程来研究、理解经济特区不可取代的历史地位，及其对中国改革开放的独特推动作用和对中国社会实现现代化的使命、意义。

我认为，经济特区已经不是一种暂时的经济现象，也不是一个阶段性的产物，更不是一项政策上的权宜之计，而是中国实现全方位改革的试验田，完成社会转型与制度变迁的一条有效的路径选择，是在经济发展不平衡的条件下加速实现现代化的一条“捷径”。如果从中国改革的全过程来分析，如果从中国改革开放的视角来考察，经济特区的使命还远没有完成。以深圳为代表的早期经济特区成功的经验证明了这一点，以喀什、霍尔果斯、中国图们江地区为代表的新兴经济特区的产生证明了这一点，今天自由贸易区的形成更加印证了这一点。中国自由贸易区作为承担着更深刻改革使命的升级版经济特区，必将继续以先行先试的品格和敢为天下先的行动从理论与实践两个方面丰富中国道路的实质与内涵。

（二）先行先试，探索路径与道路，为中国社会的改革提供可借鉴、可复制的成功经验，是中国社会制度变迁的独特的道路选择。这一独特道路选

---

① 《中国（福建）自由贸易试验区总体方案》。

择的正确性不仅为中国改革开放35年的成功现实所验证，为13亿中国人民所创造的“中国奇迹”所证明，更为中国经济特区的成功经验和其持久的生命力所证实。因此，从中国改革开放路径选择的意义上来说，正如当年先行先试是中国经济特区的重要功能一样，先行先试在今天可谓中国自由贸易区不同于FTA、FTZ的“中国特色”。

创办经济特区作为一种自上而下的正式制度安排，借助先行先试的示范，不仅大大减少了传统意识形态占主导地位情况下制度变迁的体制内阻力，降低了制度创新的意识形态和社会成本，还成功地规避了改革所可能带来的更大的风险，从而使制度变迁的绩效在短时间内就能迅速显现出来，并卓有成效地示范于全国。因此从根本上说，先行先试既是一个创新的过程，又是一个向先进学习的过程，先行先试不仅是经济体制机制的先行先试，还必然包括政治体制、法治环境、政府治理体制机制与能力现代化和文化意识形态等社会诸方面更深层次的先行先试。这是中国经济特区与生俱来的品质，更是新时代赋予中国自由贸易区的具有挑战性的新使命。

从某种意义上说，自由贸易区是新的历史条件和发展背景下被赋予了新使命的经济特区。先行先试为中国社会的改革提供了可复制、可推广的经验，因而推动中国社会改革进程依然是自由贸易区的历史使命。例如，国家对上海自贸区的要求是紧紧围绕国家战略，进一步解放思想，坚持先行先试，以开放促改革、促发展，率先建立符合国际化和法治化要求的跨境投资和贸易规则体系，使试验区成为中国进一步融入经济全球化的重要载体。具体来说，“在风险可控前提下，可在试验区内对人民币资本项目可兑换、金融市场利率市场化、人民币跨境使用等方面创造条件进行先行先试”“推动中转集拼业务发展，允许中资公司拥有或控股拥有的非五星旗船，先行先试外贸进出口集装箱在国内沿海港口和上海港之间的沿海捎带业务”。[①] 对广东自贸区的要求是：“在扩大开放的制度建设上大胆探索，先行先试，加快

① 《中国（上海）自由贸易试验区总体方案》。

形成高标准投资贸易规则体系”。[①] 对天津自贸区的要求是：“鼓励在人民币跨境使用方面先行先试”“促进跨境投融资便利化和资本项目可兑换的先行先试”“联合国内外知名股权投资机构共同创立创投基金，在自贸试验区先行先试”。[②] 对福建自贸区的要求是：“推动两岸金融合作先行先试”。[③]

先行先试是中国经济特区的功能，是中国道路的独特路径，同时也必然是中国自由贸易区的独特功能与使命。从这个意义上说，从经济特区到自由贸易区是中国道路的内容，既是中国道路的体现，又是中国道路的发展。剑桥大学高级研究员斯蒂芬·哈尔珀（Stephen Halper）曾说：“当我们说到中国道路的时候，主要是指中国在过去30多年里的发展和一系列改革”。[④] 我认为，尽管中国道路是一个很宽泛、丰富的概念，但从中国改革开放的内在逻辑来看，中国道路可以表述为：以创办经济特区为起点，以先行先试为路径，以改革开放为宗旨，以建立法治的社会主义市场经济为目标，以社会全方位改革和全面发展为方向的，具有中国特色的实现现代化的道路。

（三）如果说35年前创办经济特区是为了完成由计划经济向市场经济的转型，确立社会主义的市场经济体系，实现闭关自守向对外开放的改变，从而以社会制度安排的创新为内在动力，推动政府职能的转变。那么，今天中国自由贸易区的建立，则是为了进一步完善市场经济体系，实现外向型经济向开放型经济的转变，从而不仅推动、促使中国社会由政策开放走向制度开放，也将有效推动、促使我们的政府由全能政府走向服务政府，由服务政府走向授权政府，借此逐步完成全面深化改革的使命。

无论是经济特区还是自由贸易区都是自上而下的强制性制度变迁的产物，它们都是国家整体战略的一部分，并且都在中国社会改革开放的不同历史时期承担着不同使命。同时，以开放促改革又构成了它们共同的逻辑起

① 《中国（广东）自由贸易试验区总体方案》。
② 《中国（天津）自由贸易试验区总体方案》。
③ 《中国（福建）自由贸易试验区总体方案》。
④ 魏晓文、刘志礼：《近期国外的中国模式研究、趋势、困境与启示》，《理论视野》2010年第10期。

点。正如当年“5+2”传统经济特区的区域辐射作用一样，今天的中国自由贸易区也同样肩负着重塑和完善中国经济发展区域版图的重要功能，而且都曾经是，并将继续成为区域协同发展的强有力的支撑点和引擎。例如，广东自贸区的功能就是促进内地与港澳经济的长期合作，形成互利互惠、繁荣共享的泛珠三角经济圈，成为21世纪海上丝绸之路的重要枢纽；天津自贸区将成为京津冀区域协同发展实现一体化的“火车头”；福建自贸区则重在两岸合作，同时为与21世纪海上丝绸之路沿线国家和地区的交流开拓新途径。同时，正如当年传统经济特区必然担负起转变政府职能、改革政府的探索功能一样，今天的中国自由贸易区从更加深刻的层面上继续着这一艰难却关系到中国社会改革成败的探索。在政府的权力还需要政府的权力剥夺的强制性制度变迁中，政府自身的认识能力无疑是至关重要的。

中国社会进行的是自上而下的强制性制度变迁。在自上而下的强制性制度变迁中，政府，尤其是中央政府是这场制度变迁的发轫者、领导者或者是最直接的倡导者，同时又是这场制度变迁中首要的“被改革者”，没有中央政府的决策和授意，就不可能有改革开放的实践，如特区、自贸区的产生就既是中央赋予地方政府特殊政策的结果，又是中央整体发展战略部署的产物。

中国35年改革开放的实践证明：对于转型国家而言，政府在强制性制度变迁中的作用无疑是巨大的，甚至可以说，没有政府自上而下的强大政治力量的推动，既无法完成由计划经济向市场经济的转型，更不可能有今天市场经济的普遍确立和社会经济的繁荣。尤其是中央政府会在资源稀缺或有限的情况下，高效地集中资源干大事，并以决策的高效性引领社会经济的发展方向。但是，以强制性制度变迁确立市场经济体制和在市场经济体制基本确立以后完善市场经济这两种情形下政府的职能与作用是不同的，前者或许更需要政府通过比较强势的干预，推进市场经济的形成，从而加速完成由计划经济向市场经济的转变，而后者则要求政府在尊重市场规律和机制的前提下，矫正市场失灵，服务于市场而非驾驭、主导市场。强大的国家与发达的市场作为结果，无疑是令人向往的，但在实现的过程中，它要求处理好国家与市场，或者说政府与市场的关系。

中国社会的制度变迁，是沿着一条实用主义路线进行的。尽管如此，它也不会向诱致性制度变迁那样，仅仅由于潜在获利机会的存在而自然发生。因为强制性制度变迁往往会改变利益在原有社会集团之间的分配，甚至会带来一部分人的利益丧失（尤其是作为改革主体和实施者的政府官员自身利益的丧失）和一部分人的利益获取。所以，原则上看，对于一个正处于发展之中的市场经济来讲，一个保护性政府可以在培育和支援内在制度上做出巨大贡献。在限制转型过程中，政府的职能和作用“具有规模经济”的效应。然而，政府政策的失效，也会降低或阻碍制度变迁的效益和进程，从而增加社会改革的成本。从一般意义上说，维持一种无效的制度安排和国家不能采取行动来消除制度不平衡，都属于政策失败。

有什么样的政府就会有什么样的制度安排，政府的文明是制度文明的前提与保障。同时，政府的认知能力也在一定程度上决定了改革的成本与效力。所以，转变政府职能、提高政府官员的认知能力和执政能力，是深化改革、实现政府治理体制机制和治理能力现代化的内在逻辑要求。而中国自由贸易区正继传统经济特区之后，担负着这一深化改革的使命。

追求富裕与富强几乎是世界各国人民的共同愿望与追求目标。尽管人类追求的目标很多是相同的，但实现或达到目标的途径则是多样的，并不存在一个“放之四海而皆准”的发展路径与模式。各国发展的经验是可以借鉴和分享的，但适合自己的才是最好、最有用，进而最有效的。同时，中国无须让自己陷入只有通过无限的经济增长才能发展的思维，而应理性调整自己努力的方向，从无限的产量增长变为提升人的社会福祉。在这方面，我们或许还要面临理想与现实冲突的煎熬，但可以肯定的是，前途是无限光明而美好的。中国自由贸易区正以其勃勃生机向我们展示着这样一个灿烂辉煌的未来。

总　报　告

General Report

BLUE BOOK

B.1
2015年中国经济特区发展报告

陶一桃　李猛*

本报告是上年度中国经济特区发展报告的延续。通过对可获取的最新统计数据的分析，本报告力图展现中国经济特区发展的最新状况。为了与上年度报告相承接，本报告采用了与上年度报告基本相同的写作框架和数据分析指标。

一　2015年经济特区发展的基本背景

当前，随着中国经济从“旧常态”向“新常态”迈进，之前改革的制度红利已经开始消退，社会经济发展的诸多方面（政治法律要素、经济要

* 陶一桃，深圳大学校党委副书记、纪委书记，中国经济特区研究中心主任，教授；李猛，深圳大学经济学院统计系主任，教授，中国数量经济学会理事。

素、技术要素、社会要素、文化要素、生态资源等）正面临着前所未有的发展瓶颈，原有的发展模式亟待改革，中国需要寻找可持续增长的新引擎。

因此，需要从制度、体制和经济发展等层面创新，并形成彼此间有机且良性的互动，有效推进传统产业结构的优化升级，推动机制、体制层面与时俱进，并走向国际。而经济特区在以上诸多方面的持续创新和发展，必将为中国经济的前行道路提供宝贵经验和重要指引。

总体而言，2015 年中国经济特区的宏观经济运行基本平稳，社会经济等诸多改革取得了显著成效。但是必须时刻清醒地认识到，自年初以来，经济特区发展中还存在着一些可能影响经济社会发展全局的重大问题和突出矛盾，主要表现为：第一，与生产增长速度相比，货币信贷供给增长速度偏快；第二，国际收支不平衡的矛盾突出，外贸和国际收支的不平衡压力加大；第三，部分经济特区城市的房价和房租上涨过快，直接影响到年轻人创业、创新的可持续性和生活的稳定性；第四，能源消耗过多，环境压力仍然比较突出。

经济特区发展中存在的以上问题是相互关联和影响的，与生产增长速度相比，货币信贷供给增长速度偏快，会推高房地产等资产价格；过多的信贷货币供给直接为过快的投资提供了资金条件，同时，过度的投资形成的过剩生产能力会形成出口压力，这在对外产生人民币升值压力的同时，也吸引境外投机资本流入房地产业，并可能影响就业和国内经济结构调整进程。上述问题是中国经济特区发展过程中长期存在的深层次矛盾在当前条件下的新表现，具有一定程度的复杂性。面对这样的形势，我们必须继续坚定不移地深化经济特区的各项改革，同时要使其适应新阶段和新经济主体构成的基本运行规律和自身特点。

二　经济特区发展情况与评述

总的来看，2015 年世界经济走势艰难曲折、复苏乏力，全球贸易大幅下滑，我国经济由高速增长向中高速增长转换，处于需求衰退周期逐渐转换为供给调整周期的阶段。为了平衡我国东西部区域发展不均衡，国家主席习近平提出以创新大合作模式建设“丝绸之路经济带”的构想，逐步形成区域大合作，重现丝路辉煌，实现民族复兴的梦想。三个新兴经济特区①便是“丝绸之路经济带”中闪耀的“点”，国家对三个新兴经济特区给予了大力支持，寄予了使命期望。三个新兴经济特区为中国经济社会不断创新、深入发展从沿海到内陆、沿江和沿边的“极点拉动”“由点到线”“由线及面”的经济梯度发展战略发挥了非常重要的作用。

本小节通过梳理经济特区的最新进展，为经济特区进一步推进改革提供了良好、坚实的理论和实践基础，也为今后中国社会经济诸多方面（经济、产业层面，文化要素层面，体制改革层面，生态资源层面等）进一步发展指明了新方向。

（一）经济特区在我国社会经济发展诸多方面进一步推进和深化改革

1. 经济特区在经济、产业层面的进展

2014 年，深圳地区生产总值为 16001. 98 亿元，同比增长 8. 8%；珠海地区生产总值为 1857. 32 亿元，同比增长 10. 30%；汕头地区生产总值为 1716 亿元，同比增长 9. 0%；厦门地区生产总值为 3273. 54 亿元，同比增长 9. 2%；海南地区生产总值为 3500. 7 亿元，同比增长 8. 5%。汕头、珠海、厦门、海南地区生产总值合计 10347. 56 亿元，是深圳地区生产总值的 64. 66%，较 2013 年下降 0. 11 个百分点，说明深圳在五大经济特区中的产业规模领先地位进一步巩固。此外，五大经济特区在产业规模、增速和产出效率方面的差距均呈逐步扩大的趋势。

分产业来看，海南第一产业规模最大。2014 年，海南第一产业是深圳、汕头、珠海和厦门四大经济特区第一产业规模总和的 4. 73 倍，较 2013 年的 4. 68 倍进一步扩大。深圳第二产业和第三产业规模最大。2014

① 中国图们江区域（珲春）国际合作示范区、喀什经济特区、霍尔果斯经济开发区。

年，深圳第二产业是珠海、汕头、厦门、海南四大经济特区第二产业规模总和的1.62倍，较2013年的1.58倍进一步扩大。深圳第三产业是珠海、汕头、厦门、海南四大经济特区第三产业规模总和的1.78倍，较2013年的1.82倍有所缩小（见图1）。

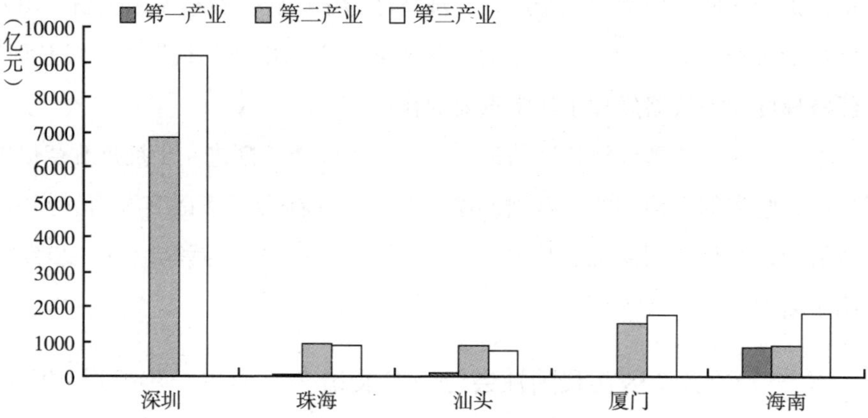

图1　2014年五大经济特区三次产业规模比较

在五大经济特区中，深圳规模以上（以下简称规上）工业企业利润总额最高，分别是珠海、汕头、厦门和海南规上工业企业利润总额的5.32、9.65、6.81和15.53倍。从增速上看，珠海规上工业企业利润总额增速最快，达到18.20%，其次是深圳，增速为16.20%，厦门规上工业企业利润总额增速较低，为0.40%，汕头和海南规上工业企业利润均呈负增长态势。海南、汕头、厦门规上工业企业利润总额增速较低，说明其工业转型面临较大压力。对比2013年，除厦门外，深圳、汕头、珠海、海南2014年规上工业企业利润总额的增速均有所下滑。

在产业转型过程中，不同的经济特区处于不同的发展阶段，同时也会面临不同的问题和挑战。如深圳虽然在规模和转型支撑条件方面具有较强优势，但产业成长因子和结构转换因子得分近两年持续下滑，显示出未来随着产业转型的深入进行，深圳仍需不断寻找新的产业转型着力点和产业增长点。珠海虽然在产业转型能力评价得分上仅次于深圳，但在产业规模、市场条件和创新驱动方面与深圳有较大差距，未来产业转型仍需深入挖掘创新潜力。海南2014年虽然在五大经济特区产业转型综合得分和排名方面有了很大提升，但在产业创新发展、市场拓展等方面的短板明显，甚至与其他四个经济特区有巨大的差距。汕头、厦门两个特区在产业转型方面进展乏力，近两年在经济特区产业转型能力评价中位次不断下移更需警惕。综上所述，五大经济特区当前在产业转型过程中仍面临诸多瓶颈，对此，各主要经济特区仍需从自身实际出发，不断寻找契合自身发展阶段特点的模式和路径，努力构建符合自身特点的产业创新体系。

2. 经济特区在文化要素层面的进展

2014年国家再次频繁释放文化产业各项扶持政策，“互联网+”背景下，以“BAT”为代表的互联网公司高起点切入文化产业，带来文化产业生产方式和商业模式的巨大变革。万众创新背景下，小微文化企业蓬勃发展，文化产品越发丰富，文化市场越发活跃。2014年10月国务院常务会议重点提出推进六大领域消费，教育文体消费名列其中，人民群众个性化、多样化的文化消费需求旺盛。各经济特区2014年文化产业发展集中体现了我国文化产业发展的上述主要特征，同时，依据各地产业发展现状与经济转型的整体布局，各地发展亦各有侧重。

深圳文化产业的“文化+科技”“文化+金融”“文化+旅游”“文化+创意”“文化+互联网”“文化+电商”等产业新业态继续快速发展，充满生机与活力的文化市场体系基本形成。以深圳华强文化科技集团等为代表的销售收入超10亿元的文化企业有20多家。这些企业大都带有深圳文化产业“科技驱动”的底色。深圳培育了一批具有竞争力的产业主体，集团化、规模化发展的文化企业数量不断增加，为产业转型升级提供了新路径。龙头领航，园区集聚，2014年深圳文化产业集聚效应愈加凸显。

珠海文化产业近年来逐渐形成了四大行业集群：包括金山网游、传奇动画、杨氏设计、网易达手游、火车头设计、天空动漫、珠海南方影视基地和南方数字娱乐公共服务中心等在内的文化科技产业集群；包括佳能、伟创力、惠威音响、得理乐器、斯巴克音响、斯玛特3D印刷等在内的文化产品研发制造产业集群；包括御温泉、海泉湾、梅溪牌坊、圆明新园、长隆海洋度假区等在内的文化旅游产业集群；包括金地动力港、V12 创意产业园、高新数字内容产业基地、横琴·粤港澳文化创意产业园等在内的文化产业聚集发展平台。①

2014 年 3 月，厦门市发布《美丽厦门战略规划》，提出全面深化改革，加快建设美丽中国典范城市计划。“美丽厦门”行动策略，明确提出要积极构建“5+3+10”产业体系，着力打造文化创意产业千亿元产业链。② 在“美丽厦门”规划的推动下，厦门市着力发展以文化信息服务业、数字内容集成、新媒体等为主的文化产业新业态。创意设计、动漫网游、数字内容与新媒体等新兴业态发展态势良好，相关文化企业规模不断扩大，已形成聚集发展态势，一批具有全国影响力的文化科技融合发展平台日渐形成。

2014 年 9 月，国务院正式批复同意汕头设立华侨经济文化合作试验区。“在国家的支持下，试验区将搭建起海外华侨华人文化交流平台，拓展文化传播渠道”。③ “支持试验区搭建海外华侨华人文化交流平台，深化与有关国家（地区）的人文合作，拓展文化传播渠道，不断扩大中华文化的影响力。将以合作、创新和服务为主题，构建面向海外华人的聚集发展创新平台、旅游休闲中心和华侨文化交流、对外传播基地”。④ 在华侨经济文化合作试验区的引领和带动下，汕头海湾新区预计到 2017 年将形成潮汕文化产业创新引领区。

海南省现阶段已初步形成以文化旅游、演艺娱乐、会议展览、动漫创意、影视传媒和休闲康复为主的文化产业格局。“一心一带两极三区”，即城区文化综合服务中心、滨海文化景观带、南山创意新城增长极、高新技术产业区增长极、东部现代文化区、西部历史文化区、北部热带农业文化区的文化产业发展布局逐渐形成。⑤

---

① 林群贤、陈晓：《寻找文化产业的珠海力量》，《南方日报》2014 年 5 月 15 日。
② 厦门日报评论员：《〈美丽厦门战略规划〉全文发布》，《厦门日报》2014 年 3 月 5 日。
③ 陈坤达：《汕头要引领潮汕文化再出发》，《汕头特区晚报》2015 年 12 月 10 日。
④ 陈坤达：《汕头要引领潮汕文化再出发》，《汕头特区晚报》2015 年 12 月 10 日。
⑤ 陈成智：《三亚：力争 2015 年实现文化产业增加值大幅攀升》，《海南日报》2014 年 11 月 30 日。

3. 经济特区在体制改革层面的进展

党的十八届三中全会拉开了全面深化改革的序幕。经济特区作为中国改革的"试验田"和"排头兵"，注重改革的系统性、整体性和协同性，在贯彻中央精神，落实全面深化改革实施意见的基础上，结合自身实际制订年度计划。通过梳理五大经济特区《贯彻落实党的十八届四中全会决定重要举措2015年工作要点》，我们可以从经济体制改革、行政体制改革、文化体制改革、生态体制改革、党的建设制度改革等方面来把握新时期五大经济特区四个全面战略布局下的全面深化改革路线图（见表1）。

表1　五大经济特区体制改革重点内容比较

经济特区	经济体制改革	行政体制改革	社会体制改革	文化体制改革	党的建设制度改革	民主法治改革	生态体制改革
深圳	商事制度配套改革和国资国企改革、金融改革创新、提高开放型经济水平	行政审批改革、投资审批改革、权责清单改革	教育综合改革、医疗卫生体制改革、社会保障制度、基层社区治理体制、事业单位分类改革	文化类商事登记制度改革、现代公共文化服务体系、舆论监督和互联网管理体制机制、特区现代智库体系	党的组织制度改革、干部人事制度改革、干部日常管理监督机制和党的基层组织建设制度改革	依法行政、依法治市体制机制、人民代表大会制度、协商民主广泛多层次制度化发展、司法体制改革	生态环境监管体制、自然资源资产产权和用途管制制度、基本生态控制线管理制度、资源有偿使用制度和生态补偿制度、生态环境保护责任制度
珠海	国有资产优化重组、国土资源管理改革和农村综合改革、开放型经济新体系	减少行政审批事项、明确管理职责；事中事后监管，规范市场秩序；把权力关进制度的笼子、推动依法行政	民生政策、提升医疗卫生服务水平	繁荣发展文体事业、提升公共文化体育服务水平	党的组织制度改革、干部人事制度改革、干部日常管理监督机制、党的基层组织建设制度改革、队伍建设	政府立法、提升依法治理能力、推进法治宣传教育方式创新	生态制度、生态环境、生态经济、生态人居、生态文化

续表

经济特区	经济体制改革	行政体制改革	社会体制改革	文化体制改革	党的建设制度改革	民主法治改革	生态体制改革
厦门	商事登记后续监管、自贸试验区建设、金融业开放创新、国家"一带一路"战略	政府职能转变、国际化、市场化、法治化、简政放权	城乡治理体制机制、应急联动和防灾减灾救灾机制、村居换届选举、社会治安防控体系	文化软实力、增进情感融合	廉洁从政、从严治政	依法行政、科学履政、从严治政和廉洁从政	生态环境、节约集约利用水平、生态文明考核评价体系、环境监测网络
汕头	深化商事登记制度改革、深化金融改革创新、深化土地管理制度改革、全面提升开放型经济水平	实施权力清单、责任清单、负面清单制度、简政放权、"汕头政府在线"全面覆盖	稳定和扩大就业、着力推动教育规模和内涵协调发展、切实改善医疗卫生公共服务、完善多层次社会保障体系	加快文化体育事业发展、"海上丝绸之路"申遗工作、非物质文化遗产的保护和利用	政风建设、中央八项规定、"三严三实"、政风行风专项整治、文风会风、求真务实之风	提高依法行政水平、深化行政执法体制改革、加强对行政权力的制约和监督、完善政府内部层级监督	加强城市综合管理和生态环境保护、加大市容环境整治力度、推进重污染行业整治
海南	深化商事制度改革、深化财税体制改革、深化农业农村改革、深化国资国企改革	深化行政审批制度改革、制定权力清单和责任清单、取消和减免行政事业性收费	扩大就业、增加收入、健全社会保障体系、完善住房保障机制、加快发展卫生计生事业、维护社会和谐稳定	完善公共文化服务体系、加强文物普查和文化遗产保护、发展文化体育产业	思想理论学习、教育实践活动整改落实、健全选人用人机制、推进基层服务型党组织建设、推进党风廉政建设和反腐败斗争、完善民主制度建设、严格履行党建工作责任	严格依法行政、负面清单管理、创新行政执法体制机制	加大生态环境保护力度和生态补偿力度、完善生态补偿机制、完善生态环境考核评价体系

4. 经济特区在生态资源层面的进展

从年度指标看，2014 年各特区维持了较高的人均 GDP 增长，但物质资源投入仍然较高，厦门、汕头 DMI 增长分别高达 10.5%、5.1%，深圳的人均物质资源投入维持平稳，其他经济特区仍处于持续增长阶段。可见，当前各经济特区经济增长对资源消耗的依赖程度仍旧较高。2014 年各特区资源生产率差异较大，深圳的资源生产率高达 67871 元/吨，远高于其他经济特区，这表明，经济特区资源效率的提升还有很大的上升空间。

一方面，长期以来，经济发展缺少反映资源消耗和环境污染代价的度量。生态经济则要求资源和传统要素的综合效益最优，以获得资源、环境和社会的最优效益。在给定经济、社会和自然条件的约束下，中国经济特区应以经济效益、生态效益和社会效益整体优化为目标，在国民经济整体和产业各层次和环节的经济活动中逐步实现经济系统的生态转型。另一方面，我国尚处于工业化进程的初、中级阶段，较高的要素投入增长不可能长期持续，经济特区必须认识到提高要素生产率水平对于经济长期持续增长的重要性，着力提高经济发展的整体效率。

（二）“新区”肩负着实施国家战略的使命

国家发改委的公开资料显示，下一步会加大对“新区”的制度供给。国家发改委未来将“重点加快自贸试验区、丝绸之路经济带等功能区建设，重点加快相关领域先行先试，为进一步改革提供重要经验”。

1. 前海合作区的新进展情况

2015 年是前海开发开放的重要转折点。这一年里，国家又赋予了前海合作区两大使命：一是“一带一路”的战略节点，二是自贸试验区。在“前海深港现代服务业合作区”（以下简称前海合作区）、“一带一路”、“国家自贸试验区”三大国家战略的指引下，为构建开放自由、与国际通行规则接轨的贸易投资环境以及探索政府职能转变，过去一年里前海合作区实施了进一步的开放开发。

2015 年 3 月 28 日，随着《推动共建丝绸之路经济带和 21 世纪海上丝绸之路的愿景与行动》的出台，前海合作区被定位为“一带一路”战略的重要节点；2015 年 4 月 21 日，前海合作区作为广东自贸区的重要组成部分被纳入国家自贸区发展战略。短短 5 年，随着“前海深港现代服务业合作区”“一带一路”“国家自贸试验区”等国家战略的陆续实施，前海合作区也相继被赋予了粤港现代服务业创新合作示范区、一带一路的桥头堡、自贸试验区等重大使命，成为国家三大战略叠加实施的改革前沿阵地。

（1）“前海深港现代服务业合作区”战略对前海的定位。

在“一国两制”框架下，深化与香港合作，构建更具活力的体制机制，以生产性服务业为重点，推动现代服务业集聚发展，促进珠三角地区产业结构优化升级，提升粤港澳合作水平，努力打造粤港现代服务业创新合作示范区。将前海合作区打造成为现代服务业体制机制创新区、现代服务业发展集聚区、香港与内地紧密合作先导区以及珠三角地区产业升级引领区。①

（2）国家“一带一路”战略对前海的定位。

积极利用现有双/多边合作机制，推动“一带一路”建设，促进区域合作蓬勃发展，发挥前海合作论坛平台的建设性作用；充分发挥深圳前海等合作区的作用，深化与港澳台合作，打造粤港澳大湾区。②

（3）“国家自贸试验区”战略对前海的定位。

依托港澳、服务内地、面向世界，围绕建设粤港澳深度合作示范区、21 世纪海上丝绸之路重要枢纽和全国新一轮改革开放先行地的总目标，重点发展金融、现代物流、信息服务、科技服务等战略性新兴服务业，努力打造我国金融业对外开放试验示范窗口、世界服务贸易重要基地和国际性枢纽港。③

2. 湾区经济的新进展情况

20 世纪 60 年代，世界湾区城市掀起滨海湾区建设浪潮。随着美国纽

---

① 《前海深港现代服务业合作区总体发展规划》，《深圳商报》2010 年 12 月 21 日。

② 《推动共建丝绸之路经济带和 21 世纪海上丝绸之路的愿景与行动》，《人民日报》2015 年 3 月 29 日。

③ 《中国（广东）自由贸易试验区总体方案》，http：//news. xinhuanet. com/house/gz/2015 – 04 – 20/C_ 1115023416. htm。

约、旧金山湾区经济带和日本东京湾区经济带的迅速崛起以及持续发展，湾区经济逐渐形成一种独特的经济发展效应，在国内外受到政界、学界和商界的普遍关注。在国际上，“湾区”一词多用于描述围绕沿海口岸分布的众多海港和城镇所构成的港口群和城镇群，是一个地理区位的概念；在此地理区位内衍生的经济效应被称为“湾区经济”。[①] 与国外对湾区经济的定义相比较，深圳不但强调该效应对自身地缘优势和邻近城市集群的依赖，而且赋予其更高、更广的使命：产业发达、功能强大、开放互动、集聚外溢。

当前，我国正紧密建设丝绸之路经济带和21世纪海上丝绸之路（即“一带一路”），深圳经济特区作为我国改革开放的窗口，地处粤港澳大湾区和海上丝绸之路战略要冲，与“一带一路”沿线国家交流合作紧密，应当继续发挥改革开放排头兵的作用：率先落实中央和省的要求，主动适应经济发展“新常态”，推动粤港澳大湾区合作。这是深圳经济特区服务国家“一带一路”战略的主动担当，是对接广东省海洋经济战略的主动作为，也是在新的经济发展形势中谋划深圳经济特区更高质量发展的主动选择。

深圳发展湾区经济，是深圳协同珠三角区域发展、发挥经济中心城市功能的重要方略，也是深圳扩大开放和提高国际化程度的重要途径。深圳中共市委出台的《深圳市人民政府关于大力发展湾区经济建设21世纪海上丝绸之路桥头堡的若干意见》中提出，“发展湾区经济，努力建设海上丝绸之路桥头堡”。深圳市市长许勤在2014年的《政府工作报告》中也提出了“聚焦湾区经济，构建区域协同发展新优势”的重点工作任务。发展湾区经济已经成为深圳国际化视野的重新定位。

深圳作为粤港澳湾区的重要中心城市，发展湾区经济的总体思路是：全面贯彻落实国家“一带一路”战略要求，以全球视野把握世界经济和国际湾区发展新趋势，充分发挥湾区、特区双优势，以“市场化、法治化、国际化改革”为发展方向，以前海开发开放为突破口，坚持深圳质量、深圳

① 刘艳霞：《国内外湾区经济发展研究与启示》，《城市观察》2014年第3期。

标准发展理念，集聚高端资源，强化创新驱动，充分发挥多港联动效应，努力建设“创新能力卓越、产业层级高端、交通网络发达、基础设施完善、生态环境优美、辐射功能强大”的一流湾区城市，带动粤港澳大湾区发展，为实施国家“一带一路”战略提供有力支撑。

三 经济特区发展面临的新挑战和机遇

2015 年既是各经济特区进一步加快结构调整和继续走向科学发展的一年，也是既有问题依然存在、形势相当严峻的一年。我们必须时刻保持清醒头脑，丝毫不能低估当前和今后一段时期经济走势的严峻性和复杂性。当前世界经济走势艰难曲折、复苏乏力，全球贸易大幅下滑，而中国经济已与世界经济深度融合。与此同时，国内经济领域长期积累的深层次矛盾正逐步凸显。投资、工业下行势头仍在延续，传统动能持续减弱。当前，首要任务是进一步坚定发展信心，增强忧患意识。这些被人们论及的问题包括：外延性发展特征仍然突出，新动能需要加快成长；转型提质的紧迫性增强，可持续发展的压力不容忽视；特区经济发展的资源环境压力依然严峻，改善民生福祉的支持系统亟待加强。中短期来看，需着重研究和实践的广大人民群众密切关注的问题具体如下。

（一）经济特区应激活新动能，促进持续、深度转型

中国经济特区的发展目前正处在新旧动能转换的艰难进程中，传统动能弱化加大了经济下行压力，但新动能也正在加快成长，地区走势呈现分化，行业亮点出现分层。尽管新动能一时还难以接续和全面支撑经济发展，但从一些地区和行业中可以看出，新动能从某种程度上可以说是“动力充沛”，在一些方面已经发挥出突出作用，在当前经济增速持续放缓的情况下，各经济特区 2015 年 1 ~9 月城市新增就业已提前完成全年指标就是有力证据。这里面有“双创”、简政放权等改革带动的新业态增长，以及服务业快速发展和消费对增长的贡献作用等。

当前，经济特区既要改造提升旧动能，又要精心培育新动能，实现新旧动能的协同作用，在此背景下，中国经济特区转型应从特区战略转型的全局出发，特别针对当前绝大多数经济特区科技投入产出能力不足、科技创新水平低等突出矛盾和问题，积极挖掘内生增长动力，加快促进特区产业的深度转型。

（二）新挑战与机遇

未来几年，中国经济形势依然严峻，出口仍将明显受限。因此，产业创新将是未来3～5年的当务之急，并将进一步聚焦于经济结构改革和放松政府对经济的管控。

此外，“十三五”规划将会继续关注城镇化问题，继续把关注点转向提升增长质量，以及提高公共福利。新型城镇化将有利于释放内需的巨大潜力，有利于破解城乡二元结构，促进社会公平和共同富裕，同时要更加重视“人的城镇化”。

另外，还有全社会的养老问题。当前中国经济特区的生育率偏低，未来面临人口减少的趋势。养老等方面的改革如箭在弦。

四　2016年发展路径与需注意的问题

尽管当前经济下行压力仍然较大，但经济运行中不乏新趋势和新亮点。2015年前三季度，经济特区的第三产业平均增速快于第二产业，占据了GDP的半壁江山，消费稳定增长，新产业、新业态蓬勃发展，新亮点正在逐步显现，这些都为未来经济发展奠定了坚实基础。

（一）经济特区应切实加快转型升级速度与资源配置效率

经济特区对中国经济的推动和示范作用明显，今后仍具有较大发展空间。我们不仅要关注其对GDP的直接贡献，更应该重视其对社会经济及其他各产业发展的保障与支撑作用，还需要维护产业链的协调性。因此，急需深化和提升经济特区支柱产业和战略性新兴产业的关联，密切跟踪它们的转型与升级步伐，推动规范化、信息化、网络化、集约化、精细化建设，确保与其他产业发展的高度契合。

加大对经济特区的政策支撑与资源配置，对经济特区未来发展的保障绝对不能吝啬，对用于鼓励经济特区现代产业发展的支撑政策的支持力度不仅不能减弱，而且要有所加强，以提升深圳等经济特区的转型升级速度和资源配置效率。

（二）特区未来改革正逐步推进和实施，将完成三个转变

与快速增长阶段不同，我国经济发展进入了“新常态”。“十三五”时期，经济特区发展的环境、条件、任务、要求等都发生了新的变化，向在内需推动下的更平稳和可持续的增长方式转变。由此可见，“十三五”规划绝非是时间点的简单递推，而是被赋予了诸多新内涵，是基于经济“新常态”的大逻辑，为实现更高质量、更有效率的发展，中国经济特区增长将完成三个转变：从主要靠出口、投资、消费变为“三驾马车”协同带动；从主要依靠工业变为三大产业间协调发展；从主要靠物质资源消耗变为主要靠劳动生产率提升。

未来在“新常态”背景下，中国的发展必须融入世界发展的轨迹中进行规划。具体而言，“一带一路”战略特别值得关注，这不仅因为 APEC 经济体与“一带一路”区域有着极高的重合性，而且因为这项规划将在中长期对中国和世界产生重大而深远的影响。

参考文献

[1] 国家统计局：《中国统计年鉴》，2000～2013 年历年。

[2] 国家统计局：《新中国五十五年统计资料汇编》，新华出版社，2005。

[3] 国家统计局：《中国统计摘要（2013）》，中国统计出版社，2013。

[4] 全国及各省市区《2013 年国民经济和社会发展统计公报》。

[5] 国家统计局网站（www. stats. gov. cn）有关数据。
[6] 中国政府网（www. gov. cn）有关政策。
[7] 国土资源部（www. mlr. gov. cn）有关规划、政策和公报。
[8] 中华人民共和国环境保护部（www. mep. gov. cn）有关规划、政策和公报。
[9] 国家发展与改革委员会（www. ndrc. gov. cn）有关规划、政策。
[10] 陶一桃主编《中国经济特区发展报告》，社会科学文献出版社，2012 ~2014。

专题研究报告

Reports on Specific Researches

B.2

中国经济特区产业转型发展报告*

袁易明　闫振坤　郭宏毅**

加快产业转型升级是新时期体现经济特区战略地位的重大主题。自特区成立以来，不同的区位、要素禀赋、发展战略等因素决定了不同经济特区之间产业转型发展路径的特异性，同时，产业转型的效果在不同经济特区的发展进程中也有较大差异。本报告在分析经济特区产业升级发展基本趋势的基础上，采用多个量化指标较为系统地分析了经济特区产业转型发展的成效和进展，并通过评价体系和评价模型，较为客观地评价了中国五大经济特区产业转型升级的能力和成效，并据此提出了相关政策建议。

* 教育部人文社科重点研究基地——深圳大学中国经济特区研究中心课题“2015 年经济特区产业转型发展研究”（项目编号：CCSEZR1412）成果。

** 袁易明，深圳大学中国经济特区研究中心副主任、教授、博士生导师，从事产业结构与政策研究；闫振坤、郭宏毅，深圳大学中国经济特区研究中心博士研究生，从事产业组织理论与政策研究。

一 经济特区产业升级发展的基本趋势

（一）制造业高端化取得新进展

从最初的粗放式发展，到今天的精密制造，并向高端智能制造挺进，深圳制造业不断转型升级。2014 年，全市先进制造业增加值为 4823.98 亿元，增长 10.3%，增速高于全市规模以上工业 0.9 个百分点，占规模以上工业增加值的比重为 74.2%，在比重超过七成的前提下比上年提高 1.1 个百分点；高技术制造业增加值为 4108.35 亿元，增长 13.2%，增速高于全市规模以上工业 3.8 个百分点，占全市规模以上工业增加值比重达 63.2%，比上年提高 4.0 个百分点。规模以上电子制造业产值达到 13829 亿元，占到全国的 1/7 左右，同比增长 10.9%，出口 1347 亿美元，占全国出口额的 1/6。IT 产品产值增加值为 3805 亿元，占全市工业增加值的 58.5%，同比增长 14%。其中，深圳互联网产业增加值为 571 亿元，较 2013 年增长了 15.3%。2014 年电子商务交易额达到 1.5 万亿元，同比增长 50%。经过国家认定的 IT 类高新技术企业 2902 家，占全市高新技术企业的 61.2%。2014 年全年，共有 14 家企业入选 2014 年中国电子百强企业。装备制造业总产值为 4800 亿元，全年增长 344%，2014 年深圳的智能装备制造业得到迅猛发展，并成为全国领跑者。机器人产业已拥有近 300 家企业，产值达 480 亿元，包括工业机器人企业 192 家、服务机器人企业 45 家；可穿戴产业年产值已超 10 亿元，拥有企业近 500 家。2014 年深圳在出台的《深圳市机器人、可穿戴设备和智能装备产业发展规划（2014～2020 年）》中提到，2014～2020 年，市财政将每年安排 5 亿元，设立机器人、可穿戴设备和智能装备产业发展专项资金，支持产业核心技术攻关、创新能力提升、产业链关键环节的培育和引进、重点企业发展、产业化项目建设等。

2014 年是珠海支柱产业的转型期，新旧产业更替、内部转型升级同步进行。2014 年全市先进制造业实现增加值 424.7 亿元，增长 20.1%。先进制造业和高技术制造业占全市规模以上工业增加值的47.3%和25.9%，占比分别比上年提升2.0和1.4个百分点，珠海规模以上工业增加值增长11.2%，其中30家重点工业企业占规模以上工业产值的48%，随着中航通飞、中海油、中国北车等龙头项目相继落户、动工和投产，珠海已经形成了高栏港区船舶与海洋装备制造产业集群、航空产业园航空航天和新能源汽车制造产业集群、富山工业园轨道交通装备制造和船舶动力产业集群、高新区高端电子装备制造和智能家居产业集群。①

长期以来，汕头工业通过集聚发展形成了纺织服装、化工塑料、工艺玩具、食品医药、机械装备、印刷包装、电子信息和音像制品八大传统优势产业，成为支撑汕头工业强劲发展的“脊梁”。2014年，政府出台培育大型骨干企业、新一轮工业企业技术改造等政策措施，助推产业转型升级。促进传统产业高端化，完成工业技改投资187.69亿元，增长68.2%，总量居全省第二。其中，八大产业规模以上工业产值为2101.33亿元，增长13.2%，增速高于规模以上工业0.8个百分点，占规模以上工业总产值的75%；八大产业规模以上企业有1501家，占规模以上工业企业总数的86%。纺织服装、工艺玩具、轻工包装机械、化妆品等产业在国内同行业中居于领先地位，工业龙头企业在国内细分行业中地位突出。其中，2014年澄海玩具产业还被国家工信部列入全国第一批“产业集群区域品牌建设试点单位”，形成了从造型设计、原料供应、模具加工、零件制造、装配成型、包装装潢到运输、销售、展会等的专业分工协作的产业链条，走出了一条传统玩具生产与文化动漫创意产业相结合的转型升级新路；其拥有全国4/5的玩具上市企业、玩具行业中3/4的中国驰名商标和近1/3的3C产品认证。②

2014年是“美丽厦门战略规划”的实施元年，转型发展率先起步，效果逐步显现。先进制造业集聚效应不断增强，2014年行业总产值突破5000亿元，规模以上工业增加值为1240亿元，增长10.5%，对经济增长的贡献

① 靳碧海：《2014年珠海经济逆势而上，400亿支持重点项目建设》。

② 《汕头众多产业集群领衔国家先进“排行榜”》，http：// st：southcn . com/ content /2015 - 07/11/content_ 128176595. htm。

率达49.4%。机械、电子两大支柱产业产值约为3202.37亿元，占规模以上工业总产值的65.3%，拥有规模以上工业企业740家，占全市规模以上工业企业数的47.6%，对全市规模以上工业增长的贡献率为63.3%，拉动全市规模以上工业增长6.8个百分点。其中，电子行业实现总产值1852.62亿元，增长1.2%；机械行业实现总产值1349.75亿元，增长8.6%。2014年12月，厦门市与中国航空工业集团公司在北京签订重组厦门海翼集团战略合作框架协议。根据协议，双方将紧密围绕厦门市和中航工业的产业发展规划，共同把厦门打造成为中航工业机电系统高端装备制造基地，促进航空维修、工程机械、特种车及车船载系统等产业集聚发展。

2014年海南工业克服了经济运行压力加大、电力供应紧缺、两次超强台风袭击等多重困难，增速居全国前列。产业链不断延伸，结构进一步优化。八大支柱产业共实现工业产值1560.6亿元，同比增长14.0%，占全省规模以上工业总产值的比重为83.3%，比上年提高1.6个百分点。其中，油气化工行业继续发挥工业“领头羊”作用，全年实现产值849.1亿元，同比增长28.9%，对规模以上工业增长的贡献率达86%，PTA、PET、东方石化二期等项目相继投产，石化产业链不断延伸。园区建设加快推进，2014年，在10亿元园区发展专项资金的重点支持下，海口高新区、洋浦经济开发区、澄迈老城经济开发区、东方工业园4个园区基础设施建设加快推进，园区面貌明显改善。5个主要工业市县工业增加值占全省规模以上工业增加值的比重为91.3%，较上年提高4.4个百分点，工业发展集聚效应增强。同时，海南省通过促进《海南省2014～2015年节能减排低碳发展行动方案》的贯彻落实，全面强化各项节能措施，实施节能精细化预警调控，全省规模以上工业单位增加值能耗同比下降4.28%，为工业经济平稳较快增长奠定了基础。

（二）战略性新兴产业引擎作用凸显

深圳战略性新兴产业占GDP比重的持续增长，带动经济竞争力不断攀升。2014年深圳市战略性新兴产业增加值达5645.33亿元，增长14.1%，约占全市 GDP 的 35.3%，比上年提高 0.8 个百分点。六大战略性新兴产业中，生物产业增长 8.7%、新能源产业增长 9.0%、新材料产业增长 10.1%、新一代信息技术产业增长 13.9%、互联网产业增长 15.3%、文化创意产业增长 17.4%。在一批龙头企业、新型科研机构的带领下，战略性新兴产业成为自主创新的引擎，引领着深圳占据一个又一个新兴产业制高点。2014 年在北京发布的《中国 300 个省市绿色经济和绿色 GDP 指数》显示，深圳连续三年以明显的分数优势位居榜首。该报告分析认为，深圳依靠科技创新，绿色经济发展取得较大进展。深圳万元 GDP 碳排放量处于全国领先水平，在全国低碳试点城市中位居前列。此外，深圳重点发展生物、互联网、新能源、新材料、新一代信息技术和文化创意等战略性新兴产业，形成了新的低碳经济增长点。

2014 年珠海战略性新兴产业发展速度加快。在 2013 年的基础上重点加快建设 53 个战略性新兴产业项目，用 3 年左右时间引导全市 50% 以上的规模以上工业企业进行技术改造，助推产业转型升级，技改投资占工业投资的比重增长至 30%。全年申报市级技术改造资金支持的项目数达 88 个，总投资额达 20.4 亿元，较 2013 年增长 62.16%，在项目建设上，珠海围绕建设“三高一特”现代产业体系的目标，加快建设 53 个战略性新兴产业重大项目，促成中海油天然气热电联产、中国北车珠海基地等一批项目竣工投产以及深水海洋装备工程装备制造基地一期、LNG 接收站一期等新竣工项目投产达效。

2014 年，汕头市战略性新兴产业和高新技术产业取得稳定发展，已经形成了新材料、高端电子信息、生物医药、半导体照明、动漫、太阳能光伏、环保、软件等战略性新兴产业，一批战略性新兴产业骨干企业开始成长。汕头市在环境友好型新材料产业方面，重点推进战略性新兴产业基地规划建设，打造全国生物降解材料引擎中心。截至 2014 年底，基地已有 14 个拟建环保材料产业项目，总投资额超 23 亿元。同时，汕头市重点扶持战略性新兴产业企业做强做大，最近三年获省战略性新兴产业政银企合作专项资金扶持的有 36 个项目。目前全市省级战略性新兴产业骨干企业有 8 家，列为省战略性新兴产业培育企业的有 5 家，市战略性新兴产业骨干企业有

52 家。

厦门为加快产业转型，把传统产业、先进制造业、现代服务业、农业、战略性新兴产业分门别类，制订了“5（产业）+3（抓手）+10（产业链）”现代产业支撑体系、十大千亿产业集群计划，力图发展一批辐射带动能力强、科技含量高，有利于引领产业集聚，延长产业链，推动产业结构调整升级，实现有质量、有效益增长的项目和产业。2014 年生物医药产业入选国家“战略性新兴产业区域集聚发展试点”。生物医药战略性新兴产业试点领域涵盖了技术药物、高端医用检查检验仪器、海洋生物活性物质及生物制品三大优势方向。占全市面积的 1.3%、2014 年实现全市工业总产值 40%以上的火炬高新区又有 6 个项目被列入国家重点新产品计划，并将获国家专项经费扶持。强大的产出能力背后，是大项目汇聚而成的强大发展后劲。

海南在国家推动“一带一路”新一轮对外开放战略下，加快实施南海开发，为生物医药、新能源、新材料等新兴产业加速发展提供了有利条件。医药产业全年完成产值 126 亿元，同比增长 12.1%，齐鲁制药、普利制药开拓国际市场步伐加快；软件和信息服务业实现主营业务收入 185 亿元，同比增长 24.4%。在园区发展资金的拉动下，海南园区基础设施也在不断完善，项目承载能力不断增强，东方石化、德森、汇智等一批 2013 年竣工的项目在 2014 年释放产能，发挥着重要的拉动作用。

（三）现代服务业持续增长

深圳第二和第三产业结构持续调整，2014 年第二、第三产业结构调整为 42.7∶57.3，第三产业占比提高了 0.7 个百分点。第三产业中现代服务业增加值增长 10.5%，占第三产业比重达 67.6%，比上年提高 0.6 个百分点。其中，金融业增长 13.8%，占 GDP 比重为 14.0%，提高 0.2 个百分点；房地产业增长 6.7%，占 GDP 比重为 9.0%，回落 0.2 个百分点。全市规模以上服务业营业收入增长 11.9%，营业利润增长 16.7%。其中，重点行业中的信息传输、软件和信息技术服务业营业收入及营业利润分别增长 15.9%、

12.1%；租赁和商务服务业营业收入及营业利润分别增长18.1%、35.5%。全年电子商务交易总额突破1.5万亿元，增长50%。2014年深圳全面实施“互联网+”战略。在互联网+生产、互联网+消费等领域加速推进，工业和信息化深度融合，促进制造业网络化、数字化、智慧化发展。此外，在发展消费型互联网产业方面，深圳加快了衣食住行、政务内容的互联网发展；同时加快推进电子商务开放式发展，推动跨境电商、移动电商O2O等新型电子商业平台的开放发展；推动供应链、支付、可信交易环境支撑体系不断完善。且在2014年，相应的大数据产业开始向纵深方向推进。

2014年，珠海现代服务业集聚发展，加速崛起，总投资超过2500亿元的65个重点项目进展顺利。服务业增加值增长8.7%，现代服务业增加值占比提升至57.6%。金融、会展、总部经济等产业培育取得新进展，金融业增加值增长11.5%，新兴金融机构总数达267家，增长196.7%。现代服务业金融创新取得新突破，金融企业发展到670多家，实现境外融资29.5亿元，跨境人民币同业存款业务总额达470多亿元。珠海大力配合澳门建设“一中心、一平台”，出台了横琴支持澳门经济适度多元发展措施，319家港澳企业落户横琴，投资总额达2220多亿元，对澳门项目供地占总建设用地的比重达53%。

粤澳合作产业园、粤澳合作中医药科技产业园建设加快，珠港澳融合发展呈现新局面。新引进的亚洲通用航空展、中国（珠海）国际海洋高新科技展览会、中国（珠海）国际智能电网展览会等国际性品牌项目影响力提升，为珠海服务业升级带来活力。

2014年，汕头现代服务业增加值为274.03亿元，增长6.9%。其中，电子商务发展迅猛，汕头入选全国电商百佳城市，网商密度居全国第23位，全市近90%的企业开展电子商务，交易规模增速连续四年超过50%，现有“淘宝村”10个，数量在全国名列前茅。金融业稳健发展，新增金融机构6家，全省首家科技金融服务中心挂牌运作，在全省率先成立“新三板”服务中心，“新三板”挂牌企业有6家。2014年9月，国务院批准了汕头经济特区建设华侨经济文化合作试验区，该试验区将优先发展现代服务业，以高端发展为方向，高标准、高起点构建现代服务业体系，大力发展总部经济、金融服务、商贸物流、商务会展等生产服务业，积极培育文化创意和设计、电子商务、科技服务、服务外包等新兴服务业，开发拓展滨海旅游、康体保健等生活服务业。

2014 年，厦门现代服务业发展提速、比重提高、水平提升，第三产业增加值为 1750 亿元，增长 8.7%。厦门获批国家现代服务业综合试点城市，举办展览 200 场、会议 4177 场，均比往年有较大增长；接待境内外游客 5338 万人次，增长 14.5%；旅游总收入 722 亿元，增长 16.3%；规模以上物流企业营业收入增长 38.7%，空港旅客吞吐量突破 2000 万人次，已开通国内航线 182 条、国际航线 30 条；海港货物吞吐量达 2 亿吨，集装箱吞吐量达 857 万标箱，分别增长 7.4%、7.1%；金融机构本外币存、贷款余额分别为 7065 亿元和 6644 亿元，分别增长 10.7% 和 13.7%，存贷比为 94%。

2014 年海南服务业出现新突破，服务业全年实现增加值 1816.66 亿元，占全省 GDP 的比重达 51.9%，创历史新高。近年来，批发业，交通运输仓储邮政业，金融业，信息传输、计算机服务和软件业，租赁和商务服务业等总体上呈较快增长势头，对服务业的贡献日益提高。借助全面推动旅游市场管理体制改革，开发乡村游、婚庆游、邮轮游艇等多元化旅游产品，建成三亚千古情、海口冯小刚电影公社等一批新型旅游项目等，海南旅游业呈现南热北暖、中西崛起的良好态势。①

（四）科技创新动力持续增强

深圳 2014 年全年研发投入占 GDP 比重约达 4.02%，与韩国的水平相当。全年全市高新技术产业增加值达 5173.49 亿元，增长 11.2%，高于规模以上工业增加值增速 2.8 个百分点。PCT 国际专利申请量达到 1.16 万件，增长 15%，占全国总量的 48.9%，连续 11 年居全国首位。深圳在《福布

① 罗霞：《海南 2014 年第三产业 GDP 占比超 50% 将争取服务业开放先行试验权》，《海南日报》2015 年 2 月 5 日。

斯》中文版发布的“2014 中国大陆城市创新力”排行榜中居榜首。2014 年 5 月，国务院批准深圳建设国家自主创新示范区，这是首个以城市为单元的示范区。目前科技型企业超过 3 万家，其中销售额超千亿元的企业有 3 家，超百亿元的有 17 家，超十亿元的有 157 家，超亿元的有 1203 家，国家级高新技术企业达 4742 家。深圳累计拥有国家、省、市级重点实验室、工程实验室、工程（技术）研究中心和企业技术中心等创新载体 1100 家，2014 年支持重大技术攻关项目 147 项，投入资金 6 亿元；4G 技术、超材料、新能源汽车、3D 显示等领域核心技术自主创新能力居世界前列；荣获国家技术发明一等奖、国家科技进步一等奖等 19 个国家科技大奖。在《福布斯》中文版首次发布的“2014 中美创新人物”中国 10 人名单中，深圳占 5 席，全市人才资源总量约 400 万人。①

2014 年，珠海自主创新取得新进展，并启动创新型城市建设三年行动计划。全社会研发投入占 GDP 比重达 2.6%，每百万人发明专利申请量达 1763 件，均位居全省第二。其中，新增高新技术企业 40 家，总数达 346 家。全社会 R&D 经费投入预计超过 45 亿元，占 GDP 比重达 2.6%。实施了扶持新型科技研发机构政策，新建了一批新型研发机构，中美食品安全研究中心和世界食品中心、珠海诺贝尔国际生物医药研究院、清华珠海创新中心、华南理工大学珠海现代产业创新研究院等新型研发机构落户。格力电器“基于掌握核心科技的自主创新工程体系建设项目”荣获国家科技进步二等奖；丽珠集团原创新药获得广东省科技进步一等奖。投入专项资金招才引智，新增留学人才创业项目 42 个、省创新创业团队 1 个、省领军人才 2 名、“国家千人计划”特聘专家 6 名，创新人才队伍加快发展。

汕头的商标数量和科技奖一直处于广东省首位。2014 年全年，新认定“中国驰名商标”7 个、“广东省著名商标”9 个，新认定省高新技术产品 155 个，新增省名牌产品 31 个，新增省级工程技术研究中心 14 家，新增专

---

① 《2014 年深圳战略性新兴产业总规模接近 1.9 万亿元》，http：//sz.people.com.cn/n/2015/0227/c202846 - 24012656.html。

利申请9097件、专利授权6470件、PCT国际专利申请26件。汕头《关于实施创新驱动发展战略加快建设创新型经济特区的决定》明确提出实施创新驱动发展战略的指导思想和主要目标，确定了科技创新中的“三个创新主体”——建设高水平大学、发展一批新型研发机构、培育一批创新型企业；打造“三大创新载体”——加快打造以华侨经济文化合作试验区为核心的改革创新高地，建设“中以创新产业园”等高端创新载体群，推动高新区等科技园区快速发展，着力提升创新要素集聚力；要落实“三项政策措施”，加快实施新一轮技术改造政策，扎实推进“1+10”人才政策实施，确保科技创新资金的投入，着力加大创新推动力。①

2014年，厦门创新驱动更加强劲，增建一批创新平台和国家级重点实验室，完善了引进高层次创新创业人才的政策措施，加快构建“研究生+工程中心+产业文化基地+产业发展基金”的协同创新体系，推动高新技术产业和战略性新兴产业加快发展。全社会研发投入占地区生产总值的比重提高到2.9%。获国家各类科技立项508项，当年到位资助资金4亿元。新认定高新技术企业151家，省、市级创新型试点企业92家。规模以上高新技术工业企业产值1984亿元，占规模以上工业总产值的40.4%。稀土材料研究所和产业化基地正式立项。厦门获评全国半导体照明两家A类基地之一，生物医药、海洋高技术成为国家产业发展试点。全市各类专利授权8944件，每万人拥有有效发明专利11.1件；拥有国家和省级重点实验室、工程技术研究中心、企业技术中心、博士后工作站累计达121家；主导或参与制定国家标准、行业标准130项；加大各层次人才引进，900多人被纳入“海纳百川”人才计划。②

海南省委在2013年就以一号文件印发了《中共海南省委海南省人民政府关于加快建设以企业为主体产学研相结合的技术创新体系的意见》，提出到2020年，海南省基本建成符合科技发展规律，适应国际旅游岛建

① 汕头市人民政府：《2015年汕头市政府工作报告》，2015年1月25日。

② 厦门市人民政府：《2015年厦门市政府工作报告》，2015年2月4日。

设需求，以企业为主体、以市场为导向、产学研相结合的技术创新体系。海南省重大科技专项第一批项目于 2013 年立项，共计 23 个，实施期为 3 年。第一批项目实施 2 年来，省财政已支付科技经费 3 亿元，各项目单位自筹经费投入近 10 亿元，已取得一系列成果：共开发新技术 245 项、新产品 235 个，申请专利 224 项，其中发明专利 132 项，获得软件著作权 65 个，发表论文 440 篇，其中 SCI（EI、ISTP）收录 134 篇，推广新技术 100 项，建设和改造生产线 40 条，制定技术标准和规范 247 项，建立示范基地 326 个，示范面积 6 万多亩，推广面积 18 万多亩，带动产值增加超过 20 亿元。①

二　经济特区产业转型发展能力分析

（一）经济特区产业转型发展能力的总体比较

从产业形态上看，产业转型是从结构、组织和技术等多方面实现高级化发展的过程；从要素配置的角度来看，产业转型是在一定的市场需求条件下，资本、劳动力等要素从衰退产业向新兴产业转移的过程。在一定时限内，特区间产业转型能力的不同主要体现为产业成长速度、产业结构转换水平等方面的差异。

1. 经济特区产业成长性比较

从人均产出效率上看，2014 年，深圳人均地区生产总值为 149497 元，珠海为 115900 元，汕头为 31192 元，厦门为 86831 元，海南为 38924 元。深圳、珠海人均产出效率显著高于厦门、海南和汕头。其中，汕头人均产出效率最低，约为深圳的 1/5、珠海的 1/4。

为刻画不同经济特区产业成长性的总体差异，下文用变异系数来衡量深

① 海南省科技厅：《海南省重大科技项目实施顺利　创新驱动发展效果初显》，2015 年 5 月 21 日。

圳、汕头、珠海、厦门、海南之间的差异程度。变异系数的计算公式为：

$$CV = \frac{\delta}{\bar{x}} \times 100\% , \delta = \sqrt{\sum_{i=1}^{n} \frac{(x_i - \bar{x})^2}{n}}$$

其中，δ 为标准差，是样本中变量值与其均值的离差平方的平均值的算数平方根，可以精确反映地区经济指标的离散程度。$\bar{x}$ 为样本的均值，n 为样本数，x_i 表示 i 地区的样本值，将标准差与平均值相比是为了剔除由基数大小不同所造成的影响。

如图 1 所示，从地区生产总值、GDP 增速和人均 GDP 变异系数上看，2014 年，五大经济特区地区生产总值、GDP 增速和人均 GDP 变异系数分别为 102.74%、6.72% 和 53.30%，较 2013 年分别扩大 0.09、2.62 和 0.19 个百分点，说明五大经济特区在产业规模、增速和产出效率方面的差距均呈逐步扩大的趋势。其中，地区生产总值的变异系数甚至超过 100%，说明五大经济特区的产业规模差距已经到了非常高的程度。具体来看，如总报告中所述，海南第一产业规模最大，深圳第二产业和第三产业规模最大。

从地区三次产业产值规模的变异系数上看，五大经济特区的产值规模变异系数均大于 100%，说明特区之间三次产业规模的差距较大。分产业来看，五大经济特区第一产业和第二产业规模的差距有不断扩大的趋势。其

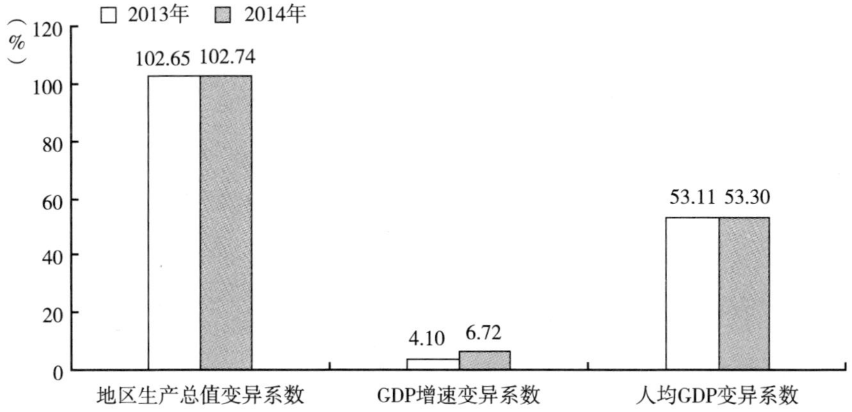

图 1　2013 年与 2014 年五大经济特区产业成长指标变异系数比较

中，2014 年，五大经济特区第一产业规模变异系数由 2013 年的 156.70% 上升到 157.08%；第二产业规模变异系数由 2013 年的 103.88% 上升到 105.13%；而第三产业规模的差距有所缩小，其变异系数由 2013 年的 112.26% 下降到 111.07%（见图 2）。

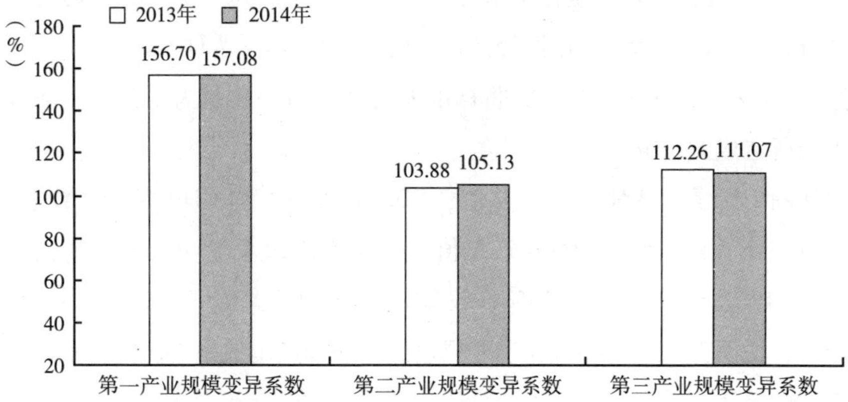

图 2　2013 年与 2014 年五大经济特区三次产业规模变异系数比较

2. 经济特区产业结构转换水平比较

从三次产业结构上看，深圳的三次产业结构比例由 2013 年的0∶43.4∶56.6 调整到 2014 年的 0∶42.7∶57.3，珠海的三次产业结构比例由 2013 年的 2.6∶51.1∶46.3调整到2014 年的2.6∶50.6∶46.8，汕头的三次产业结构比例由 2013 年的5.6∶52.2∶42.2 调整到2014 年的5.4∶52.3∶42.3，厦门的三次产业结构比例由 2013 年的 0.9∶47.5∶51.6 调整到 2014 年的 0.7∶45.8∶53.5，海南的三次产业结构比例由 2013 年的 24.0∶27.7∶48.3 调整到 2014 年的 23.1∶25.0∶51.9（见图 3）。

2014 年，五大经济特区的第一产业比重呈稳定或下降的趋势，而五大经济特区的第三产业比重均呈上升趋势。第二产业的比重除汕头有所上升外，其他四大经济特区都呈下降趋势。

在五个经济特区中，深圳和厦门的三次产业结构为“三、二、一”，第三产业所占比重已经超过了 50%，显示产业结构演进已经处于较为高级的

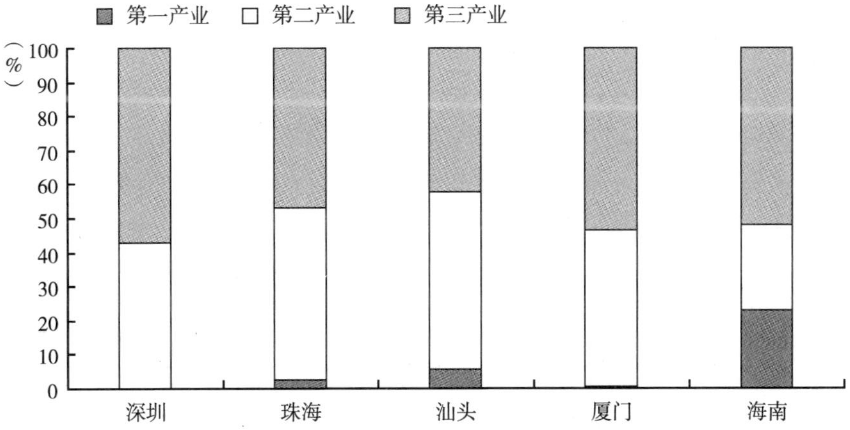

图 3　2014 年五大经济特区三次产业结构比较

阶段；珠海和汕头的三次产业结构为“二、三、一”，第二产业所占比重超过 50%，说明工业化进程仍在深化推进中；海南三次产业结构为“三、一、二”，显示在特定区位、要素禀赋、发展战略等因素的影响下，特区的产业结构演进呈现不同的发展路径。

为了更好地说明经济特区三次产业结构的总体变化状况，可以计算经济特区的产业结构变化值 C_{ij}。令 $C_{ij} = \sum |Q_{ij1} - Q_{ij0}|$，其中，$Q_{ij}$ 为 i 经济特区的 j 产业在整个产业中所占比重，其下标 0、1 分别代表 2013 年和 2014 年。C_{ij} 值越大，说明经济特区产业结构变化程度越大；反之，则越小。

根据计算结果，2014 年，深圳、珠海、汕头、厦门和海南的产业结构变化值依次是 1.58%、1.03%、0.25%、3.75% 和 7.26%，说明 2014 年海南、厦门产业结构变化程度较大，汕头产业结构变化程度较小。与上年相比，厦门、海南产业结构变化程度有较大提高，两个经济特区的产业结构变化值分别较 2013 年增加 1.21 和 3.23 个百分点。而深圳、珠海、汕头的产业结构变化程度均低于上年，三个经济特区的产业结构变化值分别较 2013 年下降 0.19、2.72 和 1.19 个百分点（见图 4）。

除了了解经济特区产业结构变动的总体状况之外，为了解经济特区三次

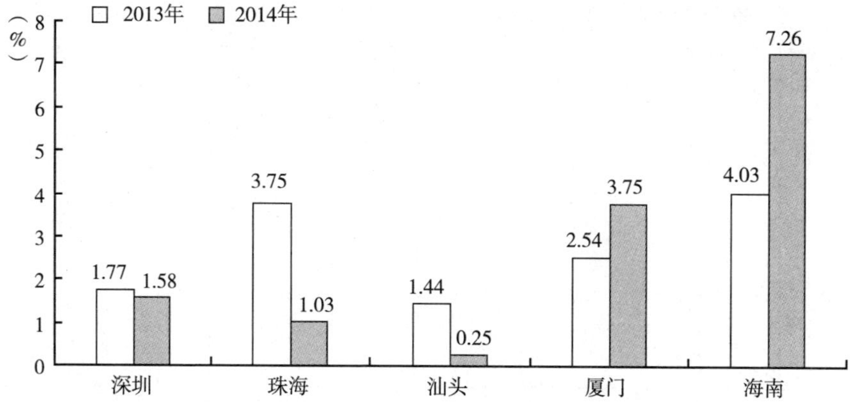

图4　2013年和2014年五大经济特区产业结构变化值比较

产业变动的方向和强度，还需要计算产业变化趋势值 B_{ij}，令 $B_{ij} = \frac{Q_{ij1}}{Q_{ij0}}$，当 B_{ij} 大于1时，表明 i 经济特区的 j 产业比重提升，即 j 产业出现相对扩张；当 B_{ij} 等于1时，表明 i 经济特区 j 产业比重保持不变；当 B_{ij} 小于1时，表明 i 经济特区 j 产业比重下降，产业相对在收缩。B_{ij} 值与1的距离越大，说明 j 产业扩张或收缩的强度越大；反之，则越小。

根据计算结果，在特区产业组成中，深圳第一产业和第二产业均呈收缩态势，第三产业呈扩张态势，但扩张程度较小，第三产业变化趋势值仅为1.01。珠海第一产业和第三产业呈扩张态势，第二产业呈收缩态势，收缩或扩张的态势均较小。汕头除第一产业呈小幅收缩态势外，第二产业和第三产业基本不变。厦门与深圳类似，第一产业和第二产业呈收缩态势，第三产业呈扩张态势，但收缩或扩张的程度远大于深圳。海南第一产业和第二产业呈收缩态势，第三产业呈扩张态势，但收缩或扩张的程度大于珠海。总体来看，在五大经济特区中，厦门产业扩张或收缩的幅度最大，其次是海南，深圳、珠海、汕头分别位居第三、第四、第五位（见图5）。

从三次产业的平均变化趋势值来看，五大经济特区三次产业的变化趋势值较2013年均有所减少。具体来看，2014年，五大经济特区第一产业和第二产业的变化趋势值都小于1，说明两大产业的规模总体呈收缩态势。2014

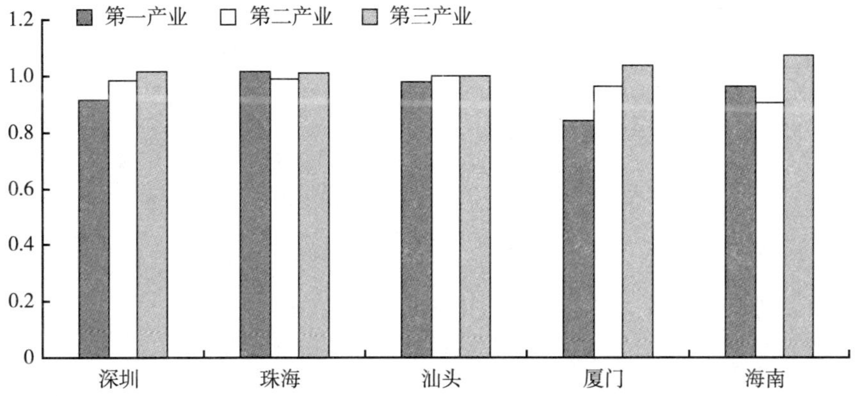

图5　2014年五大经济特区三次产业变化趋势值

年第三产业的变化趋势值虽然小于2013年，但仍大于1，说明第三产业规模总体呈扩张态势（见图6）。

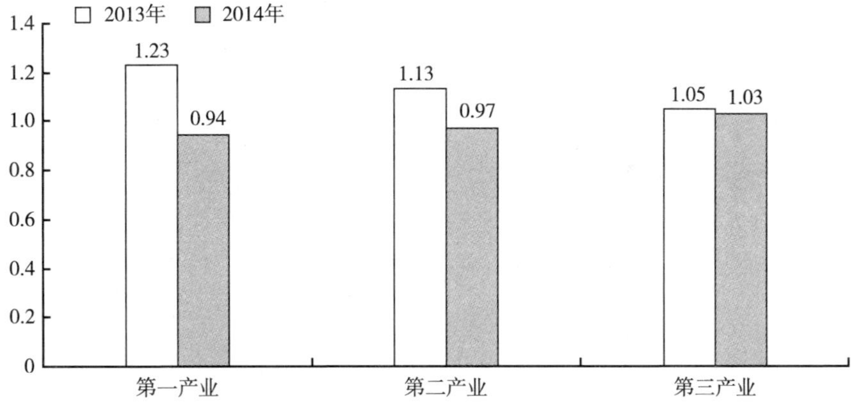

图6　2013年和2014年五大经济特区产业变化趋势值的平均值对比

（二）经济特区制造业产业转型分析

1. 经济特区制造业成长性比较

2014年，深圳规上企业工业增加值为6501.06亿元，同比增长8.40%；珠海规上企业工业增加值为828.43亿元，同比增长11.20%；汕头规上企业工业增加值为 817.48 亿元，同比增长 9.80%；厦门规上企业增加值为 1240.32 亿元，同比增长 10.50%；海南规上企业增加值为 471.20 亿元，同比增长 12.0%。从规上企业工业增加值的规模来看，深圳规上企业工业增加值分别是珠海、汕头、厦门和海南的 7.85、7.95、5.24 和 13.80 倍。2013 年，深圳规上企业工业增加值分别是珠海、汕头、厦门和海南的 7.34、7.57、4.70 和 10.33 倍，由此可见，四大经济特区的规上企业工业增加值与深圳的差距有越来越大的趋势。

从规上企业工业增加值的变异系数上看，2014 年，五大经济特区规上企业工业增加值的变异系数为 115.52%，显著大于 2013 年五大经济特区规上企业工业增加值变异系数 109.11% 的水平，说明五大经济特区规上企业工业增加值的差距有不断扩大的趋势。从规上企业工业增加值增速的变异系数上看，2014 年规上企业工业增加值增速的变异系数较 2013 年下降 9.41 个百分点，显示五大经济特区规上企业工业增加值增速的差距呈不断缩小的趋势（见图 7）。

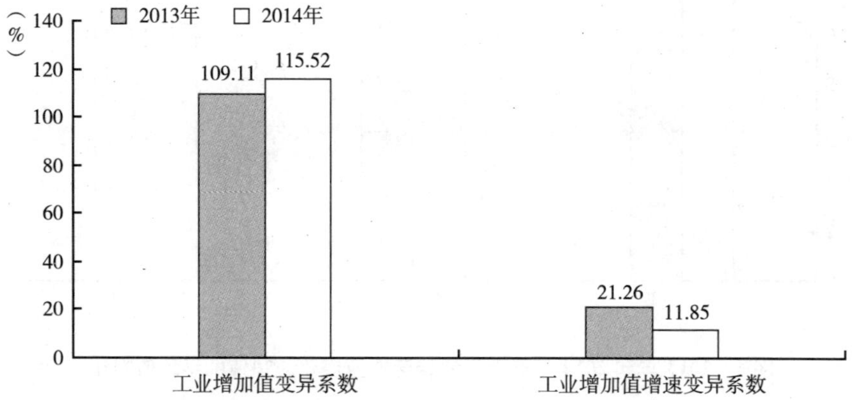

图 7　2014 年五大经济特区规上企业工业增加值及增速变异系数比较

2. 经济特区制造业效益比较

从规上工业企业利润总额指标来看，2014 年，深圳规上工业企业利润总额为 1562.04 亿元，同比增长 16.20%；珠海规上工业企业利润总额为 293.62 亿元，同比增长 18.20%；汕头规上工业企业利润总额为 161.90 亿元，同比下降 15.03%；厦门规上工业企业利润总额为 229.42 亿元，同比增长 0.4%；海南规上工业企业利润总额为 100.60 亿元，同比下降 8.90%（见图 8）。

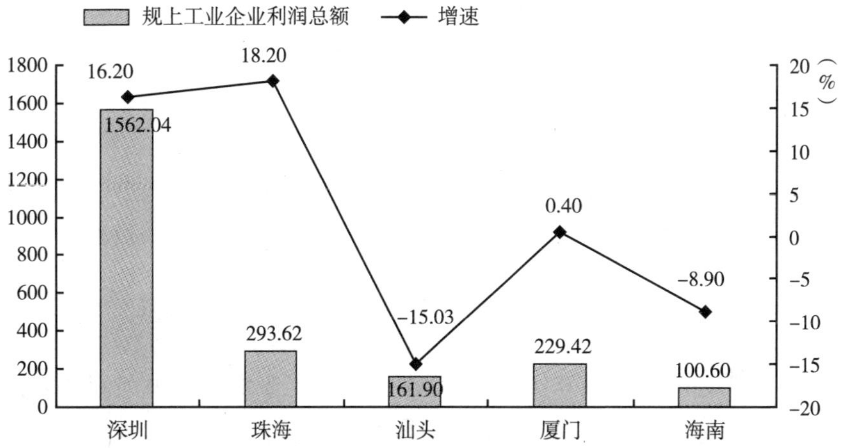

图 8　2014 年五大经济特区规上工业企业利润总额及增速比较

在五大经济特区中，深圳规上工业企业利润总额最高，分别是珠海、汕头、厦门和海南规上工业企业利润总额的 5.32、9.65、6.81 和 15.53 倍。从增速上看，珠海规上工业企业利润总额增速最快，达到 18.20%，其次是深圳，增速为 16.20%，汕头和海南规上工业企业利润总额均呈负增长态势。

对比 2013 年，除厦门外，深圳、汕头、珠海、海南 2014 年规上工业企业利润总额的增速均有所下滑。其中，汕头规上工业企业利润总额下滑幅度最大，达 31.03 个百分点，其次是珠海，规上工业企业利润总额增速下滑 17.20 个百分点，深圳、海南规上工业企业利润总额增速分别下滑 2.1 和 2.5 个百分点。从增速上看，2014 年，海南、汕头、厦门规上工业企业利润总额增速较低，说明工业转型面临较大压力（见图 9）。

利润总额是规上工业企业增加值中最具含金量的部分。为进一步分析五大经济特区的工业企业效益情况，引入工业增加值中利润总额比例这一指标进行分析。根据测算，2014 年，深圳工业增加值中利润总额比例为

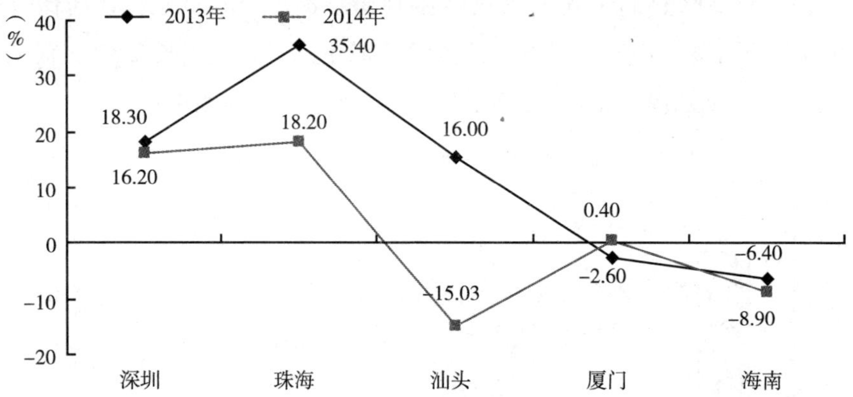

图9　2013年和2014年五大经济特区规上工业企业利润总额增速比较

24.03%，较2013年提高0.43个百分点；珠海工业增加值中利润总额比例为35.44%，较2013年提高2.08个百分点；汕头工业增加值中利润总额比例为19.80%，较2013年下降5.54个百分点；厦门工业增加值中利润总额比例为18.50%，较2013年下降0.02个百分点；海南工业增加值中利润总额比例为21.35%，较2013年提高0.58个百分点（见图10）。

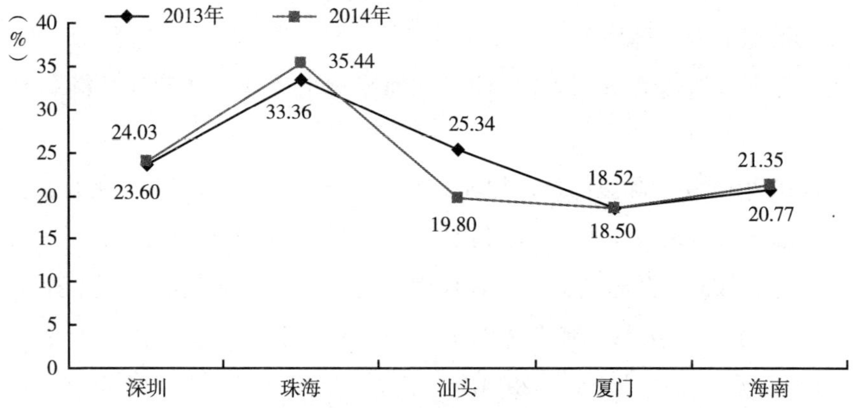

图10　2013年和2014年五大经济特区工业增加值中利润总额比例比较

3. 经济特区制造业能耗比较

从工业用电指标上看，2014年，深圳工业用电668.31亿千瓦时，同比增长6.79%；珠海工业用电84.18亿千瓦时，同比增长9.70%；汕头工业用电112.0亿千瓦时，同比增长8.30%；厦门工业用电112.19亿千瓦时，同比增长2.79%；海南工业用电122.70亿千瓦时，同比增长1.80%（见图11）。与2013年相比，深圳、汕头工业用电增速有所提高，珠海、厦门和海南工业用电增速下滑较快。

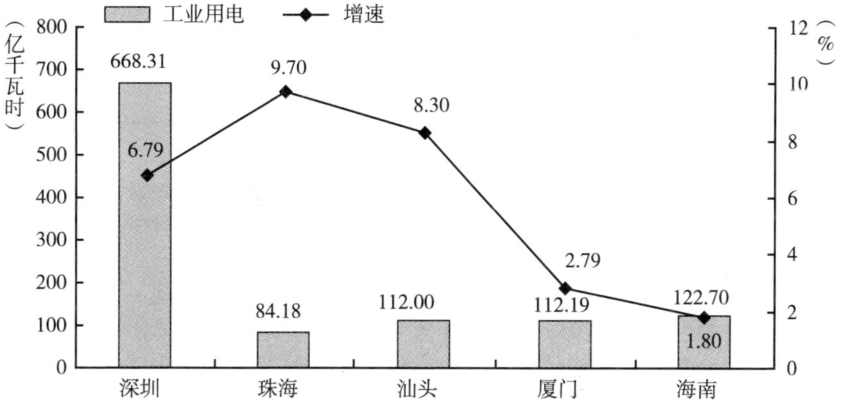

图11　2014年五大经济特区工业用电及同比增速比较

从单位工业增加值的用电量上看，2014年，深圳单位工业增加值用电0.10亿千瓦时，较2013年下降0.01亿千瓦时；珠海单位工业增加值用电0.10亿千瓦时，与2013年持平；汕头单位工业增加值用电0.17亿千瓦时，较2013年下降0.01亿千瓦时；厦门单位工业增加值用电0.09亿千瓦时，与2013年持平；海南单位工业增加值用电0.26亿千瓦时，较2013年上升0.02亿千瓦时。总体来看，海南和汕头单位工业增加值用电量较高，两特区单位工业增加值用电量是深圳、珠海、厦门的1.7~2.9倍，同时海南是唯一一个工业能耗上升的经济特区（见图12）。

4. 经济特区制造业产业转型投资动力比较

2014年，在全社会固定资产投资中，深圳工业投资520.57亿元，同比增长47.0%；珠海工业投资276.04亿元，同比增长15.60%；汕头工业投资503.64亿元，同比增长33.30%；厦门工业投资298.68亿元，同比增长

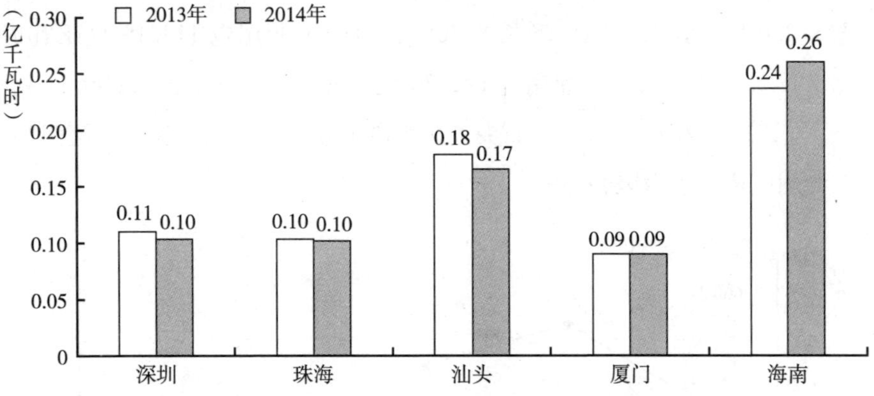

图 12　2013 年和 2014 年五大经济特区单位工业增加值用电量比较

9.90%；海南工业投资 340.40 亿元，同比增长 3.40%（见图 13）。

与 2013 年相比，深圳工业投资增速由负转正，且工业投资增长强劲，增速居五大经济特区之首。珠海工业投资增长势头减弱，增速较 2013 年下滑 20.6 个百分点。汕头、厦门工业投资快速攀升，工业投资增速分别较 2013 年提升 8.8 和 7.6 个百分点。海南工业投资步入颓势，工业投资增速较 2013 年大幅下滑 12.27 个百分点（见图 14）。

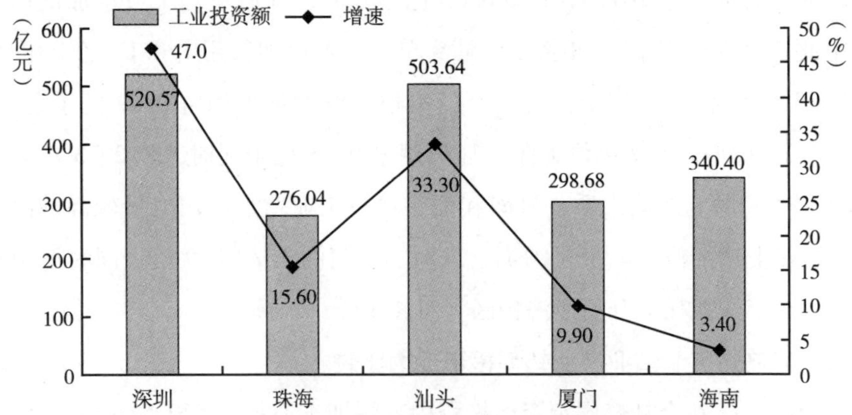

图 13　2014 年五大经济特区工业投资额及增速比较

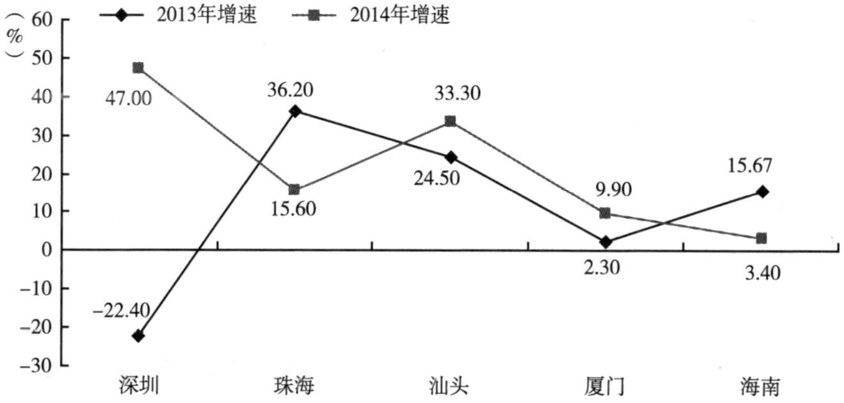

图 14　2013 年与 2014 年五大经济特区工业投资增速变动情况比较

从全社会固定资产投资的组成结构上看，深圳工业投资占全社会固定资产投资的 19.16%，较 2013 年增加 4.07 个百分点；珠海工业投资占全社会固定资产投资的 24.32%，较 2013 年减少 2.14 个百分点；汕头工业投资占全社会固定资产投资的 50.23%，较 2013 年减少 1.06 个百分点；厦门工业投资占全社会固定资产投资的 18.99%，较 2013 年减少 1.18 个百分点；海南工业投资占全社会固定资产投资的 11.20%，较 2013 年增加 2.22 个百分点。由此可见，汕头工业投资占全社会固定资产投资的比重最高，2014 年深圳和海南工业投资比重显著增加，工业投资动力有所增强（见图 15）。

（三）经济特区服务业产业转型分析

1. 经济特区服务业结构变化比较

按照国民经济统计行业分类，服务业主要包括交通运输、仓储和邮政业，批发和零售业，住宿和餐饮业，金融业，房地产业和其他服务业。根据五大经济特区服务业主要行业的数据，可以计算出 2014 年深圳、珠海、汕头、厦门和海南的服务业结构调整变化值分别为 2.61%、4.07%、2.34%、4.58% 和 8.07%。相较 2013 年，汕头、厦门、海南服务业结构调整变化值

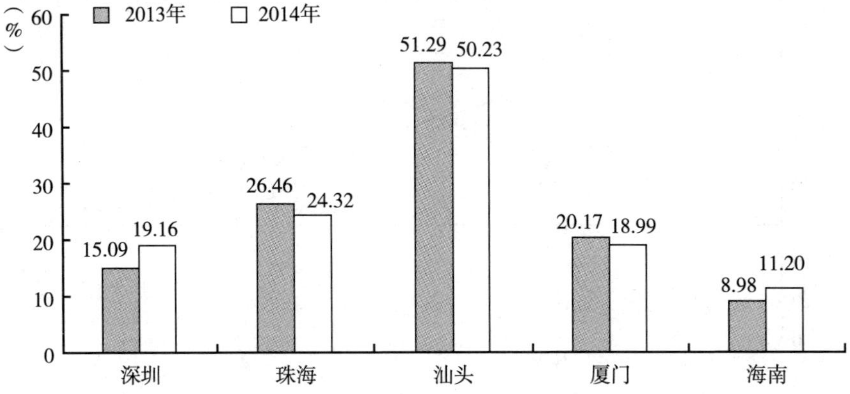

图 15　2013 年与 2014 年五大经济特区工业投资占全社会固定资产投资的比重比较

有所增大，说明这三个经济特区服务业内在结构较 2013 年发生了显著变化，而珠海、深圳服务业结构调整变化值有所减小，说明较 2013 年其服务业内在结构变化程度不高（见图 16）。

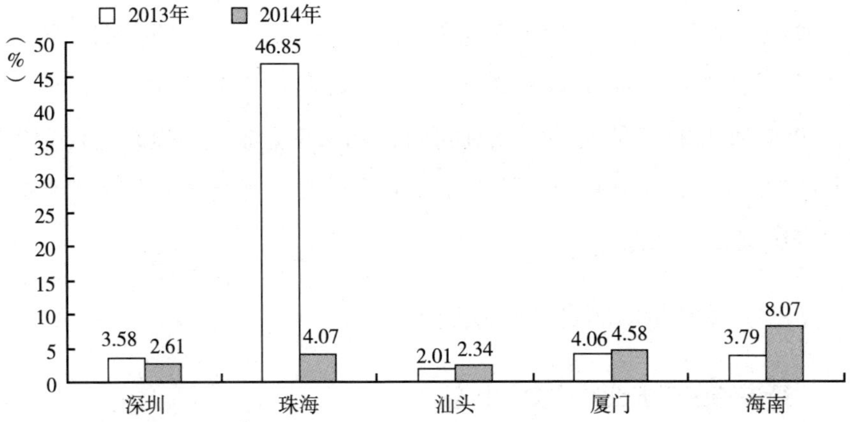

图 16　2013 年与 2014 年五大经济特区服务业结构调整变化值比较

分行业来看，将五大经济特区服务业六大行业的结构调整变化值相加，可以得到服务业六大行业的总体结构调整变化值。比较来看，其他服务业（主要包括营利性服务业和非营利性服务业）结构调整变化值最大，为

7.47%，其次是房地产业，结构调整变化值为6.15%；交通运输、仓储和邮政业，批发和零售业，住宿和餐饮业及金融业结构调整变化值较小。较2013年，服务业主要行业的结构调整变化值均有所降低，说明服务业主要行业在五大经济特区的调整变化幅度较小，显著低于2013年的水平（见图17）。

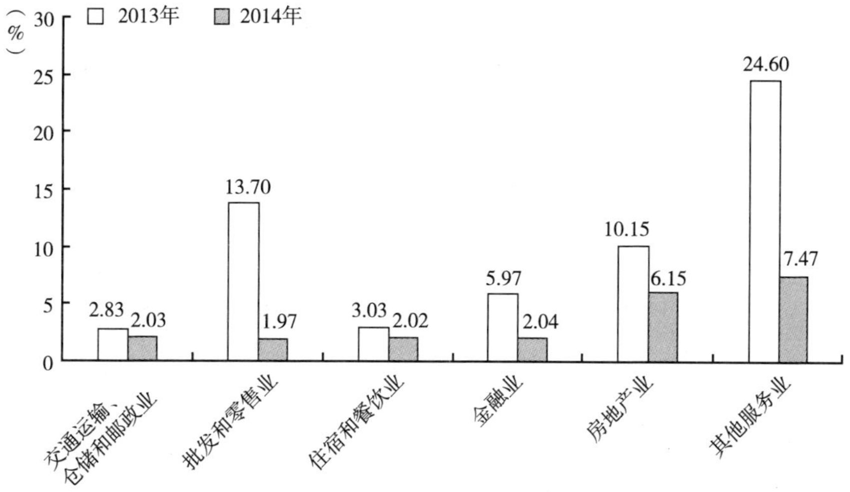

图17　2013与2014年五大经济特区服务业各行业结构调整变化值比较

2. 经济特区服务业行业变动比较

根据2014年五大经济特区服务业结构的各项数据，可以计算出各经济特区服务行业变化趋势值。从计算结果可以看出，服务业的六大组成行业中，交通运输、仓储和邮政业，批发和零售业及房地产业的变化趋势值小于1，说明这三大行业在服务业组成结构中呈收缩态势；住宿和餐饮业、金融业、其他服务业的变化趋势值大于1，说明这三大行业在服务业组成结构中呈扩张态势（见图18）。

具体到每个特区来看，深圳其他服务业的变化趋势值显著大于1，其他服务行业的变化趋势值小于1或者等于1，说明多数服务业细分领域呈收缩态势；珠海六大服务业细分行业中，住宿和餐饮业，交通运输、仓储和邮政业及其他服务业的变化趋势值大于1，其他三个细分行业的变化趋势值小于

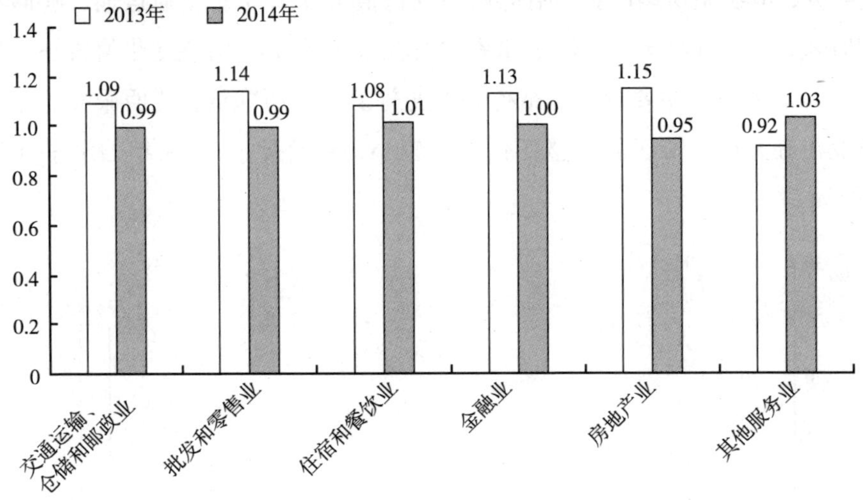

图 18　2013 年与 2014 年五大经济特区服务业行业变化趋势值比较

1；汕头其他服务业的变化趋势值大于 1，其他五个细分行业的变化趋势值小于 1 或者等于 1；厦门的交通运输、仓储和邮政业，金融业及其他服务业的变化趋势值大于 1，其他三个细分行业呈收缩状态；海南除房地产业和其他服务业的变化趋势值小于 1 外，其他四个行业均呈扩张状态。

三　经济特区产业转型能力测度

为系统评判五大经济特区产业转型进程，以下通过构建产业转型发展能力的定量评价指标体系，并采用熵值法，对各个经济特区的产业转型能力进行定量评价。

（一）评价指标体系设计及数据来源

1. 评价指标体系的设计

产业转型能力是产业成长水平、结构转换水平、规模水平、效益水平和支撑条件竞争力的综合体现。基于产业转型水平的表征因素，结合袁易明、周轶昆、闫振坤（2013）① 的研究，考虑到经济特区数据的可得性，确定经济特区产业转型评价指标体系如表 1 所示。

2. 数据来源

本评价指标体系的原始数据主要来源于 2012 ~ 2014 年各经济特区的统计公报，广东知识产权局、厦门知识产权局、海南知识产权局官方网站，相关指标数据由作者根据原始数据计算整理得到。

表 1　经济特区产业转型能力评价指标体系

评价目标	一级指标	二级指标
经济特区产业转型能力评价	产业成长水平	工业增加值同比增速
		现代服务业增速
		服务业投资增速
		工业投资增速
	结构转换水平	三次产业结构变化值
		服务业产业结构变化值
		第二产业结构变化趋势值
		第三产业结构变化趋势值
	规模水平	现代服务业产值
		工业利润产值
	效益水平	规上企业单位工业增加值能耗效率
		单位工业增加值中利润总额比例
	相关支撑条件（市场和技术创新条件）	高新技术产品出口贸易额
		专利授权数量

（二）评价过程

熵值法是客观赋权评价法的一种，其主要思想是基于各指标提供的信息量大小来确定指标权重。结合对五大经济特区产业转型能力的评价目的，按照熵值法评价步骤进行评价。

1. 标准化原始数据

由于经济特区产业转型能力评价指标体系中各评价指标的含义和计量单

① 袁易明、周轶昆、闫振坤：《中国经济特区产业转型发展报告》，载陶一桃主编《中国经济特区发展报告（2013）》，社会科学文献出版社，2014，第 39 页。基于数据的可得性和评价的系统性，对于“产业成长水平”评价指标进一步增设了“工业投资增速”二级指标。

位不同，为便于统一比较，将上述指标分两类进行无量纲处理，其中，规上企业单位工业增加值能耗效率指标属于“越小越优”类①指标，将其按照以下方法进行处理：

$$x'_{ij} = \frac{\max x_{ij} - x_{ij}}{\max x_{ij} - \min x_{ij}} \quad (0 \leqslant x'_{ij} \leqslant 1)$$

除此以外，其他指标均属于“越大越优”类指标，将其按照以下方法进行处理：

$$x'_{ij} = \frac{x_{ij} - \min x_{ij}}{\max x_{ij} - \min x_{ij}} \quad (0 \leqslant x'_{ij} \leqslant 1)$$

其中，各指标最小值和最大值的确定根据近三年各指标的极端值来确定。根据上述公式，将上述指标的原始数据进行正向化、无量纲处理，结果如表 2 所示。

表 2　2014 年五大经济特区产业转型能力评价指标的标准化数据

二级指标	深圳	珠海	汕头	厦门	海南
工业增加值同比增速	0. 2667	0. 5778	0. 4222	0. 5000	0. 6667
现代服务业增速	0. 6429	0. 4571	0. 1286	0. 3857	0. 3857
服务业投资增速	0. 2025	0. 6550	0. 9475	0. 4625	0. 3550
工业投资增速	0. 9863	0. 5562	0. 7986	0. 4781	0. 3890
三次产业结构变化值	0. 1975	0. 1290	0. 0310	0. 4687	0. 9071
服务业产业结构变化值	0. 0127	0. 0431	0. 0071	0. 0537	0. 1265
第二产业结构变化趋势值	0. 1819	0. 1899	0. 2016	0. 1634	0. 1020
第三产业结构变化趋势值	0. 3566	0. 3507	0. 3350	0. 3939	0. 4586
现代服务业产值	0. 9836	0. 0415	0. 0040	0. 2480	0. 2590
工业利润产值	0. 9747	0. 1291	0. 0413	0. 0863	0. 0004
规上企业单位工业增加值能耗效率	0. 8964	0. 9018	0. 6110	0. 9525	0. 1800
单位工业增加值中利润总额比例	0. 3349	0. 9691	0. 1003	0. 0276	0. 1861
高新技术产品出口贸易额	0. 8043	0. 0375	0. 0016	0. 0607	0. 0002
专利授权数量	0. 9939	0. 0941	0. 0981	0. 1450	0. 0056

① “越小越优”类指标即指标越小越能体现特区产业转型效果，与转型效果呈反向关系；反之，“越大越优”类指标即指标越大越能体现特区产业转型效果，与转型效果呈正向关系。

2. 计算熵值、差异性系数和权重

首先，确定每项指标下各评价单元的指标值比重，计算公式如下：

$$p_{ij} = \frac{x'_{ij}}{\sum_{i=1}^{n} x'_{ij}}$$

然后，计算每一项指标的熵值：

$$e_j = -k\sum_{i=1}^{n} p_{ij}\ln p_{ij}\text{，其中，}k = \frac{1}{\ln n}\text{。}$$

定义差异性系数：$g_j = 1 - e_j$，根据差异性系数计算权重：

$$a_j = \frac{g_j}{\sum_{i=1}^{m} g_j}$$

根据上述公式计算熵值、差异性系数和权重如表 3 所示。

表 3　各评价指标的熵值、差异性系数和权重

指标名称	熵值	差异性系数	权重
工业增加值同比增速	0.9739	0.0261	0.0082
现代服务业增速	0.9403	0.0597	0.0187
服务业投资增速	0.9250	0.0750	0.0235
工业投资增速	0.9644	0.0356	0.0112
三次产业结构变化值	0.7489	0.2511	0.0786
服务业产业结构变化值	0.7690	0.2310	0.0723
第二产业结构变化趋势值	0.9850	0.0150	0.0047
第三产业结构变化趋势值	0.9959	0.0041	0.0013
现代服务业产值	0.6170	0.3830	0.1199
工业利润产值	0.4500	0.5500	0.1722
规上企业单位工业增加值能耗效率	0.9344	0.0656	0.0205
单位工业增加值中利润总额比例	0.6981	0.3019	0.0945
高新技术产品出口贸易额	0.2675	0.7325	0.2293
专利授权数量	0.5361	0.4639	0.1452

3. 评价结果

根据上述熵值、差异性系数和权重，计算综合评价值：

$$v_i = \sum_{j=1}^{n} a_j p_{ij}$$

代入数据，可以得到2014年五大经济特区产业转型能力的评价结果，如表4所示。为便于比较各经济特区产业转型的进展，重复上述方法，也可以得到2013年五大经济特区产业转型能力的评价结果，如表5所示。

表4　2014年五大经济特区产业转型能力评价结果

各组成因子	深圳	珠海	汕头	厦门	海南
产业成长因子	0.0121	0.0140	0.0139	0.0111	0.0104
结构转换因子	0.0140	0.0200	0.0049	0.0384	0.0797
规模因子	0.2130	0.0213	0.0061	0.0314	0.0203
效益因子	0.0248	0.0618	0.0094	0.0071	0.0119
支撑条件因子	0.3119	0.0197	0.0111	0.0311	0.0007
合计	0.5758	0.1368	0.0453	0.1192	0.1229
排序	1	2	5	4	3

表5　2013年五大经济特区产业转型能力评价结果

各组成因子	深圳	珠海	汕头	厦门	海南
产业成长因子	0.0259	0.0302	0.0555	0.0158	0.0293
结构转换因子	0.0206	0.1712	0.0120	0.0489	0.0219
规模因子	0.1491	0.0167	0.0069	0.0230	0.0135
效益因子	0.0116	0.0273	0.0134	0.0038	0.0053
支撑条件因子	0.2485	0.0128	0.0104	0.0263	0.0002
合计	0.4556	0.2581	0.0983	0.1178	0.0702
排序	1	2	4	3	5

（三）经济特区产业转型能力评价分析

从2013年五大经济特区产业转型能力评价结果上看，按照熵值法和主成分分析法①对五大经济特区产业转型能力评价的结果完全一致，这同时也印证了客观赋权评价方法的科学性和稳定性。根据2012～2014年对五大经济特区产业转型能力评价的持续跟踪分析，整理出各经济特区每年产业转型能力综合评价得分排名，结果如表6所示。

表6　2012～2014年五大经济特区产业转型能力评价位次分析

年份	深圳	珠海	汕头	厦门	海南
2012年	第一位	第三位	第四位	第二位	第五位
2013年	第一位	第二位	第四位	第三位	第五位
2014年	第一位	第二位	第五位	第四位	第三位

从表6可以看出，最近三年来，深圳经济特区在产业转型能力评价中的排名相对稳定，而珠海、汕头、厦门、海南变动较大。珠海和海南经济特区产业转型能力呈逐步增强的态势。其中，珠海产业转型能力由2012年的第三位上升至2013年和2014年的第二位；海南在2012年和2013年连续两年处于产业转型能力评价末位的背景下，于2014年厚积薄发，实现了由末位到第三位的跨越。相比较而言，厦门和汕头产业转型能力则呈逐步下降的态势。其中，厦门从2012年以来，产业转型能力在五大经济特区中的排名每年下降一位，下降速度较快；而汕头则在2012年和2013年连续两年保持第四位的背景下，于2014年进一步下降到第五位，显示出两大经济特区产业转型的乏力。

分特区来看，由于规模因子和支撑条件因子的强力支撑，深圳产业转型能力得分显著高于其他四大经济特区。从得分上看，深圳产业转型能力综合得分是其他四个经济特区的数倍，显示出其他四大经济特区与深圳之间的巨大差距。从构成产业转型能力的五大因子来看，规模因子

① 基于主成分分析法评价的结果见袁易明、周轶昆、闫振坤：《中国经济特区产业转型发展报告》，载陶一桃主编《中国经济特区发展报告（2014）》，社会科学文献出版社，2014，第44页。

和支撑条件因子为深圳贡献了91.16%的得分。相较2013年，深圳规模因子、效益因子、支撑条件因子得分均有所提高，规模因子和支撑条件因子在五大特区中的优势进一步凸显。相较其他四个经济特区，由于深圳产业转型起步早且较为成功，又历经多年高速发展，深圳产业持续快速增长，已由产业结构加速调整的阶段逐步向平稳成熟阶段转换，所以产业成长因子和结构转换因子得分有所降低。未来，随着其他四大经济特区产业规模扩张的不断推进，深圳要巩固在五大经济特区中的优势地位仍需寻找更多新的增长点。

珠海在2014年经济特区产业转型能力评价中居第二位。与深圳相比，虽然珠海在产业成长因子、结构转换因子、效益因子三项指标上都有显著优势，但在规模因子和支撑条件因子上表现较弱。规模因子和支撑条件因子的主要决定因素是产业规模、市场条件和创新，珠海在这两个因子上得分较低恰恰反映出珠海在产业创新驱动发展和做大做强产业方面与深圳存在巨大差距。相较2013年，珠海在综合得分上呈现出显著下滑的态势。从各组成因子上看，规模因子、效益因子和支撑条件因子是维持珠海产业转型能力得分的主要因素，三者较2013年均有所提升。产业成长因子、结构转换因子得分较2013年下滑明显，是造成2014年珠海产业转型能力综合得分下滑的主要原因，同时也说明2014年珠海产业成长速度与结构转换速度较2013年显著放缓。与深圳类似，未来要实现产业的持续发展和结构的快速转型，珠海仍需深入挖掘产业发展的内在潜力并寻找更多的产业转型着力点。

汕头在2014年经济特区产业转型能力评价中下滑至第五位。相较其他四大经济特区，汕头在产业成长因子、结构转换因子、规模因子、效益因子、支撑条件因子方面均没有优势，产业转型动力明显不足。相较2013年，汕头除支撑条件因子得分略有增加外，其他四个因子得分均显著下滑，显示其产业转型缺乏成效。未来要实现产业的转型升级，汕头仍需在加速产业成长、结构转换等多方面寻找突破口。

厦门在2014年经济特区产业转型能力评价中居第四位。除深圳外，厦门在规模因子和支撑条件因子方面具有一定优势，但在产业成长因子、效益因子上表现较弱。相较 2013 年，厦门尽管在综合得分上有所提高，但在五大经济特区中的排名下降一位。从综合得分的各组成因子上看，相较 2013 年，厦门产业转型能力评价体系中规模因子、效益因子、支撑条件因子得分均有一定程度的提高，而产业成长因子和结构转换因子得分有所下滑，显示出厦门在产业规模和效益提升、创新驱动发展方面取得了一定成效，但产业成长的速度和结构转换的程度尚不显著，未来“稳增长、调结构”方面的工作仍需进一步强化。

海南在 2014 年经济特区产业转型能力评价中居第三位。与 2013 年相比，海南在五大经济特区产业转型能力综合得分和排名方面均有很大提升。海南在结构转换因子方面具有显著优势，而在产业成长因子和支撑条件因子方面得分较低，均居于五大经济特区末位，显示出海南在产业转型过程中虽然结构转型成效突出，但在产业创新驱动发展、市场拓展等方面短板明显，甚至还与其他四个经济特区有巨大差距。从综合得分的各组成因子上看，相较 2013 年，海南结构转换因子、规模因子、效益因子、支撑条件因子得分均有较大程度的提高，但产业成长因子得分有所下滑，说明未来海南要加快产业转型升级，仍要不断挖掘产业增长的潜力。

四　经济特区产业转型发展的政策建议

（一）坚持创新驱动发展战略，推动特区产业深度转型

自中国经济特区设立以来，至今已有三十余年。在这三十多年的发展过程中，中国经济特区见证了中国改革开放以来迅速崛起的辉煌，但近年来却面临着“特区不特”、增速下滑、转型乏力等突出问题。时至如今，一些经济特区的制度优越性已经越来越弱，特区与非特区之间的产业趋同性越来越明显，中国经济特区的产业转型已经步入一个非常关键的时期。事实上，当

前经济特区面临的产业转型问题同样也是中国经济发展的全局性和根本性问题，只不过产业转型问题在很多经济特区的发展进程中较早出现，但是到目前为止，一些经济特区在探索产业转型方面仍然举步维艰。党的十八大会议以来，党中央审时度势，提出了要加快实施“创新驱动发展战略”。在此背景下，经济特区的产业转型面临着更大的紧迫性。从本报告研究所构造的产业转型能力评价体系上看，产业创新驱动发展的要义是和特区产业转型能力紧密联系在一起的，没有创新驱动，产业的持续成长、结构演进、规模扩张、效益提升和市场拓展都是无源之水、无本之木。因此，在未来经济特区的产业转型发展中，仍需将创新驱动摆在优先位置，肩负时代使命，通过创新驱动，不断增强特区的产业转型能力，不断发挥引领全国产业转型的作用。

（二）突破产业转型发展薄弱环节，增强特区产业转型能力

在产业转型过程中，不同的经济特区处于不同的发展阶段，同时也会面临不同的问题和挑战，这在产业转型能力评价的因子得分上也会有所体现。如深圳虽然在规模和转型支撑条件上具有较强优势，但产业成长因子和结构转换因子得分近两年持续下滑，显示出未来随着产业转型的深入推进，深圳仍需不断寻找新的产业转型着力点和产业增长点。珠海虽然在产业转型能力评价得分上仅次于深圳，但在产业规模、市场条件和创新驱动方面与深圳有较大差距，未来产业转型仍需深入挖掘创新潜力。2014 年海南虽然在产业转型能力评价综合得分和排名方面有很大提升，但在产业创新发展、市场拓展等方面短板明显，甚至还与其他四个经济特区有巨大差距。汕头、厦门两个经济特区在产业转型方面进展乏力，近两年其产业转型能力评价排名不断下移更需警惕。综上所述，五大经济特区当前在产业转型过程中仍面临诸多瓶颈，对此各主要经济特区需从自身实际出发，不断寻找契合自身发展阶段的模式和路径，努力构建符合自身发展特点的产业创新体系。

参考文献

[1]《深圳市 2014 年国民经济和社会发展统计公报》，深圳市统计局网站，2015。
[2]《珠海市 2014 年国民经济和社会发展统计公报》，珠海市统计局网站，2015。
[3]《汕头市 2014 年国民经济和社会发展统计公报》，汕头市统计局网站，2015。
[4]《厦门市 2014 年国民经济和社会发展统计公报》，厦门市统计局网站，2015。
[5]《海南省 2014 年国民经济和社会发展统计公报》，海南省统计局网站，2015。

B.3

中国经济特区资源效率与可持续发展报告*

钟若愚　彭新才　管志贵**

自然资源不仅因其具有经济价值而应得到保护与使用，更因其未来价值具有不确定性而必须保存未来的选择机会，选择价值始终是理解资源与城市可持续发展的一个核心理念。本报告在物质流分析基础上，通过构建区域与城市层面资源效率研究指标，解读中国五大经济特区资源效率和可持续发展问题。

一　区域与城市层面物质流分析与资源效率分析框架

物质流分析是度量可持续发展的一种有效方法，从城市、区域和国家等多个层面，均可作为度量资源消耗以及经济增长质量的尺度，这也为研究资源效率与可持续发展问题提供了一种新的视角。①

（一）区域与城市层面的物质流分析框架

物质流分析从经济系统的物质投入、消耗和流动状况进行分析，得到了简洁的衡量资源投入与消耗状况的指标，从而拓展了可持续发展研究的方法。

---

* 本报告为教育部人文社科重点研究基地重大项目（10JJDZONGHE019）的阶段性成果。

** 钟若愚，深圳大学中国经济特区研究中心教授、博士生导师，深圳市应用经济研究会会长；彭新才，深圳大学中国经济特区研究中心硕士研究生；管志贵，深圳大学中国经济特区研究中心博士研究生。

① 参见钟若愚《自然资源价值与效率问题研究》，《求索》2008 年第 5 期；钟若愚《中国资源生产率和全要素生产率研究》，《经济学动态》2010 年第 7 期。

物质流分析方法在区域和城市层面与国家层面研究的尺度上存在差异，而国内现有的城市 MFA 研究大多基于欧盟导则这一框架，如黄晓芬等（2007）[①]、钟若愚（2008）[②] 使用欧盟导则分别对上海市、深圳市进行了城市物质流分析。

本报告延续一个简化的物质流分析框架以探讨区域和城市层面的资源效率问题。[③] 本报告着重研究区域与城市层面与工业化发展相关的物质资源利用问题，考虑城市边界系统的界定、城市物质资源使用数据的可得性等因素，对直接物质输入指标进行简化分类，如表 1 所示。

表 1　城市物质流分析的简化框架：直接物质输入指标的分类

<table>
<tr><th>指标</th><th>大类</th><th>构成项目</th><th>细分指标</th><th>主要内容</th></tr>
<tr><td rowspan="2">输入指标
DMI</td><td rowspan="2">直接物质输入 =
本地投入 + 外地调入
$DMI = DE + I$</td><td rowspan="4">本地投入 *DE*</td><td>1. 化石燃料</td><td>(1)原煤
(2)原油
(3)天然气</td></tr>
<tr><td>2. 工业金属矿物</td><td>(1)铁矿石
(2)铝矿石
(3)铜矿石
(4)其他</td></tr>
<tr><td rowspan="4">消耗指标
DMC</td><td rowspan="4">直接物质消耗 =
直接物质输入 -
本地调出
$DMC = DMI - E$</td><td>3. 工业非金属矿物</td><td>(1)化学化工原料
(2)初级形态的塑料
(3)玻璃、水泥等
(4)其他</td></tr>
<tr><td>4. 生物质</td><td>(1)农作物
(2)林产品
(3)水产品
(4)畜产品</td></tr>
<tr><td>调入(进口)*I*</td><td colspan="2">化石燃料;工业矿物;生物质</td></tr>
<tr><td>调出(出口)*E*</td><td colspan="2">化石燃料;工业矿物;生物质</td></tr>
</table>

注：①城市物质流分析框架借鉴国家物质流分析框架，对应于国家层面的进、出口，城市层面上则称为调入、调出；②以上简化框架最初来源可参考钟若愚、庄伟锋《中国经济特区资源效率与可持续发展报告》，载陶一桃主编《中国经济特区发展报告（2012）》，社会科学文献出版社，2013，第 41 ~47 页。

① Huang X. F. , Zhu D. J. , "Material Input Analysis of Shanghai Economic and Environmental System", *China Population*, *Resources and Environment*（3）2007.

② 钟若愚：《深圳资源生产率的变迁及其影响》，《开放导报》2008 年第 4 期。

③ 钟若愚、彭新才：《中国经济特区资源效率与可持续发展报告》，载陶一桃主编《中国经济特区发展报告（2014）》，2014。

（二）基于物质流分析的资源效率指标

资源生产率指标 $P_{resource}$ 可以用经济社会发展的价值量 *Value*（一般是GDP总量）和资源实物量 *Material* 的比值来衡量：

$$P_{resource} = \frac{Value}{Material} \tag{1}$$

目前衡量自然资源生产率最常采用的简化指标被称为Pearce指标：$P_{Pearce} = \frac{V_{output}}{M_{input}}$，这里 V_{output} 是价值形态的产出量，M_{input} 是物质资源投入量（materials input）。

综合考虑物质流体系和国民经济核算体系，构建一系列衍生指标，主要包括以下三类：①物质投入指标，如资源使用强度、资源生产率；②物质消耗指标，如资源消耗强度与资源消耗产出率；③物质排放指标，如物质排放强度与物质排放产出率等。在资源生产率指标基础上建立起基于物质流分析的资源效率分析框架，通过该分析框架，综合考察社会经济系统的物质输入、消耗和输出情况，将经济系统输入端的物质流作为重点进行研究。

二　中国五大经济特区物质流分析及结果

（一）数据来源及处理

本报告数据来自五大经济特区的统计年鉴以及相关调研数据。

由于五大经济特区系统界面存在数据匮乏、获取成本过高等问题，本报告数据处理的过程遵循以下假设：①对某种物质的消费需求，如果本地有生产，则优先选择本地生产；②本地生产的某种物质如果供过于求，则假设其调入为零；③若本地物质产出无法满足本地需求量，则假定其调出为零。除海南省之外，其他经济特区的化石燃料、工业金属矿物、工业非金属矿物均处于内部供给不足、需从外部调入或进口的状态，可依据假设③进行数据处理。

五大经济特区主要类别的物质流数据处理如下。

①化石燃料、工业金属矿物、工业非金属矿物均由市外引进，本地基本上没有开采。化石燃料、工业金属矿物、工业非金属矿物以年产量代表，化石燃料由原煤、原油和天然气三部分组成，数据取自历年统计年鉴。②工业金属矿物主要涵盖铁、铝、铜矿石及其他，本报告采用可获得的成品钢材及个别年份的进口铁矿石、铝材等数量进行计算[①]，从相应统计年鉴得到产品产量数据，通过投入产出关系，计算其原矿需求量。基于上述对本地产量供不应求的假定，可令直接物质投入量 = 本地开采量 + 外地调入量，原矿需求量也即本地开采量 + 外地调入量，因此原矿需求量等于直接物质投入量。此外，本报告不计算矿产资源开采的生态包袱数值。③生物质以农作物、林产品、水产品、畜产品等为代表。本报告根据主要生物质本地人均消费量水平对生物质消耗量进行估算。

（二）物质流分析初步结果

DMI 指标反映了经济增长过程中直接物质投入总量的情况。本报告基于物质流分析框架与基本指标，利用各经济特区历年相关数据，计算表征各特区经济发展过程中物质资源投入的直接物质输入指标 DMI。

1. 历年 DMI 总量、人均 DMI 及其变化

表 2 和图 1 为 1996 ~ 2014 年各经济特区 DMI 总量变化情况，在所考察的五大经济特区中，海南省直接物质消耗总量远高于其他特区，DMI 总量较低的是厦门和珠海。

---

① 根据铝矿石含铝量 40%、1 吨粗钢需要 1.6 吨含铁量为 62% 的铁矿石等技术指标进行换算。

表 2　1996～2014 年五大经济特区直接物质输入指标（DMI）情况

单位：万吨

年份	直接物质输入(DMI)				
	海南	深圳	厦门	汕头	珠海
1996	1327.0	1150.4	211.4	647.4	267.6
2000	1829.4	1340.2	313.0	605.7	443.9
2005	2285.4	1743.0	571.0	745.6	641.7
2006	2599.8	1889.3	679.8	771.5	691.2
2007	2843.3	1910.8	674.6	771.1	932.3
2008	2996.5	1863.5	766.5	760.4	1031.0
2009	3397.8	1787.3	768.1	873.6	1052.2
2010	3844.0	1861.3	944.1	1177.6	1123.0
2011	4512.8	2024.7	1049.1	1288.8	1144.1
2012	4827.4	1912.1	1109.5	1200.7	1065.5
2013	5232.7	1850.5	1204.5	1440.8	1123.7
2014	5375.1	1860.8	1270.0	1573.9	1181.5

资料来源：根据本研究物质流分析简化框架计算整理得到；依据最新年鉴对 2013 年及之前数据进行了修正。

从资源消耗增长情况看，厦门 DMI 总量从 1996 年的 211.4 万吨增长到 2014 年的 1270.0 万吨，1996～2014 年年均增长速度为 10.5%；DMI 年均增速最低的是深圳（2.7%），海南、汕头和珠海的 DMI 年均增速分别为 8.1%、5.1%和 8.6%。

从历年变化情况看，海南 2009 年、2010 年 DMI 指标分别比上年增长 13.39%、13.13%，分析其 DMI 构成的增长情况可知，DMI 增长均主要来自工业非金属矿物的增长，两年增长率分别高达 26.1%、32%。

深圳 1998 年 DMI 指标比上年下降 11.54%，分析其 DMI 构成发现，当年工业金属矿物使用量较上年下降 18.8%，工业非金属矿物使用量占 DMI 总量比重较上年下降 25.9%（见图 2）。

2. 人均 DMI 指标及其比较

人均 DMI 指标反映各特区经济增长过程中物质资源消耗的人均投入

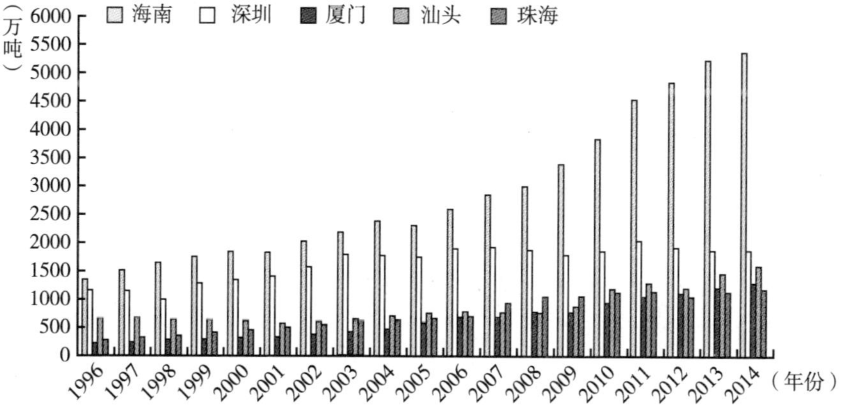

图 1　1996 ~ 2014 年五大经济特区 DMI 指标比较

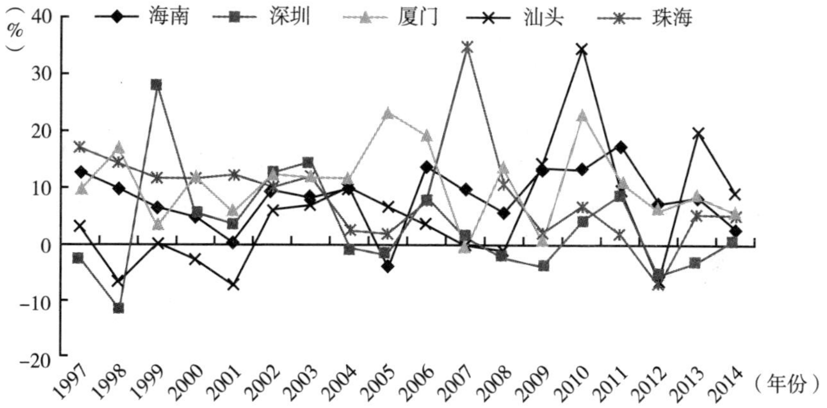

图 2　1997 ~ 2014 年各经济特区 DMI 指标增长率

水平。从表 3 可见，珠海人均 DMI 在各经济特区中最高，2014 年高达 7.32 吨/人；2014 年人均 DMI 指标较低的两个经济特区是深圳（1.73 吨/人）和汕头（2.86 吨/人）。厦门人均 DMI 在 1996 年为 1.1 吨/人，是当时各经济特区中最低的；但到 2014 年已上升至 3.33 吨/人，高于深圳、汕头两地。

表 3　各经济特区 1996 ~ 2014 年人均 DMI 指标比较

单位：吨/人

年份	人均 DMI				
	深圳	汕头	厦门	海南	珠海
1996	2.38	1.52	1.10	1.86	2.82
2000	1.91	1.29	1.53	2.40	3.59
2005	2.11	1.51	2.09	2.76	4.53
2006	2.17	1.54	2.30	3.11	4.78
2007	2.09	1.52	2.22	3.36	6.32
2008	1.95	1.48	2.35	3.51	6.82
2009	1.80	1.67	2.33	3.93	6.83
2010	1.79	2.18	2.65	4.43	7.19
2011	1.93	2.38	2.91	5.14	7.30
2012	1.81	2.20	3.02	5.45	6.73
2013	1.74	2.63	3.23	5.84	7.07
2014	1.73	2.86	3.33	5.95	7.32

注：人均指标用历年常住人口数计算。

从图 3 可知，珠海人均 DMI 一直高于其他四个特区。厦门、海南和汕头的人均 DMI 总体表现出上升的趋势，而深圳的人均 DMI 表现出平缓下降的趋势。

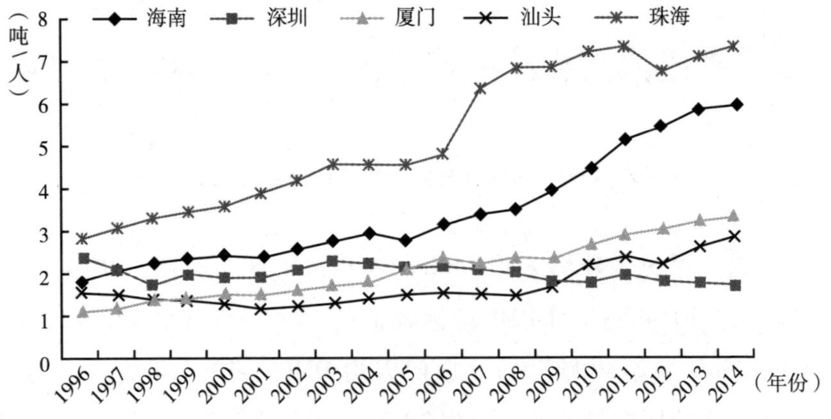

图 3　1996 ~ 2014 年五大经济特区人均 DMI 指标变化

从人均 DMI 年均增速来看，在考察期间，海南、厦门、珠海三地人均 DMI 的年均增速在五个经济特区中居于高位（分别为 6.68%、6.34%、5.44%），汕头的人均 DMI 增长平稳（3.57%），只有深圳的人均 DMI 有所减少，减少了 1.76%（见表 4）。

表 4　1996～2014 年各特区人均 DMI 及其年均增速比较

单位：吨/人，%

年份＼人均 DMI	厦门	汕头	海南	深圳	珠海
1996 年	1.10	1.52	1.86	2.38	2.82
2014 年	3.33	2.86	5.95	1.73	7.32
年均增速	6.34	3.57	6.68	-1.76	5.44

资料来源：根据本研究物质流分析结果计算整理得到。

1996～2014 年，深圳 DMI 总量年均增速仅为 2.7%，为各特区中的最低值，同期常住人口年均增速却高达 4.6%，因此人均 DMI 指标逐步降低。这说明深圳进入人均直接物质输入逐步下降的阶段，近年来深圳经济增长过程对物质资源需求放缓的趋势越发明显。

（三）典型特区资源利用构成分析

1996～2014 年，深圳、珠海两地 DMI 结构变化具有较为鲜明的特征。

从深圳 DMI 构成来看，第一，近年来工业金属矿物占 DMI 比重持续下降。1996～2004 年，工业金属矿物所占比重基本稳定，从 2004 年开始逐年下降，2004 年工业金属矿物所占比重为 47.4%，2014 年下降到 15.2%。

第二，化石燃料所占比重持续缓慢增大，1996 年化石燃料占 DMI 比重为 8.6%，2014 年其所占比重仍高达 42.3%。深圳的人口集聚程度较大，同时也遭遇资源、环境压力和约束，化石燃料投入的不断增长从一个侧面反映出深圳实现可持续性发展所面临的困境。

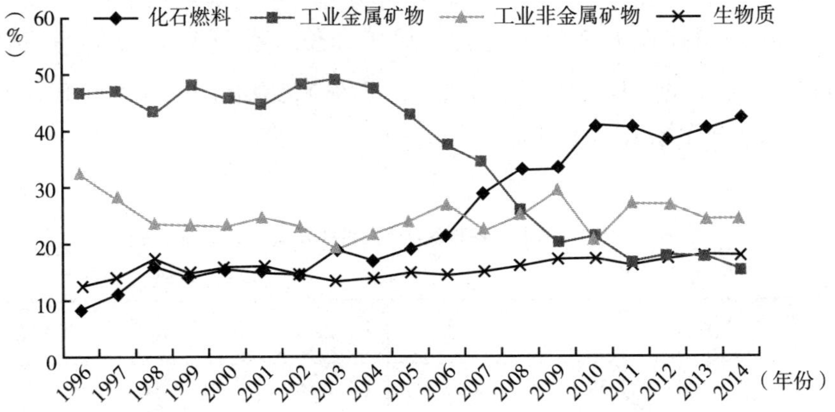

图 4　1996 ~ 2014 年深圳直接物质输入指标 DMI 的构成变化

珠海直接物质输入总量由 1996 年的 267.6 万吨上升到 2014 年的 1181.5 万吨，年均增长 8.6%。从其 DMI 构成中发现，化石燃料在整体中所占比重表现出平稳上升后又平稳下降的趋势。工业金属矿物所占比重由 1996 年的 19.7% 上升到 2014 年的 35.7%。生物质在整体中所占比重保持下降的趋势，由 1996 年的 41.2% 降至 2014 年的 7.7%（见图 5）。

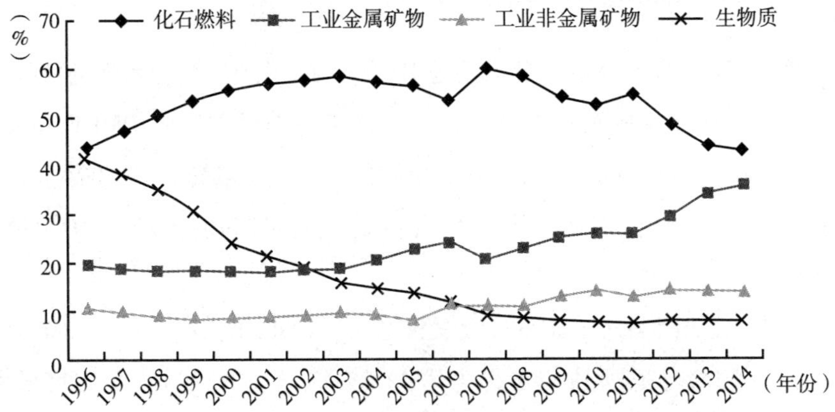

图 5　1996 ~ 2014 年珠海直接物质输入指标 DMI 的构成变化

三 2014年五大经济特区资源投入、资源效率比较

（一）2014年五大经济特区资源投入及其构成比较

各经济特区2014年直接物质输入总量DMI指标从高到低依次为海南（5375.1万吨）、深圳（1860.8万吨）、汕头（1573.9万吨）、厦门（1270.0万吨）、珠海（1181.5万吨）；表征人均直接物质输入水平的人均DMI指标将人口总量因素排除，较为明确地反映出各特区经济发展所消耗资源的情况。人均直接物质输入指标从高到低依次为珠海（7.3吨/人）、海南（5.9吨/人）、厦门（3.3吨/人）、汕头（2.9吨/人）、深圳（1.7吨/人）（见表5）。

表5 2014年各特区DMI及人均DMI等指标比较

指标	DMI（万吨）	人均DMI（吨/人）	资源生产率（元/吨）	GDP（亿元）	年末常住人口（万人）	人均GDP（万元）	人均GDP（美元）
海南	5375.1	5.9	4326.1	2325.3	903.5	2.57	4206
深圳	1860.8	1.7	67871.3	12629.4	1077.9	11.72	19148
汕头	1573.9	2.9	10308.4	1622.5	551.0	2.94	4812
珠海	1181.5	7.3	13909.9	1643.5	161.4	10.18	16639
厦门	1270.0	3.3	24054.2	3054.8	381.0	8.02	13103

资料来源：根据本研究物质流分析框架及相关数据计算整理；GDP及人均GDP以2000年不变价计算；人均GDP（美元）用2014年底人民币对美元中间价计算。

因部分省市对其常住人口数、GDP等进行了调整，以及在计算过程中个别数据存在出入，特将2013年各经济特区DMI及人均DMI等指标进行调整、修订和重新计算，见表6。

从资源投入的构成情况看（见表7），2014年各经济特区除海南之外DMI构成中占比最大的均为化石燃料。其次是工业非金属矿物和工业金属矿物，其中海南、深圳、汕头的工业非金属矿物消耗比工业金属矿物多，珠海

表 6 2013 年各特区 DMI 及人均 DMI 等指标的调整、修订

指标	DMI（万吨）	人均 DMI（吨/人）	资源生产率（元/吨）	GDP（亿元）	年末常住人口（万人）	人均 GDP（万元）	人均 GDP（美元）
海南	5232.7	5.8	4095.6	2143.1	895.3	2.39	3830
深圳	1850.5	1.7	62721.2	11606.4	1062.9	10.92	17471
汕头	1440.8	2.6	10331.1	1488.5	547.9	2.72	4347
珠海	1123.7	7.1	13259.5	1490.0	159.0	9.37	14991
厦门	1204.5	3.2	23225.3	2797.4	373.0	7.50	12000

注：根据相关统计年鉴数据进行调整、修订和重新计算。

和厦门与之相反。工业金属矿物与非金属矿物合计占比情况从高到低依次为海南（占 DMI 比重为 50.3%）、珠海（占 DMI 比重为 49.4%）、厦门（占 DMI 比重为 45.5%）深圳（占 DMI 比重为 39.6%），而汕头（占 DMI 比重为 34.4%）相对较低。

表 7 2014 年各经济特区 DMI 构成比较

指标	DMI（万吨）	化石燃料（%）	工业金属矿物（%）	工业非金属矿物（%）	生物质（%）	人均 DMI（吨/人）
海南	5375.1	31.5	11.7	38.6	18.2	5.9
深圳	1860.8	42.4	15.2	24.4	18.0	1.7
汕头	1573.9	50.5	13.0	21.4	15.0	2.9
珠海	1181.5	42.8	35.7	13.7	7.7	7.3
厦门	1270.0	44.8	31.1	14.4	9.7	3.3

资料来源：根据本研究的物质流分析框架及相关数据计算整理。

（二）2014年五大经济特区资源生产效率比较

为便于比较，以 2000 年不变价格 GDP 计算资源生产率。计算结果表明，自 1996 年以来，各经济特区资源生产效率总体呈上升趋势（见表 8）。相比 2013 年，2014 年只有汕头的资源生产率降低，其他四大特区均有所增长。2014 年，深圳资源生产率最高（6.79 万元/吨），以下依次为厦门（2.41 万元/吨）、珠海（1.39 万元/吨）、汕头（1.03 万元/吨）、海南（0.43 万元/吨）。

表8　1996～2014年各经济特区资源生产率指标

单位：元/吨

年份	海南	汕头	珠海	厦门	深圳
1996	2897.4	4519.5	8084.3	13161.0	10639.9
2000	2879.7	7432.0	7487.8	16034.4	16322.0
2005	3727.4	8422.2	9894.0	17948.0	26738.9
2006	3709.2	9083.7	10664.9	17668.3	28754.9
2007	3927.3	10270.7	9251.1	20830.3	32649.2
2008	4110.4	11507.8	9136.4	20807.8	37532.9
2009	4049.1	11089.4	9538.8	22426.0	43301.8
2010	4151.7	9369.3	10086.7	21001.2	46639.1
2011	3960.8	9588.7	11014.3	21753.0	47184.4
2012	4039.6	11269.6	12653.6	23047.0	54938.8
2013	4095.6	10331.1	13259.5	23225.3	62721.2
2014	4326.1	10308.4	13909.9	24054.2	67871.3

资料来源：根据本研究的物质流分析结果计算整理得到，其中资源生产率指标均采用2000年不变价GDP计算，部分年份数据有调整。

四　五大经济特区资源效率与可持续发展分析

由于数据可得性问题，目前在物质流分析基础上引入全要素生产率指标以进一步研究各经济特区可持续发展问题依然存在困难，因此本报告以资源生产率等指标为依据，结合人口、经济、资源消耗之间的关联对资源效率与可持续发展问题进行解析。

（一）1996～2014年各经济特区资源生产率

1996～2014年各特区资源生产率指标的变化情况见图6。

1996年厦门的资源生产率水平在各经济特区中最高，为1.32万元/吨，其次为深圳（1.06万元/吨）。到2014年，深圳的资源生产率水平达到6.79万元/吨，1996～2014年年均增长10.8%；厦门资源生产率水平在2014年

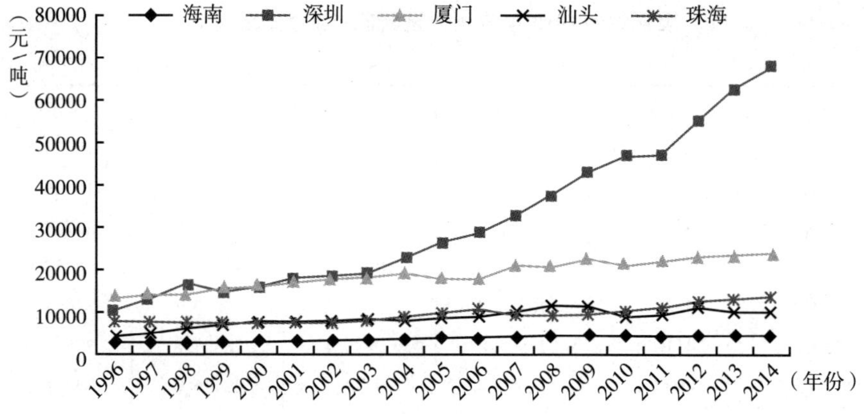

图 6　1996～2014 年各特区资源生产率水平比较

达到 2. 41 万元/吨，1996～2014 年年均增长 3. 4%。

各经济特区资源生产率增长速度见图 7，1996～2014 年，深圳资源生产率平均增速高达 10. 8%，其他四大经济特区资源生产率增长速度不太稳定。

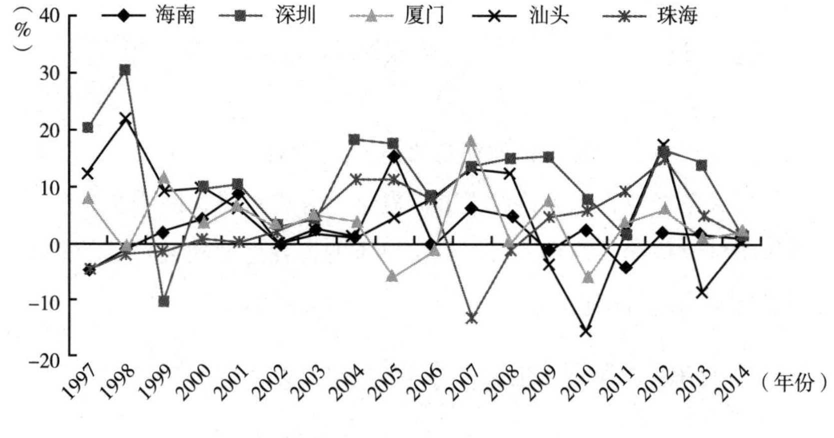

图 7　1997～2014 年各经济特区资源生产率增长速度比较

珠海、海南两地资源生产率年均增速在各经济特区中较低，年均增速分别为 3. 1%、2. 3%，见表 9。

表 9　1996 年和 2014 年各特区资源生产率及其年均增速比较

单位：元/吨，%

项目	海南	珠海	厦门	汕头	深圳
1996 年	2897.4	8084.3	13161.0	4519.5	10639.9
2014 年	4326.1	13909.9	24054.2	10308.4	67871.3
年均增速	2.3	3.1	3.4	4.7	10.8

资料来源：根据本研究物质流分析结果计算整理得到。

（二）经济特区资源效率与可持续发展

综合考虑人口、资源消耗和经济增长因素，一方面，通过 1996 ~ 2014 年直接物质输入总量增长比较可知，各经济特区直接物质输入总量的增长总体保持在较高水平，海南、珠海、厦门的增长速度较高（见表 10），深圳、汕头的增长速度也分别达到 2.7%、5.1%。另一方面，通过资源生产率等指标的年均增速比较可知，各经济特区资源生产率的增长水平以深圳为最高，年均增长 10.8%，通过进一步提升资源效率水平，经济特区的发展将步入通过效率提升改善其持续性的发展阶段。

表 10　1996 ~ 2014 年各经济特区主要指标年均增长率比较

单位：%

各指标年均增长率	深圳	汕头	厦门	海南	珠海
DMI	2.7	5.1	10.5	8.1	8.6
GDP	13.8	10.0	14.2	10.5	11.9
常住人口	4.6	1.4	3.9	1.3	3.0
人均 DMI	-1.8	3.6	6.4	6.7	5.4
资源生产率	10.8	4.7	3.4	2.3	3.1

用 Pearce 的增长恒等式可以对 2014 年各经济特区资源消耗、资源效率、人口增长与经济增长间的关系做出一个基本判断。根据 Pearce（2001）的增长核算形式，围绕以下等式展开：

$$R_{DMI} = yP_{population}/P_{resource} \tag{2}$$

其中，R_{DMI} 为资源使用量，以直接物质输入量 DMI 指标来表征；y 是人均产出，以 $GDP_{real}/P_{population}$ 表示；$P_{population}$ 指人口，以年末常住人口表示；$P_{resource}$ 是资源生产率（*Resource Productivity*），以当年物质投入对应的实际产出表示。

取对数并对时间求全微分可得：

$$\dot{R}_{DMI} = \dot{y} + \dot{P}_{population} - \dot{P}_{resource} \tag{3}$$

其中 $\dot{y} = \frac{1}{y}\frac{dy}{dt}$，其余依此类推。这种表达方式描述了资源消耗与人口、经济产出之间的一种基本关系。从上式可知，资源生产率的增长（$\dot{P}_{resource}$）必须大于人口与人均产出的增长之和才能避免资源使用量的绝对增长。①

表 11　2014 年各经济特区资源、人口、产出增长关系的基本判断

单位：%

经济特区	DMI 增长率	人均 GDP 增长率	人口增长率	资源生产率增长率	恒等关系核算
海南	2.72	7.52	0.92	5.63	2.81
厦门	5.44	6.91	2.14	3.57	5.48
深圳	0.56	7.30	1.41	8.21	0.50
汕头	9.24	8.38	0.57	-0.22	9.17
珠海	5.14	8.67	1.50	4.91	5.26

资料来源：根据本研究的物质流分析结果及相关数据计算整理得到。

表 11 给出了 2014 年各经济特区资源、人口、产出基本关系的计算结果。从 2014 年相关指标数据看，DMI 增长率基本上与人均 GDP 增长率、人口增长率之和减去资源生产率增长率所得数值一致，五大经济特区间资源、人口、产出之间基本关系的一致性得到验证。例如，2014 年海南 DMI 增长 2.72%，这与人均 GDP 增长率（7.52%）、常住人口增长率（0.92%）之和，减去资源生产率增长率（5.63%）得到的 2.81% 基本一致。

① Grant Allan and Nick Hanley，"The Macro-economic Rebound Effect and the UK Economy"，Report for DEFRA，2006.

（三）对经济特区资源效率与可持续发展的相关建议

1. 经济生态化发展和资源效率提升是经济特区实现可持续发展的重要途径

从年度指标看，2014 年各经济特区维持了较高的人均 GDP 增长，但物质资源投入仍然较高，厦门、汕头 DMI 增长率分别高达 10.5%、5.1%，深圳的人均物质资源投入维持平稳，其他经济特区仍处于持续增长阶段。可见，当前各经济特区经济增长对资源消耗的依赖程度仍旧较高。2014 年各经济特区资源生产率差异较大，深圳高达 67871.3 元/吨，远高于其他经济特区，这表明，经济特区资源效率的提升还有很大空间。

一方面，长期以来，经济发展缺少对资源消耗和环境污染代价的度量。生态经济则要求资源和传统要素的综合效益最优，以获得资源、环境和社会效益的最优。各经济特区在其特定的社会经济和自然环境的约束下，应该将优化生态效益、经济效益及社会效益等综合效益作为其整体优化目标，在国民经济整体和产业各层次和环节的经济活动中逐步实现经济系统的生态转型。另一方面，我国尚处于工业化进程的初、中级阶段，较高的要素投入增长不可能长期持续，经济特区必须认识到提高要素生产率水平对经济长期持续增长的重要性，着力提高经济发展的整体效率。

2. 我国亟须加快建立起规范的物质流分析及资源效率的统计指标体系

MFA 分析方法将经济系统的输入输出数据作为分析起点，对整个经济系统的物质流动状况进行综合分析，得到了简洁的衡量资源投入与消耗状况的指标，从而拓展了可持续发展研究的方法。在资源环境领域，由于市场失灵的存在，价格不一定能真实地反映资源的稀缺程度。此外，在可持续发展的视角下，社会资本和自然资本之间并不是完全替代的关系，新古典经济理论关于技术进步对物质资源的完全替代未必成立。MFA 分析方法将质量等物理量作为衡量单位，一定程度上弥补了使用货币单位在不同地区和不同时期进行可持续性程度比较的缺陷，使可持续发展的度量建立在规范的量化基础上。研究者和政策制定者可借助 MFA 方法，综合使用物质指标和货币指标对资源消耗及其外部性进行合理量度。

我国尚未建立起规范的物质流分析及资源效率的统计指标体系，因此其应用也受到相当多的制约。作为考量资源效率与可持续发展的有效方法，完善的物质流分析体系对我国可持续发展的研究和政策制定极为重要。因此，我国要尽快构建具有适用性而又科学完备的物质流分析及资源效率的统计指标体系，让政府通过统一标准来规范市场行为，加强对自然资源利用和环境保护等行为的监督。

参考文献

[1] 黄晓芬：《基于资源生产率的城市绿色竞争力研究》，同济大学博士学位论文，2006。

[2] 苏东斌、钟若愚：《中国经济特区导论》，中国经济出版社，2010。

[3] 钟若愚：《以效率和质量看待经济特区的未来发展》，《特区经济》2012 年第 2 期。

[4] 钟若愚：《中国资源生产率和全要素生产率研究》，《经济学动态》2010 年第 7 期。

[5] 钟若愚：《选择价值与城市未来》，《中国社会科学报》2012 年 10 月 29 日。

[6] 钟若愚，彭新才：《中国经济特区资源效率与可持续发展报告》，载陶一桃主编《中国经济特区发展报告（2014）》，社会科学文献出版社，2015。

[7] European Communities, "Economy-Wide Material Flow Accounts and Derived Indicators, A Methodological Guide", 2001.

[8] Gylfason, Thorvaldur, "Natural Resources, Education, and Economic Development", *European Economic Review* (45) 2001.

[9] Krutilla, J. V. , "Conservation Reconsidered", *American Economic Review* (4) 1967.

[10] OECD, "Measuring Productivity: Measurement of Aggregate and Industry-Level Productivity Growth", 2001.

[11] Pearce, D. W. , "Measuring Resource Productivity", Paper to DTI/Green Alliance Conference, 2001.

B.4

中国经济特区创新发展报告*

张 凯 吴松彬**

在十八届三中全会“深化改革”的大背景下，面对着美国退出 QE、日元“放水”、卢布贬值等多种全球经济振荡因素，我国经济正处于爬坡过坎、结构不断优化、社会资源配置效率逐渐提高的新常态阶段。在量的方面，GDP 总量首次突破 10 万亿美元大关，成为世界第二个破 10 万亿美元的经济体，GDP 增速略降至 7.4%，创近 24 年来新低，完成国务院年初“增速 7.5% 左右”的既定目标，经济增速正处于从超高速、高速向中速的转变阶段，符合新常态经济下换挡减速客观规律，经济增量达 8000 亿美元，等同于再造一个中等经济体；在质的层面，拉动 GDP 增长的投资、消费、出口“三驾马车”中，消费对 GDP 的贡献过半，打破投资独大的局面，投资增速减缓，说明我国经济结构进一步优化，初步完成“调结构”目标；质量效率型集约增长经济发展方式日益明显，创新驱动经济增长动力日趋强劲，新生经济增长动力正孕育壮大；经济发展资源正向移动互联、电子商务、健康医疗和金融服务等技术和人才密集型行业靠拢。2014 年，是我国深化改革元年，也是互联网金融伊始年，这既是机遇也是挑战，各经济特区 2014 年在互联网“汪洋”中小试身手，在深化改革道路上披荆斩棘，如何继续抓住机遇和应对挑战是我国整体经济稳步踏进提质增效期、释放改革红利、激发市场活力和增强经济动力的重要一环。

---

* 本报告受教育部人文社会科学重点研究基地重大项目（14JJD790041）、广东省哲学社会科学“十二五”规划项目（GD13YYJ01）资助。

** 张凯，深圳大学国际商学院副院长，教授、博士生导师；吴松彬，深圳大学经济学院 2013 级金融学硕士研究生。

一 2014年度经济特区创新发展的总体概况

2014年是特区深化改革元年，各特区积极响应十八大号召，纷纷竖起深化改革大旗，根据自身特色与已有优势，就科技金融、民营经济、“互联网+”等进行改革创新，较之2013年，经济成果在规模和质量上更加突出。

（一）深圳市创新发展主动适应“新常态”

2014年，深圳经济发展注重量质并举，战略性新兴产业产值占GDP的比重跃居35%，经济质量、结构得到进一步优化；在人才方面，值得一提的是，《福布斯》中文版首次发布的2014“中美创新人物”中国10人名单中，深圳占5席，而深圳全市人才资源总量也达到近400万人，人才力量储备得到进一步加强，虽然经济“新常态”是大环境、大趋势，然而深圳根据自身优势，打出“全民创业释放民间市场活力”“互联网金融打开互联网+新局面”“大力发展蛇口自贸区”等组合拳，以灵活的手法积极主动适应“新常态”。

1. 全民创业释放民间市场活力

在2014年夏季达沃斯论坛的开幕式中，李克强总理提出要在全国范围内开辟“大众创业”新思路，形成“万众创新”新态势，这一论断与十八大深化改革、政府简政放权思路完全契合。“创业”这个词对于深圳来说并不陌生，早在改革开放初期，深圳市就出台鼓励科技创业相关政策，吸引一大批人才来深创业，三十多年来，众多默默无闻的企业在深圳生根发芽，一步一步发展壮大，从早期企业凋零到现在华为、腾讯等知名互联网企业林立，深圳完成了从“创新沙漠”到“创新沃土”的转变，一路走来，深圳获得的不仅仅是GDP数字的增长，而是重塑品质和内涵的“创业精神和文化”，引领新生代创客们在互联网时代进行科技创新，点燃新时代创业激情。2014年，深圳市入选国家级创新示范区，居全国前列，这是国家对深圳创新精神的肯定；深圳市政府继续深化商事制度改革，企业准入标准持续降低，截至2015年2月底，深圳有超过 3 万家科技型企业，中小微企业数量增长接近 75%，每千人拥有商事主体 117 户，居全国首位；近 200 万人在创业，粗略计算平均每 17 个深圳人就有 1 人在开公司；创办企业超过 3300 家，年产值过亿元的有三十余家。

深圳领先全国占领科技创业制高点，提前布局科技、互联网创业，下好全民创业先手棋，这与深圳独特的内在文化和外在环境有着紧密联系。其一，互联网创业氛围浓厚，早期的一批企业依托互联网占有一席之地，成为深圳支柱企业，“互联网文化”随着深圳发展而深入人心，黏合各行创业，加快创业速度；其次，人才红利丰厚，近年来，深圳市注重高端人才引进，有数据显示，过去五年，深圳累计认定高层次人才近 5000 人，累计引进留学人员六万余人，仅 2014 年深圳市就有 38 人入选“千人计划”，比上年增加 73%，为历来最高；最后，深圳宽容失败，创新需要试错，创业失败概率会比成功概率大得多，但是深圳特有的环境与文化会容忍失败，鼓励创业者不断尝试，最终结出胜利果实。

2. 互联网金融开创“互联网 +”新局面

2014 年伊始，深圳提前部署深化金融改革大局，抢夺互联网金融发展先机。新年首个星期，政府发布头号文件《全面深化金融改革创新》，提出 26 条金融建设意见，其中包含改革创新意见 10 个，分别就金融创新环境、制度、产品规划了深化改革战略，看点是第十七条用大量篇幅提及规范互联网金融发展，重点提出要加大对互联网金融业的支持力度，尤其是提到“众筹”等新兴模式，表明深圳市政府对互联网金融创新的包容态度；涉及民营资本、互联网金融创新的意见有 5 个，重点强调降低民间资本准入标准，吸引更多民间资本进入金融市场，加大互联网金融扶持力度，规范发展互联网金融，大力发展科技金融、网络金融，促进金融与高新技术产业、新兴产业多层次融合；其余意见突出率先承担利率市场化改革任务，强化多层次资本市场金融创新中心特色优势，推进金融制度改革，营造良好金融运行氛围，重点打造前海国家级金融开放创新平台，使之成为连通香港、辐射亚太的资本“聚宝盆”，总之一句话：重点创造金融创新硬条件，着力提升实体经济内涵。①

① 深圳市政府：《全面深化金融改革创新》，2014。

2014 年 5 月 20 日国务院批转国家发改委《关于 2014 年深化经济体制改革任务意见》，其中提到将有序降低金融机构市场准入门槛，两个月不到，银监会批准深圳筹建微众银行，而时隔半年即 2014 年底，首批民营银行——深圳微众银行在深圳开业，并于一月后试营业，从批准筹建到营业不超过 6 个月，再次见证了深圳金融创新速度。微众银行的诞生迈出了民营资本进入金融市场的第一步，进一步优化了金融市场结构，为资本市场输入新生活力，对缓解中小企业融资难压力有重大实践意义。

3. 前海、蛇口自贸区双轮驱动特区经济

35 年前，深圳蛇口打响改革“第一炮”，走出了平安、招商等一大批享誉全国的企业。2009 年蛇口提出“再造新蛇口”的口号，目的在于升级经济增长模式，重新定位蛇口，完成从工业区到全新商业区的华丽转身。2014 年底，前海协同蛇口片区被纳入广东自贸区，集合机制、区位、政策等优势为建设创新蛇口添置新引擎。蛇口作为老牌改革基地，依托深港，自纳入自贸区伊始就被赋予了非凡的使命。相比其他片区，其创新发展优势如下：首先，改革开放优势。蛇口在改革开放初期就已经承担了综合配套改革的政治使命，经过三十余年的积累，国际化、市场化、法制化要求的投资与贸易规则体系逐步完善，高端制造业和出口加工区日渐成熟，锐意进取、改革创新人才储备不断丰富，为高端制造业、金融、物流等服务业改革提供了得天独厚的基础与环境。其次，地缘优势。这里的地缘优势有两个层次，第一背靠前海，前海金融、贸易、航运服务等将为蛇口片区注入新活力，以开发开放带动蛇口转型升级，两者优势互补、实现双赢；第二毗邻香港，凭借多年与港、澳以及海外建立的密切合作关系，建设国际性枢纽港，协同前海共同打造“一带一路”战略支点，从地图上看，前海、蛇口“创新驱轮”带动深圳，辐射珠三角、港、澳，连接海上丝绸之路重要节点，成为“一带一路”上的重要战略桥头堡。

（二）珠海创新发展积极把握“新常态”

珠海“三高一特”现代产业体系初现雏形：以横琴为平台的现代服务

业集聚发展，总投资超过2500亿元的65个重点项目进展顺利；以高栏港区为平台的现代制造业蓬勃发展，海洋现代设备制造、光伏等产业形成新亮点；以高新区为平台的高技术产业风光无限，“4+2”主导产业保持两位数增长，初步呈现技术引领、互补发展新动态。2014年珠海高新技术产品产值占规模以上工业总产值比重为54.7%，表明珠海工业产值的一半多由科技贡献，工业科技含量显著提升；在人才引进方面，珠海有两名企业家入选广东省第四批领军人才引进计划，与深圳并列全省第一。值得一提的是，珠海每13个人中就有1人是大学生，极大地丰富了珠海人才储备库。与此同时，珠海政府积极出台相关政策，大力发展、扶持科技金融，关注民营经济增长和现代先进制造业，积极适应经济“新常态”。

1. 发展科技金融，助力经济发展

科学技术历来被视为第一驱动力，而金融创新有利于加速科技成果转化。十八大明确提出要实现创新驱动发展战略，必先大力发展金融创新。2014年，珠海正处于加紧构建“三高一特”现代产业体系、优化经济结构、努力打造横琴国家级战略平台提质增效的关键时期，应落实好《珠江三角洲地区改革规划纲要（2008～2020年）》《横琴总体规划》等重要战略部署，稳抓横琴新区国家开发战略契机，充分发挥横琴新区金融创新先行先试优势，紧密结合金融创新目的与实体经济发展本质要求，逐步构建横琴金融集聚新态势，支撑珠海“三高一特”现代产业体系构建。2014年10月21日《珠海市人民政府办公室关于深化改革创新的实施意见》点明了未来金融格局，争取在2017年使珠海金融增加值占比达8%，金融产业结构进一步优化，金融活力再一次得以释放与激活；到2020年，金融增加值比重达到9%以上，建成珠江口西岸科技金融强市。

民营经济、小微企业经济增加值占珠海GDP的不到1/3，与全省以及珠三角地区有明显差距，俨然成为珠海市经济发展短板。深化金融改革创新，完善金融市场功能，拓宽创新金融渠道，有利于做大做强“草根”“小微”企业，2014年1月24日、6月9日、6月11日，珠海市分别通过了进一步支持小微企业、促进民营经济加快发展的相关实施意见，重点提及依托科技金融创新，加大对小微企业的金融支持力度，打造珠海经济新增长点。

2. 提升民营经济质量，降低经济发展重心

民营经济作为市场经济发展主体，在调整经济结构、降低经济发展重心、增加财政收入方面有着不可替代的作用，珠海民营经济占比比珠三角地区平均低 10% 左右，且珠三角民营经济结构不合理主要体现为低端制造业、批发和零售业是构成民营经济的两大支柱，而低能耗、高效益的现代服务业、金融业占比较小，为打破民营经济发展瓶颈，优化民营经济结构，珠海市政府于 2014 年 6 月推出《珠海市人民政府促进加快民营经济发展的三年行动计划》，该计划提到以技术创新为驱动，提高自身核心竞争力；打造人才洼地效应，吸引高精尖技术人员；做好政产学研落实工作，支持科研成果创造更多市场价值；强调各部门政策形成合力，避免出现“玻璃门”“弹簧门”现象；支持传统企业转型升级，进一步优化民营经济市场结构，力争用三年时间实现民营经济增加值占全市 GDP 比重达到 45%，高新技术民营企业比重突破 75%，致力于实现技术含量高、整体水平强的民营经济发展新局面。①

3. 打造现代产业体系提升经济发展免疫力

为紧跟市场创新驱动潮流，大力推动珠海先进制造业发展，珠海市政府于 2014 年 11 月、12 月先后印发《珠海市先进装备制造业发展三年行动计划（2015 ~ 2017）》和《加快珠海市先进装备制造业发展若干政策措施的通知》，将发展先进装备制造业提升到新战略高度，将从以下三方面打造先进装备制造业产业链。①认定先进装备制造业重点企业和项目带头企业以及加大招商引资的力度和精度，保证先进装备制造业企业的质量与数量。②加大鼓励先进装备制造业技术革新力度，支持企业以机器换人、设备更新等技改项目，深化政产学研合作，构建技术、产业联盟，搭建一些研发机构、创新

① 《珠海市人民政府促进加快民营经济发展的三年行动计划》，http://www.zhkgmx.gov.cn/gksxx/zxqyymyjjfwk/zcfg/201406/t20140624_6379837.htm。

创业园等公共平台，政策上的支持包括加大企业研发补贴力度，减免相关部分税收，给予相关配套资金、土地支持等，确保企业轻松上阵致力于技术研发，甩开包袱专心做技术创新。③强化项目要素保障，其一，拓宽项目融资渠道，对外利用好10亿元创业基金，引导创业投资机构加入先进制造业发展阵营，提倡民营资本进入先进制造业市场，完善资本结构，强化资源配置功能，对内鼓励企业上市、发行债券、加强银企合作、对接“四位一体”等平台；其二，加快引进高端和紧缺的技术人才，关键在于密切落实人才引进相关条例，保证各项政策发挥最大功效；其三，鼓励先进制造业企业紧握横琴国家战略性发展契机，利用自身地域优势，集中精力优先发展海洋工程、智能电网设备、船舶与游艇等设备。[①] 同时，《珠海市先进装备制造业发展三年行动计划（2015～2017）》出台，计划未来三年以年均增速23%达到总产值3000亿元的规模，做到增量提质、存量优化并存，打造一批标志工程、沿海沿江设备产业带，协同“三高一特”共建现代化产业体系。

（三）汕头创新发展平稳步入“新常态”

2014年，汕头港全年货物吞吐量在沿海贸易增幅放缓的背景下实现2.4%的平稳增长，同年9月，华侨经济文化合作试验区获国务院批准，旨在逐步整合汕头湾内的港口资源，实现“港城融合”“港群一体化”格局，顺应“一带一路”战略要求。为平稳步入“新常态”，汕头继续以华侨经济文化合作试验区为基地，先行先试，积极开展金融创新、科技创新，强化金融创新、科技创新在民营经济中的支持引导、引领提升功能。

1. 一个平台、两个基地优化资源配置

汕头坐拥丰富的侨民资源，为海上丝绸之路的重要门户，正面临着“一带一路”国家战略机遇。打造华侨文化经济交流平台对于发展汕头经济不但必要而且迫切。2014年下半年，华侨经济文化合作试验区获批，三个

① 《加快珠海市先进装备制造业发展若干政策措施的通知》，http://zwgk.gd.gov.cn/006988427/201501/t20150121_566050.html。

月后，试验区管理机构举行揭牌仪式。创立华侨经济文化合作试验区将汕头创新发展再次提升到国家战略层面，是国家振兴粤西的重大战略部署，支持汕头借此契机着力转型升级、全面深化改革，充分利用先行先试优势，尝试现代服务业金融创新，打造现代服务业体系，振兴汕头特色经济。续写特区华章将从“一个平台、两个基地、三个中心”入手，试验区将以体制创新为基础，重点把握整体产业布局，联动跨境金融、能源交易等产业，加强各产业规模递增效应。

“一个平台”指构建面向侨胞的聚集发展平台，试验区以加强集聚侨胞资源、凝聚侨民智力为手段，衍生侨胞侨民集聚效应，促进汕头区域经济平衡发展。“两个基地”指建设华侨文化交流、对外传播基地，汕头华侨文化历史悠久，源远流长，试验区以华侨历史文化传承为主题，以动漫玩具、文化等为载体，携手打造华侨主题文化基地，挖掘整合、传承保护华侨、潮汕文化，实现文化兴市、文化强市。“三个中心”即跨境金融服务、国际采购商贸物流、旅游休闲中心。借力“一带一路”国家战略，升级跨境金融服务；完善商贸物流设施，加速物流运转速度；打造旅游休闲中心，健全吃、喝、玩、乐旅游一体化服务，调整传统产业格局，构建现代化生活服务体系。

2. 民营经济走科技提质道路

自汕头成为特区以来，民营企业规模从小到大，实力由弱到强，增长方式由简单模仿到自主创新，可谓坎坷颇多。民营经济是汕头成立特区以来经济发展的重要支柱，但是常见的民营经济困局依然在汕头经济中出现：生产成本递增、融资难等。时势造英雄，在倒逼民营经济改革的大前提下，汕头民营经济勇于探索，独辟蹊径，结合动漫文化和数码科技走出了一条高新技术、低能环保产业转型，孕育一批以奥飞动漫、骅威公司为龙头的现代动漫玩具产业的本土特色发展道路。2014 年，澄海玩具总产值超 351 亿元，其中动漫产业产值保守估计接近 70 亿元，约占 20%，相比 2012 年的 36 亿元，几乎翻番。同比 2013 年，玩具产值总量提高 13%，动漫产业增速达到近 20%。汕头玩具产业正驶上转型升级快车道，并逐步沿着动漫产业链向网游产业上游推进。

以发展电子商务为手段抢占“互联网+”战略制高点。早在2012年，汕头出台首个特区电商法律文件《汕头经济特区电子商务促进办法》，将电子商务做得有声有色：第一，发挥本土民营经济优势，电子商务规模不断攀升，质量不断优化，连续四年增速超过50%，2014年电商交易规模超600亿元，快递业务量和网商密度全国排名前40；第二，地缘优势突出，侨民资源丰富、海上丝绸之路重要门户得天独厚的地理优势与“一带一路”国家战略机遇形成叠加优势，汕头应用好叠加优势，加速壮大连带东盟、辐射海外的跨境电商规模，以激发民营经济转型升级动力。

3. 金融创新同步自主创新

2014年5月，广东省首个省科技金融综合服务中心分中心——广东省科技金融综合服务中心汕头分中心在汕头金融超市挂牌，广东省明确要把汕头打造成为粤东金融中心，资本要素与科研资源强强联手有助于加快科研成果资本化速度，提高科研成果转化率，助力打造汕头金融创新大格局。同年9月，华侨经济文化合作试验区获批，助力汕头积极探索深化金融改革的道路。《广东省金融改革发展“十二五”规划》针对汕头深化金融改革指出：①培养现代金融服务生态系统，借批准建设华侨经济文化合作试验区的契机，携民资、外资、侨资进入跨境金融领域，设立银行、证券等金融及中介服务机构；拓展中国香港、中国台湾以及新加坡三地离岸市场人民币资金回流渠道；试点人民币对新台币、港元等货币挂牌交易和直接兑换，着力培养现代金融服务生态系统。②加强对港、对台合作创新。香港、台湾一直以来都是汕头对外贸易重要的合作伙伴，积极利用和发挥香港作为世界金融中心的作用，深化吸引港资入汕、汲取香港金融成功经验；牢牢抓住海峡两岸签署《金融监管合作备忘录》战略机遇，积极对接对台金融合作创新项目，加强三地金融资源共享，培养更多的金融专业人才。[①] ③联动珠三角，与珠

① 《广东省金融改革发展“十二五”规划》，http://www.gdjrb.gov.cn/policy_show.jsp?policy_id=371。

三角金融资本产生共鸣。珠三角地区有着优秀的金融人才资源、厚实的资本资源、丰富的经验资源，汕头应形成引进珠三角资源进行创新试点的机制，引导汕头走先模拟创新而后自主创新的道路。

（四）厦门创新发展主动对接“新常态”

2014 年，厦门越发注重效率、速度、结构的统一。具体表现在以生物科技为科技主力军。2011～2014 年，厦门生物与新医药产业工业总产值年均增长超过 30%，生物科技前景一片光明，全年生物制药产业销售收入达 400 多亿元，占全省的一半。可喜的是，厦门生物医药孵化器成为福建唯一一个国家级生物科技企业孵化器，奠定了厦门生物医药在全省的龙头地位。同期，厦门利用对台优势，借力“一带一路”国家战略，积极落实跨岛金融、现代服务业等优惠政策，极力做到无缝对接“新常态”。

1. 跨岛金融深化两岛合作关系

厦门与台湾岛隔海相望，两者在物流、贸易、金融等方面可以优势互补、错位发展，正值“一带一路”与自贸区两项国家级战略计划在厦门酝酿，岛内东部的两岸金融中心乘势而起，目标是以两岸金融产业与信息物流产业带动金融创新、物流创新。

厦门作为“一带一路”战略启动的关键节点、21 世纪海上丝绸之路的中心城市、两岸经贸闽台合作的重要对象，依托对台地理、自贸区先行先试以及自身互联网和云计算等优势，着力打造两岸区域性现代金融服务中心。

2013 年，厦门金融业实现增加值 254.22 亿元，截至 2014 年 8 月，金融业实现增加值 176.14 亿元，同时金融中心核心启动区已划定。2014 年 10 月 1 日，台湾第一银行厦门分行获批，开创台湾在福建设立银行的先河，此举加快了两岸金融业融合的脚步，加深了两地金融合作程度。面对厦、台两地合作机遇，金融中心建设再创佳绩：核心启动区 11 大金融项目全区启动，二次招商成果喜人，包括金融巨头英蓝集团在内的 600 余家全球金融知名企业入驻。厦门特区正经历着由传统金融业向现代金融业的大步迈进，为创造

“美丽厦门”添加了强有力的助推器。

2. 三大领域指明现代产业发展方向

以创新驱动引领服务业转型升级，结合厦门建设“美丽厦门”的战略规划和发展目标，《厦门市促进现代服务业发展综合试点实施方案》出台恰逢其时，重点推进领域顺应潮流、主流。①

（1）全力构建现代物流平台，成为东南沿海航运物流中心。加大对台贸易合作力度，注意挖掘东南沿海内陆潜在需求，充分利用自身港口、贸易传统优势，抓牢“一带一路”发展战略机遇和海上丝绸之路政策契机，不断增强厦门对周边的联动作用，加快海峡两岸商品流通速度。

（2）大力提升信息服务水平，争先创建“国家下一代互联网示范城市”，充分发挥大数据、云计算等已有技术优势，用好软件园三期“闽台云计算产业示范区”、海峡两岸“健康云”等平台设施，努力成为“软件名城”“互联网示范城市”。

（3）加强电子商务业务能力。截至2014年底，厦门共有近4000家物流企业，电商交易额近2500亿元，比2013年增长约50%。面对如此骄人的成绩，厦门仍需努力，知名大型电商企业缺乏、高端人才储备不足是厦门电子商务发展的主要短板，也是未来厦门发展电子商务的重要发力点。

3. 改善民营经济释放经济增长潜力

改革开放以来，厦门特区民营经济在政策中孕育，在竞争中成长，在创新中转型，不断由小到大，由弱到强，以1/4 GDP占比解决了厦门近一半人口的就业问题。同时民营经济也是财政收入的重要来源，民营经济的作用不容忽视。根据2014年中国民营企业500强榜单，厦门企业与之无缘，而福建省则有8家企业入围，这既说明厦门民营经济发展是短板，也说明厦门民营经济发展正处于上升阶梯，差距越大，说明提升的空间越大，未来厦门有必要花大力气致力于培育龙头民营企业、盘活民营经济。扩大民营经济规

---

① 《厦门市促进现代服务业发展综合试点实施方案》，http：//news. xmsme. gov. cn/2014/8/18/43_ 201481894859144. htm。

模、提高民营经济质量成为部署整盘深化经济改革棋局的重要一步。2014年，厦门市政府将民营企业发展上升为全面建成小康社会战略的高度，联合各部门平均每两个月即出台相关扶持政策，以企业发展制约性因素和问题为导向，制定密切相关的政策，努力解决不公平竞争、政府服务不到位、扶持政策针对性不强等问题，竭力深化改革、提升服务、优化环境，实现民营经济整体实力与竞争力显著增强，民营经济发展活力得到释放，民营经济市场规模得以扩大，力争五年之内实现民营经济 GDP 占比提升至40%，市场主体数量翻番的新局面。政策主要从以下两方面入手：①拓宽融资渠道，扩大民间资本投资领域，降低民营经济融资门槛，缓解民营经济资金压力，打破民营经济融资难困境；②优化市场经济环境，规范市场经济秩序，制止各类不正当竞争。

（五）海南创新发展以“绿”应对“新常态”

2014 年，海南大力发展现代旅游业，贯彻落实国际旅游岛国家战略，取得喜人成绩：第三产业占比首次突破 50%，金融业产值占比达 6%，创历史新高，标志着海南绿色经济创新发展进入一个新阶段。下一阶段，海南将继续扩大现代服务业、金融业创新规模，发挥金融普惠功能，这方面的难点在于加大对民营经济尤其是小微企业的金融扶持力度。

1. 现代服务业顺应绿色崛起潮流

现代服务业发展得好坏是判断一个地区经济是否为绿色经济的重要标志之一。自 2009 年海南国际旅游岛建设上升至国家战略以来，海南省紧紧围绕《海南国际旅游岛建设发展规划纲要（2010～2020）》，以海南特有青山绿水资源为依托，大力发展现代服务业、旅游业，提前布置发展现代产业，并制定“十二五”规划战略目标。2014 年，海南提前一年完成第三产业占 GDP 比例为 50% 的目标，占比高达 51.9%，服务业就业人员总数占社会就业总人数的 45%，相比 2013 年，除服务业占比、旅游人数之外，其余指标均已达到预定目标。确切地讲，2014 年是提前达到预定目标的关键一年，从 2009 年算起，服务业增加值年均增长 13%，增长势头迅猛。

2015年2月新出台的《中共海南省委、海南省人民政府关于进一步加快发展服务业的若干意见》（以下简称《若干意见》）指明了海南服务业目前的发展短板：服务业内部结构不优、现代服务业占比不高、龙头不大、国家支持政策没有用足、用好。就服务业如何摆脱以传统服务业为主导、房地产行业比重偏高的局面，并培育龙头现代服务业，《若干意见》重点强调从放宽特殊行业准入条件、落实税收优惠、加强财政支持、优化供给要素4个方面加大对海南服务业的扶持力度。争取到2020年，使海南经济实现以服务业为支撑、以现代服务业为主导并且服务业增加值占GDP比重达60%的绿色生态格局。①

2. 金融创新符合生态立省要求

金融业效益高、无污染，其成熟程度是城市发达程度的标志之一，大力发展金融业也是特区经济中的重要任务。中国香港、瑞士因金融业高度发达而闻名遐迩，深圳也因金融业日趋成熟一鸣惊人，实力堪比香港。海南作为一个边陲小岛，传统服务业已走向末路，必须引入新动力、装备新引擎。五年前，力争将海南建成国际旅游岛上升为国家战略，这在吸引世界各地旅客的同时，也便于海南岛“借船出岛”建立离岸金融业务结算中心。截至2014年10月31日，全省离岸金融业务结算量为8.83亿美元，离目标又近一大步，有必要用好、用足建设国际旅游岛国家战略的优惠政策。2012年海南省第六次党代会亮出绿色崛起、生态立省的绝招，省长、省委书记重点强调严格把关项目“进岛”，坚决抵制一切以牺牲环境为代价的企业，重点扶持、引进知识密集型和生态环保型产业，集中发展符合海南自我定位和根本要求的项目。

2014年2月，省政府重拳出击，出台《海南省2014年金融改革创新指导意见》，重点强调完善金融市场体系，大力发展普惠金融，加大对“三农”“小微企业”的金融支持力度。两个月后，资产过万亿元的兴业银行在

① 《中共海南省委、海南省人民政府关于进一步加快发展服务业的若干意见》，http：//www.hainan.gov.cn/hn/zwgk/zfwj/zcjd/201402/t20140220_1155936.html。

海口成立分行，进一步推进海南“南北两极”战略，增强金融市场风险免疫力①。同年7月，海南省政府印发《海南省农村金融综合改革试点方案》，在文昌市、澄迈县推进跨期两年的农村金融综合改革试点，以创新金融形式健全金融基础设施，试水“农村包围城市”的金融服务战略，有效调动农村资本积极性，扩大社会融资规模。2014年海南省尽管经历“威尔逊”台风灾害，但是在政府和金融业界的不懈努力下，仍取得骄人的成绩，金融业增加值占GDP的比例超过6%，成绩骄人，取得阶段性金融业发展突破，为实现“绿色崛起，生态立省”赢得了开门红！

3. 扶持小微企业，盘活民营经济大局

小微企业作为我国市场经济主体的主要组成成分，对于吸纳就业、增加政府财政收入等有重要作用，“三高两难”是小微企业与生俱来的“五行山”“紧箍圈”，尽管政府不断给小微企业发支持政策“红包”，但由于申请、审批程序烦琐、信息不对称等方面因素，多数小微企业未能及时拆开“红包”享受政策红利，与企业做大做强机遇失之交臂。

海南一直关注小微企业发展，其发展呈南有三亚，北有海口的“南热北暖”现象，由两点联动海南其他城镇、农村地区发展。小微企业是城镇新增就业和农村富余劳动力向非农领域转移就业的主渠道，对于海南而言，有着十分重大的战略意义。2014年以来，省政府多次提到要减轻小微企业负担：为响应国家税务总局发布的《关于扩大小型微利企业减半征收企业所得税范围有关问题的公告》，省政府出台八条相关政策，确保小微企业所得税政策能够落实到位；协调金融机构加大对热带现代农业、轻型工业等特色产业的信贷支持力度：海南省2014年直接融资超过300亿元，实现历史性突破，盘活可用资金存量；筹建小微企业融资渠道，取得可喜的成绩：海南矿业成功登陆沪市，琼中农信社等三家企业在新三板挂牌，进一步激励海南企业拓宽融资渠道，海南股权交易中心成立，为一些

① 《海南省2014年金融改革创新指导意见》，http：//www.hainan.gov.cn/hn/yw/zwdt/tj/201402/t20140219_ 1155271.html。

中小企业提供了多层次融资构想，有利于完善资本市场结构，优化资本市场环境。

二　特区发展创新评价

2014 年是我国深化经济体制改革开局之年，我国经济面临国内外双重压力，处于“三期”叠加阶段，经济下行压力较大，经济发展减速换挡，已经悄然进入新常态。积极主动地适应和把握新常态，发挥特区先行先试优势，积极寻找、尝试经济增长的绿色可持续发展新动力，引领“旧”的、粗放式、以牺牲环境为前提的经济向“新”的、集约式、绿色经济华丽转身，是经济特区创新发展的一大亮点。

（一）背景及意义

2014 年，国外经济形势严峻：美联储逐步退出量化宽松货币政策、日元“放水”、卢布贬值等多重国际金融市场动荡因素并存；国内经济下行压力加大：2014 年我国 GDP 增速为 7.4%，经济逐步进入增速 7% 左右的减速换挡期、结构调整阵痛期、前期刺激政策消化期的新常态阶段。各级政府积极适应经济新常态，大力深化经济体制改革，出台一系列中小企业税收减免政策，降低某些行业的准入标准，加大力度扶持“互联网 +”企业。在天津达沃斯论坛上，李克强总理鼓励在中国大地掀起一场“大众创业，万众创新”之风。这八个字有两大亮点，一是创业，二是创新。从政策的角度激发创业市场活力、创造力，鼓励大众科技创新、创业，带动实体经济实现结构化、现代化、科技化转型。

特区，作为经济试验田、改革试验窗，理应在深化经济改革道路上先行一步，积攒经济创新发展经验，树立经济创新发展榜样，以点带面，联动周围片区经济协同发展，抓住“一带一路”战略机遇，发挥特区自身区位优势与创新驱动生产要素禀赋优势，把握现代服务业龙头经济带动作用，以可持续联动高新技术为动力引擎，盘活整盘经济大棋，引领经济跨越式增长。

为响应国务院支持小微企业、科技创业、“互联网 +”行业的号召，配合国家调整经济结构，五大特区在过去的一年迎难而上，根据自身标准，提前出台相关创业、科技企业税收减免、支持小微企业等政策，努力优化小微企业孵化环境，加大力度打造以“互联网 +”、金融业为支撑的现代服务业体系，抢夺科技创业创新高地，并取得一定成绩。本报告相比上年研究对象发生改变，因此选取的指标也发生改变。本报告侧重分析创新环境、现代服务业创造力、民营经济活力、技术与产业创新能力四大块，既保持原有一部分，又根据各特区 2014 年经济发展特色，新添了现代服务业、民营经济两大研究对象。

（二）指标选取以及评价体系的建立

创新环境、技术与产业创新是创新型城市的典型特征，研究现代服务业、民营经济的相关文章随着互联网的兴起以及经济“新常态”的提出呈井喷之势，主要原因如下。首先，互联网便利了人们生活，而民营经济更是立国之本，作为市场经济重要组成部分，解决了大部分社会就业问题。其次，民营经济产值占市场经济比重逐年增加，影响更加凸显，市场正演绎一场“互联网 +”渗透经济内部的改革大戏，涌现出一批民营经济成功案例：阿里巴巴上市告诉人们草根创业可以借互联网为跳板一跃为资本巨头，以腾讯微众银行为首的民营银行依托“大数据”“互联网”横空出世，在为小微企业提供便利贷款中孕育，并逐步成长壮大，蚕食传统银行市场份额。最后，“互联网 +”和大力发展民营经济顺应时代潮流，契合“新常态”经济发展要求，是我国市场经济实现转型升级、由中国制造转向中国创造、稳健走出“新常态”的必经之路。大部分相关文献研究城市创新发展主要集中于从创新环境、科技投入产出出发构建评估体系，本质上契合创新型城市建设初衷，然而中国经济有着自身道路发展特色，经济特区作为经济体制、政策先行先试者，根据自身特色，发展道路自然不同，研究方法或许可以一致，但是研究对象必须依据经济发展以及政策要求而做适当调整。因此，本报告从创新环境、科技支撑出发，精准定位以金融业、电子商务为代表的现代服务业，以小微企业为载体的民营经济，构建创新发展评价体系。

创新型城市评价体系的因素设置由先前单一的创新环境、科技、民生等因素逐渐升级为互联网、现代服务业、创新环境等社会各层次因素，研究方法由李琳（2011）的因子分析、魏江（2009）的主成分分析等多元统计方法扩展到郭凯（2014）的模糊聚类、层次分析和本报告所涉及的杜鹏（2013）等的熵权/TOPSIS 分析等，该趋势说明学者逐渐关注创新型城市的总体格局，而不仅仅是某一层次，间接表明我国创新型城市发展渐成规模，进入统筹全局的攻坚期。

李琳（2011）从创新资源整合力、创新网络运行力、创新环境支撑力、创新机制等方面出发，选取相关 38 个指标，利用因子分析处理 2002 ~ 2007 年长沙与东部主要城市相关数据，构建创新评价体系，用以验证创新型城市发展综合性、动态性、相对性，本质上是进行五次因子分析，从时间维度判断城市创新发展排名趋势。

魏江（2009）用主成分分析法对创新进行评估，其创新之处在于额外引入一座由标准指标构成的虚拟城市，优点在于设立了一个阀值，超过阀值则表明在某一方面达到标准。

陈晓雪（2009）构建地区民营企业区域影响力、经营运作能力、发展成长能力、技术能力竞争力评价体系，并得出民营经济区域影响力对民营经济竞争力影响最大，因此本报告选取电子商务规模、民营企业税收、民营经济附加值等指标。

邵道远等（2009）从金融对社会的责任出发，选取员工权益、社会公益责任、环保等指标并赋予主观权重构建金融评价体系。本报告模仿该方法，选取小微企业扶持专项基金、小微企业税收减免等指标研究金融业的社会责任。

TOPSIS 法于 1981 年被首次提出，然后被广泛用于企业绩效评估、城市创新发展评估，是一种理想目标相似性的顺序优选技术，它计算各目标的贴近度，并按贴近度大小进行排序作为评价目标优劣的依据，其本质即为计算待判定目标与“理想解”与“负理想解”的距离大小，也即贴近度。在运用 TOPSIS 方法时权重的选取尤为重要，典型的权重选取方法有专家打分法、层次分析法、最小二乘法等，其最大不足是带有很强的主观色彩，结果因不同评价者而变得多样，这直接导致评价结果不准确。而熵权法则有效地解决了该问题，熵权法最大优点在于赋予影响较大因子以较大权重，符合常理。熵属信息论范畴，于1948年由维纳和申农提出，被广泛用于获取数据提供有用信息量，间接确定该信息所占权重。

（三）特区创新发展的实证分析

1. 数据来源及其说明

本报告数据主要来源于各省市2014年统计公报以及国民经济和社会发展计划执行情况与2015年国民经济和社会发展计划等。由于报告写作时2014年的统计年鉴和科技年鉴还没有公布和发行，部分指标数据可能缺失。解决办法是通过其历史数据推算出2014年的待公布数据。通过上述方法，整理出2014年各个经济特区的评价指标数据，并对数据进行标准化处理。

2. 熵权/TOPSIS 的具体步骤

首先应该确定指标模块矩阵，假定有 m 个项目需进行评价，有 n 个指标，构成决策矩阵 X，表示第 X_{ij} 个项目的第 i 个评价指标数值，$i = 1,2\cdots, m$，$j = 1,2\cdots n$，则熵权 TOPSIS 组合模型的具体计算步骤如下。

①在 TOPSIS 中应用无量纲化公式，标准化决策矩阵，$Z_{ij} = \dfrac{X_{ij}}{\sqrt{\sum_{i=1}^{m} X_{ij}^2}}$。

②根据熵的定义 $e = -\ln \sum_{i=1}^{m} P_i \ln P_i$，其中 $0 \leqslant P_i \leqslant 1$，$\sum_{i=1}^{m} P_i = 1$，计算各指标熵值为 $H_i = -\dfrac{1}{\ln m}\sum_{i=1}^{m} f_{ij}\ln f_{ij}$，$f_{ij} = \dfrac{Z_{ij}}{\sum_{i=1}^{m} Z_{ij}}$。

③计算各指标的熵权 $W_j = \dfrac{(1 - H_j)}{(n - \sum_{j=1}^{n} H_j)}$，$j = 1,2\cdots n$。

④计算各要素层的综合权重，$S = \sum_{j=1}^{n} W_j f_{ij}$。

⑤根据步骤一和步骤三的计算结果构造加权规范化矩阵 $Y_{ij} = W_j \times Z_{ij}$。

⑥确定项目的理想解 X^+ 和负理想解 X^-，并设理想解 X^+ 的第 j 个指标为 X_j^+，设负理想解 X_j^- 的第 j 个指标值为 X_j^-，则有

$$X_j^+ = \begin{cases} \max\limits_i Y_{ij}, if\ j\ is\ positive \\ \min\limits_i Y_{ij}, if\ j\ is\ nagetive \end{cases} ;$$

$$X_j^- = \begin{cases} \max\limits_i Y_{ij}, if\ j\ is\ nagetive \\ \min\limits_i Y_{ij}, if\ j\ is\ positive \end{cases} 。$$

⑦确定各项目到理想解和负理想解的距离。到理想解的距离在这里采用欧式距离，即 $D_i^+ = \sqrt{\sum_{j=1}^{n}(Y_{ij} - X_j^+)^2}$，$i = 1, 2, \cdots, m$，$D_i^- = \sqrt{\sum_{j=1}^{n}(Y_{ij} - X_j^-)^2}$，$i = 1, 2, \cdots, m$。

⑧最后根据步骤⑦的结果计算各个项目的相对贴近度：$C_i = \frac{D_i^+}{(D_i^+ + D_i^-)}$，$i = 1, 2, \cdots, m$，$C_i$ 越大，说明项目的优先级越高，即排名领先。

3. 综合评价模型的实证分析

（1）指标的选取

根据数据的可得性与科学性，结合上述相关文献以及未来经济以现代服务业、高新技术为支撑，强调民营经济在经济中催化作用的动态走势，根据最近几年本报告的相关指标选取，我们发现有些创新指标，如绿化覆盖率、电视人口覆盖率等虽然比较容易获得，但是对创新的说明力并不强，所以我们针对这一不足删除部分惯用指标，结合数据的可得性，最终指标选取如表 1 所示。

（2）实证分析

处理数据的运行环境为 MATLAB 7.10，分析结果如表 2 所示。根据各个部分的贴近度可以对各特区全年创新发展进行排名，并结合 2013 年综合排名进行比较。表 2 为各特区创新发展贴近度，表 3 至表 6 为四大模块指标熵值及权重排名。权重越高，排名越靠前，说明该指标对创新发展评价体系贡献越大，在这里，此体系只是为各特区创新发展提供借鉴性参考，而不是简单的“一刀切”。

表1　创新模块及指标

创新模块	评价指标
创新环境支撑能力 x_1	人均生产总值 x_{11}（元/人） 第三产业增加值比重 x_{12}（%） 养老保险覆盖率 x_{13}（%） 失业保险覆盖率 x_{14}（%） 每百人互联网接入用户数 x_{15}（户/百人） 国家级科技企业孵化器个数 x_{16}（个）
金融创新增长能力 x_2	金融业总资产 x_{21}（亿元） 金融业增加值 x_{22}（亿元） 金融从业人数 x_{23}（人） 金融业产值占第三产业产值比重 x_{24}（%） 金融业增加值占 GDP 比重 x_{25}（%）
民营经济成长能力 x_3	民营经济增加值 x_{31}（亿元） 电子商务规模 x_{32}（亿元） 小微企业注册数 x_{33}（万户） 小微企业贷款余额 x_{34}（亿元） 享受优惠小微政策的小微企业数 x_{35}（万户） 小微企业税收减免 x_{36}（亿元）
技术与产业创新能力 x_4	科技支出占财政支出比重 x_{41}（%） 高新技术新增产值 x_{42}（亿元） 高新技术产业产值 x_{43}（亿元） R&D 占 GDP 比重 x_{44}（%） 每家高新技术产业新增产值 x_{45}（亿元/家） 高新技术企业数 x_{46}（家）

表2　各特区创新发展贴近度及排名

贴近度及排名＼城市		深圳		珠海		厦门		汕头		海南	
综合贴近度		0.9614		0.1924		0.2091		0.0383		0.0929	
排名	上年排名	1	1	3	2	2	3	5	5	4	4
创新环境支撑能力贴近度		0.9408		0.3824		0.5360		0.0095		0.0325	
排名		1		3		2		5		4	
金融创新增长能力贴近度		1		0.0381		0.0587		0.0135		0.0617	
排名		1		3		2		5		4	
民营经济成长能力贴近度		1		0.1165		0.0517		0.0625		0.1685	
排名		1		3		5		4		2	
技术与产业创新能力贴近度		0.8844		0.3910		0.4472		0.0568		0.0589	
排名		1		3		2		5		4	

表 3　创新环境支撑能力指标熵值、权重及排名

变量名	x_{11}	x_{12}	x_{13}	x_{14}	x_{15}	x_{16}
熵值 H	0.9073	0.9925	0.9459	0.9075	0.9388	0.7638
权重 W	0.0166	0.0013	0.0097	0.0166	0.0110	0.0424
排名	16	19	21	17	20	10

表 4　金融创新增长能力指标熵值、权重及排名

变量名	x_{21}	x_{22}	x_{23}	x_{24}	x_{25}
熵值 H	0.2580	0.5556	0.6636	0.9738	0.9647
权重 W	0.1331	0.0797	0.0604	0.0047	0.0063
排名	1	5	7	23	22

表 5　民营经济成长能力指标熵值、权重及排名

变量名	x_{31}	x_{32}	x_{33}	x_{34}	x_{35}	x_{36}
熵值 H	0.7707	0.5158	0.7670	0.5019	0.8340	0.9138
权重 W	0.0411	0.0869	0.0418	0.0894	0.0298	0.0155
排名	13	4	11	2	14	18

表 6　技术与产业创新能力指标熵值、权重及排名

变量名	x_{41}	x_{42}	x_{43}	x_{44}	x_{45}	x_{46}
熵值 H	0.7373	0.6474	0.7178	0.8797	0.7658	0.5038
权重 W	0.0471	0.0633	0.0506	0.0216	0.0420	0.0890
排名	9	6	8	15	12	3

从表 2 排名上看，相比 2013 年，仅珠海和厦门排名发生变化，且相差不大，但是从适应经济“新常态”的状态来看，除深圳外，其他四个特区均表现不佳。与其说选取指标倾向于深圳，不如说深圳提前布局绿色经济，占领创新科技发展先机。

表 3 至表 6 展示了四大模块各个指标的权重，权重排名前 10 中，金融创新增长能力、民营经济成长能力、技术与产业创新能力分别占有 3 个、2 个、4 个席位。而创新环境支撑能力仅占 1 个席位。从熵权角度看，特区应着力提升金融创新增长能力、技术与产业创新能力，增强特区“新常态”经济环境下创新发展核心竞争力。

从图1中不难发现，深圳相对于其他特区来说总体具有绝对优势，贴近度接近或达到1，说明深圳在五个特区中具有创新环境支撑、金融创新增长、民营经济成长、技术与产业创新方面的引领作用，而珠海、厦门虽然排名互有替换，但从总体贴近度看，两者不分伯仲，珠海与厦门在创新环境支撑能力、技术与产业创新能力、金融创新增长能力方面差距不大，但是厦门的民营经济成长能力在五个特区当中最差，这与厦门多年来“重外资、国资，轻民资”的观念有密切关系。珠海、厦门在创新环境支撑能力、技术与产业创新能力两方面与深圳的差距在不断缩小，与汕头、海南的距离不断拉大，呈你追我赶之势。从金融角度出发，厦门与海南金融创新增长能力的提高速度迅猛，成长态势较好，珠海次之，汕头最后。在民营经济成长方面，珠海、海南发展基础较好、成长性高，这与珠海、海南近几年大力扶持高新技术民营企业等因素密不可分，汕头自成为特区以来，民营经济一直是其经济主力，之所以排名靠后，主要是因为其传统民营经济占主体，未能完美实现产业转型升级，这一点也可以从技术与产业创新能力贴近度可以看出。高新技术仍然是海南和汕头经济发展短板，促使技术与产业融合依旧是未来特区经济绿色发展的增长极。

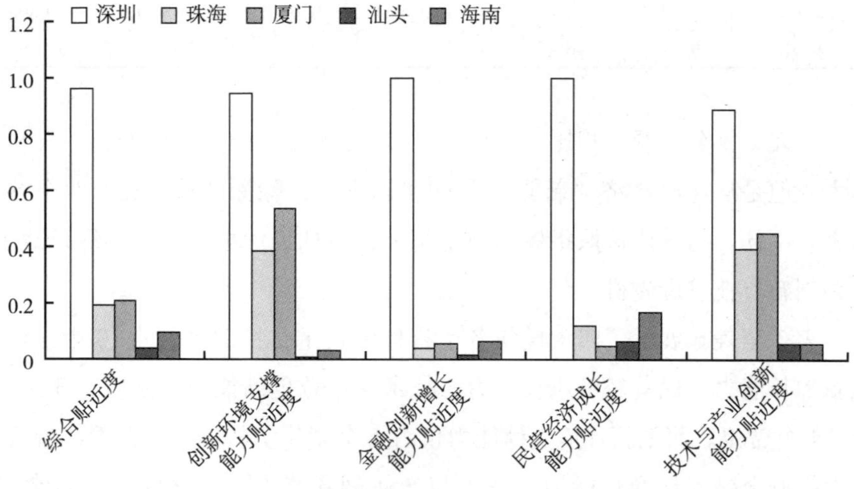

图1 特区创新发展贴近度分布

三　经济特区创新发展的特征

我国经济下行压力较大，进入“新常态”已成必然，特区作为经济改革先锋理应积极主动适应和把握“新常态”，重新定位金融创新、民营经济主体功能，强化“互联网＋”、科技创新在经济发展中的黏合、催化效用，发挥在“调结构、转方式”经济增长过程中的带头作用，引领经济由粗放型向集约型发展。特区作为经济改革试水区，从步入、适应“新常态”的角度给我国经济上了一堂精彩的经济蜕变课程，研究特区经济发展的特征，有利于我国经济发展少走弯路，赢得经济转型战斗的最后胜利。

1. 创新环境支撑能力和技术与产业创新能力层次明显

从表2与表6的熵值、权重、排名可以看出，指标权重排名前10的有创新环境支撑能力模块中的国家级科技企业孵化器个数，技术和产业创新能力模块中的科技支出占财政支出比重、高新技术新增产值、高新技术产业产值、高新技术企业数4个指标，但排名靠后，仅高新技术企业数进入前五，说明高新技术企业数能够更好地说明该城市的技术与产业创新能力，国家级科技企业孵化器个数也能很好地说明该地区培育科技企业的能力与地区未来的科技发展潜力。不言而喻，增加国家级科技企业孵化器个数与提高高新技术企业数对于优化特区创新环境和提升技术与产业创新能力具有决定性作用。

一个城市的创新能力和技术与产业的结合能力决定城市的未来发展潜力，特区尤其如此。深圳号称“中国硅谷”，是中国电子之都，经济更是走在各特区乃至全国前列，其法宝就是创新能力显著以及技术与产业结合能力高超，这同时也是厦门、珠海经济发展呈追击态势的主要原因。厦门、珠海近年来注重提升科技在企业中的含量，从图1可以看出二者在这方面的排名相差不大，厦门甚至会略高一些，但是二者与深圳还有一定距离，这也是未来厦门、珠海需努力的方向：以提高企业科技含量为主导，形成以一批相当有潜力、有实力的科技企业为主力的经济格局。科技创新与产业融合一直是海南与汕头经济发展的短板，这一点可以从历年的报告分析中看出，但是面对经济“新常态”，海南与汕头近几年布局科技与产业融合，虽然起步晚了点、底子薄了点，但是动作较大、步子明显加快，2014 年制定了多项相关税收减免、政策补贴等扶持政策，试点特区龙头企业，逐步向其他层次企业推进，均取得不错成绩。尽管二者排名比较靠后，差距不小，且这种现状短时间内还不能得到有效缓解，但是长期观察，走产业科技融合道路是主动适应“新常态”的不二选择。

2. 金融创新增长与民营经济成长能力差异化显著

金融是民营经济腾飞的动力，而民营经济又反哺金融，这条定律在深圳得到完美的验证。从图 1 不难发现，深圳在发展金融与民营经济方面遥遥领先，超出其他四个特区许多，原因在于深圳毗邻香港，模仿其优先发展金融业；同时吸引一大批敢闯、敢拼的人来深圳创业，经过三十几年的发展，孕育了一批全国乃至世界闻名的民营企业。而对于早期就致力于发展民营经济的汕头而言，其排名不敌海南，究其根本原因为传统民营经济占比较大，极少有民营企业迎合时代潮流，融入科技创新元素，这也是汕头民营经济未来发展的出路。而经济强市厦门的民营经济成长能力排名最后，很大一部分原因在于厦门早期重视外资、国资，而轻民资，导致现在民营经济发展后劲不足。总体而言，2014 年，五个特区都着重提升民营经济活力，出台多项响应国务院“大众创业”号召的民营经济扶持政策，如税收减免、加大对小微企业贷款力度等，助力特区经济发展。

从表 4 和表 5 可以看出，排名前五的指标权重都在这两大块中，金融总资产指标权重最大，金融业增加值熵权重排名第五，在民营经济里面，电子商务规模与小微企业贷款余额熵权重排名分别为第二和第四，大力发展金融仍然是未来五大特区前行方向：注重金融在社会资源分配中的作用，发挥金融在实体经济中的引擎功能，引导虚拟金融更好地服务实体经济，迎接经济新一轮腾飞；稳打稳扎、做大做强民营经济是特区经济创新发展的主导方针：扩大电子商务规模意味着变投资经济为消费型经济，以消费带动经济高速运转；增加小微企业贷款余额表明加大对民营企业的贷款力度，这有利于提升民营经济存活率，有助于民营经济度过经济寒冬期，迎来经济发展的又一春。

四　经济特区创新发展的展望

2014年，在新常态大环境下，经济换挡减速趋势不可逆转，调结构、转方式增长不可避免，提高经济质量、维持一定增速未尝不是一种最佳选择。各特区在“互联网+”“万众创业”等战役中初战告捷：经济增速保持一定的惯性，质量得到一定的保证，可喜的是，各特区都将科技与产业融合、深化“互联网+”改革、大力扶持中小微企业等方式列入特区经济未来创新发展总战略，在不断挖掘自身优势、发展特色经济的同时未放弃寻找特色经济的持续来源，与其说2014年是经济减速之年，不如说是各特区挖掘下一轮经济增长极、布局开创绿色经济局面的关键一年。各特区要把握如下三个切入点，继续深化互联网、高新技术在经济中的作用。

1. 认识新常态需要以电子商务为跳板继续扩大“互联网 +”格局

自从马云的阿里巴巴在美国上市以来，电子商务已经成为互联网领域的热门话题之一，电子商务也从高端的互联网落入平常百姓家，成为人们熟知的名词。电子商务本质上就是“互联网+贸易”，也是首个将“互联网+”运用得如此巧妙的业务，其铸就了强大的阿里巴巴帝国，将“互联网+”深深烙在人们心中。

自2014年以来，各特区以电子商务为突破口，加快片区商品贸易流通速度，不断将“互联网+”概念渗透到经济和社会其他领域。其中，深圳、珠海、厦门凭借自贸区优势，将电子商务优势发挥到极致，取得电子商务“大会战”的胜利。而汕头、海南依托本土优势，大力做成“互联网+玩具”“互联网+农产品”格局。具体来看，深圳凭借互联网、IT技术等先天优势，不断开拓“互联网+医疗”“互联网+现代服务”等疆土，独自撑起“互联网+”一片天，未来，它将瞄准北京、上海，面向世界，依托前海蛇口自贸区，深化“互联网+跨境电商”改革，迎来蛇口码头创新发展又一高潮；进一步开发好前海深港现代服务业合作区，以现代金融业为主导，先试先行前海合作区现代服务业，依托“互联网＋现代金融”优势，积极完善“互联网＋现代服务业”一体化平台，形成蛇口自贸区、前海现代服务业集群“两轮驱动”格局。厦门则利用对台优势与自贸区优势，在“一带一路”国家大战略背景下，积极打造跨岛金融中心、现代物流平台，充分发挥先前云计算等厚积优势，激发厦门特区海上丝绸之路重要节点作用。汕头作为一个天然港口，占据“地利”优势，拥有丰富侨民资源，独占“人和”优势，再者，汕头玩具行业闻名全国，这正是汕头开展“互联网＋跨境电商”的好时机，目前深圳与汕尾已经开展合作，共同建设深汕产业园区，相信未来汕头也会和深圳建立合作关系，毕竟汕头目前的互联网等技术设施还不是很完善，这极大可能成为汕头未来“互联网＋”发展的趋势。海南是一个农业大省，2014 年海南走出一条“互联网＋农业”创新发展道路，农产品销售额比 2013 年翻了两番，为解决人才问题，海南省与淘宝网合作建设淘宝大学，助推海南省成为名副其实的“互联网＋农业”大省，为海南农产品发展开辟了一番新天地，如何将“互联网＋”应用于其他方向，是海南特区下一步要思考的问题。

2. 适应新常态需要以民营银行为导引激活民间市场活力

在经济新常态下，增速减缓，大众创业、万众创新势不可当。一直以来，民营经济在我国经济中所占比重偏低，但是它对社会的贡献远远超出其所占比重，这种现象在特区中表现得尤为明显。如何提高民营经济在特区经济中的占比同时保证民营经济的质量，是积极主动适应新常态的关键问题。根据上述分析，民营经济在特区经济中的占比除深圳、汕头外明显偏低，这既有其历史原因，也有其现实原因。但是深圳与汕头的民营经济虽然比重偏高，但是二者的民营经济结构不同，如何调整民营经济结构也是汕头要破解的难题之一。

民营经济的存活率低一直是民营经济比重上升的瓶颈，存活率低的关键原因就是企业融资难。根据上述分析，提高贷款余额是提高民营经济发展水平的重要因素，企业融资难问题一直是研究民营经济的学者们所关注的话题，学者们也提出过很多建议，其中比较得到认可的一条即降低银行准入门槛。这一愿景也将伴随深圳微众银行的出世而逐步实现，目前全国已有五家民营银行成立，虽然仅有微众银行地处深圳特区，但大数据、云计算等技术缩短了银行与民营企业的距离，民营银行本质上是“互联网＋金融”的延伸，这将大大简化放贷过程中不必要的程序并部分解决贷款过程中信息不对称等问题，势必会将各特区的创业潮推向另一个高峰。厦门作为民营经济贫市，理应以民营银行为契机，鼓励当地银行在保证风险可控的条件下积极放贷，先保证民营经济存活率，后提升民营经济质量，最终形成民营经济、国有企业、外资三足鼎立态势。海南一直是农业大省，也是创业大省，一批年轻创客扎根海南，融资难问题一直是他们的一块心病，究其原因为海南省缺乏本土龙头银行，吸纳存款能力不强，这直接导致放贷后劲不足，如果紧跟“互联网＋金融”这一大潮流，海南民营企业定会迎来发展的春天。

3. 引领新常态需要以高新技术为枢纽带动产业结构升级

提升高新技术水平一直是特区经济创新发展的亮点，也是其不断超越自我、取得辉煌成绩的利器。鼓励支持企业、高校创新，搭建两者合作平台，一直是政府工作重心所在。2014 年，争夺科技高地已然成为打好把握新常态战役的制高点，过去，各特区将提升高新技术比重作为经济创新发展核心战略，这在未来也不会变，提升 GDP 中的科技含量将成为特区经济提质增速的重头戏。

2014 年深圳市认定高新技术企业近 7000 家，平均产值近 8000 万元，新增高新技术企业 200 余家，新增产值平均达 3 亿元，呈现小而多态势，更能反映深圳创业的速度特性；珠海、厦门、海南认定高新技术企业平均 500 家，平均产值近 3 亿元，走产量高而数量少路线；而汕头高新技术产业共有 500 余家，平均产值近 1000 万元，这与汕头历来民营经济占比较高而科技含量少有很大关系，目前，汕头动漫玩具行业积极开拓“科技＋玩具”“互联网＋动漫”“玩具＋网游”等领域，涌现出一批以奥飞动漫、骅威公司为龙头的高新技术动漫企业，这种势头还会继续下去，但是仍然要鼓励汕头民营企业将科技与产业融合，提高民营经济的质量与科技含量，这是未来汕头民营经济创新发展的必经之路。各特区未来要做好以科技创新引领产业结构升级，而提高现代服务业、战略新兴产业比重应该从如下方面入手。

首先，引入、留住人才是关键。科技创新离不开高端人才，特区比较缺乏知名度高、输送人才量大的知名学校，深圳也不例外，所以各特区在对待人才问题上要做到“引得进人才、留得住人才、用得好人才”，把人才资源开发放在科技创新的优先位置，实施更加积极的创新人才引进政策，做到“不唯地域引进人才，不求所有开发人才，不拘一格用好人才”。

其次，继续开创区域性创新平台，以国家级创新试验区为契机，用好用足特区先行先试优势，积极打造以深圳国家级创新环境孵化器为典范的创新平台。值得注意的是，深圳国家级科技企业孵化器个数比其他四个特区拥有的总和还要多，上层建筑建得高不高，要看底层基础打得牢不牢，各特区应通过培育市场化创新机制、创造更好的创新环境，最终开启创新成果丰硕、科技创新核心竞争力进一步提升的局面。

最后，加快、加强创新成果与产业相融合。一方面，要积极推动传统产业升级，这是汕头、海南等传统行业占比较大的特区亟须重视的问题，也是下一阶段发展需要面对的迫切任务；充分发挥资源优势，如珠海、厦门、汕头、海南可利用靠海优势，大力发展海洋强市、海洋强省等战略；另一方面，完善创新成果输出机制，要做到创新成果与产业链的对接、创新项目与现实生产力的对接、研发人员创新活动同其利益收入的对接。

经济新常态是我国经济发展到一定阶段必然经历的一个过程，各特区要充分利用特有资源、已有利器，从现代金融、大众创业、科技创新三个方面重新认识、适应、引领新常态。

参考文献

[1]《深圳市 2014 年国民经济和社会发展统计公报》，http：//www. sztj. gov. cn/xxgk/tjsj/tjgb/201504/t20150424_ 2862885. htm。

［2］深圳市政府：《全面深化金融改革创新》，http：//www. sz. gov. cn/jrb/sjrb/zwgk/zcfg/jrfzzc/201403/P020140319519726704535. doc。
［3］深圳市金融办：《关于支持促进互联网金融创新发展的指导意见》，http：//www. sz. gov. cn/jrb/sjrb/zwgk/zcfg/jrfzzc/201403/t20140319_ 2322753. htm。
［4］《珠海市 2014 年国民经济和社会发展统计公报》，http：//www. stats-zh. gov. cn/tjzl/tjgb/201503/t20150317_ 292166. htm。
［5］《珠海市人民政府办公室关于深化改革创新的实施意见》，http：//zwgk. gd. gov. cn/006988427/201501/t20150121_ 566042. html。
［6］《珠海市人民政府促进加快民营经济发展的三年行动计划》，http：//www. zhkgmx. gov. cn/gksxx/zxqyymyjjfwk/zcfg/201406/t20140624_ 6379837. htm。
［7］《珠海市先进装备制造业发展三年行动计划（2015～2017）》，http：//www. gzxz. gov. cn/Item/43077. aspx。
［8］《加快珠海市先进装备制造业发展若干政策措施的通知》，http：//zwgk. gd. gov. cn/006988427/201501/t20150121_ 566050. html。
［9］《汕头》，http：//www. shantou. gov. cn/00000/020304/201503/3aae74988e6240c0828cfdda059a3564. shtml。
［10］《广东省金融改革发展“十二五”规划》，http：//www. gdjrb. gov. cn/policy_ show. jsp? policy_ id = 371。
［11］《厦门市 2014 年国民经济和社会发展统计公报》，http：//www. xm. gov. cn/zfxxgk/xxgkznml/gmzgan/tjgb/201403/t20140331_ 848560. htm。
［12］《厦门市促进现代服务业发展综合试点实施方案》，http：//news. xmsme. gov. cn/2014/8/18/43_ 201481894859144. htm。
［13］《海南省 2014 年国民经济和社会发展统计公报》，http：//www. hainan. gov. cn/hn/zwgk/tjdc/hntj/tjgb/201502/t20150206_ 1518718. html。
［14］《中共海南省委、海南省人民政府关于进一步加快发展服务业的若干意见》，http：//www. hainan. gov. cn/hn/zwgk/zfwj/zcjd/201402/t20140220_ 1155936. html。
［15］《海南省 2014 年金融改革创新指导意见》，http：//www. hainan. gov. cn/hn/yw/zwdt/tj/201402/t20140219_ 1155271. html。
［16］《海南省农村金融综合改革试点方案》，http：//jrb. hainan. gov. cn/tzgg/201407/t20140710_ 1321839. html。
［17］《小微工业增速回落下行压力仍然较大——2014 年海南小微工业经济情况分析海南调查总队》，www. hainan. gov. cn。
［18］魏亚平、贾志慧：《创新型城市创新驱动要素评价研究》，《科技管理研究》2014 年第 19 期。
［19］刘维跃、王海龙等：《运用熵权/TOPSIS 组合模型构建智慧城市的评价体

系——以京津沪为实例探究》[J],《现代城市研究》2015 年第 1 期。
[20] 朱敏:《智慧城市评价指标体系回顾及优化建议》,《移动通信》2013 年第3～4 期。
[21] 杜鹏、夏斌、杨蕾:《国家中心城市智能化发展评价指标体系研究》,《科技进步与决策》2013 年第 30(6)期。
[22] 邓贤峰:《“智慧城市”评价指标体系研究》,《发展研究》2010 年第 12 期。
[23] 汪点点:《创新型城市竞争力评价指标构建及应用——以安徽省十六地级市为例》,《产业经济》2015 年第 8 期。
[24] 王芳镜、夏维力:《基于熵权 TOPSIS 法的企业自主创新能力评价及其行业差异分析》,《研究与发展管理》2009 年第 21(6)期。
[25] 李金秋、于晶贤:《基于 TOPSIS 法的辽宁省经济水平评价》,《价值工程》2011 年第 33 期。
[26] 李元元、周国华、韩娇杰:《基于熵权的改进 TOPSIS 法在多项目优先级评价中的应用》,《统计与决策》2008 年第 14 期。
[27] 李琳、韩宝龙等:《创新型城市竞争力评价指标体系及实证研究——基于长沙与东部主要城市的比较分析》,《经济地理》2011 年 2 月第 2 期。
[28] 郭凯:《基于灰色系统理论与模糊数学的洛阳创新》,《科技管理研究》,2014 年 5 月。
[29] 陈晓雪:《常、苏、锡、通民营经济竞争力评价及预测》,《江苏社会科学》2009 年第 2 期。
[30] Wang C. L., YoonK. S., *Multipleattributedecisionmaking*, Berlin: Spring-verlag, 1981.
[31] 魏江、刘怡、胡胜蓉:《基于主成分分析法的创新型城市评价研究》,《湖南大学学报》2009 年第 3 期。
[32] 金贞珍:《关于多指标综合评价方法及其权数问题的讨论》,延边大学硕士学位论文,2007。
[33] 邵道远、孟灿霞、李培强:《构建金融业践行社会责任评估体系的思考》,《金融纵横》2009 年第 5 期。

B.5
中国经济特区体制改革报告

陈家喜　黄惠丹　李辉勇*

2014 年 12 月召开的中央全面深化改革领导小组第八次会议，回顾了 2014 年全面深化改革的工作，部署了 2015 年全面深化改革关键年的实施图。这一会议审议通过了《关于 2014 年全面深化改革工作的总结报告》，回顾了 2014 年的改革成效。具体来看，经济体制改革领先推进，民主法制领域改革协调推进，文化体制改革积极创新，社会治理体制改革标本兼治，社会事业领域改革统筹推进，生态文明体制改革稳慎探路，党的纪律检查体制改革立行立改，党的建设制度改革力度加大①。此外，会议还重点提出一些起标志性、关联性作用的改革举措，把需要攻坚克难的硬骨头找出来，把需要闯的难关、需要蹚的险滩标出来，加强对跨区域、跨部门重大改革事项的协调，一鼓作气攻克难点，要把提高改革质量放到重要位置，坚持速度服从质量，对于已出台的改革，要抓紧出台细化实施方案，坚决消除“中梗阻”“肠梗阻”。2015 年全面深化改革要置于“四个全面”的战略布局和中华民族实现伟大复兴“中国梦”的历史进程中。中央关于 2015 年全面深化改革新的战略思维不仅迎来了全面深化改革新时期的机遇与挑战，也为经济特区体制改革在“四个全面”战略背景下指明了方向和道路。五大经济特区围绕中央精神联系特区实际，抢抓机遇、应对挑战，坚持稳中求进，全面深化改革，实现了主要目标。新时期，我们在遵循“四个全面”的总体要求下，如何着力推进深化改革不断取得新实效成为关键。

---

* 陈家喜，深圳大学研究生院副院长，教授；黄惠丹，深圳大学当代中国政治研究所政治学硕士研究生；李辉勇，深圳大学当代中国政治研究所政治学硕士研究生。

① 桂田田：《2014 年 80 个重点改革任务基本完成》，《北京青年报》2014 年 12 月 31 日。

一 经济特区体制改革的战略规划

党的十八届三中全会拉开了全面深化改革的序幕。经济特区作为中国改革的“试验田”和“排头兵”，注重改革的系统性、整体性和协同性，在贯彻中央精神，落实全面深化改革实施意见的基础上，结合自身实际制订年度计划。通过梳理五大经济特区《贯彻十八届四中全会决定重要举措2015年工作要点》，我们可以从行政体制改革、文化体制改革、党的建设制度改革、社会体制改革方面来把握新时期四个全面战略布局下的全面深化改革路线图。五大经济特区2015年政府工作体制改革战略规划见表1。

表1 五大经济特区2015年政府工作体制改革战略规划

特区	行政体制改革	文化体制改革	党的建设制度改革	社会体制改革
深圳	职权事项科学增减、职权事项运行评价、动态权责清单、权责清单管理体系	公共文化服务体系建设协调机制、基本公共文化服务标准、公共文化服务均衡发展	从严治党、党建责任清单，廉政监督机制、干部管理制度	政府改革、多元治理式的社会体制、基层社区治理体制、社会事业体制改革、城市社会体制、社会管理体制法治化
珠海	行政审批项目、行政审批制度改革、权力清单	公共文化服务体系、文体事业、公共文化体育服务	党建工作新常态、思想政治建设、作风建设、基层党建责任制队伍建设	多元共治社区治理体系、社会组织服务能力、社会组织自身能力建设、社会利益矛盾调处机制
厦门	行政权力清单制度、政府机构改革、服务型政府建设	文化类社会组织、公共文化服务机制、公共文化设施管理模式	从严治政、廉洁从政、作风建设	社区发展基金、社会组织活力、社会治理水平、多元共治
汕头	权力清单、责任清单、负面清单制度、后续监管制度体系、政府购买公共服务	文化投入机制、文化创意产业、文化市场监管、全民健身公共服务体系建设	基层党风廉政建设、党风廉政建设主体责任、纪检监察机关责任、纪检监察队伍建设	医药卫生体制改革、多层次社会保障体系、社会慈善事业发展、社会救助体系
海南	权力清单和责任清单、四级政务服务体系、事中事后监管、公共资源交易市场	现代公共文化服务体系研究、公共文化服务标准化、公共文化示范工程建设	党风廉政建设，党的政治纪律、政治规矩、作风建设	社会治理能力、社区建设、基层综合服务管理平台、社区网格化管理、社会组织活力

资料来源：作者整理。

（一）行政体制改革

中央新一轮的行政体制改革重心是厘清市场和政府的权责边界，进一步简政放权，推进行政审批制度改革。权力清单制度以法治为后盾，科学规范行政审批的权限，对行政权力依法限制和调整，是行政权力改革的重要抓手，是行政体制改革的突破口。围绕中央《关于推行地方各级政府工作部门权力清单制度的指导意见》，各经济特区贯彻中央精神，因地制宜，积极探索权力清单制度，推进全国行政体制改革的进程。

深圳通过合理制定政府部门权责清单管理办法，提高清理事项的科学性。深圳明确部门职责分工，调整职权事项审核程序，实现科学增减职权事项；探索开展职权事项运行评价工作，结合部门、独立第三方机构和服务对象满意度等多种评估方式展开科学论证，增强清理事项的合理性；对接网上办事大厅，通过管理系统实现权责清单动态运行，完善政府部门权责清单管理体系。[①] 深圳市第六次代表大会报告也明确提出，将“建立政府权责清单管理体系，构建约束权力的制度笼子”作为深圳转变政府职能的一大重要措施，要求建立市、区、街道政府权责清单管理体系，完善相应的权责清单和行政职权运行流程图，进一步提高政府服务的便利化、透明化水平。[②]

珠海提出率先实现最少的行政审批项目、最高的行政效率、最低的行政成本、最透明的行政过程的目标，深化行政审批制度改革。珠海要求公布各区“权力清单”，编制市区部门纵向“权力清单”，从三个方面做好“权力清单”公开后的落实工作。一是围绕中央精神，及时修改完善清单内容，加强监管，落实到位；二是严惩各种超越“权力清单”的行为，提升权力行使者的自我约束意识；三是保障社会各方面的监督权力，行成良好的社会监督环境，使“权力清单”有序规范运行。[③]

---

① 雷燕：《编制权责清单拟取消转移一批职权事项》，《深圳晚报》2015 年 1 月 16 日。

② 马兴瑞：《解放思想真抓实干勇当“四个全面”排头兵努力建成现代化国际化创新型城市》，《深圳特区报》2015 年 6 月 16 日。

③ 胡净栋：《公布“权力清单”只是“第一步”》，《珠海特区报》2015 年 4 月 2 日。

2015 年 8 月，广东省政府发布了《省发展改革委关于 2015 年广东省深化经济体制改革重点工作的实施意见》，其中明确提出，加快建立政府部门权责清单制度，选择汕头、韶关、惠州、茂名、揭阳等市及其所辖各 1 个县（区）为试点，编制并公布发展改革、经济和信息化、民政、财政、交通运输、农业、林业、商务、国资管理 9 个部门的省市县三级纵向权责清单。[①] 随后，汕头市发布《汕头市人民政府关于推行市、区（县）政府工作部门权责清单制度的通知》，对所行使的面向公民、法人和其他组织的行政权力及应承担的责任事项，政府部门之间、上下级政府部门之间具有行政管理性质的职权事项（部门内部及部门对所属机构的文秘、会务、机要、保密、档案、人事党务、财务与资产管理、外事、后勤、工青妇、信息化建设、政务公开、信访维稳、安全生产、综合调研、统计、作风建设、政府法制监督等职责除外），上级部门下放职权事项，进行全面彻底梳理。

厦门推行行政权力清单制度，全面完成政府机构改革，推动服务型政府建设。《厦门市推行市级行政权力清单制度实施方案》于 2014 年 10 月颁布，厦门市级行政权力清理、推行行政权力清单制度工作开始启动。根据该方案，市政府 39 个工作部门、象屿保税区管委会、火炬高技术产业开发区管委会、鼓浪屿 - 万石山风景名胜区管委会，以及具有行政主体资格并依法承担行政职能的市级事业单位，统统被纳入行政权力的清理范围。[②] 在事项清理形式上，厦门市要求行政权力清理对象应当按照“谁行使、谁清理”的原则，按照职权法定、转变政府职能、简政放权和合法性、合规性、合理性、必要性的要求，提出职权取消、转移、下放、整合、保留等清理意见和建议，按部门填写《行政权力事项汇总表》和《行政权力事项明细表》。

海南也将制定权力清单和责任清单作为深化行政审批制度改革的重要任务。为贯彻落实《中共中央关于全面推进依法治国若干重大问题的决定》，中共海南省委指出各级政府和工作部门要推行政府权力清单制度，依据权力

① 《全省市县政府部门权责清单年底前公布》，《南方日报》2015 年 8 月 8 日。

② 《厦门市人民政府关于印发厦门市推行市级行政权力清单制度实施方案的通知》，http：//www. xm. gov. cn/zwgk/flfg/sfwj/201411/t20141111_ 993673. htm。

清单，在社会上全面公开法律依据、实施主体、职责权限、政府职能等事项，防止权力设租寻租。[①] 2015 年海南省《政府工作报告》中再次指出要深化行政审批制度改革，在新一轮行政审批事项清理的开启下，全面清理非行政许可审批并制定权责清单。[②]

（二）文化体制改革

为保障公民的基本文化生活权利，以政府部门为主的公共部门向公民提供公共文化产品与服务，这一制度和系统总称为公共文化服务。其中，公共文化服务设施、资源、服务内容、人才、资金、技术和政策保障机制是公共文化服务的主要内容。加强现代公共文化服务体系建设是深化文化体制改革的重要任务。各经济特区围绕上述内容提出具体要求。

深圳在文化体制改革方面，主要从以下三个方面着手。一是贯彻落实中央关于加快构建现代公共文化服务体系的意见，构建现代公共文化服务体系；二是构建并健全深圳市公共文化服务体系建设的协调机制；三是建立基本公共文化的服务标准，促进公共文化服务均衡发展。[③]

珠海完善公共文化服务体系，提出繁荣发展文体事业和提升公共文化体育服务。在繁荣发展文体事业方面，珠海要求构建现代公共文化服务体系，实现市、区、镇、村文化场馆免费开放和数字农家书屋全市覆盖率达到 80%。在提升公共文化体育服务方面，丰富文化活动的形式，健全基层文化体育基础设施。《珠海市建设文化强市三年行动计划（2014～2016 年）》提出，珠海将实施包括城市文化培育、文化民生优化、文化产业提速、文化体制创新、文艺精品创作、文化交流合作、文化人才队伍建设、文化建设保障在内的八大工程，以 22 项重点工作任务为抓手，力争 2016 年建设

① 《中共海南省委贯彻落实〈中共中央关于全面推进依法治国若干重大问题的决定〉的意见》，《海南日报》2014 年 12 月 8 日。

② 《2015 年海南省政府工作报告》，《海南日报》2015 年 2 月 15 日。

③ 许勤：《政府工作报告》，《深圳特区报》2015 年 6 月 10 日。

文化强市。①

汕头提出进一步深化文化体制改革。在具体内容上，提出落实责任，推进华侨经济文化合作试验区建设；整合资源，激发文化发展活力，整合文化资源，建立文化投入机制，发展文化创意产业，加强文化市场监管，多渠道开展对外文化交流和传播，先行先试，努力探索新途径和方法。② 此外，汕头在发展文化体育事业方面，进一步保护和利用文物、非物质文化遗产、记忆遗产；推进“海上丝绸之路”申遗工作全面展开；加强全民健身公共服务体系建设，促进全民健身活动深入开展。③

厦门将制定《厦门市加快构建现代公共文化服务体系的实施方案》，力争到2020年，全面建成覆盖城乡、便捷高效、保基本、促公平的现代公共文化服务体系。此外，厦门市还将通过培育和规范文化类社会组织、建立健全政府向社会力量购买公共文化服务机制、推广运用政府和社会资本合作等模式、创新公共文化设施管理模式等方式，鼓励和引导社会力量参与公共文化服务。④

海南积极完善公共文化服务体系，运用法治思维和方式推进海南新一轮文化体制改革。加强现代公共文化服务体系研究，深入开展海南省公共文化服务标准化、均等化先行区研究项目，推进海南省公共文体服务标准制定。促进公共文化示范工程建设，深入实施文化惠民工程，扩展群众文体活动服务平台。此外，推进重大文体设施建设，实施一批改造提升项目，推进文化设施建设和利用工作。狠抓重点创作，开展丰富多彩的惠民演出活动，加快推动文艺繁荣。积极引领文化产业发展，加强文化市场监管，推动文化产业和现代文化市场体系发展。⑤

---

① 林群贤、谢嘉玮：《力推八大工程，创建文化强市》，《南方日报》2015年4月21日。

② 孙欣欣：《汕头：深化改革激发文化发展活力》，《汕头日报》2015年4月18日。

③ 郑人豪：《政府工作报告——2015年1月25日在汕头市第十三届人民代表大会第五次会议上》，《汕头日报》2015年2月2日。

④ 郭睿：《我市将出台方案，统筹公共文化建设》，《厦门日报》2015年5月21日。

⑤ 海南省文化广电出版体育厅：《海南省文化广电出版体育厅2014年工作总结及2015年工作要点》，2015年1月8日。

（三）党的建设制度改革

党的十八届三中全会将党的建设制度改革与经济体制改革、文化体制改革、社会体制改革、政治体制改革、生态体制改革、政治体制改革并列纳入全面深化改革的总布局，对于推动党的建设、提高党的执政水平、确保全面深化改革取得成功具有重要作用。五大经济特区从从严治党、党风廉政等方面探索完善党的建设制度改革。

深圳健全民主集中制制度建设，健全党建工作专项述职评议制度，深化党的组织制度改革。完善干部教育培训及挂职锻炼工作制度，建立健全干部能上能下机制和党员干部诚信档案，深化干部人事制度改革。完善和落实谈心谈话、函询诫勉等制度，落实党政正职及领导班子“五责联审巡查”工作制度，健全干部日常管理监督机制。加强服务型党组织建设，进一步从严治党，深化党的基层组织建设制度改革。[①]

珠海落实从严治党各项要求，推动形成党建工作新常态。持之以恒纠“四风”，严抓思想政治建设和作风建设。增强基层党组织凝聚力，深入落实基层党建责任制，严抓基层党建责任和队伍建设。在认真落实党风廉政建设主体责任的同时，严抓纪委监督责任，推进党风廉政建设和反腐败工作。治国先治党，治党必从严。以从严治党新举措为依托，深入推进反腐倡廉建设，为珠海建设“生态文明新特区，科学发展示范市”提供保障。[②]

汕头加强基层党风廉政建设。认真落实党风廉政建设主体责任和纪检监察机关责任，转职能，转方式，转作风。加大基层办案进度，坚决惩处腐败并持续震慑。加强纪检监察队伍建设，加强学习教育，强化监督制约，努力建设一支忠诚、干净、有担当的队伍。[③] 专项整治政府行风，推行求真务实之风，争取以实干高效的作风赢得民众信任。在巩固党的群众路线教育实践活动成果基础

① 申师源：《深圳市2015年改革计划》，《深圳市人民政府公报》2015年第14期。

② 《落实从严治党各项要求学习贯彻市委七届五次全会精神系列评论之八》，《珠海特区报》2015年2月2日。

③ 李岱娜：《加强基层党风廉政建设》，《汕头日报》2015年1月12日。

上，深入落实中央八项规定、“三严三实”等要求，将整治“四风”态势保持下去。

厦门在党的建设方面，坚持从严治政和廉洁从政。在坚持从严治政方面，以务实作风改进政风，巩固和拓展党的群众路线教育实践活动成果，深化“四风”整治，践行“三严三实”，推动作风建设常态化；在坚持廉洁从政方面，始终保持反腐败高压态势，对腐败问题“零容忍”。强化行政监察和审计监督，完善政府内部层级监督和专门监督，积极推进预防职务违纪和职务犯罪制度建设。全面推进政务公开，实现决策、执行、结果公开透明，让监督的阳光照射到权力运行的每个角落。①

海南全面从严治党，扎实推进党风廉政建设，增强党组织凝聚力。严守党的政治纪律和政治规矩，各领导干部带头严格约束自己，严管干部。严抓顶风违纪“四风”，做好作风建设。继续保持惩治腐败高压，严处腐败案件，严肃责任追究，强化对行政权力的监督。领导干部带头遵法、学法、守法、用法，不能以严代法、以权压法、徇私枉法，发挥好带头示范和引领作用，用法制推动改革。②

（四）社会体制改革

党的十八届三中全会把创新社会治理体制作为推进国家治理能力和治理现代化的重要内容。国家治理体系涉及经济、政治、文化、社会、生态文明和党建六个方面，重点在于政治体制、行政体制、经济体制、社会体制、文化体制的完善。社会治理针对的是国家治理中的社会问题。五大经济特区从完善治理方式、创新有效预防及化解社会矛盾体制、完善公共安全体系、激发社会组织活力四个方面探索社会治理体制创新，推进社会体制改革。

深圳创新基层社区治理体制，推动发展社区自治和基层协商民主，制定推

---

① 廖文焱：《厦门市第十四届人民代表大会第四次会议关于厦门市人民政府工作报告的决议》，《厦门日报》2015 年 2 月 8 日。

② 周元、张谯星：《罗保铭：全面从严治党，狠抓反腐倡廉，为海南科学发展绿色崛起提供有力保障》，《海南日报》2015 年 2 月 14 日。

动社会组织协商民主的实施办法，制定社会团体、行业协会内部选举工作指引。

珠海在社会治理体系方面，进一步深化社会治理体制改革。加快创建政社分开、权责明确、依法自治的现代社会组织体制，注重运用法治方式，实行多元主体共同治理。提高社会治理水平，加大重点领域和重大社会矛盾化解力度。健全社会矛盾预防化解机制，提高法律在维护社会秩序中的权威。

汕头在社会体制改革方面，进一步扩大就业，倡导用创业带动就业，推进公共就业服务标准化和信息化建设；注重教育规模及内涵协调发展，促进多元办学；完善医疗卫生公共服务，推进医药卫生体制改革，全面完善医疗保障、医疗服务、公共卫生、药品供应及监管体制综合改革；完善多层次社会保障体系，扩大社会保障覆盖面，增大社会福利惠及面，推动社会慈善事业发展，健全社会救助体系。

厦门在社会体制改革领域，积极推进社会治理，共同建设美丽厦门。积极探索共谋共建共管共评共享的城乡治理体制机制，发挥全国社区治理和服务创新试验区示范作用。组织好村居换届选举，提升基层组织自治能力。创新立体化社会治安防控体系，完善多元化纠纷解决机制，全面推进平安厦门建设。化解信访积案，提高办结率。加强食品药品市场监管，强化生产安全，优化应急联动和防灾减灾救灾机制。建设突发公共事件预警信息发布平台，创建全国安全发展示范城市。继承发扬双拥模范城市的优良传统，力争全国双拥模范城市“九连冠”。

海南推动社会体制改革，推进社区建设，完善基层综合服务管理平台，开展社区网格化管理，强化社区矫正工作，推行政社分开，培育和规范社会组织，激发社会组织活力。

二　经济特区体制改革的探索与进展

（一）深圳体制改革的进展

深圳将“权责清单制度”作为深化行政体制改革的突破口。所谓“权责清单”就是将各地政府工作部门的行政职权、依据、行使主体、运作流程和对应责任等，以清单的形式列出并向社会公布，接受社会监督。在2014年清理政府权责清单和福田、龙岗、罗湖三区率先公布全部权责清单的基础上，2015年6月底，深圳8区（新区）在区政府官网上公开了全部权责清单，龙华和大鹏新区也已经公布试点部门清单。此外，各区在政府门户网站上开通了行政权责清单专栏，公布各区行政职权事项数、权力运行流程图和办理部门咨询电话等，实现公众对权力的监督。①

深圳逐步建立公共文化服务机制，完善现代公共文化服务体系。深圳公共文化服务机制主要体现在以下五个方面。一是深圳创新财政保障机制，保障市民享受文化成果的权利。二是创新社会化运行机制，确保市民参与文化活动的权利。三是创新群众评价和反馈机制，保障市民拥有文化选择的权利。四是激发文化原创激励机制创新，确保市民拥有开展文化创造的权利。五是倡导知识产权及文化成果保护机制创新，保护市民文化成果。在健全政策法规的同时推进文化成果维权机制建设，从制度和法律方面保护市民创造的文化成果。另外，深圳率先提出构建市级公共文化服务体系建设协调机制城市的口号，提高文化治理能力和效果，加快推进现代公共文化服务体系建设，实现建设文化强市的目标。②

深圳率先落实全面从严治党各项任务。严格落实管党治党责任，制定党建责任清单，落实党建责任。注重在改革创新和求真务实的工作实践中科学选拔干部，建立健全职级管理和岗位管理并重的干部管理制度。严格落实党风廉政建设主体和纪委监督责任，制定落实两个责任清单和问责办法。推进廉政监督机制创新，建立巡查工作制度，加快形成不敢腐、不能腐、不想腐的有效机制。保持惩治腐败高压态势，以廉政建设责任清单反对腐败。③

深圳创新社区治理，倒逼社会治理创新推进。福田区探索社区“居业

① 雷燕：《十区权责清单月底全部完成公布》，《深圳晚报》2015年6月18日。

② 翁惠娟、朱文蔚：《创新文化服务机制，保障市民文化权利》，《深圳特区报》2015年7月3日。

③ 杨丽萍：《率先落实全面从严治党各项任务》，《深圳特区报》2015年5月22日。

协同”新型自治模式，提升居委会和业委会两大社区重要自治力量，形成依法自治、居业协同、合作共赢的“居业融合”自治新模式。光明新区探索设立社区基金会等社会组织，调动社会力量参与社区治理，为基层治理注入新动力。盐田首创综合服务室，打造基层治理全新平台，提升基层治理水平。南山街道探索基层治理新模式，运用本土精英促进基层社区治理。龙岗区开展网格化管理，探索基层社区治理。深圳厘清多元主体，优化治理结构，完善社区服务，构建“三社联动”，积极推进基层治理创新。

（二）珠海体制改革的进展

珠海进一步探索和尝试公开“权力清单”，加快政府职能转变，深化行政制度改革。在珠海市级政府部门“权力清单”公布的基础上，香槟区率先公布第一份区级“权力清单”，进一步推进珠海“权力清单”工作进程。珠海“权力清单”的实践提高了工作效率，明晰了政府部门的职责，促进了政府部门加快转变职能，推进了现代型服务型政府建设。

珠海稳步提升基本公共服务均等化水平，不断增进民生福祉。珠海市制定了《珠海市基本公共服务均等化实施纲要（2009～2020）》，在公共教育、公共卫生、公共文化体育、公共交通4项基础服务和生活保障、住房保障、就业保障、医疗保障4项保障的基础上，将公共安全和生态环境保障两个项目纳入基本公共服务保障范畴，并细化阶段目标和保障措施，完善财力保障措施。珠海也进一步提出，要按照国际宜居城市的指标体系和评价标准，不断完善和修正行动计划，务实解决民生问题，用三年时间实现基本公共服务均等化和整体水平的明显提升。①

珠海落实主体责任，抓好党建主业。巩固和扩展党的群众路线教育实践活动，扎实推进开展“三严三实”专题教育，落实全面从严治党要求。各级党委（党组）强化责任意思，抓好党建主业，将抓好党建作为最大政绩，担负起管党治党、从严治党的主体责任。牢固树立和重视基层党建的鲜明导

① 陈晓：《3年交通大会战为西部带来契机》，《南方日报》2015年10月20日。

向，细化党建工作责任制，建立基层党建工作联系点制度，深入开展全市镇（街道）领导干部驻点普遍直接联系群众工作。加强珠海高校党的建设，加强高校党风廉政建设和大学生思想政治工作，为珠海市产学研合作提供思想和组织保障。①

珠海努力适应社会治理新常态，大力推进社会治理创新。加快改革和完善政府社会治理机制。坚持德治和法治相结合，在抓好社会主义核心价值观培育践行的同时将法治落实到改革发展的全程。大力培育和发展社会组织，适应党委政府领导下的治理主体多元化的社会治理新常态。加快建立和完善社会保障预防和社会问题化解机制，完善社会治理机制。珠海要大力推进社会治理创新，实现社会治理的科学化、现代化。②

（三）厦门体制改革的进展

自 2014 年 10 月开始，厦门市政府各部门按照行政许可、行政确认、行政处罚、行政强制、行政征收、行政征用、行政裁决、行政给付、行政奖励、行政监督检查及其他行政权力 11 个类别，逐条逐项分类登记，形成本部门现有行政职权目录。截至 2015 年 6 月，厦门公布《市级部门行政权力清单目录》，推进行政权力清单制度。该清单是在厦门市行政权力清理基础上形成的。经过清理精简，职能部门自查上报的 8815 项行政权力被“砍”至 4294 项，精简 4521 项，精简率达 51.28%。此外，上级委托下放行政权力 118 项，冻结权力行使 64 项；采取属地管理或者部分属地管理的办法，将行政权力下放至区级和镇（街），清单中实行属地管理（含部分属地）的 2363 项，占市级部门行政权力总数的 55%。③

厦门市出台《厦门关于加快构建现代公共文化服务体系的实施意见》（以下简称《实施意见》），全面部署推进基本公共文化服务标准化、均等

① 付洪军：《李嘉：珠海落实主体责任，抓好党建主业》，《珠海特区报》2015 年 5 月 7 日。

② 曹诗友：《以“四个全面”大力推进社会治理创新》，《珠海特区报》2015 年 4 月 12 日。

③ 《让权力在阳光下运行：厦门市首晒权力清单，40 个市直部门精简 4521 项行政权力》，《福建日报》2015 年 6 月 30 日。

化。《实施意见》提出到2020年，全面建成覆盖城乡、便捷高效、保基本、促公平的现代公共文化服务体系。具体体现在“统筹推进公共文化服务均衡发展”“增强公共文化服务发展动力”“加强公共文化产品的服务供给”“推进公共文化服务与科技融合发展”“创新公共文化管理体制和运行机制”“加大公共文化服务保障力度”6个部分19项任务上。①

厦门推进党风廉政建设，进一步抓好反腐败工作。厦门认真落实党风廉政建设主体责任，增强纪检监察机关的监督责任，强化监督执纪问责；持之以恒地落实中央八项规定，坚持不懈纠“四风”，严处违法乱纪行为；以“三严三实”教育活动为契机，严格教育管理纪检监察干部，打造忠诚、干净、有担当的纪检监察干部队伍。②

厦门率先形成“四级联动”治理结构，“纵向到底、横向到边”的社会治理创新体系取得新突破，社会治理创新的“厦门范本”推向全国。厦门海沧区运用共同缔造的方式，在纵向关系上形成“区统筹—街道治理—村居服务—自治单元自治”的四级治理体系，推进了治理体系和治理能力的现代化。同时，海沧区以群众参与为核心，朝着政治文明、经济文明、文化文明、社会文明和生态文明的“五位一体”发展模式深化改革，形成了可借鉴的“厦门范本”。③

（四）汕头体制改革的进展

汕头全面启动权责清单工作，建立市、区（县）政府工作部门权责制度，进一步理顺政府之间，政府与市场、社会的关系。在2014年汕头市纵向权责清单试点工作的基础上，汕头市2015年8月3日起全面启动权责清单编制工作，紧紧围绕清权、减权、制权和晒权4个方面，采取市、区（县）同步开展，集中审核、统筹，加快推进权责清单制度工作。此外，在权责清单审核过程中，汕头市进一步拓宽公众参与渠道，通过座谈会、问卷

① 《厦门关于加快构建现代公共文化服务体系的实施意见》，2015年9月10日。

② 江海苹：《履职履责，扎实推进党风廉政建设》，《厦门日报》2015年7月2日。

③ 陈培章：《海沧：社会治理“厦门范本”的生动实践》，《厦门日报》2015年7月27日。

调查、网上公开征求意见、专家论证等多种形式，充分吸收各方意见，形成改革合力。①

汕头加快构建现代公共文化服务体系，进一步落实责任、加快进度，把广东省政府、汕头市政府确定的文化民生实事项目作为重点工作来抓。具体来看，汕头市抓紧做好申报文本的修改编制工作，做好潮汕文化生态保护试验区的申报工作；抓住华侨经济文化合作试验区建设和编制“十三五”规划的机遇，编制好文化发展规划，争取有一批民生分量重、社会关注度高的文化项目、文化工程列入全市重大规划和政策文件中，努力提升汕头市的文化发展水平。②

汕头在党建方面，以开展“基层组织建设”攻坚年活动为抓手，从七个方面落实党建责任，打好基层组织建设攻坚战。一是加强规范化建设，打造基层服务型党组织；二是构建领导干部驻点普遍直接联系群众新常态，构建网格化驻点模式，建立制度化运行机制，形成常态化服务方式；三是狠抓薄弱环节，全面提升基层党建工作水平，实现整顿工作常态化；四是加强基层干部队伍建设，夯实基层党建基础，在述职评议考核中强化党建责任，在驻点联系群众中转变干部作风，在大规模培训中提升干部素质，在强化基础保障中关爱基层干部；五是落实党建责任，提升党建工作科学化水平，细化责任要求，确保述有目标，明确评议方法，做到评有准绳；六是推行“三民”工作法，着力创新服务机制；七是从严从实抓党建。③

汕头全面提升基层治理能力，落实党建责任与加强基层治理同步推进，增强基层党组织领导核心作用，激发基层社会组织共同治理的积极性；整顿软弱涣散党组织与规范化建设同步推进，运用法治思维提高基层党组织执行落实能力和服务群众能力，强化问题导向，抓住“三严三实”关键；联系服务群众与化解矛盾纠纷同步推进，将化解矛盾纠纷列为驻点联系服务工作

① 李敏：《汕头市全面启动权责清单编制工作》，《汕头日报》2015 年 8 月 4 日。

② 孙欣欣：《我市加快构建现代公共文化服务体系》，《汕头日报》2015 年 7 月 25 日。

③ 杜一方：《落实党建责任打好基层组织建设攻坚战——汕头市各地各单位基层党建工作巡礼之一》，《汕头日报》2015 年 7 月 1 日。

的重要内容，强化各级党组织书记维稳第一责任；基层带头人队伍建设与强化基础保障同步推进，加大基层组织日常工作经费，为基层组织建设提供保障。①

（五）海南体制改革的进展

海南省坚持职权法定、权责一致原则，公开透明原则，便民高效、问题导向的原则，要求省级政府工作部门和部门管理机构进行行政权力和责任清理工作。①省级部门的权力边界。截至2015年9月底，海南省各部门报送权力事项5137项，会审后拟取消389项、下放2383项、合并减少277项，共调整3049项，最终保留的省级权力事项2088项，其中行政许可清单358项、行政处罚清单853项、行政强制清单74项、行政征收清单29项、行政给付清单14项、行政检查清单92项、行政确认清单138项、行政奖励清单63项、行政裁决清单9项、其他权力清单458项。②省级部门的职责边界。纳入省级政府权力清单清理范围的单位共47家（含省海洋渔业监察总队），责任清单包括主要职责、权力边界、事中事后监管、公共服务事项4个方面内容。经审核确定，最终保留省级权力事项3968项，其中主要职责3016项，权力边界267项，事中事后监管制度437项，公共服务248项。②

海南推进文化产业转型升级，加快文化与科技融合，持续推行智能产业，构建“智慧文化岛+智能创意岛”，以文化科技产业为核心，全面推动海南文化产业转型升级，着力实行“互联网+”，构建智慧文化岛，通过智能技术向智能产业转变并扩展，打造“智能创意岛”。具体层面上要加强组织领导，加大科技研发和科技平台建设力度，鼓励创意创新，激发文化产业发展体系的活力。加强文化科技创意产业园建设，推进文化产业跨越式发展。注重特色，创建品牌，构建海南特色的文化旅游产业发展模式，持续增

① 陈健：《汕头市全面提升基层治理能力》，《汕头日报》2015年8月13日。
② 《关于公布实施海南省省级权力清单和责任清单的相关情况解读》，《海南日报》2015年10月10日。

大文化旅游产业覆盖面，全面提升文化产业内涵。①

海南深入落实党风廉政建设主体责任和监督责任，强化责任追究。要求工作人员强化责任自觉和责任意识，勇于担当。加强日常工作教育和监督，发挥党员领导干部的带头作用，建设清正廉洁的机关干部队伍。深入开展理想信念教育，纠正“四风”，推动干部队伍精神风貌建设，做好廉政风险防控工作。全面从严治党，加大案件查办力度，以零容忍态度惩治腐败，遏制腐败蔓延。完善监督机制，推进党风廉政建设。落实纪律检查体制改革，推进组织和制度创新。践行“三严三实”，推进作风建设。②

海南运用新媒体创新社会治理方式，提升新媒体时代政府的社会治理能力。新媒体对社会治理环境产生影响，对政府社会治理能力提出新的挑战。新媒体环境下，政府需要运用新媒体创新社会治理方式，构建及时有效的政府信息公开机制，为政府和公众协商共同管理社会创造条件；构建公众表达与政府回应机制，落实多元主体协商合作共同治理机制；构建信息化政民互动沟通机制，为公众提供信息服务，引导政府实体机制的运行。③

三　在“四个全面”的战略下推进特区体制改革

党的十八届三中全会提出的全面深化改革的重要部署和党的十八届四中全会做出的全面推进依法治国的决定紧密相连。两者相辅相成，法治是全面深化改革的保障，全面推进依法治国是深化改革的必然要求。新时期全面深化改革要围绕着“四个全面”的战略部署展开。在遵循“四个全面”的前提下，经济特区建设不仅要运用系统思维、辩证思维、法治思维，而且要在全面深化改革前提下突出经济体制改革重点，在强化当期改革举措同时着力构建法制保障长效机制，在推进改革全程中充分体现既严又实的工作作风。

① 焦勇勤：《海南文化产业发展的思路与对策》，《海南日报》2015 年 7 月 14 日。

② 杜颖：《有责必问，问责必严，从严治党》，《海南日报》2015 年 9 月 15 日。

③ 齐冬梅：《运用新媒体创新社会治理》，《学习时报》2015 年 9 月 10 日。

（一）改革需要三思维

顶层设计需要改革的系统思维。系统思维不仅有助于理顺复杂的改革思路，更可促进改革共识和改革动力的形成。各部门和地方要围绕顶层设计，结合自身实际，真抓实干。改革是个庞大而复杂的系统工程，需要结合各项改革举措，协调好中央与地方、部门与部门的关系，增强凝聚力。

顶层设计需要改革的辩证思维。辩证思维不仅可以帮助我们提高解决改革发展基本问题的本领，而且是实现中华民族伟大复兴和实现“中国梦”的世界观和方法论。改革的辩证思维主要体现在四个方面：首先，体现在政府与市场之间，简政放权不是不管，而是既管也服务，“放、管、服”三管齐下；其次，体现在中央与地方权责划分中；再次，体现在公平与效率中；最后，体现在数量与质量中。

顶层设计需要法治思维，坚持立法先行，依法改革。改革应该在法治轨道上推进，凡是重大改革都需要有法有据，需要用法治的精神凝聚改革共识，以法治的手段推进改革。例如，在健全预算法的基础上，实行公开透明、全面规范的预算制度；加速完善环境保护法及大气污染防治法；健全立法机制，赋予地方更多的立法权，增加民主立法制度和程序规定等。改革不仅要立法先行，而且还要在决策机制上体现立法内涵，将公众参与、专家论证、风险评估纳入重大行政决策法定程序，保障决策制度的科学性、责任的明确性及过程的公开性。①

（二）把握好新时期全面深化改革的着力点

“四个全面”清晰深刻地展示了党中央领导下新的历史时期治国理政的战略布局。“四个全面”中的全面建成小康社会是战略目标，而全面推进依法治国、全面从严治党和全面深化改革是战略举措。四者各有侧重，又相辅相成，在实际工作中必须统筹推进，提高系统的实效性。在遵循“四个全面”的前提下，把握好全面深化改革的着力点尤为重要。

其一是在全面深化改革的前提下提出经济体制改革的重点。改革是个系

---

① 冯蕾、柳霞：《全面深化改革激荡磅礴伟力》，《光明日报》2015 年 6 月 28 日。

统工程，不是一蹴而就的，需要循序渐进。但是“牵得动牛鼻子”，才能找准突破口。经济体制改革是全面深化体制改革的突破口，以问题为导向在改革的重点领域和关键环节集中发力保证改革的实效，在适应和引领经济发展新常态的基础上，处理好政府和市场的关系。推进简政放权、投融资和价格等改革，发挥市场的决定作用；深化国企国资、重点行业和非公经济等改革，激发微观主体活力；推进财税、金融体制改革，提高并发挥经济调节的有效作用；推进城镇化、农业农村、科技、生态文明等改革，进一步优化经济结构；深化新一轮高水平对外开放，建立开放型经济新体制；推进社会事业和民生保障体制改革，确保基本兜底线。当务之急是要针对经济下行压力加大的实际情况，优先推出一批有利于稳增长、调结构、惠民生的改革举措，力促经济稳中有进和提质增效升级。

其二是在强化当期改革举措的同时着力构建法治保障长效机制。确保改革实效，必须自觉落实法治要求，以法治眼光看待改革问题，以法治思维筹划改革路线，以法治手段突破改革困境，以法治方式改善改革环境。做到在现有法律制度空间内大胆探索和创新，同时又要破立结合，在深入研究深化改革立法问题的基础上提出立法需求和建议，推动相关法律法规的改废工作；做到及时将实践中被证明有效的改革举措上升为法律法规，并及时按照法定程序授权；做到及时提请立法机构修订不适应改革要求的法律法规，确保改革的科学性。

其三是在推进改革的过程中贯穿“三严三实”的工作作风。“三严三实”不仅是从严治党的重要举措，还是确保改革取得实效的作风保证。各项改革需要“三严三实”的专题教育推动改革举措的落实。改革方案要实，深入开展改革理论研究和基层一线调研，提高方案设计的质量和水准；问题导向要准，坚持以问题为导向，提高改革的针对性和实效性；规划安排要稳，充分考虑改革的宏观背景和改革举措的轻重缓急，把握改革的选择性和节奏时机；群众对改革的获得感要强，改革切入点要着眼于群众的难点，给群众带来切实的好处，提升改革的群众满意度。①

① 陈震宇：《全面深化改革再发力》，《群众》2015 年 6 月 5 日。

B.6

中国经济特区智慧城市建设报告

张克听　王丽萍*

随着互联网、物联网、大数据、云计算等概念的不断提出，人们的生活方式不断被刷新，网上预约、购物、挂号、交通提示等使生活越来越便捷。与此同时，社会管理也在顺应时代变化，在信息技术进步的推动下不断创新。“信息孤岛”“信息壁垒”被打破，信息数据的充分流通和使用促使社会管理由自上而下的行政管理逐渐走向简政放权，居民自下而上地主动提需求、提意见，政府及时处理与解决的全方位透明化管理模式，2013 年，民政部、国家发改委等部委出台《关于推进社区公共服务综合信息平台建设的指导意见》，强调各地要加强社区公共服务信息化建设，积极构建“智慧社区”，社会管理的信息化正式在全国各地试点。作为改革开放“窗口”的经济特区，在信息化建设方面认真探索，积极投入，努力实现政府管理与社会需求无缝对接的智能化社会管理，信息化已经成为政府管理与社会建设的渠道与桥梁，提高了社会建设的效率。

一　经济特区社会建设信息化发展状况

1. 深圳经济特区：完善“织网工程”，创新社区治理

所谓“织网工程”，就是将各部门服务管理的信息资源编织到一个统一的数据库中，通过信息采集、比对核实和数据交换，进行信息资源共享和数

* 张克听，深圳大学经济学院副教授，经济学博士，经济学系副主任；王丽萍，深圳大学经济学院区域经济学专业硕士研究生。

据挖掘应用，实现信息资源的动态管理、互联互通和共建共享，再造政府流程，提升服务效能和城市管理精细化程度。

“织网工程”形成于2010年前后，旨在解决由“人口倒挂”现象引发的占深圳2/3以上非户籍人口被排斥在公共服务之外的问题，2012年7月《深圳市社会建设“织网工程”综合信息系统建设工作方案》出台，就“织网工程”如何在全市范围内推进进行了顶层设计，自同年8月起先后在龙岗南湾街道、坪山新区进行街道、区两级试点；2013年11月5日，《关于全面推进社会建设“织网工程”的实施方案》发布，提出2014年末完成建设并试运行“织网工程”，促成信息资源跨区域、跨层级、跨部门联通共享，同年荣获全国首个“政务信息共享国家示范城市”以及“信息惠民示范市”；2015年，市、区、街道、社区四级“织网工程”综合信息正式并网，实现社会管理由粗放管理向精细化管理、政府工作由被动服务向主动服务的转型。

深圳市“织网工程”采用公共信息资源库、网格信息员队伍，社会管理工作网、社区家园网，社区综合信息采集系统、决策分析支持系统的基本架构，即“一库一队伍，两网两建设”（见图1）。

（1）公共信息资源库，包括人口、法人（机构）、房屋、城市部件等基础信息资源库，以及矛盾纠纷问题和隐患事件、社会信用、市场监管等主题信息库。数据方面，全市只设一个信息资源库，采用统一的数据库标准，市直各部门不另行重复建设，只按照业务职能自行维护业务信息库，既节省了大量建设成本，又规避了因标准不统一而引发的数据共享障碍；信息方面，纵向上实现了“市—新区—办事处—社区”四级联通，横向上悉数接入公安局、民政局、教育局等36个市直部门，其中16个部门实现了数据同步更新，横纵两向同时贯通，将传统的“川”字形政务信息系统架构改造成“井”字形，打破了“信息壁垒”，整体实现了资源再整合，同时通过各部门各自掌握信息的互联互通，保障了决策与服务的精准度。

（2）网格信息员队伍，根据“属地管理、街巷定界、规模适度、无缝覆盖、动态调整”的原则，深圳市结合社区类型、人口数量等情况，以平

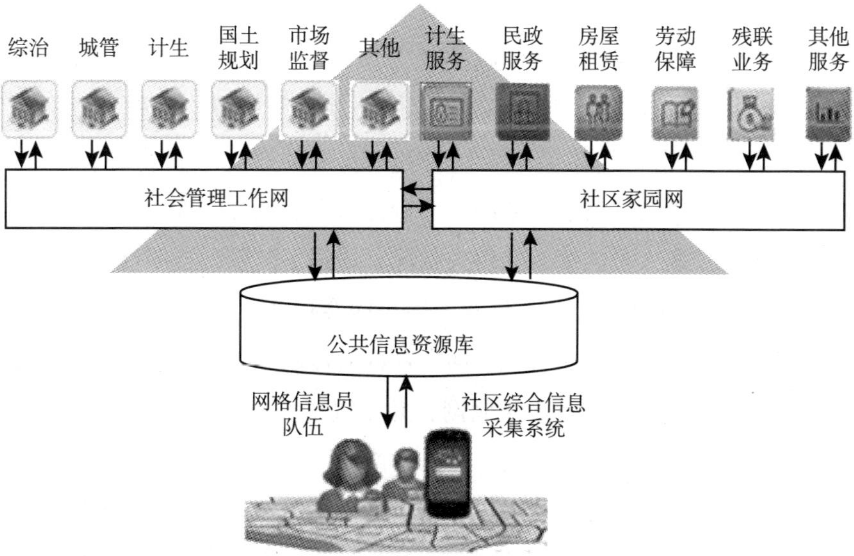

图1 “织网工程”基本架构

资料来源：李秀峰、韩亚栋、崔兴硕《深圳“织网工程”：创新社会治理的新标本》，《行政管理改革》2014年10月。

均1000套（间）房屋为标准，将全市划分为1.6万个网格，同时结合“一格一员”的模式，相应配备1.6万个网格信息采集员，组成一支专业化的队伍，每一个采集员按规定的周期动态采集网格内的人口、法人、房屋、城市部件以及矛盾纠纷、问题隐患等数据，相较于过去有关部门如综治、民政、劳动、城管等为满足业务需要而各自成立采集队伍，分别上门采集的做法，极大地精简了基层采集队伍，减少了重复工作及扰民现象，提高了数据的规范性和及时性。

（3）社会管理工作网，是“织网工程”整体架构下处理矛盾纠纷和问题隐患的工作系统，按照“及时发现、联动化解、限时办结、反馈评价、监督考核”的要求，矛盾纠纷和问题隐患通过社会管理工作网分流、处置、督办、反馈和考核，采集到的数据进入公共信息资源库中转变为事件信息，由社会管理工作网联通市、区、街道和社区四级部门，统一分拨和处理，这样一来，线上、线下群众的诉求就都汇集到“织网工程”平台，并转为事件交办给责任部门和责任人去办理，既缩短了管理链条，使责任部门和责任人可快速响应处置，又可以将问题及时反馈给群众，以迅速消除隐患。

另外，社会管理工作网还明确了事件处理电子监察点设置、事件“案结事了”确认规则以及48类矛盾纠纷和136类问题隐患调处的责任部门，由于整套流程都借助网络、见诸网络，责任清晰、流程明确，人们很容易就能据此评判出公职人员的绩效和得失状况，增强了监管的透明性。

（4）社区家园网。采用“政府主导、社会运作”的模式，深圳市为每个社区量身打造了具有社区特色、面向社区居民的集行政性服务、公益性服务和市场化服务于一体的社区家园网，并设置了“社区自治”“阳光议事”等功能模块，开设了“我有话说”“社区论坛”“社区微博”“反光镜”等栏目和社区公共微信账号，居民可以通过这些渠道直接对话政府部门、社会组织，反映问题，提出意见和建议，一些早出晚归没时间参与社区活动的市民，也可以通过登录社区家园网轻松完成居民议事、网上办事、调查投票、活动报名等事项，实现足不出户就可参与社区事务、办理个人事项、享受公共服务。

目前全市642个社区实现了社区家园网全覆盖，依据“社会运作”的模式，社区家园网交由承担社区服务中心事务的社会组织具体运营，服务内容更加贴近居民，服务触角充分延伸，极大地调动了居民的积极性，推动了社区的高度自治。

（5）社区综合信息采集系统，推行“1+N”采集，确保信息数据全面、真实、准确、鲜活。“1”即网格信息采集员实地采集，“N”即多种信息来源，包括关联比对形成信息、主动服务换取信息、业务办理收集信息、申报奖惩获取信息、关注舆情挖掘信息、受理诉求发现信息等N种途径。按照“多表合一、统一平台、动态采集、关联对比、统一分发”的要求，将采集来的基础信息进行核实比对，初步实现实有人口、法人、房屋（城市部件）、事件的动态采集。

为了提高数据采集效率，采集员配备智能采集设备，采用PDA技术采集数据，一方面能够实时将采集数据发往市数据中心，另一方面智能化数据采集，可以减少人工错误，同时能够对采集对象进行 GPS 定位和照相。另外，PDA 采集有助于对采集员进行管理，可以直接核查采集员的采集路径，提高采集数据的质量。

（6）决策分析支持系统，通过人口、法人、楼房（城市部件）等公共信息分布情况与电子地图定位关联，实现数据挖掘、统计及分析功能。据此，决策者可直观掌握服务管理对象分布情况和服务资源配置情况，并根据实际服务管理的供需状况，主动调配和协调相关服务资源，实现科学决策。①

在基本架构以外，深圳市“织网工程”还面向广大市民，在各大社区设置了“易办事”自动服务终端，每天 24 小时全天候服务。在此服务终端上，市民提供自动识别的二代身份证，就能实现材料自动电子化、自动打印和办理回执等功能，同时，“织网工程”建立了四大来源的信息系统，包括信息员采集数据、12345 热线电话数据、网络舆情数据、业务部门采集数据，全面保障了数据收集，增强了对社会矛盾的预防和化解。为避免数据采集过程中出现差错，“织网工程”特别聘请第三方公司协助进行数据清洗工作，并对通过不同部门、不同业务收集到的信息进行比对、核准，通过数据的清洗与比对极大地提高了数据的准确率与可用性。下一阶段，“织网工程”将进一步推行各项手机 APP 应用软件，实现居民随时随地参与社区管理建设与自治。

2. 珠海经济特区：实行“数字城管”，优化城市治理

为响应住建部推广的城市管理新模式，珠海市按照“大城管”框架模式进行规划设计，计划总投资 8000 万元，分三期建设，2009 年首期投资 3000 万元招标建设“数字城管”，2010 年完成一期工程建设，开发建设了包括“全方位实时应急指挥系统”在内的 12 个子系统，同时将“12319”城建服务热线和“2298110”合并运行，同年 10 月信息采集员有效上报案

① 《中共深圳市委办公厅深圳市人民政府关于印发〈关于全面推行社会建设“织网工程”的实施方案（试行）的通知〉》，2013 年 12 月 16 日。

件总数为31157宗，案件办结率为77.2%；2014年1月，启动了“数字城管”珠海陆地全覆盖工程，同时建设“数字城管”二期和三期项目，一季度，全市“数字城管”平台系统共受理城市管理案件15050宗，已处置13512宗，回复率为89.8%，已办结12426宗，结案率提升至82.5%，二期项目于同年5月正式开工，延伸至西部金湾、斗门、高栏港地区，2014年12月31日验收完毕，三期工程于2014年6月底动工，延伸至东部高新、横琴地区，2015年已上线试运行，提前两年实现了全市陆地覆盖，截至2015年6月底，“数字城管”指挥中心每天受理案件1300宗左右。

所谓“数字城管”，就是将城市划分为若干个万米单元格，运用计算机和网络技术，实现城市数字化和精细化治理的“新型城市管治模式”。实际运行过程中，市民及巡查员利用智能手机及工作软件，随时随地把发现的城市管理方面的问题拍摄下来，上传到市城管指挥中心信息处理系统，并由指挥中心自动对接责任部门，派遣专业人员迅速处理，轻松完成一个城管问题的案件上报、投诉及处理的操作。

“数字城管”是珠海市唯一的、全市的、综合性的信息化平台，由一个指挥中心，案件巡查、任务派遣、监督考核三大主轴以及案件巡查、案件受理、案件派遣、监督检查、综合评价五支队伍构成，即“一个中心、三大主轴、五支队伍”，其具体运行流程见图2。

（1）信息资源库，在“大城管”格局的要求下，“数字城管”在信息采集方面精确至每一个城市部件的长、宽、高、材质等基本情况，以及所属辖区，责任部门等信息，并于2015年6月在全省率先建成了主城区地下管网子系统，将通信、电力、燃气、供水、排水、电视六大类管线一并纳入“数字城管”系统，该系统能够根据现有地下管网数据，结合GIS地图显示地下管网的属性信息，如管道的类别、长度、材质、深度、坡度、坐标定位，各类管线泵站、检查井、阀门等附件设施，还有管线的保养状况和预警提醒等情况，保证每一个城市管理部件都有专属身份证。

在业务功能覆盖方面，2014年4月，珠海市便实现了“数字城管”横向到底，纵向到边的业务功能全覆盖，业务终端已安装至44个城市管理部

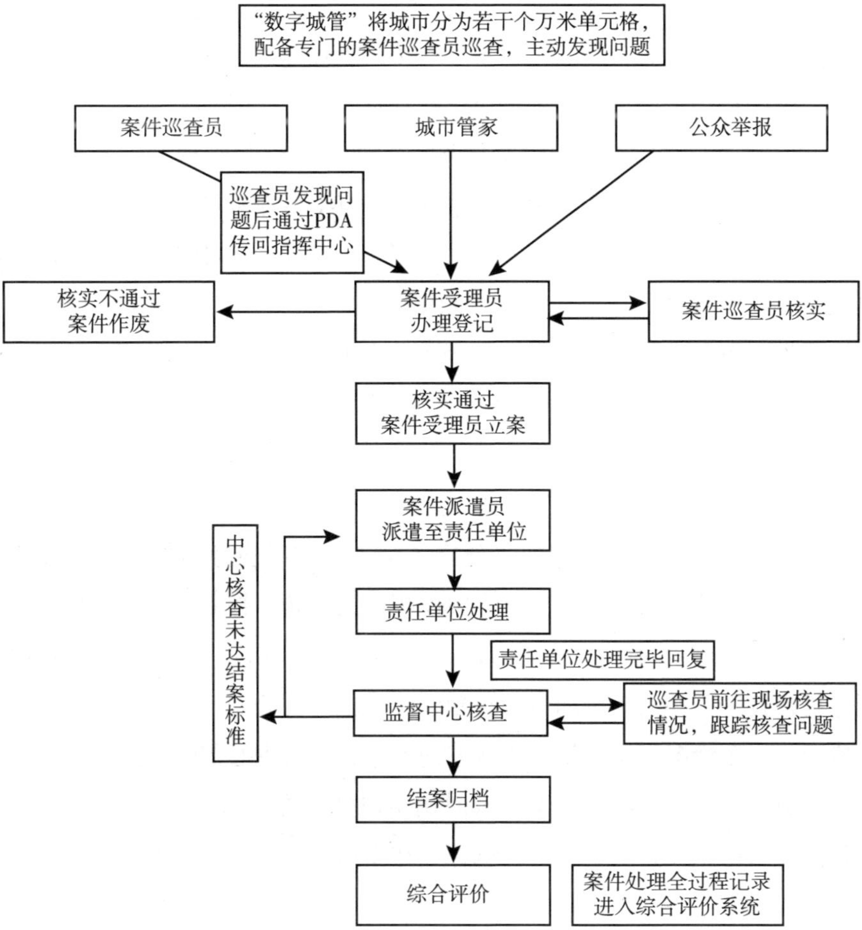

图 2 "数字城管"具体运行流程

资料来源：《珠海：数字城管助力巡视员积极迎"创文"你的城市你做主》，http：//www.wenming.cn/syjj/dfcz/gd/201412/t20141225_ 2368306.shtml。

门，主要包括 4 个领域：一是建设、规划、国土、环保、水务、市政园林、交通、交警和城管等审批、养护、执法三方面的城市管理主要职能部门；二是工商、公安、民政、三防、消防、文体旅游、工贸、卫生、食品、药品等城市管理相关部门，且历史性地扩展到了珠海警备区；三是城建集团、交通集团等市属企业和南方电力、中国电信等城市管理相关央企；四是全市各镇

（街道），主要负责兜底管理那些一时找不到责任人的“城市家具”，当城市中某部件出现问题时，系统可以自动对接到责任部门，并指派人员赶往现场处理，确保每一个城市问题都能快速找到责任人并及时解决。

（2）巡查员队伍，珠海“数字城管”采用网格化管理，将城市划分为若干个万米单元格，每个万米单元格内至少有1名巡查员，巡查员每天在所负责的单元格内巡查至少30公里，一旦发现城市管理问题，则直接进行信息上传，从而解决了“发现难”的问题。

另外，市民也可以充当巡查员，通过手机终端——“城管通”APP，将发现的城市管治问题及建议免费上传到“数字城管”进行处理，后续可以查询到问题和建议处理的过程及解决结果，从而把城市的管理权、监督权交还给了广大市民。

（3）应急指挥机制，珠海市建立了全方位实时应急指挥系统及突发事件巡查工作应急办法，全面保证了突发事件的预防、控制与及时处理。在技术方面，珠海市引进了目前国内最先进的“双向移动视频语音同步传输”应急指挥技术，并实施专网专用。独立于其他民用公网的应急指挥专网，可在应急、灾害情况下实现语音视频双向通话，保障中心能够通过视频和语音直观了解事发现场的实际情况，及时制定出处理方案，指挥调度相关人员，且信号覆盖范围广、清晰度高，确保了在高速移动、非视距环境下语音、视频和大数据等实时双向传输。

（4）综合评价系统，包含按期结案量、按期结案率、结案率、超期结案量及遗留案件结案量、基准分、公众投诉案件扣分、返工处理案件数（次）七个指标，从案件的质量、数量、处置效率等多方面立体评价，设置相应的分值，并与珠海市纪委效能监察联网，针对每个环节自动记录、自动生成评价结果、自动存档，定期在“两报两台”上向社会公布。有了这种科学量化的绩效评价，“数字城管”派出的问题可有效得以解决。

3. 汕头经济特区：“长者呼援”服务，完善社会保障

2014年汕头市“长者呼援”民心工程在全省423个重点推进的社会致力创新改革项目中脱颖而出，荣获“全省基层社会治理创新优秀项目”，该

平台于2013年10月13日全国“老年节”零时开始24小时运行，项目运行一年多，已为珠池、津霞和新津（部分）街道38个社区居委的1500名高龄老人拨出关怀电话3万多人次，提供各类生活帮助800多项，同时成功救助了25位长者的生命。

“长者呼援”服务范围涵盖紧急帮助、信息查询、政策解读、办事指引、法律咨询、纠纷调解、健康咨询、家政维修等方面。该服务为有需要的高龄老人或急需人群配备一部“呼援通”座机和一个移动呼叫器，并将座机持有人的相关信息，如社会关系联系方式、详细住址、是否有基础性疾病等资料详细登记在案，只要老人们触碰该装置，工作人员就能准确定位他们的位置及基本信息，为老人们解决生活难题；接到求救信号时，工作人员也能迅速定位，及时联系救助机构与紧急联系人，使其迅速赶往求援人员所处位置。“长者呼援”项目的运行，完善了社会保障系统，使高龄老人也能享受到信息化带来的便利。

除“长者呼援”服务以外，汕头市信息化建设还逐渐覆盖至其他方面。2015年汕头市创新了基层社会治理体制，以金平区鮀莲街道为试点，探索成立街道服务中心，并将服务延伸到社会各区，为群众提供“一窗受理、全程代办、一站办结”的无偿代理服务，健全“首问责任”和“限时办结”等工作制度，同时开通了全市首个社会治理软件“e社通”，整合基层社会治理服务业务，配备了干部端六大板块、群众端四大板块服务内容，为群众提供日常政策法规和办事咨询服务，实现了社会治理服务实时化、移动化。2015年5月20日，“光网城市，智慧汕头”行动启动，目标是通过加速建设汕头电信光纤网络，提速惠民计划，以高速宽带为依托，实施智慧政务、智慧医疗、智慧教育、智慧商业等工程，此举将更进一步地推进汕头市社会管理的智能化。

4. 厦门特区：建设“智慧社区”，打造惠民平台

2014年5月起，厦门市陆续投入运行“社区网格化服务管理信息平台”，该平台在2015年初举办的第五届中国智慧城市大会上，荣获“2014年全国智慧治理优秀案例”奖。信息化技术的植入大大提高了工作效率，减轻了社工的负担，使其有更多的时间更好地服务居民。例如，原来一个辖区 200 多栋楼住户的信息收集需要 20 多名社工挨家挨户收集 5 天左右，现在只需要 1 名社工、1 台电脑，不到半个小时便可以收集完毕，并生成一份分析数据。

"社区网格化服务管理信息平台"类似于深圳市"织网工程"，包括网络管理、业务办理、工作台账、社区证明、综合查询、统计分析、居民互动、社区微信八大功能，具有"一个网络，一个终端，一个入口，共享协同、智慧服务"的特色。

（1）一个网络。即信息共享平台，同深圳市"织网工程"一样，所有收集到的数据被统一上传整合到该平台，共用同一张网络，实现了市—区—街—社区四级联网。海沧区在试点过程中，更是将人、事、地、物、组织等各类数据信息分门别类，建立了九大类基础数据库，并对全市统一规定的 10 项社区自治工作、51 项协助政府职能部门的常规工作和有关数据以及 76 项台账报表，全部实施及时采集，一次录入。

（2）一个终端。使用一台电脑，点击一个"社区工作桌面"图标，就可以轻松处理大小事务，有效解决了以往网格员要同时面对多个系统、重复输入数据的问题，大大减轻了网格员的负担。

同时，厦门市对社区业务进行了整合，村（居）、镇（街）网格化平台将基层工作者所需的各个业务系统、常用的业务功能，以及来自各个业务系统和社区平台的各类待办事项、工作信息等进行汇总集成，统一呈现在社区工作者的操作界面上，既便于操作又避免了社区工作者的遗漏。

（3）一个入口。实行"一级一权限，一机一账号，一人一密码"模式，即通过社区网格化服务管理信息平台 1 个入口进入，经 1 次绑定，即可实现 1 个账号、1 个密码、1 次登录办理各口业务，充分保障了居民隐私和内部信息。

（4）共享协同。厦门市在最近一年完成了各部门系统的整合工作，解决了原有社区信息化平台与部门系统互不兼容、网络入口不统一的问题，实现了市计生、市公安、市人社、市卫生等部门的信息共享、数据同步、业务协同，这样综合信息平台可以将接收到的正在发生的事件自动进行分类，使事件按照重要程度自动流转至不同管理层级，并通过发送短信、语音信息等形式提示责任人员及时处理，并对具体事项的处置情况进行跟踪查询及评分，实现了对各级工作人员的科学量化的绩效考核。

（5）智慧服务。与一站式惠民服务平台（即“i 厦门”）对接，2014 年 6 月底，“i 厦门”投入运行，意味着市民不必再访问不同的政府网站，登录不同的账号，只需要进行一次实名注册，即可一站式享受政府部门和公共事业单位的 200 多项公共服务，如医院预约挂号、社会生育险领取、养老金支取、个人出入境签注、72 家图书馆通借通还等。

厦门“智慧社区”的建立不仅体现在“社区网格化服务管理信息平台”一个项目上，在海沧、兴旺及瑞景的试点过程中，还开发了多种专题应用，如智慧健康亭：在社区透明小屋里，居民只需按下指纹，便可以享受到体温、血压、心电测量等远程医疗服务；关爱老人相框：将两个联系电话、一个二维码封装在一个相框内，用手机扫描二维码，即可查询老人近半年的健康档案；智能停车：通过建设智能停车收费管理系统，自动识别小区业主，打开闸门放行，解决了小区车辆进出缓慢、阻塞，以及停车收费不规范、不严谨等问题。另外，还包括垃圾分拣智能积分、e 卡通出入管理系统、智能取件柜等，全方位提高了社区居民的生活水平。

5. 海南特区及其他新兴经济特区：探索治理智慧化

2014 年海南省海口美兰试点运行社区网格化管理，年底陆续完成了人、房、物、事、情等基础信息采集工作；海口持续实施 QQ 群、微信、微博网络问政政策；海南陵水实行“小矛盾不出网络、一般矛盾不出村、重大矛盾不出镇”的网格化治理模式；2014 年 8 月，虹信企业与海南大学信息学院联合，拟在海南进行试点，构建智慧城市，海南大学更是在早期就已设置了专门的智慧城市研究院，开始做智慧城市建设人才的培养和培训工作。所有这些都为海南实现城市治理全面信息化奠定了基础。

2012 年上海市智慧社区建设的“安防五小件”在实际应用中发挥了重要作用，深受居民欢迎。“安防五小件”包括烟雾报警系统，远程健康监测仪，远程视频监控仪，可享受日托所照料以及在社区食堂优惠用餐的“一卡通”，在家门口就可上网查询、预约、办事的社区触摸屏。2014 年底，上海市进一步推动信息化城市建设，发布《上海市推进智慧城市建设行动计划（2014～2016）》，在城市治理方面，强调 3 年内，将信息感知和智能应用作为发展重点，着力实施智慧化引领的“活力上海”，以建设成果全体市民共享为原则，重点建设智慧交通、智慧健康、智慧教育、智慧养老、实行电子政务一体化，政府公共数据开放服务，打造智慧社区、智慧村庄、智慧商圈、智慧园区等 40 项专项工程，实现全市全方位智能化城市建设。

2015 年 9 月，重庆市开启了人脸识别技术，迈入“刷脸”时代，目前已经在公安交警部门开展实施，用于监视、取证及处罚路边乱停乱放的车辆，未来将广泛用于安防、公安、公交、市政等领域，进一步推进城市治理智慧化。

目前全球已兴起 600 多个数字化城市，信息化、数字化已经成为居民日常生活中的一部分，我国信息化建设与国外比虽起步较晚，但信息化智慧城市的建设一直在蓬勃发展，经济特区的各项信息化社会管理项目仍在继续推行，为我国其他地区实现城市管理的信息化、智能化提供了诸多可以复制和借鉴的经验、道路，为我国信息化智慧城市建设奠定了坚实的基础。

二　经济特区社会建设信息化的经验及发展方向

1. 经济特区社会建设信息化的优秀经验

（1）政府主导，社会运作

从实践上看，各个经济特区信息化建设主要采取政府主导和项目外包的方式，即信息化建设由政府发动和推进，标准由政府制定，具体项目建设外包给社会公司运作。在社区网络建设的过程中，项目开发人员与社工一起工作，根据社工要求及社区特色，建设更实用、便捷的社区管理终端，社区网络建设完毕以后完全交由承担社区服务中心事务的社会组织具体运营，极大地激活了社区组织的管理活力，服务内容更加贴近各社区特色。

另外，深圳市在整体工程建设方面更是灵活调动资源，创新了外包项目模式，将其拆分为不同的部分，由不同的单位具体负责，发挥不同公司的优势，创新性地尝试了“资格标”的模式，即先招标数家公司，让入围者拥有建设资格，然后再分工负责，根据需求和形势变化随时调整、持续跟踪并改进各入围公司负责的项目，到了年末再根据其工作量结算，这与以往“一锤子买卖”外包模式相比，更能适应信息化项目持续迅速更新的现实情况。

（2）标准统一，资源共享

深圳市“织网工程”及珠海市“数字城管”，由全市统一设立一个信息资源库，而厦门市则在2014年整合了各部门的网络系统，使全市标准统一归集。这样做一方面避免了重复建设的浪费现象，另一方面，在数据采集、存储和处理方面，规避了由系统不兼容而导致的资源不能充分共享的问题；同时，系统标准的统一使得经济特区可以将全市各部门信息接入数据库，避免了信息采集员重复采集的问题，且在解决事件时，网络能够统一分拨和处理，自动匹配责任部门，派遣相对应的人员迅速解决问题，避免由责任不明而导致的推诿扯皮现象。

（3）网格管理，技术保障

每一个经济特区均以网格化管理为基础，将全市划分为基础网格单元，采用政府购买服务的方式，为每个网格配备专门的网格信息员、巡查员，进行统一的培训与管理，确保了特区内每一户居民、每一寸土地都能实现信息的完整采集，保证了数据的完整性，并能够服务到每一位居民。

在特区的各项目中，技术是信息化建设的关键，网格信息员均配备相应的移动智能采集终端，采用PDA技术，确保数据精确、及时上传，而且珠海市“数字城管”应急系统中更是采用了全国最先进的“双向移动视频语音同步传输”应急指挥技术，保障了紧急情况下能够远程指挥如同亲临现场。

（4）融合终端，居民自治

深圳市“织网工程”提供“一站式”服务、“全天候”办理，开设了社区公共微信账号，通过微信推送，可以一键传播社区各项事务及惠民活动；珠海市开发“城管通”软件，居民可以通过手机随手拍，随时监管和反映城市治理问题；汕头市“e社通”开启全民自治；厦门市“i厦门”“一站式”惠民工程，更是使居民可通过手机直接查询和享受到厦门市200多项公共服务。居民手机终端的对接，使得居民可以无障碍直接对话政府，及时反映和沟通问题，使政府服务由被动式向主动式转型。

（5）科学量化，考核智能

各经济特区均建立了相应的考核标准，深圳市将“织网工程”列为领导班子年度考核项目，定期公布组织信息、财务信息、活动信息及相关的公益信息；珠海及厦门更是通过智能化综合考评系统，全程跟踪事件处理的过程，并将事件的处理结果、处理质量、结案率等量化成考核分值，以此为依据完成绩效考核，并定期向社会公众公布，从而增强了社会组织的透明度，实现了全民监督。

2. 经济特区信息化社会建设的未来发展方向

深圳、珠海经济特区信息化社会治理工程已完成基本架构的建设，如何实现“好”和“更好”将是下一阶段的核心目标。厦门市目前已成功完成社区试点工作，成效明显，全市“智慧城市”的并网建设将成为必然趋势。汕头形成了社区某些功能的智能化建设，有待于进一步完善社区功能。海南及其他新兴经济特区也将启动“智慧城市”建设，逐步引入信息化。下一步，信息化社会建设的不断启动与完善将会是各个地区重点关注的方向。

（1）更加全面和智能，紧贴群众生活

紧扣“国家创新型城市”“民生幸福城市”等城市规划的目标，下一阶段经济特区可以通过技术的持续进步，以及网络在城市各个触角的进一步覆盖，打通更多的政府部门网络系统，使其接入统一的信息资源库，实现真正意义上的“任何人在任何时间任何地点访问任何政府部门任何信息”。

手机APP的普及已经可以让城市大部分居民随时随地地参与到社区自治与城市治理过程中来，各个经济特区已开发出不同的终端软件，这些软件的融合将会迸发出更多的精彩，经济特区可以结合自身城市的特点，引入并合并这些已开发运行的终端软件，同时研发出更多智能化的功能以形成更加个性化的移动终端，从而顾及不同群体的不同需求。

（2）更加安全，注重保护公民个人隐私

网络信息安全是新时期随着信息化建设而来的一大挑战，居民信息的泄露将会带来不可估量的损失，在数据更加开放共享的背景下，居民的个人隐私保护需要进一步强化，为此要加强法制建设，具体包括确认信息主体的权利，明确规定公共机构处理个人信息的行为，设立个人信息保护机构并赋予其监督个人信息保护法实施的职权，明确规定对于违反个人信息保护法行为的处罚措施，以法制手段强化对公民隐私的保护。

（3）更加精细，增强服务社会效能

网格化管理已经在全国形成一定规模，为未来智慧城市的建设与完善奠定了良好的基础，而城市管理归根结底是人的参与和管理，如何实现信息采集的进一步精细化、居民需求的进一步明确化，如何带动社区居民更加主动、更加积极地参与到社会建设与管理中来，除了智能化的手机终端与活动安排外，更需要每一位网格信息员的互动。为此，需要进一步加强对网格信息员的培训，提高管理及服务质量，从而形成更加精细化的智能社会管理。

同时，需要尽快打造一支长期跟踪合作的考核队伍，开发和完善更加智能化的考核评估体系，除透明化各项工作的进度与结果外，形成相应的反馈改善机制，为深入了解和及时总结项目建设、推广和利用情况，提供更加真实、可靠的依据，进而带动整个项目的完善与效率的不断提升。

参考文献

[1] 李秀峰、韩亚栋、崔兴硕：《深圳“织网工程”：创新社会治理的新标本》，《行政管理改革》2014 年 10 月。

[2] 胡小明、李苏：《深圳“织网工程”数据共享新探索》，《中国信息化》2014 年第 13 期。

[3] 范军：《社会建设着力点：创新社会治理》，《深圳特区报》2015 年 7 月 21 日。

[4] 许勤：《政府工作报表》，《深圳特区报》2015 年 6 月 10 日。
[5] 范军：《社会建设着力点：创新社会治理》，《深圳特区报》2015 年 7 月 21 日。
[6]《探索互联网 + 社会管理服务建设“智慧珠海新模式”》，http：//blue. china. com. cn/2015 – 06/16/content_ 35830595. htm。
[7]《珠海：数字城管助力巡视员积极迎“创文”你的城市你做主》，http：//www. wenming. cn/syjj/dfcz/gd/201412/t20141225_ 2368306. shtml。
[8]《珠海：打造“数字城管”提高城市治理力》，http：//www. wenming. cn/syjj/dfcz/gd/201412/t20141225_ 2368306. shtml。
[9]《汕头：开创社会建设新局面部署社会建设工作》，http：//news. dichan. sina. com. cn/2015/03/26/1336452_ all. html。
[10]《龙湖区实现“长者呼援”服务全覆盖》，http：//www. chaoshanw. cn/News/shantou/110233. html。
[11] 欧长胜：《大力推进智慧社区建设提升社会管理创新水平》，《厦门特区党校学报》2014 年 4 月 30 日。
[12]《瑞景智慧社区网格化服务管理信息平台介绍》，http：//xiamen. xmtv. cn/2015/01/19/ARTI1421659695440564. shtml。
[13]《厦门：智慧社区兜起便捷服务网给百姓实惠》，http：//fjnews. fjsen. com/2015 – 02/10/content_ 15674483. htm。
[14]《办事不填表服务“全智慧”海沧率先完成网格化平台升级》，http：//fjnews. fjsen. com/2015 – 02/10/content_ 15674483. htm。
[15]《智慧城市建设试点将落地海南打造新城市系统》，http：//news. hainan. net/shzx/2014/08/06/2006563. shtml。

B.7

中国经济特区社会保障发展报告

高兴民　李远莉　许金红　高法文*

社会保障是国家通过法律和制度手段，积极动员各方资源，对社会成员在年老、疾病、伤残、失业、生育、遭遇灾害、面临生活困难时给予的必要的救助和保护，以满足社会成员基本生活需要，同时根据经济和社会发展状况，逐步增进公共福利水平，提高对国民生活质量的制度安排。社会保障以人为本，旨在减轻社会压力，缓解社会矛盾，促进社会和谐。通过社会保险、社会救济、社会福利、优抚安置、互助等形式进行社会财富的再分配，可适当缩小各阶层社会成员之间的收入差距，避免贫富悬殊，使社会成员的基本生活得到保障。可以说，社会保障的基本功能就是协调社会关系，维护社会稳定，制度体系所包含的经济保障、服务保障、精神保障，无疑是社会经济发展的稳定器。

从计划经济时代的传统社会保障制度到能够与市场经济体制和社会发展相适应的新型社会保障体系，中国社会保障制度走过的是一条曲折的改革之路。改革我国原来与计划经济相配套的社会保障制度，建立符合现代市场经济要求的具有中国特色的社会保障制度，从战略高度研究中国社会保障改革与发展之路，尽快促使社会保障改革从试验性阶段步入定型、稳定、可持续发展阶段，具有重要的现实意义。

五大经济特区作为中国建立市场经济的“试验场”和“窗口”，在30多年的发展中取得了辉煌的经济成就，但是市场经济的特点及固有缺陷对经

---

* 高兴民，深圳大学中国经济特区研究中心，教授，博士生导师；李远莉，深圳市委党校经济管理教研部，副教授；许金红、高法文，深圳大学中国经济特区研究中心人口、资源与环境经济学博士研究生。

济特区的市场经济配套制度提出了改革的要求，其中就包括社会保障。在刻不容缓的时代要求和环境背景下，我们非常有必要对经济特区的社会保障发展情况做出总结及分析判断，并从特区社保发展的路径中为全国社保的继续改革和发展总结出经验和教训。本报告重点介绍了5大经济特区的社会保险、社会救助和救济的发展现状、所取得的成绩及存在的问题或不足，社会保险发展和改革中的新机遇、新挑战等，并在此基础上对未来经济特区社会保障发展的努力方向和相关政策提出建议。

为了方便纵向对比，与2014年的报告结构类似，我们首先对5个经济特区的社会保险、社保待遇、社会救助等发展现状进行报告。其次，在总结了2014年五个经济特区社会保险等的基本情况之后，对经济特区社会保险发展和改革中的“互联网+社保”的发展现状做报告。最后，对经济特区发展社会保险所存在的不足及面临的机遇做出归纳，并在此基础上，提出经济特区社会保障制度未来应该努力的方向，并对社保体制的改革和完善提出了一些相关的政策建议。

一 经济特区社会保险发展现状

鉴于社会保障制度涵盖内容的广泛性，及各经济特区社保发展的异质性，经济特区社会保障的发展报告不可能做到面面俱到，只能尽量做到内容的多方面覆盖。本报告将对经济特区的社会保险、社保待遇、社会救助等发展现状进行相关总结。

（一）经济特区社会保险参保及社保基金状况

根据五个经济特区的统计年鉴、国家经济和社会发展统计公报等统计资料及各地区的社会保障相关部门如社保局和社会保险基金管理局等公布的网上信息及书面资料，我们整理和总结了五个经济特区2014年社会保险发展的相关情况，主要包括养老、医疗、工伤、失业等社会保险险种的参保人数及增长率、社会保险的征缴基数及社会保险基金收支情况等。

1. 深圳

截至2014年末，全市城镇职工养老、职工医疗、失业、工伤、生育保险参保（正常缴费）单位分别为33.19万户、34.02万户、33.63万户、33.60万户、32.02万户。全市参加基本养老保险791.80万人，其中，城镇职工基本养老保险在职职工767.94万人、离退休职工23.18万人，城镇居民基本养老保险0.68万人；参加基本医疗保险1157.83万人（男646.01万人、女511.82万人），其中，城镇职工基本医疗保险1004.16万人、城镇居民基本医疗保险153.67万人；参加失业保险942.18万人（男536.18万人、女406.00万人）；参加工伤保险998.69万人（男567.60万人、女431.09万人）；参加生育保险594.61万人（男325.05万人、女269.56万人）。

全市各险种缴费人数中，基本养老保险768.34万人，其中，城镇职工基本养老保险767.94万人、城镇居民基本养老保险0.40万人；基本医疗保险1132.87万人，其中，城镇职工医疗保险984.94万人、城镇居民基本医疗保险147.93万人；失业保险932.96万人；工伤保险936.24万人；生育保险589.58万人。

2014年全市城镇职工基本养老保险缴费上限为上年全市城镇非私营单位在岗职工月平均工资（以下简称上年社平工资）的300%（1～6月14754元，7～12月15654元），缴费下限为当月最低工资（1～2月1600元，3～12月1808元），实际月平均缴费工资为2842元，单位缴费比例为13%、个人缴费比例为8%。城镇职工统账结合医疗（基本医疗一档）保险缴费上限为上年社平工资的300%，缴费下限为上年社平工资的60%，实际月平均缴费工资为4501元，单位缴费比例为6%、个人缴费比例为2%。城镇职工单建统筹医疗保险中，医疗二档以上年社平工资为缴费基数，单位缴费比例为0.5%、个人缴费比例为0.2%，医疗三档以上年社平工资为缴费基数，单位缴费比例为0.4%、个人缴费比例为0.1%。城镇居民基本养老保险缴费上限为1000元/年，缴费下限为100元。实际年平均缴费962元。2014年9月起我市城镇居民参加基本医疗保险财政补助标准由每人每年282元提高至每人每年324元。工伤保险缴费以员工月工资总额为缴费基数，缴费下限为当月最低工资，全年实际月平均缴费工资为2658元，行业基准缴费比例分0.4%、0.8%、1.2%三个档次。失业保险以当月最低工资为缴费基数，单位缴费比例为2%、个人缴费比例为1%。生育医疗保险缴费基数分别为参保人参加医疗一档或二档的缴费基数，实际月平均缴费工资为4823元，缴费比例分别为0.5%和0.2%。

2014年，深圳市各项社保基金收入共计872.061亿元、支出共计292.142亿元，当期结余579.919亿元。至年末基金滚存结余共计3013.877亿元。其中，企业职工基本养老保险基金收入577.537亿元，基金支出149.318亿元，当期结余428.219亿元，年末基金滚存结余2257.321亿元；城镇居民基本养老保险基金收入0.236亿元，待遇支出0.242亿元，当期结余-0.006亿元，年末基金滚存结余0.431亿元；城镇职工基本医疗保险基金收入168.290亿元，待遇支出88.183亿元、转移支出1.343亿元、其他支出0.834亿元，当期结余77.930亿元，年末基金滚存结余451.936亿元。城镇居民基本医疗保险基金收入12.572亿元，其中家庭及个人缴费收入8.024亿元、各级财政缴费补助4.174亿元、利息收入0.374亿元，基金支出12.071亿元，当期结余0.501亿元，年末基金滚存结余11.065亿元；工伤保险基金收入13.354亿元，基金支出10.063亿元，当期结余3.291亿元，年末基金滚存结余46.155亿元；失业保险基金收入54.308亿元，基金支出4.270亿元，当期结余50.038亿元，年末基金滚存结余118.445亿元；生育医疗保险基金收入11.629亿元，基金支出5.901亿元，当期结余5.728亿元，年末基金滚存结余29.984亿元。

2. 珠海

截至2014年末，珠海市城镇职工养老、职工医疗、失业、工伤、生育保险参保单位分别为4.14万户、4.31万户、4.13万户、4.14万户、4.14万户。全市参加基本养老保险120.92万人，其中，城镇职工基本养老保险（含离退休人数）109.82万人，城乡居民基本养老保险11.10万人；参加基本医疗保险155.41万人（男81.3万人，女74.11万人），其中，城镇职工基本医疗保险110.06万人、城乡居民基本医疗保险45.35万人；参加失业保险89.24万人（男 49.05 万人，女 40.19 万人）；参加工伤保险 90.39 万人（男 50.04 万人，女 40.35 万人）；参加生育保险 89.71 万人（男 49.58 万人，女 40.13 万人）。

珠海市各险种缴费人数中，基本养老保险 105.90 万人，其中，城镇职工基本养老保险 100.40 万人、城乡居民基本养老保险 5.50 万人；基本医疗保险 147.08 万人，其中，城镇职工医疗保险 101.73 万人、城乡居民基本医疗保险 45.35 万人；失业保险 89.24 万人；工伤保险 90.39 万人；生育保险 89.71 万人。

2014 年，珠海市社会保险基金收入 1100596 万元，支出 632139 万元，当期结余 468457 万元，滚存结余 3336718 万元。城镇职工基本养老保险基金总收入 683885 万元，基金总支出 332788 万元，当期结余 351097 万元，滚存结余 2643325 万元。城乡居民基本养老保险基金收入 32948 万元，基金支出 18783 万元，当期结余 14165 万元，基金累计结余 73775 万元。城镇职工医疗保险基金总收入 259925 万元，基金总支出 219479 万元，当期结余 40446 万元，滚存结余 236640 万元。城乡居民基本医疗保险基金总收入 21171 万元，基金总支出 19976 万元，当期结余 1195 万元，滚存结余 11202 万元。工伤保险基金收入 21230 万元，支出 13359 万元，当期结余 7871 元，滚存结余 72951 万元。失业保险基金收入 56764 万元，支出 16130 万元，当期结余 40634 万元，滚存结余 227737 万元。生育保险基金收入 22533 万元，支出 16507 万元，当期结余 6026 万元，滚存结余 27380 万元。门诊统筹基金收入 2140 万元，各医保险种划拨 14331 万元，支出 9448 万元，当期结余 7023 万元，滚存结余 43708 万元。

2014 年 1～6 月执行的珠海市在岗职工月平均工资标准为 4041 元（其中，斗门区为 3287 元，金湾区为 3776 元）；7～12 月执行的珠海市在岗职工月平均工资标准为 4665 元（其中，斗门区为 4127 元，金湾区为 4073 元）。2014 年全市城镇职工基本养老保险缴费基数 1～6 月上限为 12645 元，7～12 月上限为 13404 元，缴费基数下限为 2139 元，单位缴费比例为 10%，个人缴费比例为 8%，2014 年实际月平均缴费工资为 2916 元。城镇职工统账结合医疗保险缴费基数1～6月上限为12123元（斗门区为9861元，金湾区为11328元），7～12月上限为13995元（斗门区为12381元，金湾区为12219元），缴费基数1～6月下限为2425元（斗门区为1972元，金湾区为2266元），7～12月下限为2799元（斗门区为2476元，金湾区为2444元），单位缴费比例为6%、个人缴费比例为2%，2014年实际月平均缴费工资为3442元。城镇职工单建统筹医疗保险缴费基数1～6月上限为12123元（斗门区为9861元，金湾区为11328元），7～12月上限为13995元（斗门区为12381元，金湾区为12219元），缴费基数1～6月下限为2425元（斗门区为1972元，金湾区为2266元），7～12月下限为2799元（斗门区为2476元，金湾区为2444元），缴费比例为2%，2014年实际月平均缴费工资2775元。城乡居民基本养老保险缴费标准为每人每月60元、100元和120元三个档次。城乡居民基本医疗保险筹资标准为465元/（人·年），其中，个人缴费125元、各级财政补助340元。失业保险缴费基数1～6月上限为12123元（斗门区为9861元，金湾区为11328元），7～12月上限为13995元，缴费基数下限为1380元，单位缴费比例为1.5%，个人缴费比例为0.5%，2014年实际月平均缴费工资为3046元。工伤保险缴费基数1～6月上限为12123元（斗门区为9861元，金湾区为11328元），下限为2425元（斗门区为1972元，金湾区为2266元），7～12月缴费按照本单位职工工资总额，平均缴费比例为0.63%，2014年实际月平均缴费工资为3039元。生育保险缴费基数1～6月上限为12123元（斗门区为9861元，金湾区为11328元），下限为2425元（斗门区为1972元，金湾区为2266元），7～12月缴费按照本单位职工工资总额，缴费比例为0.7%，2014年实际月平均缴费工资为3046元。

3. 厦门

截至2014年末，厦门市基本养老、基本医疗、工伤、失业和生育保险参保人数分别为226.89万人、314.28万人、175.33万人、177.22万人和164.30万人，分别比上年末增长2.1%、6.0%、3.1%、4.5%和3.3%。其中，外来员工参加基本养老、基本医疗、工伤、失业和生育保险的人数分别为 111.80 万人、110.20 万人、114.21 万人、111.71 万人和 109.90 万人，分别比上年末增长 4.9%、7.0%、2.9%、5.0%和 3.4%。

全年各类社会保险基金征收 234.06 亿元，增长 16.6%；支出 123.29 亿元，增长 23.5%。各类社会保险基金历年累计结余 543.79 亿元。

2014 年 7 月 ~2015 年 6 月，厦门市职工及灵活就业、失业个人 2014 缴费年度的社会保险费缴纳标准和年度申报办法如下。

基本养老保险本市户籍职工以及异地就业选择在厦门缴费的本市居民，以职工个人 2013 年度月平均工资为缴费基数，按 22% 的缴费比例计缴，其中，单位缴 14%、个人缴 8%。本市个体工商户业主及其本市户籍雇工，以个人 2013 年度月平均工资为缴费基数，按 20% 的缴费比例计缴，其中，业主本人应缴纳的基本养老保险费由本人全额负担；雇工应缴纳的基本养老保险费由业主缴纳 12%、雇工本人缴纳 8%。本市户籍灵活就业人员和下岗失业人员，可选择以 2013 年度“社平工资”的 60% ~300% 为缴费基数，按 20% 的缴费比例由本人全额缴纳。农场职工和渔业企业的渔民，以“最低工资”为缴费基数，按 22% 的缴费比例计缴，其中单位缴 14%、个人缴 8%。

4. 汕头

全市参加基本养老保险 317.15 万人，其中，城镇职工基本养老保险（含离退休人数）127.51 万人、城乡居民基本养老保险 189.64 万人；参加基本医疗保险 505.21 万人，其中，城镇职工基本医疗保险 50.10 万人、城乡居民基本医疗保险 455.11 万人（男 227.79 万人，女 227.32 万人）；参加失业保险 72.56 万人（男 34.82 万人，女 37.74 万人）；参加工伤保险 70.38 万人（男 33.43 万人，女 36.95 万人）；参加生育保险 68.45 万人（男 32.35 万人，女 36.10 万人）。

全市各险种缴费人数中，基本养老保险 184.11 万人，其中，城镇职工基本养老保险 70.39 万人、城乡居民基本养老保险 113.72 万人；基本医疗保险 505.21 万人，其中，城镇职工医疗保险 50.10 万人、城乡居民基本医疗保险 455.11 万人；失业保险 45.32 万人；工伤保险 44.87 万人；生育保险 44.38 万人。

2014 年，汕头市社会保险基金收入 930611.20 万元，支出 736219.18 万元，当期结余 194392.02 万元，滚存结余 951216.18 万元。2014 年，汕头市社会保险基金总资产 968867.42 万元。

2014 年社保年度（2013 年 7 月 ~2014 年 6 月）各险种缴费基数及比例如下。2013 年 8 月 ~2014 年 2 月，全市城镇职工基本养老保险缴费基数上限为 12645 元，下限为 2368 元；2014 年 3 月 ~2014 年 6 月，缴费基数上限为 12645 元，下限为 2139 元；实际月平均缴费工资 2013 年为 2282.91 元，2014 年为 2946.42 元；单位缴费比例为 15%，个人缴费比例为 8%。城乡居民基本养老保险缴费最高档次为 3600 元/年，最低档次为 120 元/年。城乡居民基本医疗保险筹资标准为 359 元/（人·年），其中，个人缴费 39 元、各级财政补助 320 元。工伤保险实际月平均缴费工资 2014 年为 2349.62 元，平均缴费比例为 0.5%。2013 年 8 月 ~2014 年 2 月，失业保险缴费基数上限为 12645 元，下限为 2368 元；2014 年 3 月 ~2014 年 6 月，失业保险缴费基数上限为 12645 元，下限为 2139 元，实际月平均缴费工资 2014 年为 2562.67 元，缴费比例为 2%。2013 年 8 月 ~2014 年 2 月，生育保险缴费基数上限为 12645 元，下限为 2368 元；2014 年 3 月 ~2014 年 6 月，生育保险缴费基数上限为 12645 元，下限为 2139 元，实际月平均缴费工资 2014 年为 2298.99 元，缴费比例为 1%。

5. 海南

截至 2014 年末，海南省参加养老保险 242.18 万人，比上年末增长 4.6%；参加医疗保险 230.15 万人，增长 4.6%；参加工伤保险 126.06 万人，增长 2.2%；参加生育保险 122.01 万人，增长 1.5%；参加失业保险 157.50 万人，增长 3.2%。

海南省近年来投入各项救助资金 40 多亿元，为城乡 40 多万困难群众提供了基本生活保障，先后 4 次在全省范围内进行大规模的低保提标工作，目前海南省农村低保标准在全国中西部地区居前列。

海南省省会海口市的社会保险缴纳比例为：养老保险，单位缴纳 20%，个人缴纳 8%；医疗保险，单位缴纳 8%，个人缴纳 2%；失业保险，单位缴纳1%，个人缴纳0.5%；生育保险，单位缴纳0.6%，个人不用缴费；工伤保险，单位缴纳1%，个人不用缴费。

2013年7月起海口市社保基数如下：养老保险下限为1050元，单位基数上限不封顶，个人基数上限10014元；其余四险基数区间为：2002.8～10014元。补缴各险种最低基数为2002.8元。

（二）经济特区社保待遇及社会救助等的发展现状①

社保待遇直接关系社会保险的保障力度，而社会救助是社会保障制度的最后一道屏障，社会保险的待遇及社会救助对保障公民的基本生活、维护社会稳定、构建和谐社会起着至关重要的作用。社会救助工作关系百姓冷暖，关乎公平正义。社会救助作为社会保障体系中的保底性制度安排，一旦出现缺漏，则意味着会有困难群体陷入生存危机。以下是对各经济特区在社保待遇及社会救助方面的情况介绍。

1. 深圳

截至2014年末，深圳市参加城镇职工基本养老保险的离退休人员为23.18万人，比上年末增加2.17万人，抚养比为36：1；2014年1月1日起调整企业退休人员基本养老金，基本养老金人均增加302元，调整后全市企业退休人员月人均基本养老金达3459元，平均替代率为66.3%（2014年社平工资尚未公布，暂以2013年公布数据计算）。城镇居民基本养老保险符合领取长期待遇的人员共6100人，比上年末增加400人。2014年，全市享受基本医疗保险待遇人数5366.06万人次。全市享受工伤保险待遇人数39573人，其中，1～4级伤残72人，5～10级伤残16355人，未达到伤残等级人数18027人，因工死亡386人，供养亲属4733人；平均一次性伤残补助金为2.51万元/人、伤残津贴3316.36元/人次、生活护理费3869.45元/人次、供养亲属抚恤金1184.84元/人次、一次性工亡补助金50.46万元/人。

① 资料来源：《厦门市2014年国民经济和社会发展统计公报》《汕头市2014年国民经济和社会发展统计公报》《海南省2014年社会经济统计公报》。

2014年，全市领取失业保险金人数达50977人，失业保险金标准为1446.4元/月；失业保险基金为失业人员代缴职工基本医疗保险费8.85万人次，人均医疗保险费49元/（人·月）。2014年，全市享受生育保险待遇人数11.28万人次，生育医疗费用为4511.44元/人次，计划生育费用为123.50元/人次。2014年，全市企业职工基本养老保险个人账户记账利率是2.97%，城镇居民基本养老保险个人账户记账利率是3%。

在社会救助方面，深圳社会救助首创全新模式，即深圳“关爱行动”。从2003年开始，10多年来，深圳“关爱行动”共组织开展了1.5万余项活动，动员全市党政机关、企事业单位、社会团体和各界群众以各种形式关爱他人、关爱社会、关爱自然，涌现出了一大批爱心人物，打造了一系列品牌公益项目。“关爱行动”成为深圳创建文明城市和加强精神文明建设的著名品牌。

在发动救助、打造项目之外，“关爱行动”正在积极进行“功能升级”——做平台。其不仅在媒体开设了公益周刊、幸福周刊，创办了明善公益网、创意谷公益组织孵化基地、关爱俱乐部，还逐渐搭建起一个全市公益信息汇集、慈善资源整合的平台。在组织模式上，深圳“关爱行动”进行了大胆创新，委托媒体具体承办，负责“关爱行动”日常运作的具体办事机构——深圳市关爱办就设在深圳报业集团。这一模式与以往运动式、政府包揽一切的社会救助模式形成明显区别。深圳“关爱行动”的内容也逐年丰富，涵盖了物质关爱、文化关爱、心理关爱、能力建设、理念传播以及关爱自然等不同方面。多年来，“关爱行动”的独特模式和明显效果引起了全国各地的关注，已有北京、上海、成都、青岛、大连、厦门等多个省市的文明办前来考察。专家认为，深圳“关爱行动”探索了一种新型的“社会救助NGO模式”，在全国是个创举，值得进一步研究、总结和推广。

截至2014年末，深圳市有卫生医疗机构2532个，比上年增加304个，其中医院122个，增加5个。卫生机构拥有床位31042张，增长6.1%，其中，医院病床28853张，增长6.6%。全市有卫生技术人员69936人，增长6.3%。全年各级各类医疗机构完成诊疗量8852.63万人次，增长2.9%，其中处理急诊709.22万人次，下降3.0%；入院人数119.40万人，增长9.1%；病床使用率为85.5%。

截至2014年末，全市纳入社区管理的企业退休人员共22.22万人，比上年增加10.4%，占企业退休人员总数的100%。2014年全市企业离退休人员养老金社会化发放率达100%。2014年开展异地联网待遇资格认证业务17955笔，比上年增加5230笔，增长41.1%。

2. 珠海

截至2014年末，全市纳入社区管理的企业退休人员共5.4万人，占企业退休人员总数的83.05%，比上年增加2.5%。2014年全市企业离退休人员养老金社会化发放率达100%。2014年开展异地联网待遇资格认证业务3483笔，比上年增加665笔，增长23.60%。

全市办理城镇职工基本养老保险转移接续17845人次，转移金额25441万元，其中办理转入5990人次，转入金额9412万元，转出11855人次，转出金额16029万元。

全市参加城镇职工基本养老保险的离退休人员为9.42万人，比上年末增加0.78万人，抚养比为10.66∶1；2014年1月1日起调整离退休人员基本养老金，基本养老金人均增加212元，调整后全市离退休人员月人均基本养老金达2558元；全年离退休人员平均养老金为2613元/（人·月），平均替代率为58.48%（省社平工资口径）。

2014年，全市享受基本医疗保险待遇人数494.68万人次。全市享受工伤保险待遇人数6652人，其中，1~4级伤残76人，5~10级伤残2173人，未达到伤残等级人数3898人；享受伤残津贴6147人，享受生活护理费37人，因工死亡51人，供养亲属454人；一次性伤残补助金人均2.41万元，一次性工亡补助金人均514900元，伤残津贴2522元/（人·月），生活护理费2217元/（人·月），供养亲属抚恤金926元/（人·月），工伤保险基金先行支付待遇135人，费用336万元。2014年，全市领取失业保险金达0.92万人，失业保险金标准为1104元/月；领取一次性生活补助的农民合同制工人43973人，人均1581元/人；失业保险基金为失业人员代缴职工基本医疗保险费 0.92 万人次，人均代缴医疗保险费 373 元/（人·月）。

3. 厦门

全市有医疗保险定点医疗机构 212 家，医疗保险定点零售药店 674 家，工伤保险协议医疗机构 32 家，工伤保险协议辅助器具配置机构 5 家，工伤保险协议康复机构 1 家；共为 4.07 万人发放失业保险金 2.41 亿元；有 14.21 万名退休人员进入社会化管理，社会化管理率达到 99.38%，社区管理率达到 100%。企业退休人员月人均基本养老金为 2838 元，被征地人员月人均退养金为 1142 元。6.38 万名 60 周岁及以上但未享受任何养老待遇的城乡居民直接享受每月 230 元城乡居民基础养老金。

2014 年共发放低保金 7898.18 万元，其中城市 5840.88 万元，发放低保对象 15.11 万人次；农村 2057.30 万元，发放低保对象 8.07 万人次。发放医疗救助金 3181.5 万元，救助 5.04 万人次。发放临时救助金 1581.95 万元，救助 6125 户次。救助流浪乞讨人员 6827 人次，其中未成年人 176 人次。全市共有养老服务机构 37 家、床位 7453 张，其中，公办养老机构 6 家、床位 2124 张；民办养老机构 31 家、床位 5329 张。

2015 年 7 月，厦门市人民政府通过《关于进一步做好社会救助工作的意见》，主要特点如下。一是进一步完善社会救助制度。构建社会大救助体系，明确市民政、卫生计生、教育、建设、国土房产、人社等部门为社会救助管理部门，分别负责最低生活保障等 8 项专项救助，红十字会配合政府开展重特大疾病医疗人道救助。二是合理确定救助对象范围。在精准认定救助对象的基础上，增加特困人员供养对象，扩大医疗救助范围，扩大重度残疾人享受困难救助金范围，使救助政策向适度普惠型延伸。三是科学制定专项救助标准。建立救助标准调整机制，提高医疗救助比例，新增灾害救助标准，部分指标高于省定标准，让困难群众共享全市经济社会发展成果，实行城乡社会救助一体化。四是建立健全社会救助机制。建立健全居民家庭经济状况核对机制、“一门受理、协同办理”机制、“救急难”长效机制、全社会力量参与机制和社会救助监督检查长效机制等。五是加强组织领导和工作保障。完善政府领导、民政部门牵头、有关部门配合、社会力量参与的社会救助工作协调机制，加强救助工作能力建设，保障工作经费，确实保障社会救助工作有效开展。

4. 汕头

2014 年，全市共有卫生机构（含个体）1311 个，比上年增加 51 个，其中医院 38 个，卫生院 33 个；实有病床位 15407 张，比上年增加 740 张，其中医院 12738 张，卫生院 1488 张；医院门诊诊疗总人数 1036 万人次，增长 2.7%；患者治愈出院 49.6 万人次，增长 6.4%；病床使用率为 83.4%，比上年下降 0.1 个百分点；病床周转次数 32.4 次，比上年减少 0.1 次。卫生工作人员 25144 人，增加 704 人。其中，执业医师和执业助理医师合计 8606 人，比上年增加 90 人；注册护士 7197 人，比上年增加 316 人。

2014 年，全市用于最低生活保障资金支出 28192 万元，比上年增加 10499 万元，增长 59.3%；获最低生活保障人数 11.12 万人，增长 0.1%；救助站救助人数 3912 人，下降 3.5%。截至年末，社会福利院共 11 处，收寄养 640 人；城镇及村办敬老院 47 个，收寄养 515 人。

2014 年 5 月 2 日起正式实施的《社会救助暂行办法》对汕头市的社会救助进行了全面规范。为完善社会救助体系，汕头市在 2014 年社会救助主要工作中明确列出了完善社会救助体系的八大举措，分别是：提高城乡低保标准和补差水平，2014 年 6 月前，在确保完成市政府民生实事目标任务的基础上，参照省的做法，分类制定各地低保最低补差水平，力争在粤东西北地区排名第一；提高农村五保供养标准，各区县五保供养标准按不低于当地 2013 年度农村居民人均纯收入的 70% 确定，5 月前完成提标任务；建立救助申请家庭经济状况核对机制；出台《汕头市开展城乡困难群众医疗救助“一站式”结算服务工作实施意见》；尽快制定出台重特大疾病医疗救助办法，着力减轻重特大疾病贫困患者的医疗负担；拟制定汕头市临时救助工作规定，明确救助对象和标准以及申请程序等，进一步提升社会救助工作水平；着力推进敬老院管理体制改革；落实低保监管机制。

截至 2014 年末，汕头市参加城镇职工基本养老保险的离退休人员为 20.47 万人，比上年末增加 0.92 万人，抚养比为 3.01∶1；2014 年 1 月 1 日起调整企业退休人员基本养老金，基本养老金人均增加169.8元，调整后全市企业退休人员月人均基本养老金达1646元，全年平均养老金为1719.39元/人·月，平均替代率为58.35%（社平工资口径）。

城乡居民基本养老保险符合领取长期待遇的人员共48.27万人，比上年末增加4.15万人；2014年7月起调整城乡居保基础养老金，从65元/（人·月）增加到95元/（人·月），全年平均基本养老金为80元/（人·月）。

2014年，汕头市享受基本医疗保险待遇124.06万人次。全市享受工伤保险待遇人数685人，其中，1~4级伤残46人，5~10级伤残172人，未达到伤残等级人数234人。享受伤残津贴55人，享受生活护理费59人，因工死亡15人，供养亲属218人。一次性伤残补助金人均2.18万元，一次性工亡补助金人均539000元，伤残津贴2140元/（人·月），生活护理费1349元/（人·月），供养亲属抚恤金877元/（人·月），工伤保险基金先行支付待遇7人，费用22.6万元。2014年，汕头市领取失业保险金达0.47万人，失业保险金标准为904元/月；领取一次性失业保险金31人，人均10578元；失业保险基金为失业人员代缴职工基本医疗保险费3.6万人次，人均医疗保险费190.92元/月。2014年全市享受生育保险待遇6627人次，生育医疗费用3264.25元/人次、生育津贴12061.21元/人次，计划生育费用2755元/人次、计划生育津贴2382元/人次。

截至2014年末，全市纳入社区管理的企业退休人员共147221人，占企业退休人员总数的80.4%，比上年增加3.1%。2014年全市企业离退休人员养老金社会化发放率达100%。2014年开展异地联网待遇资格认证业务1200笔，比上年增加240笔，增长25%。

5. 海南

截至2014年末，全省城镇各种社区服务设施106个，增长24.7%；抚恤、补助各类优抚对象3.03万人，下降8.8%；年末城镇居民最低生活保障人数12.67万人，下降10.3%；农村居民最低生活保障人数22.65万人，下降5.3%；农村五保户供养人数3.15万人，增长3.3%。全年实施城乡医疗救助 56.1 万人次，比上年下降 34.0%。其中，城市医疗救助 14.2 万人次，下降 23.7%；农村医疗救助 41.9 万人次，下降 36.9%。全年救助灾民 250 万人次，投入救灾救济资金 11.1 亿元。全省共销售福利彩票 16.8 亿元，比上年增长 3.4%；筹集社会福利彩票公益金 3.9 亿元，增长 1.8%；直接接受社会捐赠款 2.1 亿元。

新型农村社会养老保险基础养老金标准提高至每人每月 120 元；城镇居民社会养老保险和新型农村社会养老保险实现统一合并，城镇居民基本医疗保险筹资标准、待遇水平实现全省统一。

2014 年海口市累计支出城乡低保资金 9934 万元，其中城市 3025 万元，农村 6909 万元，做到了动态管理下的应保尽保。目前，海口共有城乡低保对象 1.3 万户、4.1 万人。

2014 年，海南省首次将“低保对象准确率”纳入市县经济社会发展年度考核指标，在海口等市县开展“救急难”工作试点，探索建立“救急难”制度。海口市不断完善城乡最低生活保障制度，落实低保政策和低保资金及时到位，足额、有效用于低保家庭。在开展低保专项整治核查中，重点核查低保审核审批中出现的违规情况及低保经办人员近亲属备案制度的落实情况。

二　经济特区社会保障发展取得的成就、趋势及问题①

（一）经济特区社会保险制度发展和改革做出的努力与成就

1. 深圳

一是全力推进社保业务同城通办。以“业务流程标准化、业务审批规

① 资料来源：深圳市社会保险基金管理局2013年工作报告，深圳市人力资源和社会保障局、深圳市统计局网站；珠海市人力资源和社会保障局、珠海市社会保险基金管理局、珠海市统计信息网网站；厦门市人力资源和社会保障局、厦门市统计局网站；深圳市人力资源和社会保障局、深圳市统计局网站；汕头市人力资源和社会保障局、汕头市统计信息网网站；海南省人力资源和社会保障厅、海南省社会保险事业局、海南省统计局、海南新闻网。

范化、业务操作菜单化”为目标，完善社保业务流程体系，全面重构社保信息系统，逐步实现参保企业和参保人可就近到全市任一社保经办机构的任一业务窗口办理各项社保业务。目前，深圳市人力资源和社会保障局已完成了社会保险业务标准化汇编，同时，着力推进医疗保险信息系统优化改造，为参保人提供更为安全快捷的社保服务。

二是失业保险金申领初步实现同城通办。自 2014 年 1 月起，全市失业保险金申领网点由原来的 10 个增加到 283 个，增幅达 27 倍多。全市失业人员可在 35 个社保窗口、51 个“一站式”窗口、197 个银行的任何一家窗口就近办理业务，也可到最近的自助终端机办理或足不出户申请邮政代办，真正实现了社保服务高效利民。

三是为参保人多渠道免费提供个人权益记录单。自 2014 年 12 月起，市人力资源和社会保障局联合深圳市邮政局全面启动社保个人权益记录单免费递送工作，保障了参保人的社会保险知情权。同时，建立邮政快递代办社保业务服务平台系统，参保单位和参保人可自愿选择邮政代办社保业务。

四是根据国家、省有关法律法规，对深圳市相关社保法规、规章和规范性文件进行修订完善。组织实施《深圳市社会医疗保险办法》《深圳市失业保险视同缴费年限认定办法》《深圳市失业保险浮动费率管理暂行办法》《医保现金支付办法》；根据养老保险条例和细则的相关补缴条款制定具体的补缴办法，按照省规定起草深圳市城乡居民养老保险规定；修订并发布了《深圳市社会医疗保险定点医药机构费用结算办法》《深圳市社会医疗保险定点医疗机构管理办法》《深圳市社会医疗保险定点零售药店管理办法》；根据《广东省职工生育保险规定》起草深圳市的实施细则，已完成初稿；落实《社会保险法》第 63 条的规定，探索建立社会保险费强制征缴制度；制定社保先行支付操作流程及规章制度。

五是逐步建立和完善工伤预防、工伤补偿及工伤康复并重的工伤保险体系。开展定点医疗机构信用等级评定，对定点医疗机构医务人员实行工伤保险医疗服务协议管理，确保工伤待遇支付合理合规。做好工伤浮动费率及长期待遇的调整工作。2014 年，伤残津贴、生活护理费、供养亲属抚恤金人均增长了10%左右。继续严格执行工伤事故与安全生产信息互通制度，强化工伤预防工作。目前，全市的工伤定点医疗单位已增至94家，工伤康复定点医疗单位13家。全年全市共完成工伤认定32714人，工伤事故率为0.30‰，同比明显下降。

2. 珠海

一是实现城乡社保一体化。率先建立统一的城乡居民基本养老保险制度，惠及25.5万名城乡居民，退休人员平均养老金增长10%；率先实现城乡低保标准一体化，城乡月人均低保补差水平、农村五保年集中供养和分散供养标准、城乡居民医疗保险财政补贴标准不断提高，均保持全省领先水平。

二是医保社保的财政支持力度加大。补充医疗保险支付4000多万元，共7200多人次受惠，进一步减轻了群众大病医疗负担。实施困难群众医疗救助2.1万多人次，投入1300多万元。健全特殊群体服务保障制度，发放残疾人生活津贴2400多万元。

三是保障性住房数量显著增加，养老服务体系更加完善。完成省下达的保障性住房建设任务，基本建成3895套，新开工3522套，推出公共租赁住房2300套。完善养老服务体系，探索社会养老服务多元化发展方式，居家养老服务覆盖城镇社区和90%的农村社区。

四是社保管理服务工作成效明显。

3. 厦门

一是全市民生支出占一般公共预算支出的七成以上。农村义务教育寄宿生补助由每生每天8元提高到10元，非寄宿生营养膳食补助由每生每天5元提高到6元。新增病床位2000张。第一医院内科综合楼、弘爱医院、龙邦妇产医院等动工建设，市儿童医院投入使用。新建、改造标准化村卫生所52个，首批50名定向培养的村医驻村执业。

二是就业社保同步推进。全年新增就业18.3万人。实行小企业贷款贴息与员工稳定就业挂钩，有效降低失业率。

三是多种补助标准得到提高。城乡居民基本医疗保险财政补助标准由

390 元提高到 430 元。统一城乡低保标准，提高到每人每月 550 元。对低保户、残疾人、重点优抚对象等给予住房修缮补助，改善了特困群体的住房条件。建成保障性住房 1.3 万多套，开建 5000 多套，选房分配 1.2 万多套。提高企业退休人员基本养老金，月人均达 2838 元。实施补充工伤保险，建立多层次工伤保险体系。

四是加强社保相关机构的服务能力。开展养老服务业综合改革试点，11 家养老服务机构被纳入医保范围。扶持 18 家民办社工机构，专业服务老年人、残疾人、社区矫正人员等特殊群体。

4. 汕头

一是医保征缴覆盖面不断扩大。2014 年，全市参加企业职工养老保险 118.4 万人、医疗保险 50.1 万人，城乡居民社会养老保险 189.4 万人、基本医疗保险 455.1 万人。

二是社会救助水平稳步提高。推动多元化养老服务体系建设，实施“银龄安康行动”，启动长者紧急呼援服务，为全市 80 周岁以上老人和 60~79周岁的五保低保老人统一购买意外伤害综合保险，80 周岁以上老人享受高龄津贴。通过“全国白内障无障碍市”验收，救助残疾人超过 5 万人次。

三是医疗设施显著改善。优先保障民生事业公共财政支出，全年共支出 141.48 亿元，比上一年增加 12.5 亿元。加大医疗卫生投入，全市新增床位 560 张，每个区（县）均设立一所“平价医院”，边远乡镇卫生院医务人员津补贴人均月增加 500 元。加大社会办医力度，金平太安医院等一批民营医疗机构建成开业，汕头东方医院等 6 家民营医院加快建设，潮南民生医院成为粤东首家民营三级医院。

此外，汕头市全面完成汕潮揭医保同城化联网结算，全市异地就医联网医疗机构达 22 家；推进法律服务资源向基层倾斜，建立健全基层村居法律援助网络，使 68% 的村居实现“一村居一法律顾问”。

5. 海南

一是重点工作取得新突破。全省城镇职工四项保险累计征收社保费

141.68 亿元，完成征收计划的 100.38%，同比增长 7.69%，完成了海南省政府下达的目标任务；在三亚和洋浦试点开展“全民参保登记计划”；完成全省业务档案达标验收工作，受到人社部社保中心表扬；异地就医结算范围进一步扩大。

二是服务方式有了新发展。大力开展网上申报业务，让服务对象足不出户就能办理业务申报；工伤预防方案得到有效落实；全省社会化管理认证系统实现互联互通，认证率达到 96.8%；业务咨询、宣传等工作卓有成效。

三是风险管理取得新成效。基金管理更加规范，资格审核更加严格，待遇支付管控更加严密，经办风险防控更加多元。

四是基础建设有了新进展。海南省 2/3 的市县经办服务场所得到改善。金保“核三”系统在省本级上线运行，为社保经办机构的信息系统整合做出重要贡献。社保经办信息化建设不断加快。社会保障卡发放超额完成年度任务。数据整理、队伍培训等工作得到加强。

五是作风建设取得新成果。扎实开展窗口单位改进作风专项行动，群众对社保经办工作满意度逐年提升。

（二）经济特区“互联网 + 社保”的发展

1. “互联网 +”为经济特区社保发展带来巨大机遇

2015 年“两会”上，李克强总理提出“互联网 +”的发展战略。2015 年 7 月 1 日，《国务院关于积极推进“互联网 +”行动的指导意见》发布，明确我国“互联网 +”建设的目标，提出要“加快发展基于互联网的医疗、健康、养老、教育、旅游、社会保障等新兴服务，创新政府服务模式”。那么，作为经济特区，应当如何抓住“互联网 +”的机遇来加速社保服务的发展呢?

首先，经济特区应当借助互联网的技术优势与资源优势，扩大社保覆盖范围，提升经办服务水平与风险防控能力。充分发挥互联网高效便捷、精准定向的信息传播优势，引导参保对象根据家庭人员构成、健康状况、职业工种、收入水平等，选择层次化的社会保障，拓宽社保覆盖面；推动开展基于互联网的权益记录查询、参保登记、缴费结算、待遇支付等服务，为群众提供便捷、精准的服务；改进医保结算机制，拓展医保费用的互联网支付方式，支持线上与线下结合的医疗服务；基于大数据分析应用，实现医疗服务监控和绩效评估，完善社保反欺诈机制，提升基金风险防控能力。

其次，经济特区的社保部门应当发挥好社保卡在服务方面的承载能力，结合互联网的广连接特点，促进互联网与社保卡的应用融合，扩大社保卡的应用范围，完善其服务体系。一方面，强化互联网环境下的社保卡应用，借助互联网平台及金融机构等社会资源，建立跨界融合的用卡环境，构建更为安全高效的社保卡服务体系；另一方面，改进社保卡应用方式，依托互联网构建以社保卡为载体、有卡应用与无卡应用相结合的全国“一卡通”应用新模式，为社保卡承载更多的政府公共服务、社会服务奠定基础。

2. 珠海市三网合一的“互联网 + 人社服务”模式

为进一步贯彻落实国家信息惠民工程的要求，建设珠海“智慧人社”，珠海市人社局在已有的市人力资源和社会保障局官网、市人力资源和社会保障网上服务平台等服务渠道的基础上，于2014年底与广东省广播电视网络股份有限公司珠海分公司联合探讨通过高清机顶盒实现人社信息动态化的可行性，经过前期多次调研讨论，制定了相应实施方案及工作计划，历经5个月的时间，完成了渠道搭建、网络调试、程序开发以及数据核对工作，终于在2015年5月18日正式运行。

目前，珠海市民通过遥控器，就可获取珠海市人力资源和社会保障局的最新综合动态、社会公示、公职招考、最新文件以及政策解读共五类信息。同时，已绑定CA卡号的家庭成员（不得超过5人），还可以通过高清机顶盒的自助服务菜单查询医保账户月划入信息、医保账户消费明细以及个人劳动合同签订信息等内容。

珠海市人社局的这一举措，真正实现了互联网、电信网、广电网三网合一的“互联网 + 人社服务”的模式，兼顾了不同人群的需要，丰富了服务的手段，今后人社部门还会为广大市民提供更多有用的服务。

3. 深圳市社保 App 上线运营

在“互联网＋社保”方面，深圳更多地依托本地企业强大的创新能力，通过企业的产品创新和服务创新推进社保领域的智能化、便捷化。

2015 年 7 月，深圳市南山区科技园点米科技有限公司打造的全国首家“互联网＋社保”平台“点米社保通”已经上线运营，到 8 月注册用户就已经超过 2 万人。有了这一手机 App，深圳市民不需要再到社保局排长队，只要通过手机 App 上传资料，就可以轻松缴纳社保费用。

“点米社保通”平台提供了种类繁多的线上代办社保服务，代办服务按次或按月收费，比如医疗报销、异地就医备案、离职医疗提取、社保转出等每次 100 元，社保转入合并续接每次 200 元，公积金代缴每月 30 元，社保补缴每月 60～100 元，退休办理每次 1500 元。未来该平台还将引入商业保险业务，拓展商业保险代办收费模式。

点米公司在深圳建立了自己的社保研究院，能够做到每天更新各省市甚至县城的社保数据及政策，并通过高效的后台数据管理服务把所有的复杂问题用技术解决。用户只需要通过手机或电脑选择城市和社保基数，提交相关资料，就可以坐在家里缴纳社保费用了。

除了可以提供全套社保代理服务以外，“点米社保通”还提供社保比价、社保计算器和养老金计算器等特色服务。用户可以选择同样的社保基数，然后比较不同城市的实际缴费和未来养老金收入。用户在养老金计算器上输入自己的当前工资和社保缴纳年限后，后台可以根据当前政策和过去十几年各地的社保基数变化情况，推算出用户退休后每月可领取的养老金的大致水平。

（三）经济特区社会保险发展存在的问题及挑战

虽然近年来各经济特区的社会保障工作取得了长足进步，但由于我国正处在快速发展和深化改革的过程中，因此仍然存在一系列问题和挑战。

1. 社保法制建设及法律服务不够完善

经济特区的社保政策要逐步与国家的现行政策相衔接有很多困难和矛

盾，尤其新旧体制转轨期间产生的问题，给经济特区的社会保险工作带来很大困扰。与此同时，参保市民往往不能及时、准确、深入地理解社保领域最新的法律法规，常常不能获得应有的社保服务，需要有更完善的社保法律服务体系做支撑。近两年，经济特区按照国家政策要求落实居住证制度，将原有非户籍人口纳入社保范围，使社会保障制度覆盖范围迅速扩大，从而倒逼相关法律法规的修订。经济特区中的老年人、残疾人、低收入家庭等对社保的需求度和依赖度很高，但这些群体对相关法律法规的了解往往不全面、不深入，需要相关部门重点为其提供支持。

2. 社保基金保值增值缺少有效途径

目前，各经济特区社保基金积累总量较大，贬值的压力也较大。社保基金管理面临通胀压力不断加大及基金保值增值渠道狭窄、方式单一等问题，如何加强社保基金的管理与运营，实现社保基金收益的最大化，需要继续加强研究。与发达国家相比，经济特区社保基金的经营方式和投资渠道显得相对保守和单调，社保基金结余绝大部分存放于银行，基金收益率往往超不过通货膨胀率，经济高速发展时，社保基金由于投资渠道单一而隐性贬值的现象屡见不鲜。应考虑如下问题：社保基金投资运行管理办法是否缺失；运营基金范围能否进一步扩大；能否发行适合社保基金购买的国债以尽可能提高社保基金收益率；是否应该建立社保基金存款利率竞价机制。

3. 户籍制度改革可能带来的新挑战或新矛盾

2014 年 7 月，国务院印发《国务院关于进一步推进户籍制度改革的意见》（以下简称《意见》），决定统一城乡户口登记制度，全面实施居住证制度，稳步推进义务教育、就业服务、基本养老、基本医疗卫生、住房保障等城镇基本公共服务覆盖全部常住人口。《意见》的实施，意味着我国原有的农业与非农业二元户籍制将被打破，附着在户籍制度上的各种公共服务也将随之发生变化。经济特区普遍拥有较高比例的外来人口，按照《意见》的要求，随着户籍改革的深入，必须增加对原有非户籍人口的社会保障服务数量并提升服务质量。例如，深圳、厦门、珠海非户籍人口占常住人口的比例分别为 70.9%、49.6%、32.9%，未来的社会保障服务将逐步以居住证制度为依据，户籍与非户籍人口在享受社保服务上的差距将不断缩小，这必将在很大程度上改变社保福利的原有格局。如果不能建立并完善与户籍改革制度相适应的社保制度，必将引发新的社会矛盾。

4. 政府的社保信息化建设滞后于社会信息化总体水平

目前社会信息化发展的速度异常迅猛，市场的力量催生了无数的互联网平台，大量基于移动互联网的技术服务也以其低成本、高效率、个性化的特点而迅速被接纳和运用，深刻地改变着人们的生活方式。与此同时，政府在社保服务方面的信息化建设却明显滞后于信息化发展的总体水平，具体表现在以下两个方面。一是各类社保相关机构的信息没有被有效整合并全面对接，“社保大数据”急需建立完善。二是社保部门为社保用户提供信息化服务的水平仍然较低，致使社保用户不能准确、便捷地掌握本人所能享受的社保服务信息，难以做出与自身福利相关的正确决策。以目前深圳特区大学生的医疗保险为例，制作医保卡手续繁多，从学生提出申请到最终拿到医保卡，需要经过一个月甚至数个月时间，在此过程中可能还会丢失。此外，大学生医保卡的账户信息和所绑定医疗机构的信息也不能随时随地获取，以至于常常发生医保扣费不成功、没有到绑定的医保机构就诊不能使用医保卡的情况。创新能力走在全国前列的深圳特区尚且如此，其他特区的情况更不容乐观。

5. 社会保险待遇总体水平仍需提高

社会保险是一项民生工程，离不开政府的投入。近年来经济特区各级政府不断增加对社会保险制度的投入，特别是在被征地农民养老保险、城乡居民基本医疗保险、未成年人医疗保险方面投入很大。但是，由于包括企业年金、补充医疗保险等在内的多层次的社会保险体系还未健全，基本养老金成为大部分企业退休人员的主要生活来源，经济特区社会保险待遇总体水平仍然不够。在医保方面，门诊费用在大部分经济特区未实现社会统筹，与福利型国家相比，人们的医疗费用负担仍然比较重。随着经济社会的发展，人们的社会保险需求不断提高，对政府的财政投入也提出了更高的要求。

三　经济特区社会保障制度未来发展的努力方向和政策建议

（一）努力方向

随着我国经济新一轮改革的不断深入，各经济特区的产业结构、人口结构、社会生活方式等也不断发生变化，进而倒逼社会保障制度不断发展完善，以适应社会经济发展的新要求。未来经济特区社保制度的发展，应该重点朝以下几个方向努力。

一是处理好政府和市场的关系。经济特区的社保工作无疑应该由政府社保部门领头，做好规划设计、政策制定和监督管理工作。与此同时，经济特区社保部门应该不断地从烦琐的具体事务中解放出来，通过购买服务的方式，让市场参与社保服务。近几年经济特区的社保工作实践证明，市场提供的社保服务往往因其高效、便捷而得到社保用户的高度评价，而政府提供的社保服务则常常因手续烦琐、业务周期长、工作人员服务意识差而备受诟病。

二是处理好社保小数据和大数据的关系。当前社会已经进入了大数据时代，经济特区应当重视对每一个社保用户的各类数据的收集和存储，同时做好各地区社保系统之间、社保系统和其他系统之间的数据对接，消除各系统的“信息孤岛”问题，使各类系统的数据能无缝对接，并充分利用大数据分析技术对社保领域的各类问题进行预测、研判、化解。

三是处理好执行和监督的关系。社保工作关系到百姓的切身利益，影响社会的长治久安，对社保的每一项政策，社保工作部门必须不折不扣地贯彻落实。与此同时，在社保相关工作推进的过程中，牵动多方的重大利益，巨额社保费用在不同部门、系统、平台之间流动，因此必须有强有力的监督。要使社保工作的执行越来越透明化，就必须加强社保工作人员的自律教育和自我监督，同时加强纪检部门对社保部门的监督以及社保用户对社保工作的监督，一步步建立完善的监督体系。

（二）政策建议

1. 简政放权，减少医保服务的行政障碍

各经济特区社保部门应按照《国务院关于印发 2015 年推进简政放权放管结合转变政府职能工作方案的通知》中的精神和要求，简化社保申请、办理、缴费、报销、补办等方面的烦琐程序。进一步完善医保结算办法和定点医疗机构、定点药店的管理办法，取消数量限制，将符合社会医疗保险定点医疗机构、定点药店受理条件和评定标准的社会办医疗机构、零售药店全部纳入医保定点范围，方便参保人就近就医购药。

2. 提升社保服务的信息化和智能化水平

各经济特区应抓住“互联网 +”时代的发展机遇，大力推进社保服务的信息化和智能化水平，使社保服务越来越便利。

第一，要确保高质量信息化硬件设施的投入使用与旧设施的更新换代，使其与社保工作的开展相适应。完善信息网络化建设，充分发挥各经济特区的网络优势，全面改进各经济特区的社保基金网站建设，及时完成相关业务系统的升级改造。不断增加社保自助服务终端机的数量，将社保服务终端机向各街道、各社区延伸，使更多的业务能够通过终端机一站式完成。

第二，要开放社保办卡、制卡、缴费、查询等业务领域，允许企业免费或有偿地向社保用户提供服务，通过市场竞争的方式来提高社保服务的效率与质量。同时，也可通过政府向市场购买服务的方式来提高服务水平。以补贴、政策倾斜等方式鼓励企业推出社保服务创新产品。

第三，要在信息化、智能化的实践上尝试建立技术及业务标准。社保服务的信息化、智能化仍然有很大的发展空间，在此过程中各类业务、技术的标准不统一常常会成为巨大的发展障碍。应该由政府部门牵头，联合相关的研究机构、企业共同制定社保服务信息化、智能化标准体系，并在不同地区推广使用，使各地区、部门的社保信息系统以及相关联的信息系统能够顺利对接，提升整个社会社保服务的信息化、智能化水平。

3. 进一步完善以居住证为基础的社保制度

推进户籍制度改革，提供更加公平公正的社保服务是人心所向、大势所趋。各经济特区应当按照国务院《意见》的总体要求，坚持因城施策、一城一策，根据城市实际情况，建立并完善积分落户制度，按照总量控制、公开透明、公平公正的原则，合理解决落户问题。户籍人口比重较低的城市，要逐步提高户籍人口比重。特大城市要科学定位城市功能，加快产业转型升级，引导人口有出有进，使人口结构更加合理。建立健全居住证制度，弱化户籍意识，强化居民观念，体现以人为本、和谐共生的服务理念。改变原有的在户籍上附着过多社保福利、非户籍人口与户籍人口社保福利差距过大的现状，逐步将医疗保险、劳动保险、生育保险等功能与居住证对接，扩大居住证的服务内容，为持居住证的居民提供更加完善的服务，以缩小其与户籍居民之间的差别，不断增加常住非户籍人口的福利。

4. 推进社保基金管理法治化、科学化

各经济特区要根据实际情况修订社保基金财务管理操作规程，全面提升财务管理信息化水平。完善社保各项业务流程，规范操作规程，明确审批权限、审批时限、审批条件，完善社会保险信息数据库，及时按照统一的标准更新个人的基本信息。强化社保稽核监察，组织实施全市性社会保险专项检查，实现“应保尽保”。加强对定点医疗机构、参保人就医行为的监控，对涉嫌欺诈骗保的行为人实行“黑名单”管理制度，确保基金使用科学合理。加强对社保基金投资的相关调研，进一步做好社保基金保值增值工作。在确保基金安全的前提下，逐步探索建立完善的个人账户基金、社会保险基金和企业年金的市场化运营机制，实现基金的保值增值。

5. 加大社保的宣传力度

一方面，要利用新闻媒体的优势，做好社保的全面宣传工作，加强对各项社保法规政策的宣传，特别是要做好新修订的《社会保险法》的宣传工作。另一方面，各社会保险基金管理局要及时派遣公务员深入企业、农村，解答参保人的疑惑，加大宣传力度，确保全民充分了解国家的社会保障政策，为推进全民社保做进一步的铺垫。同时，委托会计师事务所对各用人单位每年的社保缴费情况开展稽核工作，在每年年末报出会计报表的同时要提供该公司的社保缴费情况。除此之外，要在各特区的社保基金网站上完善网上申报实时查看制度，让参保人员及时有效地了解参保流程，更好地参加社会保障服务。

6. 加强社会保障系统的干部队伍建设

不断加强社保人才队伍建设，坚持以人为本，发现和培养一批业务专家和信息化专家，打造一支素质过硬的社保工作队伍。首先，要加快完善基层工作机制，充实基层工作人员，对基层工作人员的服务意识进行强化，在服务过程中要遵守职业准则，耐心把为参保人员办理事务，解决参保过程中遇到的问题。其次，要开展相关培训，从多方面提高社保工作人员的综合素质和业务能力。最后，要制定科学规范、可操作性强的人事考核制度，加强公务员作风和廉政建设，建立人力资源社会保障监察协管员制度，全面加强社保服务人员的队伍建设和管理工作。

参考文献

［1］《深圳市2014年人力资源社会保障统计公报》。

［2］《珠海市2014年国民经济和社会发展统计公报》。

［3］汕头市统计局：《汕头统计年鉴》，2015。

［4］《厦门市2014年国民经济和社会发展统计公报》。

［5］深圳市统计局：《深圳统计年鉴》，2015。

［6］《海南省2014年国民经济和社会发展统计公报》。

［7］陶一桃主编《中国经济特区发展报告（2014）》，社会科学文献出版社，2014。

［8］高兴民等：《深圳市社会保险制度研究》，人民出版社，2010。

［9］孙祁祥、锁凌燕、郑伟：《社保制度中的政府与市场——兼论中国PPP导向的改革》，《北京大学学报》（哲学社会科学版）2015年第3期。

［10］郑秉文：《建立养老基金管理公司　牵住社保改革“牛鼻子”》，《中国证券报》2014年12月1日。

［11］刘恬：《中国社保基金监管的问题与对策分析》，《行业研究》2014年第9期。

［12］向雨航：《深圳市民动动手指即可轻松缴社保》，《南方日报》2015年8月28

日，http：//shbx. southcn. com/s/2015 - 08/28/content_ 131715582. htm。

[13] 王永：《“互联网 + 人社” 在行动》，《中国劳动保障报》2015 年 8 月 28 日，http：//www. clssn. com/html1/report/13/7443 - 1. htm。

[14] 韩文嘉、李桂瑜：《深圳社会救助首创全新模式》，《人民日报》（海外版）2013 年 5 月 29 日。

[15] 汕头市人力资源和社会保障局：《关于 2014 年汕头市社会保险情况的通告》，2015 年 6 月 29 日。

[16] http：//www. szhrss. gov. cn/tjsj/qt/201506/t20150624_ 2931168_ 14940. htm.

B.8

中国经济特区金融产业发展报告

郭茂佳*

2014年，尽管经受了国内经济不振和国际经济环境复杂多变的双重考验，但中国经济特区金融产业的整体规模仍然再上台阶。考虑到2015年国际、国内经济环境难以明显改观，特区金融产业的发展要想逆流而上，就必须更加锐意进取，直面新的挑战。

一 2014年中国经济特区金融业发展的新成就

（一）特区金融业的规模再上新台阶

2014年，特区金融业不仅资产总规模再上新台阶，突破了25万亿元，比上年增长20%以上，而且金融业内部各子行业的规模也再上新台阶。

1. 特区银行业的规模再上新台阶

表1 2014年特区金融机构本外币存贷款余额和增长率

单位：亿元，%

特区名称	金融机构本外币存款余额	存款增长率	金融机构本外币贷款余额	贷款增长率
深 圳	37350.5	10.0	27922.1	12.5
珠 海	4570.7	10.9	2426.2	17.1
汕 头	2664.4	5.3	1072.8	10.4

* 郭茂佳，深圳大学中国经济特区研究中心教授、硕士生导师。

续表

特区名称	金融机构本外币存款余额	存款增速	金融机构本外币贷款余额	贷款增速
厦　门	7064.6	10.7	6643.9	13.7
海　南	6427.9	8.0	5391.5	16.4
上海浦东	32507.8	6.7	21082.6	8.0
天津滨海	24777.7	6.4	23223.4	11.3
总　计	115363.6	—	87762.5	—

资料来源：根据2014年各特区国民经济和社会发展统计公报的相关资料整理而成。其中，上海浦东新区的本外币存贷款余额数据是按2014年浦东新区金融增加值占上海市金融增加值的比例44%乘以上海市本外币存贷款余额数据推算而来。

从表1的统计数据中可以发现，2014年，特区金融机构本外币存款规模首次突破11万亿元大关，达115363.6亿元，较上年增长8.3%；本外币贷款余额首次突破8万亿元大关，达87762.5亿元。贷款规模扩张的速度仍大大快于中国经济特区经济增长的平均速度，表明特区银行业信贷支持实体经济的主力军作用并没有发生本质改变。

在特区银行业整体做大做强的背景下，特区内几家上市银行的规模也再上新台阶。

表2　2014年部分特区上市银行规模扩张情况

单位：万亿元，%

银行名称	总资产		总负债		本外币存款		本外币贷款	
	规模	增长率	规模	增长率	余额	增长率	余额	增长率
交通银行	6.27	5.2	5.79	4.6	4.03	-3.1	3.43	5.1
浦发银行	4.20	14.0	3.93	13.2	2.72	12.6	2.03	14.7
招商银行	4.73	17.8	4.41	17.8	3.3	19.0	2.51	14.4
平安银行	2.17	15.6	2.06	15.5	1.53	25.9	1.02	20.9

资料来源：根据特区上市银行2014年年度报告的相关数据整理而成。

从表2的统计资料可以发现，2014年，特区上市银行仍然呈现较快的增长速度说明特区上市银行在支持特区实体经济发展中发挥着排头兵的作用。

由于特区银行业整体规模的快速扩张，2014 年特区银行在世界银行界的排名仍继续提升。

表 3　2012 ~ 2014 年部分特区银行排名变动情况

金融企业名称	2012 年		2013 年		2014 年		注册地
	排名	上升位数	排名	上升位数	排名	上升位数	
交通银行	23	7	19	4	17	2	上海浦东
招商银行	50	6	36	14	28	8	深　　圳
浦发银行	53	4	44	9	35	9	深　　圳

资料来源：根据 2013 ~ 2015 年英国《银行家》公布的全球银行一级资本 1000 强排名资料整理而成。

从表 3 的统计结果可以发现，2012 ~ 2014 年，进入英国《银行家》世界 1000 家银行排行榜前 100 名的特区银行的排名持续上升，表明中国经济特区的三大上市银行在世界银行业地位上升的势头仍然保持良好。

2. 特区证券业的规模再上新台阶

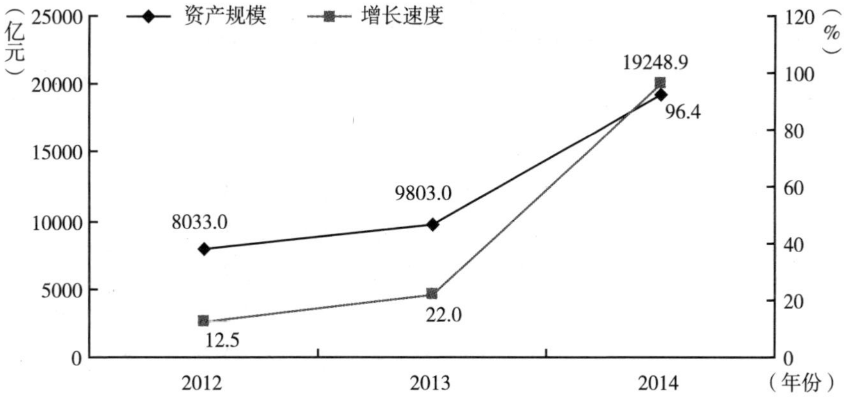

图 1　2012 ~ 2014 年特区券商资产规模扩张趋势

图 1 的统计结果表明，2014 年，特区券商资产规模首次突破了 1.9 万亿元大关，达 19248.9 亿元，增长率高达 96.4%。这种快速扩张的态势，在特区上市券商这一群体上表现得更为明显。

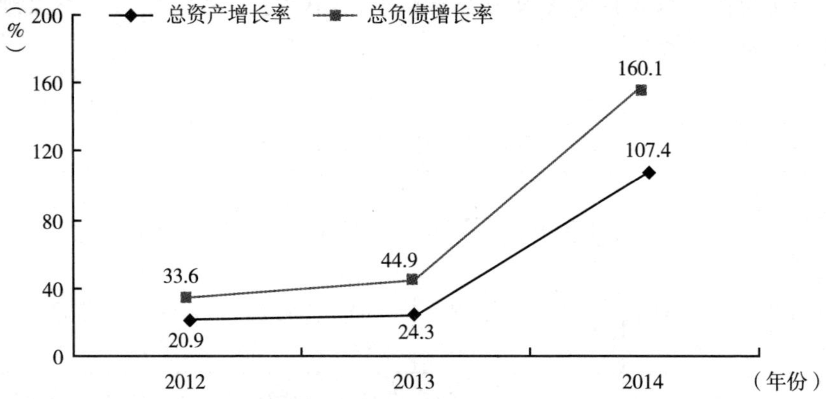

图 2　2012～2014 年特区上市券商总资产与总负债规模扩张趋势

由图 2 的统计结果可以发现，2014 年特区上市券商的总资产和总负债规模均呈现爆炸式增长的态势，增速分别达 107.4% 和 160.1%，远远高于前两年的增速。

3. 特区保险业的规模再上新台阶

表 4　2014 年特区保险业保费收入和理赔情况

单位：亿元，%

特区名称	保费收入	增长率	财产险保费收入	增长率	人身险保费收入	增长率	赔付支出金额	增长率
深　圳	548.6	17.0	215.7	20.0	332.9	15.2	155.7	24.4
珠　海	72.6	25.1	23.6	28.2	48.9	23.7	20.1	-3.3
汕　头	63.2	25.9	17.1	22.1	46.1	27.4	27.1	13.1
厦　门	131.2	17.4	57.1	18.6	74.1	16.5	44.9	23.8
海　南	85.1	17.3	37.8	19.3	47.3	15.7	36.9	67.8
合　计	900.7	—	351.3	—	549.3	—	284.7	—

资料来源：根据 2014 年各经济特区国民经济和社会发展统计公报的相关资料整理而成。其中，上海浦东和天津滨海因缺少独立的保险业统计数据，故表中未体现。

表 4 的统计数据显示，2014 年，5 个传统经济特区保险公司的保费收入首次突破 900 亿元大关，达 900.7 亿元；赔付支出金额首次突破 250 亿元大关，

达284.7亿元。2014年特区保险业呈现两个重要的特点：一是保险支出的增速快于保费收入的增速；二是财险保费收入的增速快于寿险保费收入的增速。

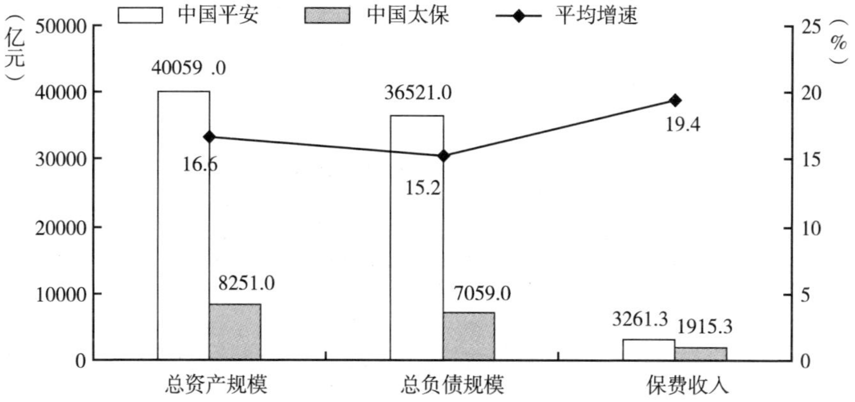

图3　2014年部分特区上市保险公司规模扩张情况

从图3反映的两家特区保险类上市公司的情况来看，虽然2014年的规模扩张速度无法与其高峰时期30%以上的增速相提并论，但总资产、总负债和保费收入这3个反映保险公司规模的指标都保持了两位数的正增长，平均增速分别为16.6%、15.2%和19.4%。

4. 特区信托、租赁业的规模再上新台阶

2014年，特区信托、租赁业的规模继续快速扩张，尤其是信托业的扩张速度高达40%，特区信托、租赁业是排在特区银行之后的第二大金融服务产业。

表5　2014年特区上市信托、租赁公司规模扩张情况

单位：亿元，%

信托、租赁公司名称	总资产		总负债		净资产	
	规模	增长率	规模	增长率	规模	增长率
安信信托	29.5	84.6	11.5	57.5	18.0	108.7
爱建股份	81.5	36.3	29.9	137	51.6	9.3
渤海租赁	677.2	18.6	551.2	13.2	126	72.9

资料来源：根据特区上市信托、租赁公司2014年年度报告的相关数据整理而成。

从表5的数据可以看出，2014年，安信信托、爱建股份和渤海租赁的总资产、总负债以及净资产规模均呈现全面快速扩张的势头。

（二）特区金融业在国内外的影响力再上新台阶

1. 特区金融业的国内排名明显上升

表6　2014年特区金融企业在中国500强排名变动情况

单位：百万元

排　名	上年排名	金融企业名称	营业收入	利润	所在特区
11	13	中国平安	462882	39279	深　圳
22	24	中国太保	219778	11049	上海浦东
27	29	交通银行	177401	65850	上海浦东
29	33	招商银行	165863	55911	深　圳
41	48	浦发银行	123181	47026	上海浦东
77	110	平安银行	73407	19802	深　圳
183	299	中信证券	29197.5	11337.2	深　圳
284	416	海通证券	17978.5	7710.6	上海浦东
384	—	国信证券	11792.3	4927.6	深　圳
404	—	招商证券	11002.5	3850.7	深　圳

资料来源：根据2015年《财富》中国500强排行榜的资料整理而成。

从表6中可以发现，2014年，有10家特区金融企业进入了中国500强，有6家特区金融企业进入了中国100强。进入中国500强和进入中国100强的特区金融企业数量分别比2013年增加了2家和1家，表明特区金融业仍然保持大者恒大、集中度不断上升的趋势。

2014年，特区金融业在国内的影响力上升，不仅体现在传统金融上，而且还体现在互联网金融上。

表7　2014年进入中国新互联网金融40强的特区互联网企业

在100强中的排名	名称	行业分类	所在特区
1	中国太保	保险	上海浦东
2	上海农商行	银行	上海浦东
5	上海银行	银行	上海浦东

续表

在100强中的排名	名称	行业分类	所在特区
8	中国银联	第三方支付	上海浦东
10	渤海银行	银行	天津滨海
11	大地保险	保险	上海浦东
14	国华人寿	保险	上海浦东
17	华安保险	保险	深圳
18	华泰保险	保险	上海浦东
22	金银猫	P2P	上海浦东
26	财富通	第三方支付	深圳
28	投哪儿网	P2P	深圳
30	平安集团	银行、保险	深圳
37	陆金所	P2P	深圳

资料来源：根据速途研究院提供的《2014中国新互联网金融100强》的相关资料整理而成。

从表7中可以发现，2014年是特区互联网金融突飞猛进的一年，在前10家互联网金融企业中，有5家来自特区，占中国互联网金融的半壁江山。在前40家互联网金融企业中，有14家来自特区，占比高达35%。特区的互联网金融呈现3个鲜明的行业发展特点。一是多点开花。第三方支付、网络小贷、P2P、众筹、基金销售、财富管理等多种业态并存。二是传统金融业深度介入，尤其是传统保险业和银行业积极参与。三是区域集中。特区互联网金融高度发达的地区主要集中于深圳和上海浦东。

2. 特区金融业的世界排名明显上升

表8　2014年特区金融企业在世界500强排名变动情况

单位：百万美元

金融机构名称	所在特区	2014年营业收入	2012年排名	2013年排名	2014年排名	提升位数
中国平安	深圳	86021.8	181	128	96	32
交通银行	上海浦东	54464.2	243	217	190	27
招商银行	深圳	45613.8	412	350	235	115
中国太保	上海浦东	38683.8	429	384	296	88
浦发银行	上海浦东	35669.8	460	383	328	55

资料来源：根据2015年《财富》世界500强排行榜的资料整理而成。

从表8中可以看出，按照营业收入这一衡量指标，2014年，进入世界500强的5家特区金融企业在世界500强中的排名较2013年普遍有较大幅度的上升，其中，招商银行、中国太保和浦发银行分别上升了115、88和55位。即使上升相对较慢的中国平安和交通银行也分别上升了32位和27位。可见，因2014年特区金融业整体实力提升明显的缘故，特区几家大型金融企业在世界500强中的排名进一步提升。

（三）特区金融业的聚集力和辐射力再上新台阶

1. 特区金融业的聚集力不断增强

2014年，受益于特区良好的金融生态环境，各类金融资源快速向各大经济特区进一步集结。

（1）金融机构向特区进一步集结。

以深圳为例，2014年引进的分行级持牌金融机构共有30家，其中18家为法人分行级持牌金融机构，持牌金融机构的总数达到345家，其中法人机构140家。仅深圳一个经济特区新批的小额贷款公司就达18家，小额再贷款公司2家，获批的小额贷款公司总数达116家，正式开业经营的小额贷款公司达104家，注册资本合计205亿元，新投放贷款350亿元。仅深圳前海注册入区的金融及类金融企业就多达1.2万家，其中保险及保险中介法人机构数量达15家，成为保险法人总部机构最多的国家级战略平台。新增注册资本1亿元以上的股权投资企业突破1000家。

（2）金融资产向特区进一步集结。

2014年，特区金融业新增资产超过4.5万亿元，其中，银行新增长资产达2万亿元，证券公司新增资产达1万亿元，信托公司、保险公司、基金公司、期货公司、租赁公司新增资产达1.5万亿元。

（3）金融市场交易向特区进一步集结。

2014年，深圳和上海浦东承担了全国95%以上的股票市场交易，上海证券交易所的总市值达24万亿元，股票全年累计成交37万亿，融资总额达7264亿元，在WFE世界交易所联合会的统计中，其市价总值排名第4，交易量排名第3，筹资额排名第4，分别比2013年上升了2位、2位和3位。2014年，深圳证券交易所的总市值达13万亿元，年度累计成交额达36万亿元，在WFE世界交易所联合会的统计中，其市价总值排在前15位，交易量排在前4位。同时，其他要素市场也迅速发展。2014年，仅深圳特区就新增金融要素交易市场13家，开业运行或取得业务资格的要素交易平台达19家，存量挂牌企业的数量超过4300家。此外，特区资金清算能力与日俱增，其中，仅深圳一个特区日均资金清算的规模就超过1万亿元，较上年增长45%。

2. 特区金融业的辐射力不断增强

（1）对经济的辐射力不断增强。

以深圳金融业为例，2014年创造了2250亿元的增加值，同比增长12%，在GDP中的占比高达14%。即使是一向不受关注的保险业创造的增加值占金融业增加值的比重也超过20%，在GDP中的比重接近3%。

（2）对税收的辐射力不断增强。

2014年，仅深圳金融业实现的税前利润就达1157亿元，比上年增长26.1%，实现税收收入946亿元，比上年增长27%，金融业实现的税收收入约占深圳总体税收收入的20%。

（四）特区金融业改革创新成果斐然

2014年，特区金融改革创新既纵贯全年，又引领全国，堪称成果丰硕。

1. 金融机构改革与创新成果斐然

2014年的特区金融业，已不再局限于银行业、证券业、保险业、基金业等传统行业，而是涌现出了一批新型金融机构，如各类要素交易平台、互联网金融企业、小贷公司、融资性担保公司等。

2. 金融业务和产品的改革与创新成果斐然

2014年，特区金融业凭借其先行先试的创新基因，推出了一系列新业务和新产品。例如，率先推出外商投资股权投资试点，积极办理人民币跨境贷款业务，在香港推出人民币债券发行业务。又如，借助股权交易中心和金融资产交易所两大平台推出小贷资产证券化试点。再如，积极探索和建设由巨灾救助保险、巨灾基金和商业性个人巨灾保险组成的多层次巨灾保险体系，建立由医疗责任险、环境污染责任险、校园方责任险、电梯事故责任险组成的保险保障网络体系。

3. 金融网点改革与创新成果斐然

中国建设银行深圳分行为应对互联网金融的挑战，运用19项创新技术，探索“智慧银行”的网点模式，将传统银行服务模式和创新科技有机结合，为客户带来全新感受和体验，已被中国建设银行总行选定为整个建行第三代网点转型升级的标杆，并在全国12个大中型城市加以推广。

4. 资金跨境流动改革与创新成果斐然

从自贸试验区到沪港通，从黄金国际板到保险交易所，从外商投资股权投资试点到合格境内投资者境外投资试点，都为资金的跨境双向流动搭起了一座座新的桥梁。

二 2014年中国经济特区金融业发展新特点

（一）金融业风险进一步集聚

1. 银行业经营风险进一步集聚

银行业风险的不断集聚主要可以从以下3个方面来考察。

（1）不良贷款规模不断扩大。

2012～2014年，特区内4家上市银行（交通银行、浦发银行、招商银行、平安银行）总的不良贷款规模呈现逐年上升的趋势，分别达545亿元、732.4亿元和1030.1亿元，不良贷款平均增幅也持续在高位徘徊，分别高达53.0%、34.4%和45.5%。如果加上2012～2014年特区银行业普遍加大了坏账核销力度这一因素，不良贷款余额年均增速估计接近100%的水平。

（2）不良贷款比率总体上升。

由图4可以看出，2012～2014年，特区4家上市银行不良贷款比率总体呈现上升趋势。如果考虑未来特区经济发展速度有可能继续放缓这一因素，估计未来特区银行不良贷款比率上升的势头将会持续。

（3）拨备覆盖率总体下降。

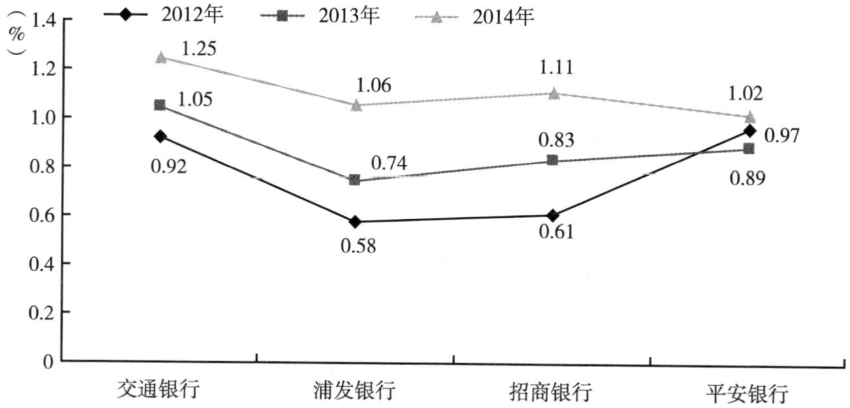

图4　2012～2014年4家特区上市银行不良贷款比率变动情况

资料来源：根据上述银行2012～2014年年度报告的相关数据整理而成。

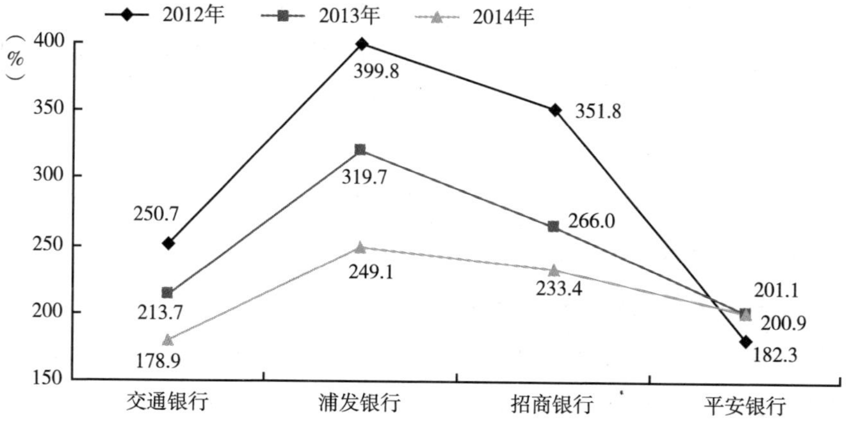

图5　2012～2014年4家特区上市银行拨备覆盖率变动情况

图5的统计结果显示，2012～2014年4家特区上市银行的拨备覆盖率呈总体下降趋势，意味着特区银行业潜在的不良资产风险有可能会扩大。其

实，特区银行业潜在的不良资产风险不仅表现在拨备覆盖率下降上，而且还体现在关注类贷款和逾期贷款规模不断扩大上。例如，交通银行2014年关注类贷款余额达919亿元，占贷款余额比重达2.7%，比上年末上升了近0.9个百分点。再如，平安银行2014年逾期贷款率高达2.1%，逾期90天以内贷款余额达145亿元，较年初增加71亿元，逾期90天以上贷款余额达292亿元，较年初增加121亿元，为经营风险的扩大埋下隐患。

2. 非银行金融业经营风险进一步集聚

2014年，在降息、沪港通、国企改革、“互联网+”等众多利好因素的刺激和场外配资、场内融资的双重杠杆作用下，投资者和资金快速入市，新增开户数、两融业务余额、日成交额等指标频频刷新历史纪录，A股市场出现大幅上涨，其中沪指全年上涨1118点，涨幅高达52%，既大幅领先于世界主要股市的涨幅，也远远超越7.4%的经济增长速度。由于股市迅速回暖，以券商、保险公司为代表的特区非银行金融业的经营业绩出现了大幅提升。其中，券商的经营利润出现成倍增长，保险公司、信托公司和基金公司的业绩虽相对逊色，但也十分可观，如中国平安2014年的净投资收益率为5.3%，比2013年提升了0.2个百分点，中国太保的净投资收益率为5.3%，同比增长为0.3%。不过，特区非银行金融业经营业绩的增长是建立在股票市场不断发展的基础上的，考虑到股票市场的发展状况在一定程度上背离了宏观经济，也在一定程度上脱离了上市公司的业绩，而且在很大程度上是靠融资杠杆推动的，存在较大的价值回归的风险，因此特区非银行金融业的经营业绩存在很大的不确定性。

3. 互联网金融经营风险进一步集聚

2014年，由于缺乏行业规范和监管，特区互联网金融行业呈现盲目发展的态势，尤其是P2P行业的经营风险尤为突出。截至2014年底，特区内P2P平台超过1000家，全年问题平台超过200家，其中，深圳平台超过500家，问题平台近百家，平均约5个P2P平台中就有1个是问题平台。为何P2P经营风险如此突出？原因主要有以下3个。一是脱离平台属性。按道理，P2P是一种纯粹的融资中介，但大量的P2P游离在模糊地带，甚至偏离了中介性质，直接插手贷款、资金池、集资、担保等业务。二是透明度太低。由于不采取第三方托管，存在大量暗箱操作、损害出资人利益的行为。三是大量草根盲目介入。P2P 对从业者不设任何门槛，致使大量没有金融业从业经历的人员充斥其中，对金融风险缺少必要的防范意识和防范能力。

（二）金融业发展的不平衡现象趋于严重

1. 特区金融业发展的不平衡现象仍然比较严重

表 9　2014 年进入中国 500 强的特区金融企业

单位：亿元，%

全国名次	特区名次	金融企业名称	金融企业类型	注册地	资产规模	总资产增长率
7	1	交通银行	银行	上海浦东	62682.99	5.16
8	2	招商银行	银行	深　圳	47318.29	17.81
10	3	上海浦东发展银行	银行	上海浦东	41959.24	14.02
17	4	平安银行	银行	深　圳	21864.59	15.58
21	5	中国平安人寿保险	保险公司	深　圳	13786.94	18.38
22	6	上海银行	银行	上海浦东	11874.52	21.45
25	7	中国太平洋人寿保险	保险公司	上海浦东	6754.49	14.50
27	8	渤海银行	银行	天津滨海	6671.48	17.41
39	9	天津银行	银行	天津滨海	4788.59	18.04
41	10	上海农商行	银行	上海浦东	4666.01	10.86
42	11	汇丰中国	银行	上海浦东	4257.64	16.40
47	12	中信证券	证券公司	深　圳	3484.31	28.40
53	13	太平人寿保险	保险公司	上海浦东	2936.48	41.49
58	14	海通证券	证券公司	上海浦东	2634.13	55.75
61	15	国泰君安	证券公司	上海浦东	2447.41	59.79
62	16	生命人寿保险	保险公司	深　圳	2389.23	21.98
63	17	天津农商行	银行	天津滨海	2259.52	8.02
65	18	东亚中国	银行	上海浦东	2168.63	2.85
67	19	渣打中国	银行	上海浦东	2093.29	5.49
68	20	安邦财产保险	保险公司	深　圳	2088.87	42.74
78	21	招商证券	证券公司	深　圳	1772.40	113.14
82	22	深圳农商行	银行	深　圳	1590.26	13.65
88	23	三菱中国	银行	上海浦东	1533.16	6.89
91	24	国信证券	证券公司	深　圳	1464.75	95.77
99	25	华夏人寿保险	保险公司	天津滨海	1303.54	95.41
100	26	平安信托	信托公司	深　圳	1300.03	28.25

资料来源：根据网易中国 2015 年发布的《中国金融 500 强》的名单整理而成。

从表9的统计结果来看，2014年入围网易中国《中国金融500强》的特区金融机构虽多达26家，但其注册地集中分布在深圳、上海浦东和天津滨海3个特区，珠海、汕头、厦门和海南无一家金融机构上榜。

2. 行业内部呈现明显的苦乐不均现象

（1）银行业生存日趋艰难。

第一，盈利能力不断下降。从表10中不难发现，2012～2014年，4家特区上市银行的净利润虽一直保持两位数的增长速度，但呈现逐年回落的趋势，如不出意外，2015年很有可能仅有个位数的增长。特区上市银行的情况尚且如此，其他非上市银行的境况更令人担忧。究其原因，主要有以下两个方面。一是利差收窄，如招商银行利差从2013年的2.65%下降至2014年的2.33%。二是经营成本不断上升。以浦发银行为例，2014年实现的营业收入较上年同比增长了23.2%，但归属于母公司股东的净利润则仅增长了14.9%，表明净利润的增长速度大大落后于营业收入的增长速度。

表10　2012～2014年4家特区上市银行净利润及增长率变动情况

单位：亿元，%

银行名称	2012年		2013年		2014年	
	净利润	增长率	净利润	增长率	净利润	增长率
交通银行	583.7	15.1	622.9	6.7	658.5	5.7
浦发银行	341.9	25.3	409.2	19.7	470.3	14.9
招商银行	452.7	25.3	517.4	14.3	559.1	8.1
平安银行	134.0	30.4	152.3	13.6	198.0	30.0

资料来源：根据特区上市银行2012～2014年年度报告的相关数据整理而成。

第二，资源不断流失。对于特区银行来说，最宝贵的资源无外乎两个：一是存款；二是人才。2014年，特区银行业的窘境恰恰表现为存款和人才资源的双重流失。首先，存款资源严重流失。一方面，以余额宝为代表的互联网金融理财产品的突袭，使银行揽储难度加大；另一方面，股市升温分流了一部分存款，使存款增速明显下降。从表11中可以发现，2014年特区金融机构本外币存款余额增长率比2013年有所下降。其次，人才资源严重流失。一方面，受互联网金融、新型民营银行以及第三方财富管理机构的影响，2014 年特区银行业高管跳槽的现象急剧增加；另一方面，受揽储、不良贷款考核压力和限薪等诸多因素的影响，2014 年特区银行业经历了一场前所未有的高管和业务骨干的流失潮。

表 11　2012 ~ 2014 年特区金融机构本外币存款余额和增长率

单位：亿元，%

特区名称	2012 年		2013 年		2014 年	
	存款余额	增长率	存款余额	增长率	存款余额	增长率
深　圳	29700	18.2	33900	14.4	37350.5	10.0
珠　海	3449.70	15.8	4121	18.8	4570.7	10.9
汕　头	2285.36	14.9	2530	10.7	2664.4	5.3
厦　门	5472.0	10.4	5843	14.4	7064.6	10.7
海　南	5109.70	13.3	5953	16.4	6427.9	8.0
上海浦东	63555.25	9.2	30749	9.0	32507.8	6.7
天津滨海	4221.83	15.1	4699	11.3	24777.7	6.4

资料来源：根据 2012 ~ 2014 年各特区国民经济和社会发展统计公报的相关资料整理而成。其中，上海浦东新区的本外币存贷款余额数据是按浦东新区金融增加值占上海市金融增加值的比例 44% 乘以上海市本外币存款余额数据推算而来。

（2）证券业和保险业的经营状态进入景气高峰。

第一，证券业的整体经营状态进入景气高峰。从表 12 的统计资料来看，2014 年，特区证券公司营业收入在上一年度的基础上，又实现了超高速增长。从表 13 的统计资料来看，2014 年，特区证券公司净利润全部为正数，并且平均增长率很高，堪称特区金融业中的暴利行业。之所以能取得这样的优异成绩，主要得益于股票市场的迅速升温，券商的经营业绩出现了全面爆发式增长。

表 12　2012 ~ 2014 年特区证券公司营业收入变动情况

单位：亿元，%

特区名称	2012 年		2013 年		2014 年	
	营业收入	增长率	营业收入	增长率	营业收入	增长率
深　圳	293.2	-25.4	334.7	14.2	549.3	64.1
上海浦东	254.4	-5.6	296.2	16.4	493.9	66.7
天津滨海	9.1	30	11.5	26.4	18.6	61.7

续表

特区名称	2012 年		2013 年		2014 年	
	营业收入	增长率	营业收入	增长率	营业收入	增长率
海　　南	0.5	-23.3	0.8	60	1.1	37.5
厦　　门	1.1	-21.4	1.5	36.4	2.1	40.0
合　　计	558.3	—	644.7	—	1065	—

资料来源：根据中国证券业协会官网公布的《2011～2014 年度证券公司会员经营业绩排名情况》的统计资料整理而成。其中，珠海和汕头因没有本土法人证券公司，故没有相关统计数据。

表 13　2012～2014 年特区证券公司净利润变动情况

单位：亿元，%

特区名称	2012 年		2013 年		2014 年	
	净利润	增长率	净利润	增长率	净利润	增长率
深　　圳	87.8	-38.3	95.1	8.3	206.2	116.8
上海浦东	80.3	-20.2	91.9	14.4	203.2	121.1
天津滨海	1.9	630.8	3	57.9	7.0	133.3
海　　南	-0.2	-100	0	—	0.2	—
厦　　门	-0.4	-2000	-0.1	—	0.1	—
合　　计	169.4	—	189.9	—	416.7	—

资料来源：根据中国证券业协会官网公布的《2011～2014 年度证券公司会员经营业绩排名情况》的统计资料整理而成。其中，珠海和汕头因没有本土法人证券公司，故没有相关统计数据。

第二，保险业的整体经营状态进入景气高峰。2014 年，国家推出了保险新“国十条”和《关于加快发展商业健康保险的若干意见》两项重要的发展战略，为特区保险行业的发展提供了系统性政策支持，使特区保险业的发展进入国际金融危机以来最景气的时期。首先，特区保险业的营业收入增长进入景气高峰。由表 14 可以看出，2014 年，特区两家上市保险公司的营业收入比上年增加 1269.8 亿元，增长率也有明显的提升。由表 15 可以发现，2014 年，特区两家上市保险公司的净利润比上年增加 114.3 亿元。结合表 14 可以发现，净利润增幅比营业收入增幅更大。特区保险业整体实力快速增强，有多家保险公司在 A 股市场和海外投资市场频频出手，在服务特区经济补偿、资金融通之外，还发挥着一定的社会治理作用。

表 14　2012 ~ 2014 年特区上市保险公司营业收入变动情况

单位：亿元，%

保险公司名称	2012 年		2013 年		2014 年	
	营业收入	增长率	营业收入	增长率	营业收入	增长率
中国平安	2994	20. 3	3626	21. 1	4629	27. 6
中国太保	1714	8. 5	1931	12. 6	2197. 8	13. 8
合　　计	4708	—	5557	—	6826. 8	—

资料来源：根据特区上市保险公司 2012 ~ 2014 年年度报告的相关数据整理而成。

表 15　2012 ~ 2014 年特区上市保险公司净利润变动情况

单位：亿元，%

保险公司名称	2012 年		2013 年		2014 年	
	净利润	增长率	净利润	增长率	净利润	增长率
中国平安	267. 5	18. 5	281. 5	5. 2	377. 9	34. 2
中国太保	51. 3	- 38. 9	92. 6	80. 5	110. 5	19. 3
合　　计	318. 8	—	374. 1	—	488. 4	—

资料来源：根据特区上市保险公司 2012 ~ 2014 年年度报告的相关数据整理而成。

（3）信托、租赁业的经营状态分化严重。

由图 6、图 7 和图 8 可以发现，2012 ~ 2014 年，特区上市信托、租赁公

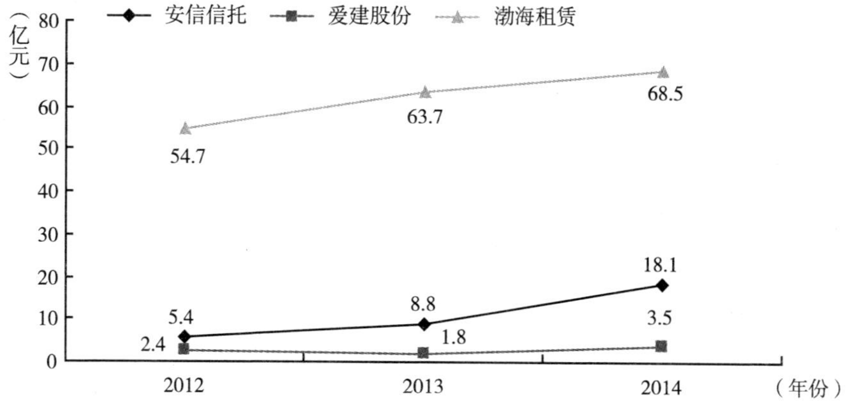

图 6　2012 ~ 2014 年特区上市信托、租赁公司营业收入变动情况

司的营业收入和净利润的变动是所有特区金融企业中最剧烈的。从营业收入来看，既有成倍或近倍增长的安信信托，也有个位数增长的渤海租赁；从净利润来看，既有成倍增长的安信信托，也有个位数增长的爱建股份，还有负增长的渤海租赁。

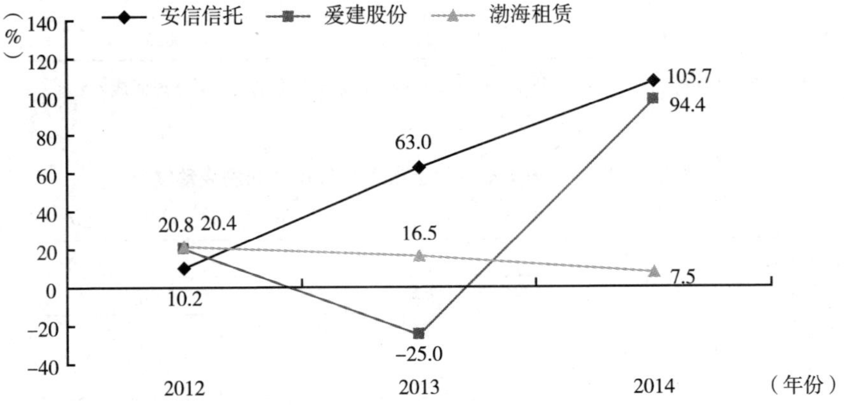

图7　2012～2014年特区上市信托、租赁公司营业收入增长率变动情况

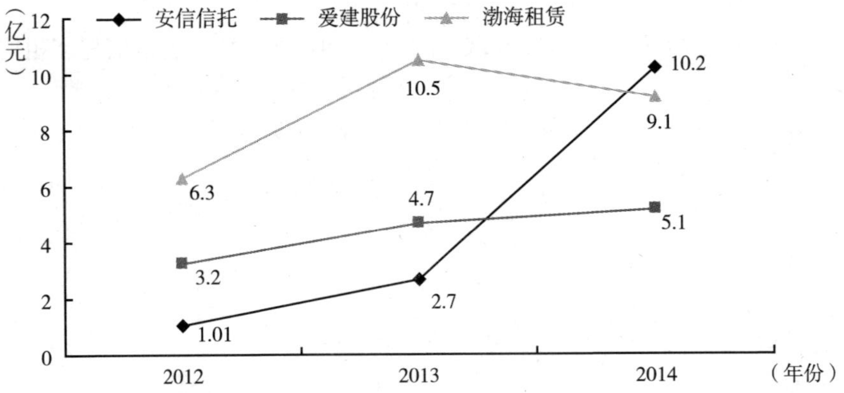

图8　2012～2014年特区上市信托、租赁公司净利润变动情况

三　2015年特区金融业面临的机遇与挑战

（一）2015年特区金融业面临的新机遇

2015 年，我国经济发展的主基调是稳增长、促改革、调结构和惠民生，这将为服务于这一经济大局的特区金融业带来众多发展机遇。

1. 稳增长带来的新机遇

2015 年，无论是全国，还是经济特区，稳增长的压力都很大。就全国而言，稳增长就必须放松货币供应，降低法定存款准备金率，从而为银行信贷扩张提供了条件。同时，稳增长还必须不断降低利率水平，从而为股票市场的上涨提供了条件。从特区来看，稳增长就必须尽快启动一大批与基础设施、产业化、民生和生态环保相关的重大建设项目，从而为特区金融业发展提供了更多的切入点。同时，稳增长还必须鼓励创业、创新和创富，必须继续为楼市、股市松绑，从而为特区金融带来更大的发展空间。

2. 促改革带来的新机遇

2015 年，无论是全国，还是特区，金融改革的主题都将是市场化。市场化给特区金融市场带来的发展机遇至少有 3 个：一是更自主地进行资金定价，优化金融竞争生态；二是更强化金融风险管理，使特区金融业的经营更加稳健；三是更方便地进行跨业经营，使特区金融的利润来源更多元化。

3. 调结构带来的新机遇

经济结构调整需要建立和完善多层次资本市场体系以满足各类筹资者和投资者的投融资需求，特别是满足企业并购重组的需求。同时，多层次资本市场体系的建立和完善会不断丰富和繁荣投融资品种和方式，从而为特区金融业带来发展托管业务、经纪业务、承销业务和基金业务的机遇。

4. 惠民生带来的新机遇

惠民生为特区金融业大力发展普惠金融开辟了一块新天地，会带来保障金融、支农金融、扶贫金融、助微金融、棚改金融、健康金融和消费金融需求的大幅增加。

（二）2015年特区金融业面临的新挑战

1. 特区经济下行的压力有增无减

表 16　2012～2014 年特区经济增长率变动情况

单位：%

特区名称	2012 年	2013 年	2014 年
深　圳	10.0	10.5	8.8
珠　海	7.0	10.5	10.3
汕　头	9.5	10.0	9.0
厦　门	12.1	9.4	9.2
海　南	9.1	9.9	8.5
上海浦东	10.1	9.7	9.0
天津滨海	20.1	17.5	15.5

资料来源：根据各特区 2011～2014 年国民经济和社会发展统计公报的相关资料整理而成。

从表 16 中可以发现，2014 年，特区经济增速较 2013 年出现了全面下滑，其中，厦门、上海浦东和天津滨海连续 3 年持续下滑。经济持续下行给特区金融业带来的可能恶果是：中低端制造业困难重重，贷款数量急剧下降，地方债风险增大，房地产陷入低迷，不良贷款迅速增加，利润有可能出现负增长。

2. 防控经营风险的任务十分艰巨

2015 年，因多种因素交织，特区金融业将出现多重风险叠加的局面：①弱经济周期和利率彻底市场化，会使更多的存款转成理财产品或同业存款，使银行实际支付利息进一步提高；②市场竞争主体多元化，特别是民营资本和产业资本的介入，使特区金融业面临更多的竞争压力；③金融服务网络化给传统银行业带来很大的冲击，使其在老员工分流、安置上承受巨大的成本压力；④宏观调控政策以及金融改革措施对银行形成明显的挤压效应；⑤股票市场非理性上涨埋下了暴跌的隐患；⑥汇率形成机制改革会加剧人民币汇率的波动。自 2005 年汇率形成机制改革以来，人民币汇率波动的幅度从1994年的0.3%扩大至2007年的0.5%和2012年的1%。人民币汇率已由单边上涨转为双向波动，人民币汇率有升有降已经成为常态。同时，人民币汇率中间价的形成机制也由过去的央行决定，改革为由市场供求关系决定，使相关市场主体在涉外投资和贸易中一时难以适应市场的变化。

四　2015年特区金融业发展的新举措

（一）做大规模与追求利润同步增长并重

在“控增量、调存量”的宏观政策背景下，特区金融业如果仍沿用过去的粗放式经营模式显然已不合时宜，必须在追求数量增长的同时，更注重利润的增长。

1. 从搭建金融活动舞台中拓展盈利空间

（1）搭建跨境金融的活动舞台。

自2013年8月至2014年12月，国家先后在上海、天津、广东和福建成立了4个自由贸易区，按土地面积计算，4个自由贸易区有50%以上的区域分布在深圳、珠海、上海浦东和天津滨海。可见，自由贸易区与经济特区的重合程度较高。特区金融业的发展要放眼世界，与自由贸易区和国家“一带一路”规划相对接，精耕细作跨境金融业务，努力将深圳、上海浦东和厦门打造成为我国跨境金融的示范区。除可在自贸区内开展跨境人民币结算业务以外，还可开展跨境人民币贷款业务、跨境人民币同业存款业务、跨境人民币资金池业务，鼓励特区银行开拓境内人民币信贷资产跨境转让和跨境人民币贸易融资业务；加快深港两地基金互认平台建设，增加境外人民币债券发行的数量；在借鉴“沪港通”成功经验的基础上，进一步启动“深港通”“沪伦通”试点，吸引港资在特区设立合资保险公司、证券公司和基金管理公司；在开展外商投资股权投资企业试点的同时，推进合格境内投资者境外投资试点；为配合“一带一路”战略，可在上海和深圳两个自贸区内构建离岸证券交易中心，即国际板或丝路板。

（2）搭建新兴战略产业融资的平台。

为顺应国家经济转型和产业升级的需要，一是要在上海证券交易所设立独立于主板的战略新兴板；二是要拓宽科技创新企业，尤其是互联网企业在创业板发行上市的渠道，建议在深圳证券交易所创业板中设立专门的层次；三是要在各特区股权交易中心设立科创板，让科创板成为创业板和战略新兴板的孵化板；四是要积极推动深圳创业板与新三板的转板机制建设。

（3）搭建保险资产交易的平台。

要在上海浦东和深圳两个特区设立保险交易所和资产托管中心，以盘活特区保险业的存量资产。

（4）搭建银行卡清算的新平台。

要大力推进以互联网支付为重点的特区第三方支付市场的发展。

（5）搭建私募金融产品投融资平台。

要不断丰富特区各类私募金融产品的筹资渠道、投资方式、交易场所和退出途径。

2. 从经济转型中拓展盈利空间

（1）根据经济结构转型调整经营重点。

逐步将信贷支持的重点转移到先进制造业、战略性新兴产业、现代信息技术产业和信息消费等领域上，加大对文化、教育、旅游、养老等服务消费领域的信贷支持力度，以阻止盈利增长速度下滑的势头。逐步把特区保险业支持的重点转移到国家重大基础设施建设上来，促使保险资金更多地投向养老健康服务产业、新型城镇化、棚户区改造、战略性新兴产业等领域。逐步把特区信托业的支持重点转移到满足上市公司及国企混改股权激励的相关需求上来，转移到满足社会主体财产全球配置的需求上来，转移到综合资产管理者的角色上来，转移到标准化家族信托产品的推广上来。从融资信托业务转移到投资信托业务（权益性产品开发、现金流管理业务、私募基金合作业务、私募股权投资信托业务、基金化房地产信托业务、资产证券化业务以及受托境外理财业务等）和事务管理信托业务（土地信托、消费信托、年金信托、养老信托、公益信托等）上来。产业基金的支持重点要从传统产业转向各类新兴产业，引领社会资本投向，支持和鼓励大众创业。租赁金融的支持重点要转向租赁性保障房领域。担保金融的支持重点要从为大企业和国有企业提供担保金融服务转向为小微企业、个体工商户、“走出去”的企业和互联网金融企业提供担保金融服务。

（2）根据金融市场形势的变化迅速实现转型升级。

随着特区金融市场改革的深化，要重点拓展交易金融、资本市场与投行、私人银行等新型业务；随着特区金融国际化程度的加深，要加快海外机构和业务布局；随着特区金融虚拟化程度的提高，要抢占互联网金融的制高点；随着银行业资本约束的加强，应高度重视理财、结算清算、银行卡和托管业务等轻资本型中间业务的拓展，并不断延伸中间业务的海外服务链条；随着特区金融业竞争的加剧，应做好精细化管理，提高网络化、集约化和智能化的程度，尽可能将传统的线下业务转移到线上进行，以降低业务经营的成本和提高业务办理的便捷性，在与互联网交叉渗透的领域做好差异化、特色化经营。总之，国际化、集约化、综合金融、互联网金融、小微金融、智慧经营，将是未来特区金融业转型的方向。

3. 从民营银行开放中拓展盈利空间

由于民营银行更能准确把握市场脉搏，并主动通过各种创新来提高经营效率，因此，特区银行业要加快向民营资本的开放。考虑到民营银行资金规模有限、牌照不全、信誉度不高等因素，其不宜与传统银行展开全面竞争，而应走出一条不同于传统银行的发展路径，将主要精力集中在以下3块业务的拓展上。

（1）互联网金融。

由民营企业尤其是互联网民营企业发起设立的民营银行具有一般中小银行所不具备的优势：①拥有庞大的小微企业客户基础；②拥有大数据积累和整合能力；③拥有更强的亲和市场的能力。例如，腾讯通过QQ、微信、财付通等互联网平台，早已渗透到了普通百姓的日常生活，因此，把互联网金融作为拓展重点，既可发挥自己的天然竞争优势，朝着无现金、无网点的纯粹的网络银行的方向迈进，又可以避免战线过宽、链条太长的问题。

（2）供应链金融。

民营银行与中小企业朝夕相处，有丰富的整合上下游产业链的经验，更容易运用产业链金融的理念把融资、结算、理财服务结合起来，把授信、贸易融资和电子化金融工具结合起来。

（3）小微金融。

民营银行的大股东脱胎于中小企业，更了解中小企业的金融需求，如果把竞争重点放在小微金融上，既能有效避免与传统银行的正面竞争，又能根据中小企业的金融需求，设计出有针对性的金融产品。

4. 从混业经营中拓展盈利空间

从混业经营的角度拓展盈利空间既是目前世界上大多数国家银行业的普遍做法，也是在全球金融一体化、利率市场化、金融脱媒趋势加剧等背景下，特区金融业的必然选择。通过混业经营释放盈利空间的着眼点有以下3个。第一，使银行的收入和利润来源更多元。对于特区银行来说，向混业经营要盈利空间的当务之急，一是要改变传统的资金中介的角色，尽快由单一银行向全能型银行、由资金融通型银行向财富管理型银行转变，二是要改变主要依靠存贷利差盈利的现状，大力拓展基金托管、存款保单、投资分红险、项目融资、代客理财、股票质押贷款、住房抵押贷款证券化、企业并购等表外业务，增加手续费及佣金净收入。第二，使银行的经营成本下降。通过银行、证券公司、保险公司之间的并购，撤销重复的网点机构，精减人员，共享客户资源、硬件资源等，实现资源共享，形成规模经济。第三，使银行的盈利更稳定。把各种资产、负债及抵押担保等业务进行不同时间和不同空间的风险组合，以熨平盈利增长的波动性。

5. 从中间业务中拓展盈利空间

2014年，特区银行业的中间业务收入占总收入的比重只有20%左右，而国际上商业银行中间业务收入通常占总收入的一半。为此，特区银行业要把目光放在中间业务上，特别是要把重点放在投资银行业务与资产管理业务上。因为这两大业务既是特区银行业创新的土壤和发展的原动力，也是提供给普通投资者的风险与收益匹配度适中的第三条理财渠道。更重要的是，这类中间业务的快速发展可以从银行业复制到证券、基金、信托、保险等不同行业。

6. 从个人金融业务中拓展盈利空间

目前特区个人存款占全部存款的比重超过50%，而个人贷款占全部贷款的比重则不到25%，因此，个人金融业务杠杆还有放大的空间，可考虑在支持特区居民家庭购买首套和第二套自住房及大宗耐用消费品等信贷需求方面加大杠杆比例。

7. 从特色经营中拓展盈利空间

在固定利率和分业经营时代，特区银行业的经营呈现高度同质化的特征，而在利率市场化和混业经营时代，会引发资金价格体系重估和利润再造，倒逼特区银行业进行深刻的变革和调整，走差异化发展道路。在此背景下，特区银行业必须找准自己的市场定位，彰显各自的经营特色。有些通过零售金融业务找到自己的生存之道，有些通过批发金融业务找到发展之路；有些面向大企业、大客户，有些专注小企业；有些是资金交易型银行，有些是资产持有型银行；有些银行的专长是“做存量”，有些银行的专长是“做流量”。

（二）做大规模与控制风险并重

未来，特区金融业保持一定程度的扩张既是适应实体经济增长的必然要求，也是追求利润和消化不良资产的保证，要把防范风险放在十分重要的地位。

1. 尽快推动特区金融业监管体系转型升级

一方面，随着互联网时代的到来和混业经营与金融创新的不断深入，特区融资模式逐步由间接融资向直接融资转型将不可避免，传统金融业务之间的边界变得越来越模糊；另一方面，分业监管的传统监管模式使各监管部门之间缺乏必要的沟通协调机制，进而导致跨市场监管形同虚设。如何建立适应跨市场、跨金融行业监管需要的监管体系是特区金融监管不可回避的问题。当务之急，一是要在特区建立大金融监管体系，加强“一行三会”对特区金融业的监管；二是要提高特区监管层与特区金融业的沟通效率和频率；三是特区监管层要加强对特区金融业资金杠杆的规模、增速、结构和风险的监控，确保金融业的系统性风险可控，应该严格限制游离于监管之外的资金加杠杆的行为，以金融业稳定为底线，防范由杠杆引发的金融业系统性风险。

2. 尽快出台互联网金融监管办法和实施细则

就互联网金融监管办法而言，当务之急，一是要确立互联网金融的合法地位；二是要明确划分互联网金融的具体业态；三是要明确各类互联网金融业态的监管主体、监管原则、监管目标、监管对象和监管方式；四是要强化银行资金托管的导向，由银行进行第三方存管，实现客户资金与从业机构自身资金分账管理，保障投资人资金的安全。

就实施细则而言，一是要保护消费者的知情权，要特别强调互联网金融产品合同的全面性、准确性和平等性，以及信息披露的充分性、及时性和有效性，以保障消费者的合法权益；二是要保护消费者的投诉权，建立多元化的投诉机制，出了事有机构负责，有地方投诉；三是要保护消费者的隐私权，完善个人信息保护的原则、标准和流程，禁止非法买卖信息；四是银监会要根据职责分工依法开展互联网金融领域消费者和投资者的权益保护工作。

要按照互联网金融的业态分门别类地组建互联网金融行业协会，制定各自的行业服务标准和自律公约，以形成行业监管与行业自律相结合的互联网金融监管协作机制。

3. 把监管重点放在非银行金融机构的监管盲点上

按照业务性质的不同，特区信贷市场包括存款类贷款人、非存款类贷款人和一般民间借贷 3 个层次。其中，存款类贷款人由银监会监管，不存在监管盲点。而以小贷公司为代表的非存款类贷款人，则存在法律地位不清、法律规范缺失等问题。特别是许多以担保公司、投资咨询公司、资产管理公司等名义经营贷款业务的民间金融机构更是缺乏有效监管，拉长了资金链条，埋下了风险隐患。违法以高息吸收公众存款后放高利贷的现象屡见不鲜，股东关联贷款、冒名贷款和浮利分费等问题严重。为了解决特区非存款类贷款人法律缺失和监管空白的问题，建议尽快出台相关条例，使特区多层次信贷市场的“中间层”有法可依。将各类不吸收存款但从事放贷业务的组织和个人纳入统一监管，在行政法规层面制定专门的条例予以规范，同时明确特区政府的监督管理责任。考虑到放贷业务是典型的金融业务，为了防范风险，保护金融消费者的权益，有必要对经营放贷业务实行许可制度，这也是国际惯例，美国、德国、英国等国家和中国香港等地区都对放贷业务采取牌照管理。

4. 把健全内部风险控制体系作为风险控制的关键

为了保持特区金融业经营的持续性和稳定性，必须采取严密的风险防控措施。

（1）着力完善内控制度。

无论是对负债端，还是对资产端，特区银行业对风险的计量和管理都需要进行创新升级。首先，要加强对利率风险的识别与管理。利率市场化，意味着存贷款利率时刻都在波动，金融市场的参与者每天都面临利率波动的风险，只有能够预判利率波动规律的银行，才能在竞争中立于不败之地。其次，要加强对流动性风险的识别与管理。特区银行业头寸管理能力普遍较为薄弱，尤其是那些过度依赖同业批发资金，并将拆借资金当作长期资金使用的银行，更需要提高头寸管理水平，增强头寸管理前瞻性，纠正资金期限错配行为。

（2）建立层层阻隔风险的防火墙。

目前特区银行业经营大多采取的是金融控股公司模式，其风险隐患主要有以下 3 个方面：一是风险管理层级太多，容易形成风险管理的死角；二是资本金重复计算，导致集团公司的真实资本充足率不足和财务杠杆比率过高；三是集团内部关联交易现象严重，且信息披露不及时、不真实和不完整。要防控这些风险，需要做到以下 5 点。第一，在公司治理层面上，建立覆盖全部附属机构的治理架构，并明确董、高、监在风险管理中的职责；第二，在经营层面上，委派专门的风险管理者，负责整个集团内部各机构、各业务单元、各地区、各行业和各产品的风险管理。第三，在金融集团各成员相互协同层面上，注重跨业和跨境经营风险的隔离，尤其是要划定会计、资本和风险并表的范围，采取审慎的隔离措施，防止风险在金融企业集团内部跨境、跨业和跨机构扩散。第四，严格禁止资本金重复计算的行为，并建立稳定的资本金补充机制。第五，借鉴境外银行的一些有益经验，在建立严格信息披露制度的同时，对某些交易行为进行限制，金融企业集团内部不同子公司之间，无论是资产转让、理财产品销售，还是同业业务、服务收费和代理交易，都应严格遵循公平交易的商业原则，相互授信和担保的条件不得优于外部。

（3）采用科学的风险管理方法。

要在积极引入国外先进的风险管理技术和经验的同时，探索适合特区银行业特点的风险管理方法，将过去偏重于定性分析的方法转向定性分析与定量分析相结合的风险管理方法，以内部评级系统的数据为基础，准确度量各种风险，尤其是要准确度量政府融资平台贷款、房地产贷款和“两高一剩”贷款的风险程度及变动趋势。

（三）用好增量与盘活存量并重

特区金融业的体量已颇为巨大，受各种监管指标的硬约束，增长势必呈现放缓的趋势，在此背景下，盘活存量就是其必须修炼的一项内功。

1. 把资产证券化作为盘活信贷资产存量的重要杠杆

资产证券化对于节约特区银行资本、盘活存量贷款、加快周转速度、促进实体经济发展意义重大。所以，要把资产证券化试点作为工作的重点。

（1）不断扩大证券化资产的范围。

严格地说，凡是能够产生收益，且有固定到期日的银行表内资产，都可以作为证券化的对象。所以，特区银行业要以收益比较稳定、期限较长的房屋抵押贷款作为证券化的起点，随着经验的积累，要迅速将证券化范围扩大到信用类贷款、保证类贷款、小微企业贷款、汽车贷款等。之所以要尽快将证券化范围由抵押贷款扩大到其他贷款，一是为了操作简便。证券化的基础资产要真实出售，抵押类贷款涉及抵押权转让，而信用类贷款则只要直接公示即可。二是为了打包方便。信用类贷款具有同质化的特点，适合将其整合成资产包。三是为了分散风险。将信用卡应收账款、汽车贷款、小微贷款等众多小笔的信用贷款整合成一个证券资产包，更有利于分散特区银行业的风险。

（2）改进证券的发行模式。

要在“银行发起—信托发行—银行间市场流通”和“券商资管发行—证券交易所流通”的信贷资产证券化模式之外，推出“银行发起—信托发行—券商资管介入—证券交易所流通”的资产证券化模式。具体操作流程是：第一步，特区银行将信贷资产转让给信托公司；第二步，信托公司将资产打包转让给券商专项资产管理计划；第三步，券商将该资产管理计划的份额在证券交易所挂牌上市交易。其优点有以下 4 个：一是让资产证券化的运作流程更完整；二是让资产证券化的银行资金周转更迅速和便捷；三是让资产证券化的投资有更多的选择；四是让资产证券化的市场空间大大拓宽。

2. 积极搭建便利不良信贷资产流转的舞台

随着特区银行业不良资产的不断暴露，如何处置不良资产就成为每一家出险金融机构亟待解决的问题。但是，不良资产处置市场尚未有序建立，使得处置不良资产的需求难以得到完全满足。因此，当务之急是由特区政府出资成立资产管理公司，负责银行不良资产的批量收购业务，提高不良资产的流动性和变现率。

（四）传统金融与创新金融并重

随着特区金融业对内改革和对外开放的逐步深入，特区金融服务对象的需求也将日益多样化，仅提供传统的存、放、汇等服务已远远不能满足客户的需求，必须在平台、渠道、产品、服务、数据和技术等方面进行全方位的创新。

1. 传统平台与创新平台并重

在依赖传统银行平台拓展业务的基础上，大力拓展以下 3 种平台。第一，P2P 网贷平台。旨在为市场投融资者提供一个更加透明的贷款平台，提供一种更为新颖的贷款服务。第二，供应链金融平台。旨在为客户提供集采购、融资、结算和理财于一体的线上综合金融服务，以及集年审、年检和报关于一体的线上综合非金融服务。第三，综合理财服务平台。旨在实现理财、交易、融资、投资、支付五大功能的整合。

2. 传统销售渠道与创新销售渠道并重

在依赖柜台这一传统银行销售渠道的基础上，推出微网点、直销银行等新型渠道，与更多的线上第三方支付公司合作，实现金融产品营销渠道的多元化、立体化。开发 T+0 类货币理财产品，以应对余额宝等新生力量对活期储蓄的冲击。

3. 传统金融产品与创新金融产品并重

在传统的存款、放款和结算的基础上，提供满足不同层次需求的、有针对性的、多样化的新产品。特区银行业可率先推出针对个人的可转让大额定期存单，也可率先探索优先股的发行。既可与证券、保险、信托、基金公司合作进行横向产品创新，提供“投” + “贷”的综合金融服务，也可以单个银行独家推出商务卡、口袋银行等一系列纵向创新产品。

4. 传统金融服务与创新金融服务并重

在提供传统金融服务的基础上，更加关注客户的体验，更加关注服务于民生，更加关注消费者的权益，更加注重同业之间的相互合作。

5. 对传统数据的依赖与对创新数据的依赖并重

在依赖传统银行数据的基础上，注重对提供业务类、渠道类信息的系统的升级换代，并高度重视互联网金融数据平台的建设，形成数据集市、数据仓库，让数据变得更有价值和指导意义。

6. 对传统技术的依赖与对新技术的依赖并重

在保证原有系统正常运转的同时，不断对原有系统进行升级改造，大量运用云计算和各类移动终端，提高业务办理效率，让客户有更好的金融服务体验。

（五）大企业金融与小企业金融并重

过去，特区金融业在控制风险和追求规模等内在动力的驱使下，习惯于把关注的目光放在大企业身上，但随着国家发展战略的调整和金融改革的推进，既要盯住大企业，也要盯住小企业。

1. 拓展小企业金融业务正处在重要战略机遇期

首先，小企业的战略地位日益凸显。目前特区小企业占比高达99%，主要分布于衣、食、住、行等民生行业，贡献了60%以上的GDP、50%以上的税收、近70%的进出口贸易额和70%左右的就业岗位，因此，小企业是特区经济增长的活力之源。其次，针对小企业的金融服务严重滞后。以贷款覆盖率为例，大型企业贷款覆盖率接近100%，中型企业约为90%，而小企业仅为20%，存在巨大的拓展空间。最后，管理层对小企业金融业务大开绿灯，如不纳入存贷比考核，优先审核小企业金融服务市场准入事项的申请，以差异化考核方式激励商业银行为小企业服务，适当提高针对小企业的不良贷款比率容忍度，对小企业实行更低的存款准备率等。在此大背景下，把小企业金融服务作为深耕细作的重点领域，既符合国家的金融政策导向，也是特区经济和银行业转型升级的要求。

2. 拓展小企业金融业务应多管齐下

在组织体系上，要逐步形成可持续发展的小企业金融服务商业模式，成立小企业金融事业部，建立专门团队，搭建针对小微客户群，满足其结算、经营性融资及其他金融需求的平台。在运作流程上，要根据流程化、专业化和标准化要求，对小微贷款流程进行整体优化。同时，对贷款流程的各主要环节规定服务时间。在资源倾斜上，要破除抵押物崇拜，允许第三方自然人、市场管理方和互助基金等主体介入担保市场，充当担保方。在产品开发上，要结合小企业金融服务“短、频、快、急”的特点，开发灵活多样的小企业融资产品。在金融服务类别上，可大胆尝试现金管理、财富管理以及增值服务等全方位的小企业综合金融服务。

（六）间接金融与直接金融并重

1. 间接金融地位下降的趋势不可逆转

从美国金融业发展的经验来看，随着利率市场化的不断推进和多层次资本市场的不断壮大，直接融资比例将会不断上升，而间接融资比例将会不断下降。自 20 世纪 60 年代以来，美国银行业资产占 GDP 的比例几乎没有上升，其占金融总资产的比例则由当初的 54% 下降到目前的 20% 左右。由此可以预判，特区银行业规模的快速扩张可能已近尾声，直接融资比例不断上升将是大趋势，即未来特区银行业总资产占 GDP 的比例将会长期保持相对稳定，甚至呈下降趋势，银行业总资产占金融总资产的比例很有可能从目前的 70% 以上逐步下降到 60% 以内。

2. 直接金融的蛋糕照样可以被银行分享

在中国金融体系由以间接融资为主向间接融资与直接融资并重发展的转型过程中，特区银行业不应当充当旁观者，更不应该是失落者，而应该成为直接融资的重要参与者。一要转变角色，即从“贷款赚钱人”向“贷款赚钱人 + 管钱赚钱人”转变。二要转变业务内容，即从单纯的存、放、汇业务开展者向数据分析者、集成服务商、撮合交易者和财富管理者转变，以资产管理、财富管理、投资银行等市场化业务的发展，从供给与需求两端促进直接融资和资本市场的发展。三要转变资本金的筹措方式。在资本界定越来越严格和对资本充足率的要求越来越高的背景下，特区银行业普遍面临资本筹措的压力，即便是已经上市的特区银行，也需要利用资本市场发行优先股和新型债券，以此筹措资本。

（七）金融互联网与互联网金融并重

1. 银行业必须拥抱互联网

对于传统金融业而言，互联网的魅力在于以下 3 点。一是成本更低。借用互联网平台自行完成信息甄别、匹配、定价和交易，可以节省开设营业网点的费用和人力成本，采用互联网的大数据和云计算工具，对金融机构、金融产品和金融市场风险进行实时计量、跟踪和控制，可以大大减少监管机构和人员，节约监管成本。二是效率更高。因为互联网金融业务主要由计算机处理，操作流程完全标准化，因此效率更高。三是覆盖面更广。因为互联网金融可以打破时间和空间的局限性，不仅有能力提供更多的金融服务工具和产品，而且可以根据个体的金融服务需求设计独特的金融产品。因此，特区金融业必须拥抱互联网，利用互联网平台和渠道，提供更多、更便捷、更准确的互联网金融产品与服务。

时下，可供特区金融业借鉴的互联网思维至少有以下 3 点。一是大数据思维。特区金融业可充分利用大数据和云计算等互联网元素，为客户提供金融产品与服务。二是跨边界的整合思维。传统金融业可借助互联网跳出金融界的范畴，寻找无边界的支付、信贷、理财等金融服务的整合模式。三是线上线下结合思维。对于传统金融业来说，如何按照互联网的思维把线下和线上结合起来，形成真正的 OTO 模式，还有许多文章可做。

未来，特区金融业拥抱互联网至少有两个重要取向。一是微信金融。时下微信是移动互联网中运用十分广泛的工具，用户使用微信的频率极高，适合特区金融业用来进行推广。它不仅可以帮助客户利用碎片时间，突破时空的限制办理金融业务，而且可以帮助特区金融业节约费用。更为重要的是，微信集成了多家金融机构的服务，其应用的范围可以触及特区金融业的每一个子行业，并让其服务立体化、动态化、多元化。微信银行可为客户提供文字、视频、图片、语音等交互式金融服务，客户既可用其取款、支付、汇款、融资，也可用其实时查询账户信息，甚至还可以用其查询网点地址、排队人数等信息。二是直销金融。金融机构不设营业网点，主要通过远程渠道为客户提供金融产品和服务。

2. 鼓励互联网向金融业渗透

其逻辑是：①特区金融业有巨大的市场空间和较高的盈利水平，对互联网企业充满了诱惑；②互联网企业拥有强大的平台力量，如果能够借鉴金融企业强大的金融产品制造能力，将很容易打造集存款、贷款、支付等于一体的全银行产业链；③传统金融业在长尾客户方面的服务缺陷需要互联网金融去弥补；④利用互联网技术可帮助特区金融业建立多维度的客户关系，提高效率。

根据现有条件，特区互联网金融可涉足的领域有很多，如第三方支付业务、P2P 贷款业务、互联网货币业务等。在众多互联网金融的细分业务领域中，特区互联网金融的发展重点应该是如下两个。一是第三方支付领域。由于移动支付是个人网银的主要入口，因此，第三方支付的快速发展将会迅速推动手机银行及个人网银的发展，并且，借助社交媒体的互动可改善用户体验，提高客户黏性。二是网贷业务。运用互联网技术可将贷款服务的触角延伸到传统金融机构无法触及的每一个角落。传统银行业一般通过抵押担保等措施来控制贷款风险，当客户无法提供抵押或担保时，多数交易无法进行。而通过大数据、云计算等，能够主动识别贷款风险，使贷款业务能够完成。

参考文献

[1] 郭茂佳：《深圳银行业转型升级战略研究》，《中国经济特区研究》2014 年第 1 期。

[2] 2011 ~2014 年各特区国民经济和社会发展统计公报。

[3] 2011 ~2014 年各特区上市金融企业年度报告。

[4] 2001 ~2014 年中国证券业协会官网公布的《证券公司会员经营业绩排名情况》。

[5] 2011 ~2014 年各特区金融办辖内金融工作总结报告。

[6] 2011 ~2014 年各特区人民银行辖内金融工作总结报告。

[7] 陶一桃主编《中国经济特区发展报告（2012）》，社会科学文献出版社，2012。

[8] 陶一桃主编《中国经济特区发展报告（2013）》，社会科学文献出版社，2013。

[9] 陶一桃主编《中国经济特区发展报告（2014）》，社会科学文献出版社，2014。

B.9

中国经济特区文化产业发展报告*

钟雅琴**

2014年，中国政府首次提出并全面阐述了中国经济进入新常态的发展阶段。新常态意味着中国经济从高速增长转为中高速增长，经济结构优化升级，经济发展由要素、投资驱动型转向创新驱动型。文化产业以其低污染、低消耗、高增值性、创新驱动等特征，在新常态经济发展中再次成为热点议题。文化产业肩负拉动经济转型升级的任务，目标是在2020年成为国民经济的支柱性产业之一。

国家出台了一系列扶持政策，包括《深化文化体制改革实施方案》《关于推进文化创意和设计服务与相关产业融合发展的若干意见》《关于加快发展对外文化贸易的意见》《关于深入推进文化金融合作的意见》《关于印发文化体制改革中经营性文化事业单位转制为企业和进一步支持文化企业发展两个规定的通知》《关于支持电影发展若干经济政策的通知》《关于大力支持小微文化企业发展的实施意见》《关于推动特色文化产业发展的指导意见》等。

政策的密集出台将文化产业发展提升到国家发展战略的高度，利好政策的连续发布更坚定了市场对发展文化产业的信心。2014年，文化资本市场亮点频出，并购整合、产业基金、债权融资及新三板等投融资渠道为文化企业注入雄厚资金。在“互联网+”背景下，以BAT为代表的互联网公司高起点切入文化产业，带来文化产业生产方式和商业模式的巨大变革。小微文

* 本报告为深圳大学人文社会科学青年教师扶持项目“文化产业发展与城市文化生态建构——以珠三角为中心的研究”（项目编号：14QNFC54）的阶段性研究成果。

** 钟雅琴（1984～），博士，深圳大学文化产业研究院讲师、硕士生导师。

化企业蓬勃发展，文化产品越发丰富，文化市场越发活跃。2014 年 10 月，国务院常务会议提出重点推进六大领域消费，文体消费名列其中，人民群众的个性化、多样化的文化消费需求旺盛。各经济特区 2014 年文化产业的发展集中体现了我国文化产业发展的上述主要特征，同时，依据各地产业发展的现状与经济转型的整体布局，各地发展各有侧重。

一 经济特区文化产业发展现状

（一）深圳经济特区

深圳在文化强市的建设过程中，不断发展其创新型、智慧型、包容型、力量型城市文化，在推动文化产业发展和中国文化“走出去”的各个方面均取得新突破与新成就。

深圳市文体旅游局的统计数据显示，2014 年深圳市文化产业继续保持较快增长势头，文化产业实现增加值 920 亿元，占全市 GDP 的 5.8%（按新口径计算）；文化创意产业实现增加值 1560 亿元，占全市 GDP 的 9.8%，同比增长约 15%，产业规模居六大战略性新兴产业的第二位。[①] 2014 年，深圳完成文化创意产业房租补贴、原创研发、百强奖励等 11 类专项资金年度扶持计划，资助项目（企业）409 个，安排资金共计 2.7 亿元，带动超过 100 亿元社会资本投资文化创意产业。[②]

深圳文化产业的“文化 + 科技”“文化 + 金融”“文化 + 旅游”“文化 + 创意”“文化 + 互联网”“文化 + 电商”等产业新业态继续快速发展，充满生机活力的文化市场体系基本形成。以深圳华强文化科技集团等为代表的销售收入超过 10 亿元的文化企业超过 20 家。这些企业大都带有深圳文化产业“科技驱动”的底色。深圳培育了一批具有竞争力的产业主体，集团化、

① 苏妮：《2014 年深圳文化创意产业增加值 1560 亿》，《南方日报》2015 年 1 月 27 日。

② 苏妮：《2014 年深圳文化创意产业增加值 1560 亿》，《南方日报》2015 年 1 月 27 日。

规模化发展的文化企业数量不断增加，为产业转型升级提供了新路径。龙头领航，园区集聚，文化产业集聚效应凸显。

作为联合国教科文组织认定的“设计之都”，深圳拥有各类工业设计机构近6000家，工业设计师及从业人员超过10万人。2014年，深圳工业设计产值达52亿元，同比增长25.4%，带动工业产值逾千亿元。[①] 深圳举办了一系列国际性的活动和赛事，“设计之都”的国际影响力不断提升。首届深圳创意设计新锐奖评选活动吸引了全球2000多名设计师参与。与联合国教科文组织中国全委会和法国全委会合作举办的2014中法·深圳蛇口创意论坛顺利举行，论坛发布《蛇口宣言：创意使世界更美好》，并启动“蛇口创意学谷”项目。2014年，联合国教科文组织深圳华强战略合作中心在深圳成立。

第十届中国（深圳）国际文化产业博览交易会成功举办。腾讯、华强等一批文化科技型企业快速发展，全市50多个文化产业园区（基地）成为支撑“中国文化产业第一展”的强大本土力量。第十届深圳文博会分会场达54个，文化项目和产品总成交额达2324.99亿元，比上届增长39.64%；文化产品出口交易额为161.38亿元，同比增长30.33%。[②] 作为唯一一个国家级、国际化、综合性的文化产业博览交易会，中国（深圳）国际文化产业博览交易会“十年磨剑，灿然花开”。第一届至第十届文博会累计总成交额超过1万亿元，达10475.37亿元；第一届至第十届文博会文化出口交易额累计超过1000亿元，“中国文化产业第一展”的实力凸显。

国家对外文化贸易基地（深圳）正式挂牌。国家对外文化贸易基地（深圳）作为文化部批准设立的泛珠三角地区唯一的国家级文化贸易平台，与深圳文博会、深圳文交所、中国文化产业投资基金等国家级平台共同驱动深圳文化产业快速发展。2014年，深圳文交所完成2000宗业务，实现

---

① 苏妮：《深圳文化产业频获资本“示爱”》，《南方日报》2015年5月11日。

② 陈育柱、李鄰玮：《2014年度深圳宣传文化十件大事》，《深圳特区报》2015年2月6日。

交易额100亿元；中国文化产业投资基金投资逾20亿元，投资项目达22个。①

（二）珠海经济特区

近年来，珠海文化产业逐渐形成四大产业集群：包括金山网游、传奇动画、杨氏设计、网易达手游、火车头设计、天空动漫、珠海南方影视基地和南方数字娱乐公共服务中心等在内的文化科技产业集群；包括佳能、伟创力、惠威音响、得理乐器、斯巴克音响、斯玛特3D印刷等在内的文化产品研发制造产业集群；包括御温泉、海泉湾、梅溪牌坊、圆明新园、长隆海洋度假区等在内的文化旅游产业集群；包括金地动力港、V12文化创意产业园、高新数字内容产业基地、横琴·粤港澳文化创意产业园等在内的文化产业集聚发展平台。②

V12文化创意产业园作为珠海市首个文化产业园，2014年完成整体招商，吸引了148家数字动漫、创意设计、网络游戏企业入驻，园区内有创意人才近3000名。V12文化创意产业园还与珠海农商银行达成10亿元的授信意向，正式启动“V12创意贷”项目。位于珠海的横琴·粤港澳文化创意产业园则利用自身衔接港澳的区位优势，聚集人才、资金、技术，开发动漫、流行音乐等文化产品，打造“在国际上具有较强竞争力和影响力的集产品研发、生产、展示、发行为一体的文化创意产业示范基地”。③

珠海市启动首届珠海市民文化节活动。文化节历时8个月，涵盖合唱、朗诵、舞蹈、器乐等各个文艺门类的十大市级赛事。依托文化馆、博物馆、图书馆、美术馆、综合文化中心、村居文化中心等举办各类活动千余场，吸引20万人次参加，成功打造了百万市民共享的文化盛宴。

---

① 林洲璐：《文化创意产业增加值达1560亿元》，《深圳特区报》2015年2月7日。

② 林群贤、陈晓：《寻找文化产业的珠海力量》，《南方日报》2014年5月15日。

③ 殷贝：《珠海五大文化创意产业园区将携手出征文博会》，《珠海特区报》2015年5月13日。

（三）厦门经济特区

2014年3月，厦门市发布《美丽厦门战略规划》，提出全面深化改革，加快建设美丽中国典范城市的计划。在“美丽厦门”的行动策略中，明确提出要积极构建“5+3+10”产业体系，着力打造文化创意产业千亿元产业链。[①] 在规划的推动下，厦门市着力发展以文化信息服务业、数字内容集成、新媒体等为主的文化产业新业态。创意设计、动漫网游、数字内容与新媒体等新兴业态发展态势良好，相关文化企业规模不断扩大，已形成集聚发展态势，一批具有全国影响力的文化科技融合发展平台日渐形成。

厦门市启动第4轮重点文化企业评选工作，评出50家市重点文化企业。50家市重点文化企业的营收总规模达63.32亿元，税前利润达9.37亿元，纳税总额达3.09亿元[②]，厦门市龙头文化企业建设成效显著。海峡龙山文化产业园、国家级闽台文化产业试验园核心区二期（湖里老工业厂房文创园区）等重点文化产业园区的集聚效应初步显现。

厦门市统计局公布的统计数据表明，2014年上半年，厦门市文化产业实现主营业务收入387.82亿元，拥有资产827.72亿元，吸纳就业人员20.52万人，实现增加值107.55亿元，比上年同期增长9.2%，占GDP的比重为7.9%。[③] 2014年上半年，厦门市GDP比上年同期增长8.8%，其中第三产业增加值增长7.7%。[④]

抽样调查的资料显示，厦门市文化创意和设计服务发展优势凸显。2014年，抽查的47家相关企业实现主营业务收入3.40亿元，同比增长

---

① 《厦门日报》评论员：《〈美丽厦门战略规划〉全文发布》，《厦门日报》2014年3月5日。

② 王琳雁：《厦门文化创意产业　千亿产业链这样打造》，《厦门日报》2014年10月24日。

③ 厦门市统计局：《2014年上半年文化产业运行情况简析》，厦门统计信息网，http://www.stats-xm.gov.cn/tjzl/tjfx/201408/t20140827_24588.htm，2014年8月27日。

④ 厦门市统计局：《2014年上半年文化产业运行情况简析》，厦门统计信息网，http://www.stats-xm.gov.cn/tjzl/tjfx/201408/t20140827_24588.htm，2014年8月27日。

64.3%；实现营业利润0.79亿元，同比增长9.1倍。[①] 其中，厦门同步网络有限公司、厦门新游网络科技有限公司、厦门雷霆互动网络有限公司、厦门游力信息科技有限公司等11家文化软件服务公司实现主营收入2.02亿元，同比增长3.8倍；实现营业利润0.88亿元，同比增长10.8倍。[②] 与此同时，在新闻出版发行服务、工艺美术品的生产、文化艺术服务、文化专用设备生产、文化用品生产5个行业中，因为企业运营成本上升等原因，大量企业出现亏损。

厦门市继续推动两岸文化产业交流交易平台建设，推动两岸文化产业深度对接，做大做强海峡两岸（厦门）文博会、厦门国际动漫节、海峡两岸图书交易会等重点文化展会。同时，厦门市重点支持中国移动手机动漫基地、中国联通手机动漫基地（筹）、中国电信手机动漫中心、厦门（华辰）国际艺术品交易中心、4399网络游戏运营中心、中国工艺集团工艺品交易所和海峡收藏品交易中心等重大项目的建设发展，以期进一步提升厦门文化产业在全国的影响力。[③]

（四）汕头经济特区

汕头是我国重要的玩具生产和出口基地。依托国家玩具质量监督检验中心（汕头）的人才技术优势，汕头积极推动玩具制造业向动漫文化产业转型。以奥飞动漫为代表的一批玩具企业通过在互联网、游戏、舞台剧、幼儿教育、动漫嘉年华等领域的战略布局，与传媒、教育、互联网等行业融合，建立新渠道，探索新模式，在玩具产业的优势基础上，延伸产业链，实现汕头玩具制造业转型升级。据统计，仅汕头市澄海区2014年玩具礼品产业就

① 厦门市统计局：《2014年上半年文化产业运行情况简析》，厦门统计信息网，http://www.stats-xm.gov.cn/tjzl/tjfx/201408/t20140827_24588.htm，2014年8月27日。

② 厦门市统计局：《2014年上半年文化产业运行情况简析》，厦门统计信息网，http://www.stats-xm.gov.cn/tjzl/tjfx/201408/t20140827_24588.htm，2014年8月27日。

③《2014年厦门市大力扶持文化产业运营平台建设》，福建省人民政府官方网站，http://www.fujian.gov.cn/zwgk/zfgzdt/sxdt/xm/201501/t20150122_908614.htm，2015年1月22日。

实现产值351亿元，比2013年增长约14%。[①]

奥飞动漫、互动娱乐等龙头企业积极寻求产业链延伸及品牌拓展。2014年，奥飞动漫以知识产权（Intellectual Property，IP）为核心，继续布局泛娱乐平台：跨境收购整合韩国贝肯熊形象，进一步优化公司品牌；投资广州叶游和三乐两家游戏公司，提高动漫产业的变现能力；成立奥飞影业公司，与好莱坞新摄政娱乐公司（New Regency Productions）建立长期战略合作关系，高起点切入电影产业。互动娱乐则陆续收购畅娱天下和天拓科技，将"玩具+娱乐"的泛娱乐文化概念植入移动互联网思维，搭建以优质文化内容为核心、线上与线下相结合、硬件与软件互补、营销与产品互动的高科技互动娱乐产业跨界平台。

2014年9月，国务院正式批复同意汕头设立华侨经济文化合作试验区。在国家的支持下，试验区将搭建海外华侨华人的文化交流平台，拓展文化传播渠道，深化与有关国家（地区）的人文合作，不断提升中华文化的影响力。将以合作、创新和服务为主题，构建面向海外华人的集聚发展创新平台和旅游休闲中心。[②]在华侨经济文化合作试验区的引领和带动下，汕头海湾新区预计到2017年将成为潮汕文化产业创新引领区。

（五）海南经济特区

在2006年19亿元的基础上，海南文化产业增加值突破百亿元大关。[③]作为旅游大省，文化旅游和旅游演艺是海南文化产业最重要的组成部分。一批文化旅游重点项目或动工建设，或建成投产，或取得了规模效应。"从2014年对首批33个省文化产业重点项目的调研情况看，文化旅游业项目达

---

① 林馥盛：《融入动漫影视等文化元素　澄海玩具礼品产业华丽转身》，《汕头日报》2015年3月7日。

② 陈坤达：《汕头要引领潮汕文化再出发》，《汕头特区晚报》2015年12月10日。

③ 梁振君：《推动文化产业成为服务业支柱》，《海南日报》2015年9月14日。

22 个，总投资额达 1034.6 亿元，分别占总项目的 67% 和 83%。"[1] 观澜湖华谊冯小刚电影公社第一景区"1942 民国风情街"于 2014 年 6 月正式向公众开放。该景区迅速成为琼北旅游的热门景区，游客数量和经济效益增长迅速。旅游演艺节目《三亚千古情》2014 年上半年实现利润 4000 多万元。[2]

海南省出台了《海南省现代服务业扩大开放审批改革措施》，该措施提出，"允许国外资本以合作方式参与电影、广播电视节目制作和电影院的建设、经营（中方控股）。允许适度引进境外资本投资国内旅游演出市场，扩大国家允许落地的境外主要电视频道在海南收视覆盖范围。推动旅游市场向社会资本全面开放。允许旅行社跨省设分社、设门市，鼓励品牌信誉度高的旅行社和旅游车船公司跨地区连锁经营"。[3] 措施的颁布实施将进一步促进海南文化市场的发展。

三亚市作为海南省文化产业发展的排头兵，产业发展继续领跑全省。三亚市目前已初步形成以文化旅游、演艺娱乐、会议展览、动漫创意、影视传媒和休闲康复为主的文化产业格局。"一心一带两极三区"，即城区文化综合服务中心、滨海文化景观带、南山创意新城增长极、高新技术产业区增长极、东部现代文化区、西部历史文化区、北部热带农业文化区的文化产业发展布局逐渐形成。[4] 三亚动漫产业基地园区、三亚创意产业园等重点项目继续推进。三亚动漫产业基地园区的总体规划面积达 405.3 亩，主打动漫影视、智慧旅游、网络科技、3D 影像等行业，目前已有新浪科技、携程科技、天涯科技、奇虎 360、今典传媒、嘉溢影视等近 50 家企业入驻。三亚创意产业园的规划面积约为 17 平方公里，已与中兴、联想、用友、华永、北大科技等 23 家企业签订了入驻协议。[5]

---

① 许俊：《推动海南文化产业跨越式发展》，《光明日报》2015 年 5 月 14 日。

② 戎海：《2014 海南文化 7 宗"最"》，《海南日报》2015 年 1 月 4 日。

③ 邵希炜：《盘点 2014：海南允许外资投资国内旅游演出市场》，中国经济网，http://www.ce.cn/culture/gd/201412/29/t20141229_4222609.shtml，2014 年 12 月 29 日。

④ 陈成智：《三亚：力争 2015 年实现文化产业增加值大幅攀升》，《海南日报》2014 年 11 月 30 日。

⑤ 陈成智：《三亚：力争 2015 年实现文化产业增加值大幅攀升》，《海南日报》2014 年 11 月 30 日。

二 经济特区文化产业发展分析

经过2013年的调整后，经济特区文化产业的发展有所突破，呈现以下几方面特征。

（一）融合发展成发展主流

2014年3月14日，国务院发布《关于推进文化创意和设计服务与相关产业融合发展的若干意见》，吹响了文化产业融合发展的号角，“将创意设计产业与相关产业的融合发展推到了新时期文化发展‘新常态’的高度，成为加快文化产业发展最为重要的着力点”。①融合发展意味着文化产业将通过跨界融合，渗透进旅游、制造、农业、体育、人居、互联网等经济社会的各个领域，实现由“小文化”向“大文化”的全面转型。融合发展对促进经济结构调整和发展方式转变、培育国民经济新的增长点、发展创新型经济、提升国家产业竞争力意义重大。融合发展是促进文化产品和服务创新、催生文化产业新业态、满足人民群众多样化文化消费需求的重要途径。

国务院印发《关于加快发展体育产业 促进体育消费的若干意见》，提出“要丰富体育产业内容，推动体育与养老服务、文化创意和设计服务、教育培训等融合，促进体育旅游、体育传媒、体育会展、体育广告、体育影视等相关业态的发展”。②厦门市于2003年首次举办厦门国际马拉松赛，经过十余年培育，业已发展成文体产业融合的典范。厦门国际马拉松赛配套活动丰富，马拉松嘉年华、马拉松啦啦队大赛、马拉松市长论坛、国际马拉松会员城市摄影展、全国重点高校大学生马拉松邀请赛、体育用品博览会等贯穿全年，品牌效益不断提升，每年给厦门市相关企业带来的各项经营收入超过2亿元。③

---

① 王建琪：《推动形成文化产业融合发展新常态》，《中国文化报》2014年12月29日。

② 张晶雪：《国务院印发意见 给文体融合再注“强心针”》，《中国经济网》，http：//www. ce. cn/culture/gd/201410/20/t20141020_ 3736294. shtml，2014年10月20日。

③《厦门国际马拉松赛赛事简介》，厦门国际马拉松官方网站，http：//www. xmim. org/cn/about_ xmim. asp，2015年10月10日。

（二）IP 授权成发展热点

2014 年是国内文化产业的“IP 元年”。IP 发展水平是衡量国家和地区文化产业发展水平的重要标志。

腾讯 CEO 马化腾在世界互联网峰会上聚焦 IP，表示视频、音乐、动漫、游戏等会交织成 IP 生态。腾讯在腾讯视频、QQ 音乐、文学、动漫、游戏等多个业务部门积极投入底层版权，抄底文化娱乐产业。QQ 音乐陆续将华纳音乐和韩国 YG 纳入旗下，腾讯文学在深圳举办网络文学大神峰会，腾讯视频在《中国好声音》投入超 2 亿元，腾讯作为龙头企业对 IP 的深耕不言而喻。奥飞动漫同样将 IP 授权作为企业转型升级的重要抓手。作为稀缺资源的 IP，随着竞争的白热化，其授权门槛将越来越高。如何对 IP 进行有效管理和开发，让 IP 发挥更大的效应，将成为下一阶段 IP 领域发展的重要议题。

（三）文化科技成发展动力

科技创新是文化发展的强大引擎，文化科技已然成为当前文化产业发展的动力来源。各经济特区对文化产业下一步发展的部署不约而同地聚焦于文化科技。作为推动文化产业发展的动力，文化科技的融合创新贯穿于文化产业新兴业态与新商业模式。文化科技产业以先进科技为基础，以创新文化为内涵，以市场需求为导向。与传统文化产业相比，文化科技产业更注重前沿性、科技性与创意性，代表未来文化产业的主要方向，对引领产业转型升级具有特殊作用。

文化科技平台日渐成熟，为文化企业发展提供了强大支持。文化科技创新属于知识密集型系统工程，需要搭建平台推动政、产、学、研跨界互动，使创新成果产业化，创造更大的经济和社会效益。从各地文化产业的发展现状来看，文化科技发展均得到各方的高度重视，深圳文博会、海峡两岸文博会等相关展会的举办为文化科技创新提供了交流平台。各地学术机构积极参与，为文化企业的发展提供智力支持；政府出台各项文化产业提升计划，将培养创新人才、支持文化科技项目等列为重中之重。

（四）“互联网+”成发展机遇

联合国教科文组织出版的《创意经济报告2013》一书指出：“全球文化创意产业中增长最快的是与互联网融合度高、知识流通速度快、成长性良好的领域。”在互联网的推动下，文化产业的表现形式、文化内容、经营管理及运作模式都发生着深刻变化，以创意性和新技术为特征的文化产业新兴业态不断涌现。传统文化企业纷纷嫁接互联网以实现转型升级，互联网企业则加紧布局文化产业以增强实力。

在“互联网+”的背景下，中国文化产业的企业、组织、平台等都将跨入一个全新发展阶段。腾讯在“互联网+文化”中抢占先机，已形成一个独特的叠层架构。腾讯以其下层价格低廉或免费的公共性服务平台（QQ和微信），为上层的服务平台提供支持。下层平台流量越大，上层平台越有活力。数据显示，腾讯下层平台最高流量超过两亿人次，这无疑为上层叠加平台产生更大活力创造了良好条件。

三　经济特区文化产业发展建议

面对跨界融合与万众创新所带来的机遇与挑战，经济特区可从以下几方面着手推动文化产业进一步发展提升。

（一）创新发展模式

目前较为成熟的文化产业发展模式大多是产业资源文化型升级模式，也就是以传统产业优化升级为出发点，将文化元素、创意思维融入产业和品牌中，实现文化创意与传统产业的融合发展。而在经济新常态下，将各地独特的文化资源创意化、市场化，运用产业手段完成文化资源的商业增值，开辟文化资源产业型的发展模式，或将使文化产业产生更大的溢出效应。

（二）加强产权保护

“IP 元年”再次表明，文化产业是以知识产权为核心利益的。多年的产业实践与国内外的发展经验已经证明，产权保护的力度与创新力的发掘具有密切关系。没有知识产权保护，文化产业的创造力将被大大削弱。因此，必须做到有法可依、有法必依、执法必严、违法必究，只有这样才能切实有效地推动文化产业健康发展。各地主管部门应高度关注产权保护，形成长效治理机制，依法打击侵权行为，为文化产业的创新发展打造良好环境。

（三）提升科技原创

文化产业属于知识密集型产业。在文化科技融合发展的当下，科技原创力是影响文化产业发展的关键因素，也是文化产业发展的核心竞争力和价值基点。面对我国创新能力不足的现状，各地有必要通过制度创新、管理创新、理念创新、目标创新、政策创新、手段创新、机制创新，设计具有可行性的运作方案和具有匹配性的政策工具，切实提升各地文化科技的原创力，以有效推动各地文化产业向纵深发展。

（四）规范市场准则

文化产业特别是文化科技融合的前沿产业往往扮演着探索者的角色，承担着失败的风险。为此，有必要建立更公平有序的市场竞争环境，减少非竞争因素对创新活动的干扰。各地需进一步规范市场准则，保证各类市场主体公平竞争，让创新产品经过市场筛选，实现资源优化配置。积极推动知识生产、传播、应用体系建设，促进社会组织合法、有序、健康成长。政府可通过购买社会服务等方式支持社会组织在推动文化产业发展中发挥中介作用，以尽可能缩短创新成果从概念到产业化的过程，适应当前文化产业日新月异的发展变化。

特区发展分报告

Reports on the Development of Special Economic Zones

B.10

深圳经济特区发展报告*

伍凤兰　林少驰**

深圳经济特区于2015年迎来了改革开放的第35个年头，作为改革开放以来经济实力最强、影响力与带动作用最大的经济特区，深圳经济特区已经成为中国综合竞争力最大的城市之一。2014年，深圳经济特区坚持质量引领、创新驱动的独特发展模式，在国际经济形势低迷、国内经济发展速度整体放缓的复杂环境下，主动适应与引领经济发展新常态，不懈改革，积极创新，保持稳定而全面的制度进步与经济发展。

一　2014年深圳经济特区发展概况

（一）全市经济规模稳定扩大，增速呈放缓趋势

2014年，深圳经济保持高速平稳增长，全市生产总值达到16002亿元。

* 本报告是广东省哲学社会科学“十二五”规划课题（GD13CYJ03）的成果。

** 伍凤兰，深圳大学经济学院副教授，博士；林少驰，深圳大学理论经济学硕士研究生。

从总量角度来看，深圳特区经济规模稳定扩大，继续居全国大中城市第4位，趋近于排名第3的广州（约16707亿元）以及一江之隔的香港特别行政区（约17144亿元）。按照2014年的增长态势，如无意外，深圳全市生产总值将于未来一年超越世界第三大金融中心香港。在中国社会科学院公布的2014年全国城市综合竞争力排名中，深圳首次超越香港成为全国（包括港澳台地区在内）最具综合竞争力的城市。

2014年，深圳全市生产总值同比增长8.8%（按可比价格计算，下同）。从增速角度来看，增长态势继续呈现“自低向高，总量前小后大”的整体趋势，符合过去几年深圳经济运行的传统特征。虽然相比过去三年有所放缓，但增速仍居四座一线城市首位，高于全国7%与全省7.8%的平均水平。2005～2014年深圳经济发展状况见图1。

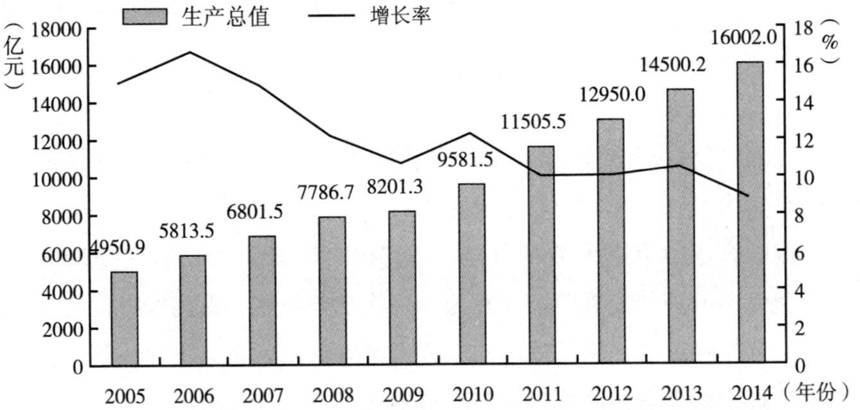

图1　2005～2014年深圳市生产总值规模与同比增长趋势

2014年，深圳全市人均生产总值达149497元，同比增长7.7%，约为24336美元（按全年平均汇率折算），达到2013年韩国的人均GDP水平。深圳经济特区人均GDP大幅高于另外三座一线城市，居内地副省级以上城市首位，继续保持全国领先。2014年我国四座一线城市生产总值与人均生产总值如图2和图3所示。从人均GDP角度来看，深圳全市各区指标差异较为明显。其中，福田区与盐田区人均GDP均已超过20万元，南山区人均GDP更已达到30.87万元，成为全国人均GDP最高的区县级行政单位，超越同期的香港，已经接近同期新加坡的人均水平。

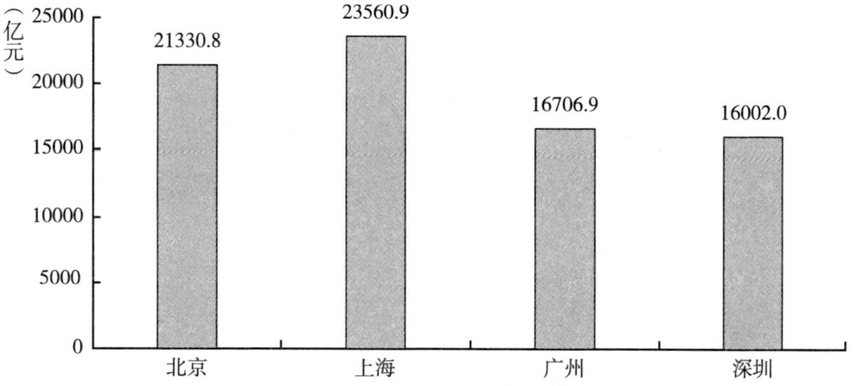

图2 2014年四座一线城市生产总值

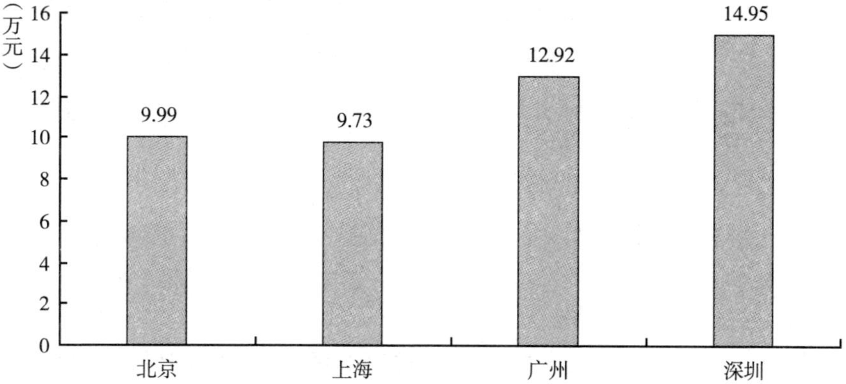

图3 2014年四座一线城市人均生产总值

2014，国际经济相对疲软，美国缓慢复苏，欧洲、日本持续衰退；国内经济环境逐步走向“新常态”，全国经济增速普遍放缓。在这样复杂的背景下，深圳特区经济发展稳中求进，难能可贵。

（二）产业结构进一步升级，第三产业贡献约2/3的GDP增长

2014年，深圳经济特区三次产业结构获得进一步调整，第二、第三产业产值继续保持高速增长，增速分别为7.7%与9.8%，占全市生产总值的比重分别为42.7%与57.3%。相比之下，第一产业增加值同比下降19.4%，占GDP的比重已小于0.0035%。

2014年，深圳产业结构继续平稳升级，第二与第三产业的结构调整为42.7∶57.3。第三产业比重较上年提高0.6%，其中最重要的现代服务业增长率达10.5%，占第三产业的比重达67.6%。第三产业对GDP的贡献率已达到64.95%，同比增长4.4%。

在产业发展体系中，四大支柱产业同样增长显著。总体上看，金融业全年增加值达到2237.54亿元，同比增长13.8%；物流业增加值达到1614.18亿元，同比增长9.7%；文化创意产业增加值达到1213.78亿元，同比增长15.4%；高新技术产业增加值达到5173.49亿元，同比增长11.2%。四大支柱产业对GDP的总体贡献率达到70%，其中，高新技术产业作为深圳经济发展的引擎，对GDP的贡献率达到35%，成为深圳经济特区发展名副其实的第一支柱。2014年深圳四大支柱产业发展情况及其对GDP的贡献率见图4和图5。

（三）科研创新与自主创业助推制造业高端化，战略性新兴产业蓬勃发展

科技创新一直是驱动深圳经济发展的重要动力源。2014年，深圳整体科技研发投入占GDP的比重约为4.02%，相当于科研投入占GDP比重排名世界第二的韩国的水平。2014年，深圳市高新技术产业增加值高达5173.49亿元，增长率为11.2%，高于深圳全年规模以上工业增加值增速2.8个百分点。以科技企业集聚的南山区为例，2014年，南山区辖区范围内已有超过160家国家级高新技术企业，其中70%以上为IT企业。南山区集聚了大量创新人才，其中博士7000余人、“海归”2万余人、高科技人才超过10

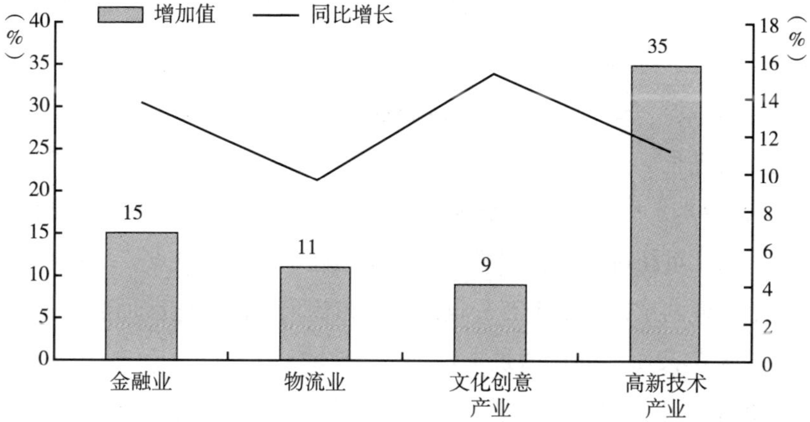

图 4　2014 年深圳四大支柱产业增长情况

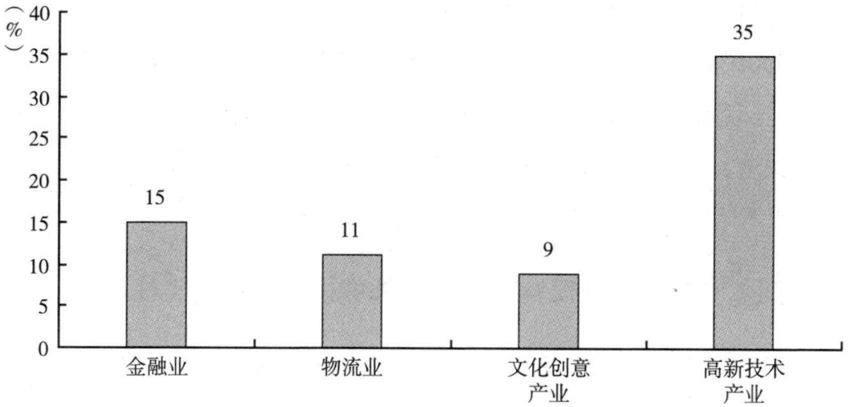

图 5　2014 年深圳四大支柱产业对 GDP 的贡献率

万人。2014 年，南山区辖区内拥有的人均发明专利量达到 220 件，是全国平均水平的 55 倍。

2014 年，深圳经济特区的“创客经济”崭露头角。深圳是中国创新氛围最浓厚且创客产业集群最丰富的城市，从福田华强北电子商业街到南山华侨城柴火创客空间，从高端制造业优势到工业设计行业优势，构筑了优良的创客生态与完备的创业产业链。正如 2014 年全球创客巨头们发布的《全球创客深圳宣言》中所说的：“深圳拥有开放、包容的城市创业文化，创新驱动、质量引领的发展理念，完备的创新生态链体系，强大的产业配套和工业设计力量，这里将是全球创客的乐园。”

“创客运动”的兴起为经济特区制造业带来了全新动力，助推深圳制造业高端化的进程。2014 年，深圳制造业高端化步伐进一步加快，先进制造业增加值为 4823.98 亿元，高技术制造业增加值为 4108.35 亿元，同比增长 10.3%，在比重超过七成的情况下比上年提高 1.1 个百分点，增速高于全市规模以上工业的增速 3.8 个百分点，占全市规模以上工业增加值的比重突破六成，达到 63.2%，同比增长 4%。

自 2008 年深圳特区提出大力发展战略性新兴产业以来，在一系列产业转型政策的推动下，六大战略性新兴产业增加值总量逐年增长，增速稳定，占 GDP 的比重也在逐年上升。2014 年，深圳市战略性新兴产业发展整体高速，增加值达 5645.33 亿元，同比增长 14.1%，总体规模已接近 1.9 万亿元，占 GDP 的比重已经提高到 35.3%。具体来看，生物产业同比增长 6.4%，互联网产业同比增长 15.3%，新能源产业同比增长 9.0%，新材料产业同比增长 10.1%，新一代信息技术产业同比增长 13.9%，文化创意产业同比增长 15.4%（见图 6）。

（四）对外贸易规模有所下降，外资投入倾向于支柱产业

2014 年，深圳经济特区外贸进出口总额为 4877.65 亿美元，同比下降 9.2%。其中，进口总额为 2033.62 亿美元，占全国和广东省出口总额的比重为 12.1% 和 44.0%，出口总额为 2844.03 亿美元。总体规模下降明显，但进出口总额与其中的出口总额仍居内地城市首位（见图 7）。

在外商投资方面，2014 年新签订合同的外商直接项目共计 2490 项，同比增长 21.1%；合同涉及总体外资金额高达 108.95 亿美元，同比增长 62.6%；实际使用外商直接投资金额 58.05 亿美元，同比增长 6.2%。外资投入主要集中在金融业、房地产业、批发与零售业、制造业、租赁与商务服务业 5 类行业，这 5 类行业实际投入的外资金额约占总额的 86%。其中，投向金融行业的合同内外资金额达到 50.59 亿美元，占合同签订总投资额的 46.4%。

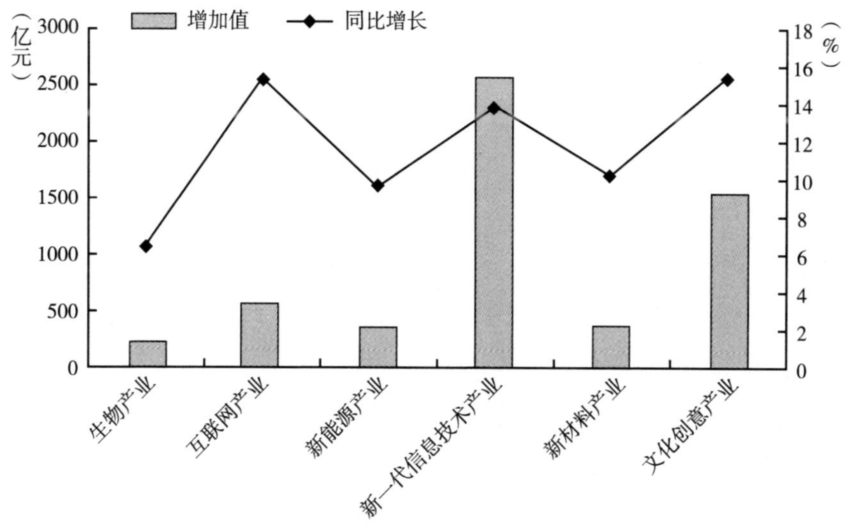

图 6　2014 年深圳六大战略性新兴产业发展情况

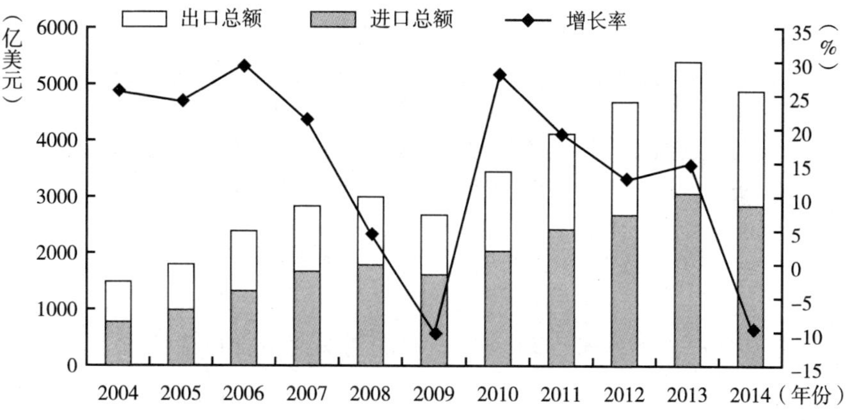

图 7　2004～2014 年深圳进出口总额与增长率

（五）消费市场总体平稳，物价水平涨幅温和

2014 年，深圳整体消费水平对经济的拉动依然强劲。全年深圳市社会消费品零售总额为 4844.00 亿元，商品销售总额为 21489.61 亿元，分别同

比增长9.3%与10.8%。具体来看，批发与零售业的零售额为4321.54亿元，同比增长9.3%；住宿与餐饮业的零售额为522.46亿元，同比增长9.1%。在社会消费品零售总额中，限额以上批发与零售业的零售额为3203.46亿元，同比增长9.0%，占社会消费品零售总额的66.1%。主要类别商品销售中，家用电器和音响器材类增长0.9%，服装鞋帽针织类增长7.1%，汽车类增长11.5%，食品饮料烟酒类增长11.7%，日用品类增长15.9%，体育娱乐用品类增长19.3%，通信器材类增长19.7%，文化办公用品类增长20.9%，金银珠宝类增长24.5%。2004～2014年深圳社会消费品零售总额及增长率如图8所示。

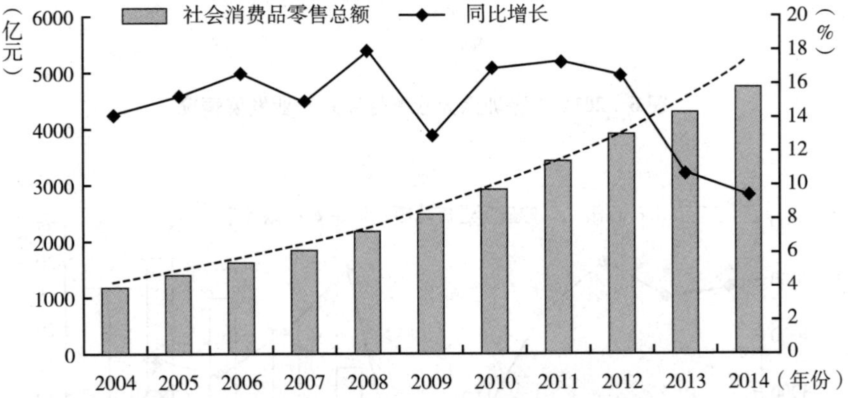

图8　2004～2014年深圳社会消费品零售总额与增长率

反观消费品价格水平，2014年，深圳居民消费价格指数仅上涨较为温和的2.0%，涨幅是5年来最低的，基本与全国CPI涨幅持平，为未来几年的财政政策宏观调控留下较大的操作空间。其中，2014年9月，CPI上涨仅为0.7%，为10年来单月CPI最低涨幅。具体考察构成CPI的八大类商品，其价格整体呈现“五上涨三下跌”的态势：食品类、衣着类、居住类、医疗保健与个人用品类、烟酒类价格整体上涨，其余三项价格水平均有不同幅度的下跌。其中，食品类与衣着类价格涨幅最高，均为2.5%（见图9）。

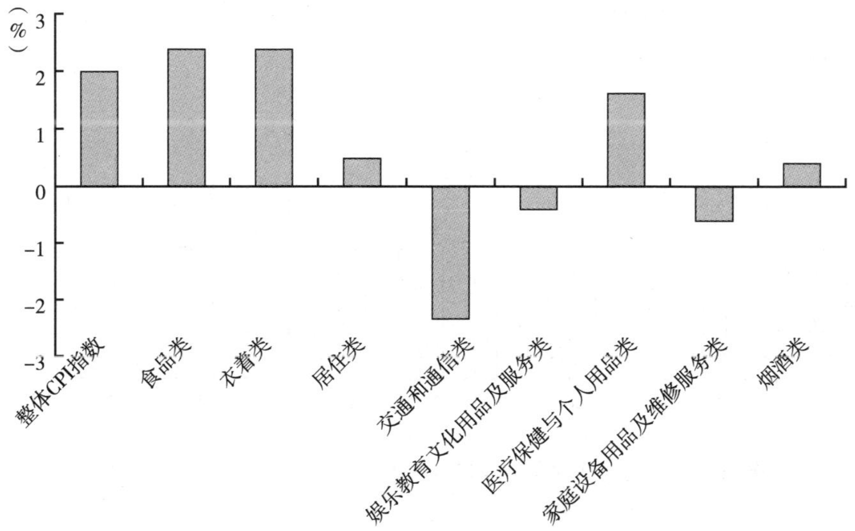

图9　2014 年深圳 CPI 与八大类商品价格指数

(六)居民收入与消费水平提高，整体生活质量稳步提升

截至2014年末，深圳市常住人口达1077.89万人，比上年末增加15万人，其中户籍人口为332.21万人。这1000余万人的人均可支配收入为40948元，名义增长率为9%，按可比价格计算，实际增长率为6.9%。在构成人均可支配收入的四大类收入中，工资性收入、经营净收入与财产净收入都有不同程度的增长。其中，深圳居民最主要的收入来源依然是工资性收入，2014年，深圳人均工资性收入达到34579元，占平均可支配收入总额的84.4%，同比增长7.8%。居民人均转移净收入为-2375元（转移性收入小于转移性支出造成深圳居民转移净收入为负值）。深圳居民转移性收入长期处于负值区间，原因是深圳多年来吸纳大量创业与建设者，这部分年轻人口每年或每月将部分收入转移到原居住地，这形成了深圳居民收入结构与其他大中城市最大的区别与特色，也体现了深圳这座“移民城市”独特的包容性与开放性。2006~2014年深圳居民人均可支配收入与消费性支出情况如图10所示。

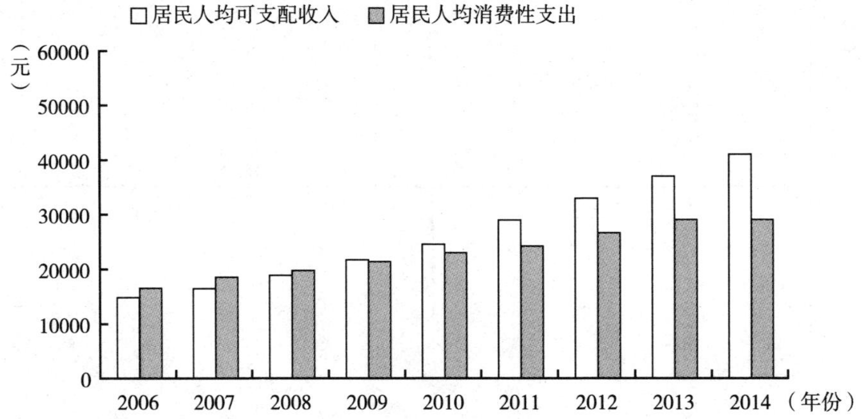

图 10　2006～2014 年深圳居民人均可支配收入与消费性支出情况

伴随着收入水平的提高，居民的消费水平也相应提高。2014 年，深圳居民人均消费性支出为 28853 元，名义增长 10.1%，扣除价格因素影响，实际增长 8.0%。具体到居民消费结构，八大类消费支出均保持平稳增长态势，其中以食品支出与居住支出所占份额最高，分别占人均消费总额的 33% 与 24%，而医疗保健与个人用品支出的同比增长水平最高，达到 29%。根据消费性支出结构测算，2014 年深圳恩格尔系数为 33.1%，较 2013 年下降 3 个百分点，按照联合国恩格尔系数划分标准，属于居民生活相对富裕状态。

2014 年，深圳居民的居住与公共环境得到进一步改善，社会保障体系也更加完善。2014 年，深圳居民生活用电达 120.37 亿千瓦时，同比增长 15.8%，居民家庭用水量为 5.66 亿立方米，自来水普及率达到 100%。全市建成区域总体面积约为 890.04 平方千米，其中绿化覆盖率达 45.1%，人均现住房面积为 28 平方米。2014 年，深圳全市生活垃圾无害化处理率达到 100%，全市推广使用各类清洁能源，气电、核电、外来电等清洁电源供电量占全体社会用电量的比例大幅提升，截至 2014 年底已达到 88%。在市内道路交通方面，与 2013 年比较，2014 年亿元本地生产总值生产安全事故死亡人数减少 0.005 人/亿元，道路交通死亡人数为 1.598 人/万车，同比降低

0.332 人/万车。在社会保障方面，截至2014年底，全市参加基本养老保险的人数已达870.69万人，参加失业保险的人数达942.18万人。

二　深圳经济发展新动态与新形势

（一）前海蛇口自贸区的设立与起步

2014年12月26日，国务院正式决定设立第二批自贸试验区，包括广东、天津与福建三块自贸区规划范围。广东自贸区面向港澳，深度融合，其中，原规划隶属于深圳的前海自贸区，正式范围扩展到蛇口片区，合称前海蛇口自贸区。

前海蛇口自贸区共占地28.2平方千米，分为前海合作区与蛇口工业区两个片区。前海合作区占地15平方千米，东至月亮湾大道，南至妈湾大道，西至海滨岸线，北至双界河、宝安大道（其中深圳前海湾保税港区为3.71平方千米，东至铲湾路，南以平南铁路、妈湾大道以及妈湾电厂北侧连线为界，西以妈湾港区码头岸线为界，北以妈湾大道、嘉实多南油厂北侧、兴海大道以及临海路连线为界）。蛇口工业区则占地13.2平方千米，东至后海大道、金海路、爱榕路、招商路、水湾路，南至深圳湾，西至珠江口，北至东滨路、大南山山脚、赤湾六路以及赤湾二路（见图11）。

2014年以来，前海蛇口自贸区获得一系列优惠政策的支持，此处将其简单划分为财税优惠政策与金融支持政策两大类。财税优惠政策中最重要的是所得税优惠——对四大类重点扶持产业实行15%的所得税税率，另外还有高端人才与紧急人才个人所得税补贴政策、试行现代物流企业差额营业税政策等。金融支持政策中最重要的是支持跨境人民币贷款业务政策，另外还有支持赴港发放人民币债券、支持试点设立创新金融机构与要素交易平台建设的政策、支持境内外金融机构在前海设立国际性或全国性管理总部或业务运营总部的政策等。自2014年4月前海合作区公布《企业所得税优惠目录》开始，入驻前海的企业数量呈几何级数增长。截至2014年12月30日，

图 11　前海蛇口自贸区辖区范围

共有 19990 家企业于前海合作区范围内注册，有 11333 家是金融企业，占 56.7%。其中，港资企业超过 1000 家。截至笔者写稿之时（2015 年 8 月初），整个前海蛇口自贸区累计注册企业已经超过 5.1 万家，其中前海块区注册企业超过 4.3 万家，蛇口块区注册企业超过 8 千家，注册资本总额超过 2.3 万亿元。

（二）各区经济发展规模相对失衡，特区一体化任重道远

从 2014 年深圳市内各区生产总值与第三产业产值来看，经济实力总体呈现“西强东弱”状况。

在原深圳经济特区范围内，集聚战略性新兴产业与高新技术产业的南山区的 GDP 达到 3464.09 亿元，高于罗湖区 GDP 的两倍。毗邻南山区的福田

区排名第二，最东边的盐田区的GDP仅为450.23亿元，不到南山区的1/7。在原特区范围以外，从原大宝安区分离出来的光明新区与龙华新区二者GDP总量已超过2000亿元，东部的坪山新区全年实现地区生产总值405亿元，增长10%，增速为全市第二，而最东边的大鹏新区的GDP仅为260亿元。

考察GDP中的第三产业生产总值，金融服务业集聚的福田区的第三产业产值达到2756.14亿元，大幅高于其他行政区域的水平，相当于全市平均水平的3倍。另外，新宝安区、龙岗区相对于南山区、福田区，面积与人口规模都要大得多，而人均GDP低得多，龙华新区的人均GDP略高于新宝安区，仅相当于南山区水平的1/3。2014年深圳各区GDP与第三产业产值对比情况如图12所示。

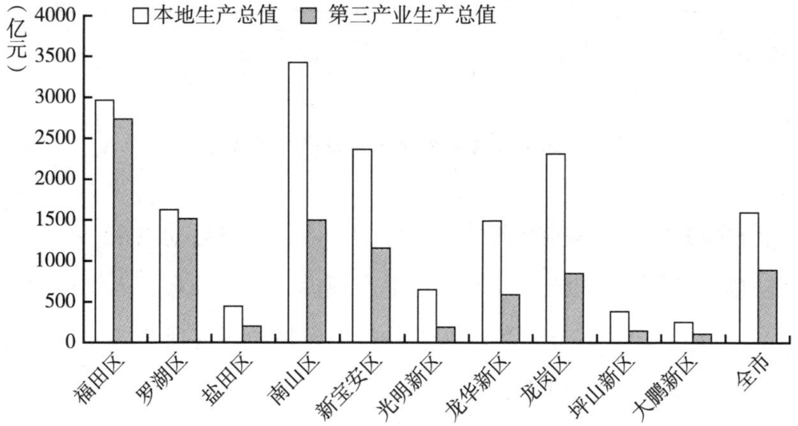

图12　2014年深圳各区GDP与第三产业产值对比情况

相比较而言，财政民生投入与全市固定资产投资都明显呈现向原特区外倾斜的趋势。2014年，新宝安区财政支出中用于民生的投入为142.6亿元，同比增长29.4%，占全区财政支出的81%。龙岗区9类民生工程的总投入为103.1亿元，同比增长23.5%。总体来看，2014年全市固定资产投资额达到2717.42亿元，增长13.6%，其中占主要部分的房地产开发项目投资额达到1069.49亿元，增长22%，旧城区的更新改建投资额约占其中的14.7%，同比增长11.8%。原特区外的固定资产投入占总投入的71.1%，投资最大的区是龙岗区与新宝安区，投入额分别达到602亿元与461亿元，而原特区内的福田区与罗湖区的投入额均低于全市平均水平。2014年深圳各区固定资产投资状况见图13。

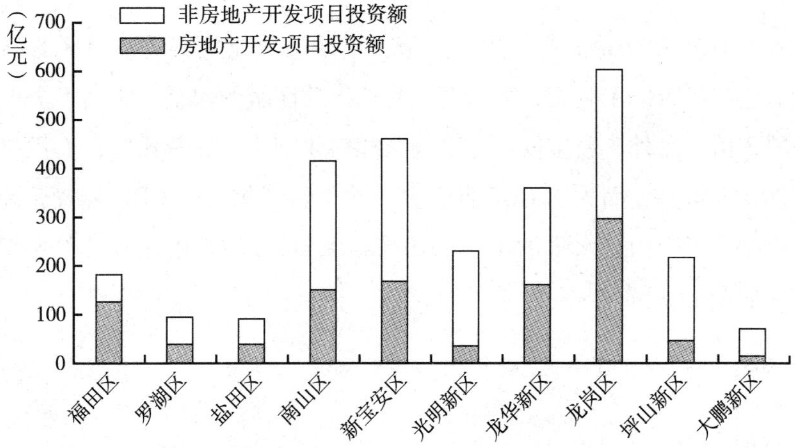

图13　2014年深圳各区固定资产投资状况

深圳特区城市化进程扩展到全市，特区一体化建设启动以来，全市各区在发挥各自经济特色与职能的同时，在生产规模、人口分布、人均产值与投资水平等各方面有较大差异，各区所处的经济发展阶段有所不同，深圳特区一体化进程还有较长的路要走。

三　经济形势预测

——对几大重要经济指标的时间序列分析

（一）主要指标与相应数据

此处选取深圳经济特区全市生产总值、进出口总值、固定资产投资额3项重要经济指标做时间序列分析，以预测未来3年深圳经济特区的经济发展趋势，表 1 为所取用的数据，时间跨度为 1979 ~ 2014 年。

表 1　1979 ~ 2014 年深圳 3 项所选指标数据

年　份	全市生产总值(亿元)	进出口总额(亿美元)	固定资产投资额(亿元)
1979	1. 96	0. 17	0. 59
1980	2. 07	0. 18	1. 38
1981	4. 96	0. 28	2. 97
1982	8. 26	0. 25	7. 38
1983	13. 12	7. 86	10. 83
1984	23. 42	10. 72	19. 46
1985	39. 02	13. 06	33. 32
1986	41. 65	18. 47	24. 86
1987	55. 90	25. 58	28. 52
1988	86. 98	34. 43	43. 62
1989	115. 66	37. 53	49. 99
1990	171. 67	157. 01	62. 34
1991	236. 66	194. 76	91. 23
1992	317. 32	235. 76	178. 23
1993	453. 14	282. 04	247. 79
1994	634. 67	349. 83	281. 94
1995	842. 48	387. 70	275. 82
1996	1048. 44	390. 53	327. 53
1997	1297. 42	450. 09	393. 07
1998	1534. 73	452. 74	480. 39
1999	1804. 02	504. 28	569. 59
2000	2187. 45	639. 40	619. 70
2001	2482. 49	686. 11	686. 37
2002	2969. 52	872. 31	788. 15
2003	3585. 72	1173. 99	949. 10
2004	4282. 14	1472. 83	1092. 56
2005	4950. 91	1828. 17	1181. 05
2006	5813. 56	2373. 86	1273. 67

续表

年　份	全市生产总值(亿元)	进出口总额(亿美元)	固定资产投资额(亿元)
2007	6801.57	2875.33	1345.00
2008	7786.79	2999.55	1467.60
2009	8201.32	2701.63	1709.15
2010	9581.51	3467.49	1944.70
2011	11505.53	4140.93	2060.92
2012	12950.06	4668.30	2194.43
2013	14500.23	5374.74	2402.27
2014	16001.98	4877.65	2717.42

（二）对深圳经济特区全市生产总值的分析预测

根据表1对第一列数据即全市生产总值做时间序列分析，首先绘制数据曲线图（见图14），可以直观地看出过去30多年深圳市GDP序列具有显著的曲线趋势，尝试使用二阶差分法提取信息，并绘制二阶差分曲线图（见图15）。

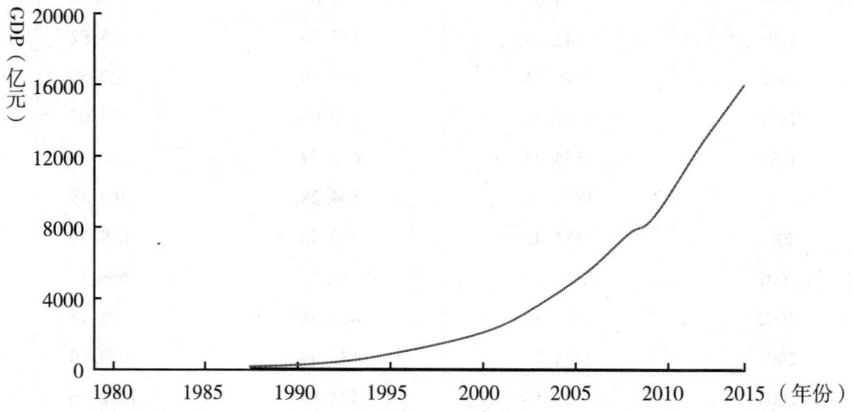

图14　1979～2014年深圳市GDP曲线图

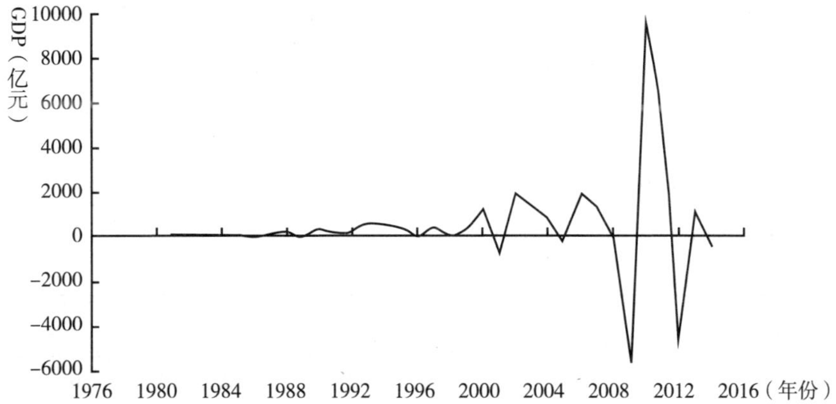

图 15　1979～2014 年深圳 GDP 序列二阶差分曲线图

根据图 15 中的结果，二阶差分序列中不存在中长期趋势。对二阶差分提取长期趋势，做时间序列的自相关分析（见图 16）。考察自相关分析结果，自相关系数始终在零周围震荡，判定该序列为平稳时间序列。

Correlogram of GDP2

Date：10/18/15 Time：15：54
Sampel：1979 2014
Included observations：34

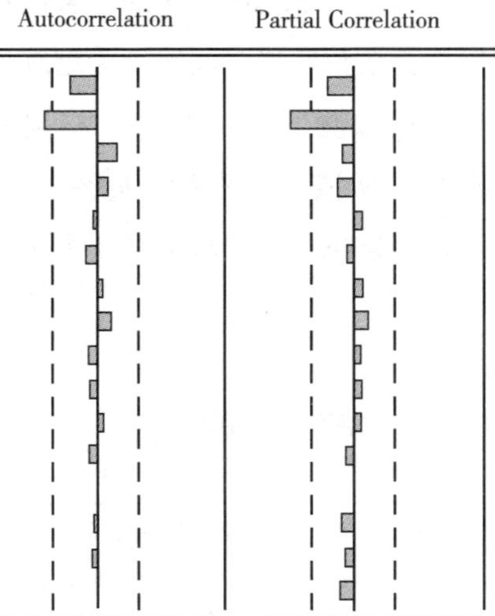

	AC	PAC	Q-Stat	Prob
1	-0.202	-0.202	1.5142	0.218
2	-0.426	-0.486	8.4489	0.015
3	0.171	-0.075	9.6091	0.022
4	0.087	-0.119	9.9206	0.042
5	-0.004	0.070	9.9214	0.077
6	-0.067	-0.046	10.118	0.120
7	0.034	0.071	10.170	0.179
8	0.113	0.119	10.772	0.215
9	-0.062	0.062	10.962	0.278
10	-0.035	0.068	11.023	0.356
11	-0.064	0.062	11.239	0.424
12	-0.060	-0.052	11.436	0.492
13	0.013	0.006	11.446	0.574
14	-0.007	-0.088	11.449	0.650
15	-0.026	-0.063	11.491	0.717
16	0.004	0.102	11.492	0.778

图 16　1979～2014 年深圳市 GDP 时间序列的自相关分析结果

根据上述自相关分析结果，确定选用时间序列模型 arima（2，2，0）模型，做 E－Views 数据拟合，得到拟合结果（见图 17）。

Dependent Variable：GDP2
Method：Least Squares
Date：10/18/15 Time：19：08
Sampel（adjusted）：1981 2014
Included observations：34 after adjustments
Convergence achieved after 12 iterations
MA Backcast：1979 1980

Variable	Coefficient	Std. Error	t-Statistic	Prob
C	466111.6	211477.5	2.204071	0.0348
MA（2）	-0.465274	0.156459	-2.973780	0.0056

R-squared	0.198519	Mean dependent var	441474.2
Adjusted R-squared	0.173472	S.D. dependent var	2384656
S.E. of regression	2167976	Akaike info criterion	32.07351
Sum squared resid	1.50E+14	Schwarz Criterion	32.16329
Log Likelihood	-543.2497	Hannan-Quinn crifer.	32.10413
F-statistic	7.926063	Durbin-Watson stat	2.537256
Prob（F-statistic）	0.008272		

Inverted MA Roots	0.68	-0.68

图 17　1979～2014 年深圳市 GDP 时间序列模型拟合结果

考察上述拟合结果，C 与 MA（2）的拟合系数皆在 5% 的显著性水平下显著，即该模型的系数拟合良好。根据拟合系数获得时间序列模型结果，测算 2015～2017 年的 GDP 及 95% 置信区间的预测值（见表 2）。根据模型上述预测值、置信区间上下值与历年实际值，做拟合曲线图（见图 18）可见预测值曲线和实际值曲线吻合度高，拟合效果非常好，故笔者认为预测值具有相当大的准确性。

表 2　根据模型结果预测的未来 3 年深圳市 GDP 水平

单位：亿元

年份	预测值	95% 置信区间	
2015	17549. 3973	17120. 4369	17978. 3577
2016	19186. 3459	18337. 9421	20034. 7498
2017	20856. 2866	19639. 0106	22073. 5626

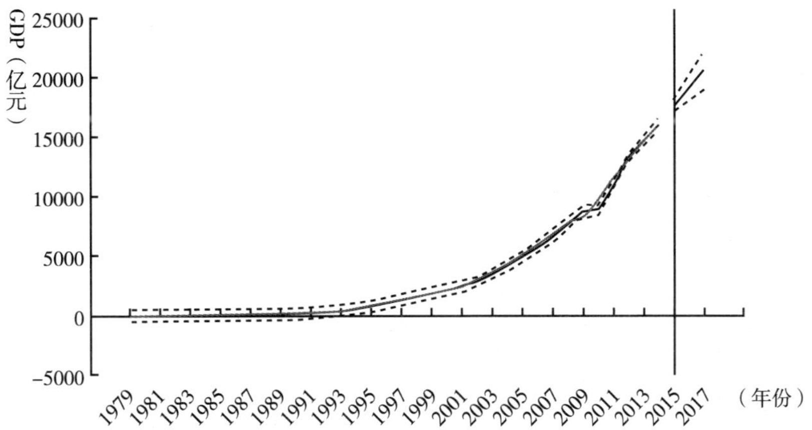

图 18　深圳市 GDP 水平时间序列模型拟合曲线图

（三）另外两项重要指标的时间序列分析结果

应用与上一节相同的形式，对另外两项主要经济指标——进出口总额与固定资产投资额做时间序列分析，得到预测结果如表 3、表 4 所示。根据两个时间序列模型的上述预测值、置信区间上下值与历年实际值，分别做相应拟合曲线图（见图 19 和图 20）。

表 3　根据模型结果预测的未来 3 年深圳市进出口总额

单位：亿美元

年份	预测值	95% 置信区间	
2015	4946.0396	5504.0099	4388.0694
2016	5058.5828	6162.7838	3954.3818
2017	4781.4517	6419.0497	3143.8537

表 4　根据模型结果预测的未来 3 年深圳市固定资产投资水平

单位：亿元

年份	预测值	95% 置信区间	
2015	2996.8033	3063.1479	2930.4587
2016	3184.7266	3325.9883	3043.4649
2017	3354.8195	3546.5846	3163.0543

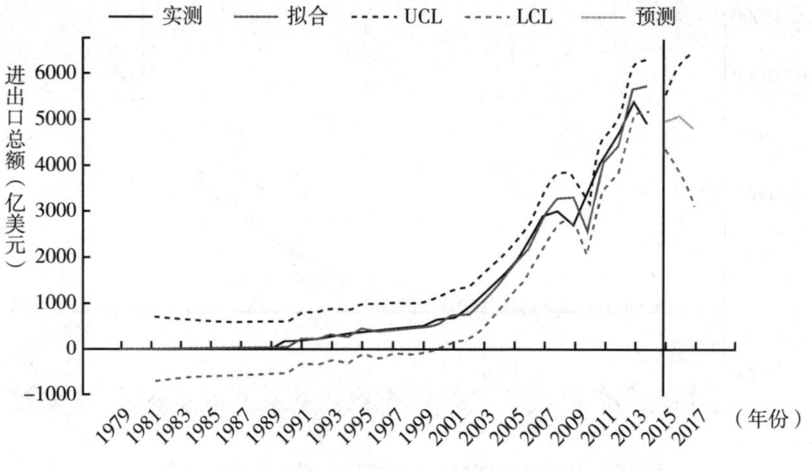

图 19　深圳市进出口总额时间序列模型拟合曲线图

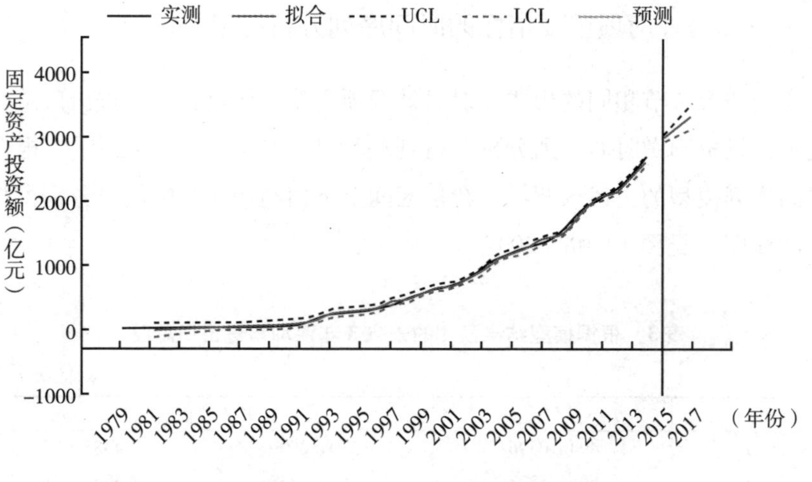

图 20　深圳市固定资产投资额时间序列模型拟合曲线图

从预测值曲线图来看，两个图中的预测值曲线与实际值曲线吻合度均较高，特别是固定资产投资额模型，其预测值曲线与实际值曲线几乎重合，两个模型的拟合效果很好，笔者认为预测值同样具有较高的准确性。

（四）模型结论

取上述 3 个模型预测值，考察预测的 3 项经济指标同比增长水平（见表

5)，因为增长水平无法按照可比价格计算，故同比增长率必将偏大于实际值（假定未来3年价格水平上涨趋势不变），根据前文所指出的吻合情况，其趋势必然具有一定参考价值。

表5 未来3年深圳市3项经济指标预测值与同比增长水平

年 份	全市生产总值（亿元）	GDP同比增长率（%）	进出口总额（亿美元）	进出口总额同比增长率（%）	固定资产投资额（亿元）	固定资产投资额同比增长率（%）
2014	16001.98	8.8	4877.65	-9.2	2717.42	13.6
2015（预测值）	17549.40	9.7	4946.04	1.4	2996.80	10.3
2016（预测值）	19186.35	9.3	5058.58	2.2	3184.73	6.3
2017（预测值）	20856.29	8.7	4781.45	-5.5	3354.82	5.3

根据预测值水平，考察深圳经济特区的GDP水平，未来3年深圳GDP增长率将逐步放缓，而总体增速依旧强劲；考察进出口总额，未来3年深圳经济特区进出口总额将可能呈下降趋势；考察固定资产投资水平，未来3年深圳经济特区固定资产投资额依旧会逐年增长，但增长速度很可能逐渐放缓。这些预测符合全国经济发展逐步放缓、增速逐年下调的大环境预期，而从整体预测结果来看，深圳未来3年经济形势依旧是乐观的。

四 政策建议

（一）前海蛇口自贸区统筹规划，助推两片区协调联动

前海这块占地15平方千米的填海新地，全称是前海深港现代服务业合作区，它的定位是转移吸引香港地区的高新科技产业、信息服务业与金融业等现代服务业，从无到有，通过金融创新和总部经济的发展，建造属于珠三角的“曼哈顿”。

而素有“改革试管”之称的蛇口，作为中国改革开放先行之地，走出过平安集团、中集集团这样叱咤风云的优秀企业，积淀下实干、敢闯的蛇口精神，也构筑了完备的现代物流设施与整体配套体系。

一块从无到有的全新土地与一块资历最老、设施完备的土地，一同加入第二批自贸区行列，构成广东自贸区的主要部分，相互之间的协调合作必然会成为自贸区整体发展的一大难题。分开来看，蛇口片区虽然拥有大量基础设施，但其中一部分港湾与物流设施需要更新升级与扩大规模，以与前海片区的新兴设施相互匹配，也为未来前海蛇口自贸区的长期发展做好准备；前海片区规划面积庞大而建设日新月异，未来需要做的是吸引更多信息科技与金融企业进驻，以发挥辐射作用，拉动蛇口片区与自贸区整体的长远发展。如果这两块地域相隔、背景完全不同的片区能够进行全面规划整合与协同建设，实现两片区之间相互联动，必将产生强大的互补优势。

（二）着力引导湾区经济发展，参与共建“21世纪海上丝绸之路”

湾区经济是理想的滨海城市经济形态，是全球范围内滨海城市的理想发展蓝本。从地缘条件来看，海滨城市深圳拥有绵长的海岸线与优良的港湾，具有先天优势；从经济基础角度看，三大世界级湾区（旧金山湾区、东京湾区与纽约湾区）都具有金融业、高新科技产业与商贸流通产业高度发达的特点，而深圳的产业结构侧重于金融业、信息技术产业与物流行业，已经具备这三大产业发展的厚实基础。2014年初，深圳特区的政府工作报告就重点着墨于“聚焦湾区经济发展”。引导湾区经济发展，打造粤港澳大湾区，既充分利用了深圳特区得天独厚与长期积累下的条件，又契合这座港湾都市未来长期发展“质量引领、创新驱动”的整体思路。

同时，作为中国内地进出口总额最大的城市，深圳具备参与建设“21世纪海上丝绸之路”的优质条件与巨大潜力。同样，从地理位置与交通条件来看，港口城市深圳，毗邻香港，是亚太地区主航道必经之地；从经济实力来看，深圳外向型经济规模巨大，物流业与金融行业是深圳重要的支柱产业。深圳能够而且必将成为“21世纪海上丝绸之路”的重要支点与枢纽城市。

“面朝大海，春暖花开”，未来深圳以湾区经济形态为发展蓝图，参与

“21 世纪海上丝绸之路”建设，既是深圳特区发挥“试验田”作用、承担“排头兵”使命的又一次重要尝试，又是深圳发挥自身禀赋、提升自身竞争力的重大举措。

参考文献

[1] 深圳市统计局:《深圳统计年鉴》，2014。

[2] 深圳市统计局:《深圳市 2014 年国民经济和社会发展统计公报》，2015 年 4 月 24 日。

[3] 深圳市统计局:《2014 年深圳经济运行情况》，2015 年 2 月 28 日。

[4] 全国人大常务委员会:《关于授权国务院在中国（广东）、中国（天津）、中国（福建）自由贸易试验区以及中国（上海）自由贸易试验区扩展区域暂时调整有关法律规定的行政审批的决定》，新华社，2014 年 12 月 28 日。

[5] Shumway, R. H. , Stoffer, D. S. , *Time Series Analysis and Its Applications*: *With R Examples* [M] . Springer Science & Business Media, 2013.

[6] 陶一桃:《改革中发展　创新中超越》,《特区实践与理论》2015 年第 5 期。

[7]《回顾 2014 年前海：突破之后继续攻坚克难展望 2015 年》,《前海特报》2015 年 1 月 7 日。

[8] 第二届中国（深圳）国际工业设计大展《全球创客深圳宣言》，2014 年 11 月 29 日。

[9] 王海荣:《深圳经济“绿含量”持续走高》,《深圳商报》2015 年 8 月 13 日。

B.11

珠海经济特区发展报告

陈红泉*

2014年，世界经济继续处于深度调整的低迷态势，我国经济发展也进入了新常态，在增长速度、发展方式、经济结构、发展动力等方面发生了一系列新的变化。在此背景下，珠海市不断深化改革，释放经济增长新动力，以改革破难题，以改革促发展，以改革赢红利，把改革创新贯穿于经济社会发展的各个领域、各个环节，在实现经济可持续发展和社会和谐稳定等方面取得了新成绩。

一 珠海2014年经济社会发展情况

（一）积极应对国内外经济下行压力，经济增长继续保持稳中有进态势

2014年，在国内外经济形势低迷的背景下，珠海及时推出了壮大民营经济、促进外贸转型发展、培育大型骨干企业等政策，实现了经济增长稳中有进，经济结构在调整中优化。

如图1所示，2014年，全市实现地区生产总值1857.32亿元，同比增长10.3%，增速居珠三角地区第一，增幅比上年下降0.2个百分点，但优于广东省平均水平，同期广东省地区生产总值增幅下降0.7个百分点。2014年，珠海市人均GDP达11.59万元，按平均汇率折算为1.9万美元，继续居珠三角地区前列，是广东省人均GDP的1.83倍。

* 陈红泉，深圳大学中国经济特区研究中心讲师。

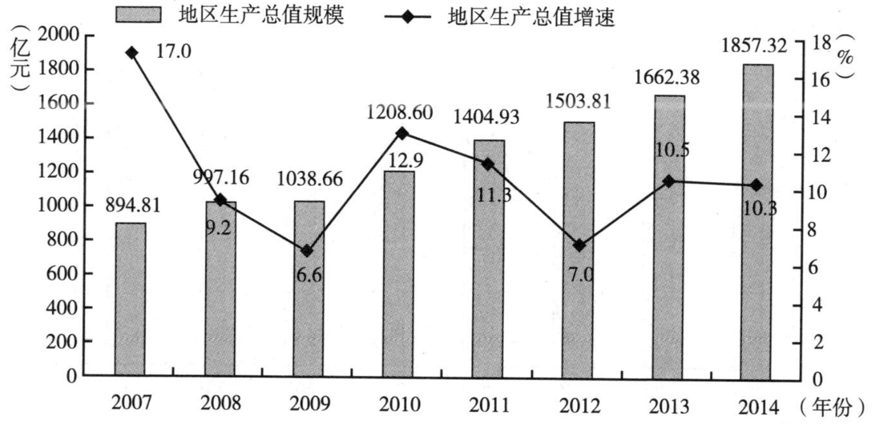

图1　2007～2014年珠海地区生产总值规模及增速

注：2014年数据为公报统计数据，2007～2013年数据为年报数据。本图及本报告其他图中的地区生产总值、各产业增加值等指标绝对数按现价计算，增长速度按可比价计算。

资料来源：《珠海市2014年国民经济和社会发展统计公报》。

（二）工业生产克服不利形势，工业经济持续发展

2014年，过去几年引入的大型重点企业项目相继开工投产，为珠海工业注入了新活力，有效抵消外需疲软、国内工业整体下行以及珠海六大支柱产业增长乏力等不利因素的影响，工业经济持续发展，工业基础不断壮大。2014年，珠海完成规模以上工业增加值897.88亿元，比上年增长11.2%（见图2），排名珠三角地区第三，比上年提升3位，也大幅高于全国8.3%和全省8.4%的平均水平，对全市经济增长的贡献率达62%，比上年提高7个百分点，拉动经济增长6.4个百分点，比上年提升0.7个百分点。

2014年，六大支柱产业共完成工业增加值580.89亿元，同比增长5%，比上年下滑4.2个百分点。其中，生物医药和电力能源产业分别增长16.2%和7.2%，其他四大支柱产业的增速则大幅下降，电子信息、家电电气、石油化工和精密机械产业的增速分别为6.5%、5.6%、－2.3%、－4.2%（见表1）。不过，中国北车珠海基地、瓦锡兰玉柴中速发动机制造项目、中海油系

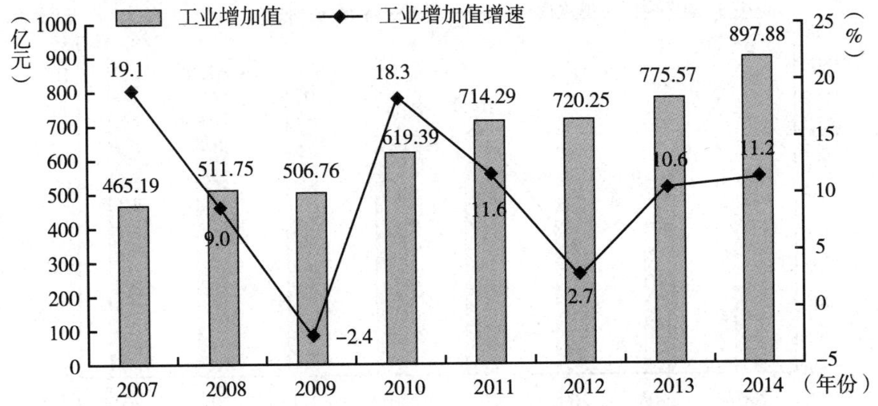

图2　2007~2014年珠海工业增加值及增速

资料来源：《珠海市2014年国民经济和社会发展统计公报》。

列项目等一批大项目建成投产，先进制造业和装备制造业快速增长，增速分别达到20.1%和13.1%，有效抵消了传统产业增长乏力的不利影响，促进了珠海工业的转型升级，也有利于珠海工业实现可持续发展。

表1　2010~2014年六大产业工业增加值同比增速

单位：%

年份	平均增幅	家电电气	电子信息	石油化工	电力能源	生物医药	精密机械
2010	18.6	16.0	29.8	20.0	10.6	23.0	13.2
2011	11.5	20.3	-4.0	11.4	10.6	25.0	14.2
2012	7.8	15.6	1.1	10.0	-7.6	18.5	14.7
2013	9.2	7.4	14.8	11.2	0.8	11.0	8.6
2014	5.0	5.6	6.5	-2.3	7.2	16.2	-4.2

资料来源：2010~2014年珠海市国民经济和社会发展统计公报。

但是，值得注意的是，珠海工业的经济效益有所下滑。2014年，珠海规模以上工业企业实现利润增速为18.2%，比上年大幅下滑17.2个百分点。其中，亏损企业232家，同比减少9家，但亏损额达43.33亿元，同比大幅增长84.9%（见表2）。

表 2　2013～2014 年珠海规模以上工业企业实现利润及其增速

指标	2013 年		2014 年	
	利润总额（亿元）	比上年同期增长(%)	利润总额（亿元）	比上年同期增长(%)
全市规模以上工业	248.53	35.4	293.62	18.2
其中：国有控股企业	159.84	46.5	189.28	22.0
集体企业	0.10	-9.1	0.88	5.0
股份制企业	169.28	48.4	200.73	19.9
外商及港澳台投资企业	76.19	13.7	89.44	14.3
民营企业	38.11	58.1	51.06	11.1

资料来源：2013 年和 2014 年珠海市国民经济和社会发展统计公报。

（三）受世界经济深度调整影响，对外贸易大起大落

受国际经济深度调整影响，2014 年珠海对外贸易形势非常严峻，各项指标相比上年全面下滑。2007～2014 年珠海货物贸易进出口额及增速见图 3。

2014 年，珠海完成进出口总额 549.98 亿美元，同比增长 1.3%，大幅下滑 17.3 个百分点，其中出口额为 290.54 亿美元，同比增长 9.3%，进口额为 259.44 亿美元，同比下降 6.3%（见表 3）。同期广东省进出口总额、出口总额、进口总额的增速分别为 -1.3%、1.5% 和 -5.5%。另外，珠海的外贸由逆差 10.97 亿美元转变为顺差 31.1 亿美元。

从具体结构来看，2014 年珠海一般贸易出口额增长 33.7%，进口额增长 2.9%。加工贸易出口额下降 2.6%，进口额大幅下降 24.1%，预计未来一般贸易将取代加工贸易成为珠海对外贸易的主要形式。

从企业性质来看，珠海外商投资企业受世界经济低迷的影响最深，2014 年外商投资企业进出口额分别下降 24.4% 和 6.4%。珠海国有企业和其他企业等内资企业表现相对较好，2014 年，珠海国有企业进口额增长 7%，出口额下降 7.5%，其他企业进出口额分别增长 7% 和 54.3%（见表 3）。其他企业成为拉动珠海对外贸易增长的主力军，2012～2014 年其他企业出口额占珠海出口总额的比重分别为 13.2%、26.4% 和 37.1%，同期外商投资企业

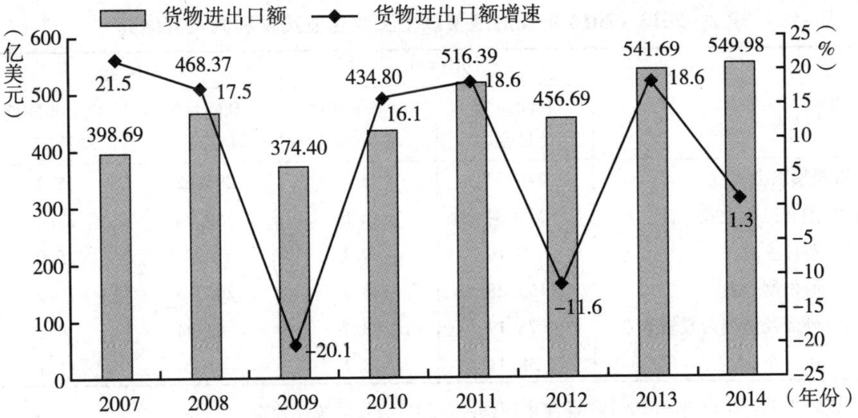

图 3　2007～2014 年珠海货物进出口额及增速

资料来源：《珠海市 2014 年国民经济和社会发展统计公报》。

出口额占珠海出口总额的比重则不断下降，分别为 74.0%、63.4% 和 54.3%。

表 3　2014 年珠海进出口额及增速

指标	绝对数(亿美元)	比上年增长(%)
进出口总额	549.98	1.3
出口额	290.54	9.3
其中:一般贸易	138.62	33.7
加工贸易	138.48	-2.6
其中:国有企业	25.07	-7.5
外商投资企业	157.7	-6.4
其他企业	107.77	54.3
进口额	259.44	-6.3
其中:一般贸易	155.46	2.9
加工贸易	50.65	-24.1
其中:国有企业	116.84	7
外商投资企业	88.82	-24.4
其他企业	53.78	7

资料来源：《珠海市 2014 年国民经济和社会发展统计公报》。

（四）固定资产保持快速增长，非国有经济投资活跃

近几年珠海固定资产投资保持快速增长，增速连续4年位居珠三角地区第一，是拉动珠海经济增长的第一动力。如图4所示，2014年，珠海固定资产投资总额首次超过千亿元，达1135.05亿元，同比增长23.5%，占GDP的比重达61.1%。

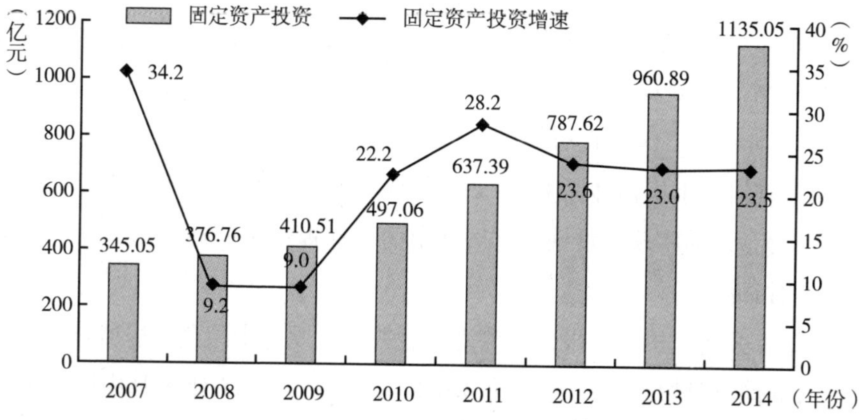

图4　2007～2014年珠海固定资产投资及增速

资料来源：《珠海市2014年国民经济和社会发展统计公报》。

分产业看，以基础设施为主的第三产业投资仍然是珠海固定资产投资增长的主力，2014年投资额达857.33亿元，同比增长26.2%，增速比上年上升8.4个百分点。其中，21项珠海交通运输体系建设工程项目投资额达155.35亿元，12个现代服务业建设工程项目投资额达71.8亿元，重大市政基础设施工程项目投资额为38.44亿元，能源保障建设项目投资额为36.66亿元。受国际、国内经济整体下行影响，珠海第二产业投资增速有所放缓，投资额为276.04亿元，同比增长15.6%，增速比上年大幅下降20.6个百分点，其中工业投资额为276.04亿元，同比增长15.6%，工业投资中的制造业投资额为125.35亿元，同比增长16.9%。

分投资主体看，非国有经济投资占比最高，增速最快，一方面说明珠海

已经成为一块投资热土，另一方面也为珠海经济的可持续发展增添了动力和潜力。2014 年，珠海非国有经济投资额增长 44.9%，达到 706.68 亿元。其中，民营经济投资额增长 55.7%，达到 394.84 亿元；外商经济投资额增长 34.6%，达到 145.96 亿元。

（五）打造国际宜居城市，生态环境持续改善

2014 年 10 月，在上年出台的《生态文明建设促进条例》基础上，珠海提出《珠海市生态文明体制改革工作方案》，推出全面深化生态文明体制改革的若干措施，确保 2016 年初步建成“全国生态文明示范市”，提出在 2020 年基本建成“国际宜居城市”的目标。2014 年 11 月，通过了《珠海建设国际宜居城市指标体系》和《珠海市实施新型城镇化战略建设国际宜居城市研究》，为实现建设国际宜居城市的目标提供了明确的指导方向以及可量化的指标。

根据有关研究机构的报告，珠海已被普遍认同为中国最宜居城市，已经为建设国际宜居城市打下了扎实的基础。其中，在 2014 年 5 月中国社会科学院财经战略研究院和社会科学文献出版社共同发布的《中国城市竞争力报告（2014）》中，按照宜居程度排名，珠海超越香港成为中国最宜居城市。在中国社会科学院城市与竞争力研究中心发布的《2014 年宜居城市竞争力前 200 名城市》中，珠海也排名第一，再度成为全国最宜居城市。

2014 年，珠海 PM2.5 浓度下降 10.5%，空气质量保持优良水平，继续位居全国重点城市前列。据环境保护部发布的 2014 年全国 74 个重点城市的空气质量数据，珠海的细颗粒物（PM2.5）、可吸入颗粒物（PM10）、二氧化氮（NO_2）、一氧化碳（CO）和臭氧（O_3）等污染物的年均浓度均达标，总体空气质量居全国第五位。

2014 年，珠海水环境质量继续处于较高水平。集中式饮用水源地水质达标率为 100%。城市污水日处理能力达 58.4 万吨，增长 7.6%，污水管网建设全面铺开。生活垃圾处理生态环保工厂建成，城镇生活垃圾无害化处理率达到 100%。

2014 年，珠海新建 3.2 万亩碳汇林，新增 105 公里绿道，新建和改建森林公园 21 个，人均公园绿地面积达到 18 平方米，森林覆盖率达到 33.6%，比上年提升 3.9 个百分点。

（六）居民生活水平不断提高，民生保障进一步加强

如图 5 所示，2014 年，珠海居民收入和生活水平继续保持较高增幅。珠海城镇居民人均可支配收入达 39685 元，增长 9.1%，增速高出广东省平均水平 0.3 个百分点。农村常住居民人均可支配收入为 18394.8 元，比上年增长 10.2%，增速低于广东省平均水平 0.4 个百分点。

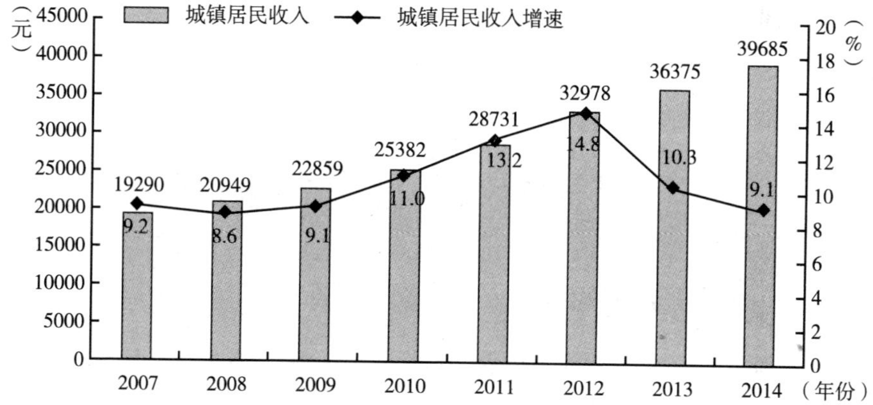

图 5　2007～2014 年珠海城镇居民收入及增速

资料来源：《珠海市 2014 年国民经济和社会发展统计公报》。

2014 年，珠海社会消费品零售总额为 815.71 亿元，比上年增长 13.2%，高于 GDP 增速 2.9 个百分点。一方面，说明消费对经济增长的贡献率有所提高；另一方面，说明随着收入水平的提高，老百姓更愿意消费，并分享经济增长的成果。珠海城镇居民教育文化娱乐服务占消费总支出的比例为 14.0%，高出广东省平均水平 3.5 个百分点，接近北京、上海等发达城市水平，甚至高出广州市 1.2 个百分点，说明随着收入水平的提高，珠海居民的消费结构更趋合理，这有利于珠海经济结构的转型升级。

就业形势保持稳定。2014 年，珠海城镇登记失业率为 2.26%，同比下降 0.02 个百分点。城镇新增就业人数为 45876 人，同比新增 2568 人，13252 名城镇失业人员实现再就业，就业困难人员实现就业的有 2188 人，农村劳动力转移就业的有 2459 人。

民生和社会建设投入力度不断加大，社会保持和谐稳定。2014 年，珠海公共财政预算用于教育、社会保障和就业、文化体育和传媒、医疗卫生、农林水事务等 9 个民生领域的支出额达 177.38 亿元，同比增长 17.4%，占一般公共预算支出的 64.3%，比上年提升 2.6 个百分点。

社会治安良好，安全生产形势稳定，群众安全感和满意度提升。2014 年，珠海接报违法犯罪警情数量同比下降 6.2%，群体性事件减少 42%。全年各类生产安全事故总数比上年减少 6.0%，死亡受伤人数与上年持平。

二 面临的新形势与新问题

（一）世界经济温和复苏，未来局势复杂多变

2014 年，世界经济仍处于深度调整期和再平衡过程中，总体温和复苏，但增长动力依然不足，主要经济体经济分化明显，表现出多样化、多速化态势。

2014 年，发达经济体实现经济增长 1.8%，增速较上年上升 0.5 个百分点，温和复苏，但分化越发明显。美国经济的复苏强于预期，在企业投资大幅增长、房地产市场持续回暖以及消费和出口增长等因素的共同驱动下，2014 年美国实际 GDP 增长 2.4%，创 4 年来最大增幅，失业率从上年末的 6.7% 下降至 2014 年末的 5.6%。欧元区受经济结构调整进展缓慢、公共债务压力较大和地缘政治事件冲击等因素影响，仍然难以摆脱物价下跌和失业率高企的困境，经济增长动力明显减弱，虽然欧洲中央银行出台了一系列宽松货币政策，但仍未从根本上提振欧元区经济。2014 年 12 月，欧元区出现

技术性通货紧缩，CPI 同比下降 0.2%，就业形势改善不明显，失业率仍高达 11.4%，全年经济增长率仅为 0.9%。日本经济受政策影响明显，面临再次衰退风险。2014 年第一季度，日本经济增速大幅反弹，同比增长 5.8%，但随后消费税提升所导致的负面影响超出预期，第二季度和第三季度同比下跌 6.7% 和 1.9%，第四季度恢复正增长，同比增长 1.5%。

2014 年，新兴经济体实现经济增长 4.4%，增速较上年回落 0.3 个百分点，经济增长动力减弱。特别是强势美元和大宗商品价格低迷等因素，对高度依赖大宗商品出口的国家冲击较大，巴西、俄罗斯、印度和南非的经济增长率分别为 0.1%、0.6%、5.8% 和 1.4%。

展望未来，世界经济增速有望延续缓慢复苏态势，但风险因素复杂多变。国际货币基金组织在《世界经济展望》中，预测 2015 年全球经济增速为 3.5%，较 2014 年增速加快 0.2 个百分点，但是全球经济增长仍然面临诸多风险：一是在各大经济体经济增长分化的背景下，全球经济格局的再平衡调整进程会加剧各国的经济摩擦；二是在美联储货币政策逐步回归常态的影响下，全球资本可能在更大范围和更大规模上进行重新配置，从而可能引发部分国家的金融市场动荡乃至全球金融危机；三是以原油为代表的大宗商品价格的不确定性，可能给全球经济增长带来新的风险。

（二）国内经济进入新常态，机遇和挑战并存

2014 年，我国经济在新常态下总体运行平稳，结构调整取得积极变化。一是经济运行处在合理区间，全年国内生产总值达 63.65 万亿元，同比增长 7.4%，消费平稳增长，投资增速有所放缓，进出口缓中趋稳。就业基本稳定，居民收入稳定增长，最终消费对 GDP 增长的贡献率达到 51.2%，比上年提高 3 个百分点。二是经济结构调整出现积极变化。战略性新兴产业保持较快增长，移动互联网、大数据、云计算等新一代信息技术加快与传统产业跨界融合。2014 年，全国服务业产值增长 8.1%，高出第二产业 0.8 个百分点。三是产能过剩行业积极调整，污染防治力度明显加大，主要污染物特别是氮氧化物排放量明显减少，全年单位 GDP 能耗同比下降 4.8%。

从中长期来看，我国经济仍然处于增速换挡、结构调整和前期政策消化三期叠加的阶段。

从增速变化来看，由于粗放式增长模式难以为继，经济增长进入换挡期，国民经济由过去的两位数高速增长转向中高速增长。当前我国经济增长减速和换挡的过程，本质上是经济结构调整和重构的过程，也是经济增长动力转换和重塑的过程。在这一过程中，我国新兴产业、服务业发展较为迅速，就业状况整体稳定，消费保持较快增长，服务业在经济发展中的贡献增大，是我国经济新常态的重要特征。正在兴起的“大众创业、万众创新”浪潮，“一带一路”国家战略引领企业“走出去”，国内资本的全球配置逐步加快，也是我国经济新常态的重要内容。另外，为适应和促进经济新常态发展，国家将在不同领域和地区推出若干相应的结构性改革政策。

我国经济的运行状态、规律以及国家相应的政策举措，对不同地区、不同行业、不同领域的影响显著不同，这将是珠海未来经济社会发展转型面临的新的机遇和挑战。

（三）珠海的经济发展问题

一是珠海人均指标位居广东省前列，但历史原因形成的相对薄弱的工业基础，导致目前总体经济规模偏小。长期以来，珠海的人均经济指标在省内排名靠前，但一旦衡量总量指标，珠海的地位就相对落后了许多。2014 年，珠海人均 GDP 按平均汇率折算达 1.9 万美元，是广东省平均水平的 1.83 倍，仅略低于 2.43 万美元的深圳和 2.1 万美元的广州，继续居广东省第三名。在固定资产投资和工业经济相对快速增长的情况下，2014 年珠海 GDP 增速在珠三角地区排名第一，但 GDP 总量仍然处于珠三角地区倒数第二位，仅比肇庆略高 0.66%。工业是国民经济的基础，虽然 2014 年珠海规模以上工业增加值增速在珠三角地区排名第二，但相对薄弱的工业基础是目前珠海经济总量偏小的主要原因。2014 年珠三角地区九市部分经济指标对比情况如表 4 所示。

表 4　2014 年珠三角九市部分经济指标对比

	GDP(亿元)		规模以上工业增加值		
	增速(%)	金额(亿元)	增速(%)	金额(亿元)	占 GDP 比重(%)
广　州	8.6	16706.87	8.6	4859.49	29.09
深　圳	8.8	16001.98	8.4	6501.06	40.63
珠　海	10.3	1857.32	11.2	897.88	48.34
佛　山	8.6	7603.28	9.9	4249.23	55.89
惠　州	10	3000.7	13	1543.3	51.43
东　莞	7.8	5881.18	8.8	2593.54	44.10
中　山	8	2823	10	1312.16	46.48
江　门	7.8	2082.76	11	849.81	40.80
肇　庆	10	1845.06	14.3	932.42	50.54
珠三角九市	7.8	57802.2	8.3	23738.92	41.07
珠海排名	1	8	2	8	4

资料来源：广东省统计信息网：http：//www.gdstats.gov.cn/。

二是珠海经济对外依存度高，受汇率和国际因素影响较大。作为改革开放前沿的经济特区，珠海一直是我国外贸依存度最高的城市之一。不断增长的对外贸易显然为过去 30 多年珠海经济腾飞做出了巨大贡献，但是，随着我国经济进入新常态，过高的外贸依存度反而可能是制约珠海经济增长的风险因素，特别是人民币升值和国际需求疲软等因素，容易对珠海经济造成较大的冲击。2014 年，珠海的外贸依存度有所降低，但仍然高达 181.19%（见表 5），同期广东省的外贸依存度为 97.18%，全国的外贸依存度为 41.53%。

表 5　2008～2014 年珠海外贸依存度

指标＼年份	2008	2009	2010	2011	2012	2013	2014
GDP(亿元)	997.16	1038.66	1208.60	1404.93	1503.81	1662.38	1857.32
进出口额(亿美元)	468.37	374.40	434.80	516.39	456.69	541.69	549.98
外贸依存度(%)	321.02	246.06	238.26	231.59	190.88	198.67	181.19

注：外贸依存度指进出口总额占国内生产总值的比重，这里的计算采用的是央行公布的当年年末汇率。

资料来源：《珠海市 2014 年国民经济和社会发展统计公报》。

三是金融业对实体经济的支持潜力还有待继续挖掘。2014 年，珠海金融业继续保持较快发展，对实体经济的支撑力度持续加大。统计数据显示，2014 年，珠海金融业增加值增长 11.5%，比 GDP 增速快 1.2 个百分点，新兴金融机构总数达 267 家，增长 196.7%。金融是现代经济的核心，实体经济的发展离不开金融特别是资金的支持。应该说，2014 年，珠海的金融发展为珠海抵御外贸经济低迷，促进其经济发展提供了较大的支持。

同时，珠海金融业特别是银行信贷对地方经济的支持还有相当大的潜力可挖。

可以用金融相关率①来衡量一个国家或地区的金融发展水平。如果仅考虑银行方面的金融资产，可以发现珠海在金融相关率方面与深圳、广州几乎相当（见图 6）。近几年来，珠海的该指标甚至更高。

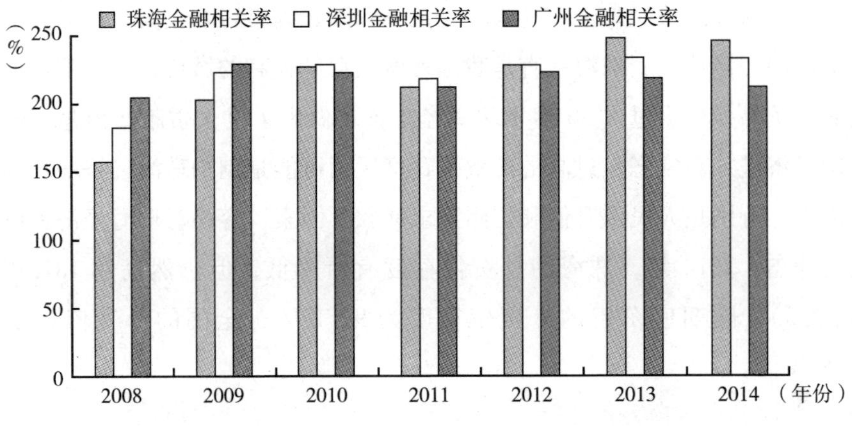

图 6　2008～2014 年珠海、深圳和广州的金融相关率比较

资料来源：珠海、深圳和广州的统计信息网。

① 金融相关率是由美国经济学家雷蒙德·W. 戈德史密斯（Raymond. W. Goldsmith）提出的衡量一国金融发展水平的一个指标，等于金融资产与 GDP 之比，在研究时可以用 M2 替代金融资产，对于一个地区则可用各类存款总量来替代金融资产量来计算金融相关率，本报告考虑数据的可得性，用地方的各类存款余额替代地方金融资产额来计算地方金融相关率。

但是，这种银行业对实体经济的支撑能力有没有转化为实际的支持？从三地的存贷比指标来看，显然，珠海的银行业资金并没有充分释放其支持经济的支撑能力。图7显示，珠海的存贷比①长期远远落后于深圳和广州，即珠海的银行资金并没有充分地以贷款的形势发放给珠海的地方企业。不过，从2014年的情况来看，在外贸经济低迷和国内经济下行的情况下，珠海之所以能够保持较高的固定资产投资和较快的经济增长，其中一个因素就是金融业的较快发展，特别是在存款余额维持较快增长的同时，发放了更高比例的贷款以支持当地企业和经济发展。

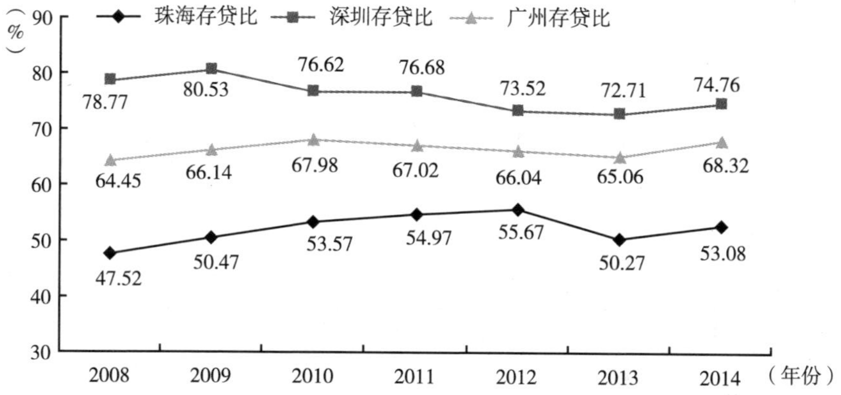

图7　2008～2014年珠海、深圳和广州的金融相关率比较

资料来源：珠海、深圳和广州的统计信息网。

从贷款产出率②来看，与深圳和广州相比，珠海的贷款对经济的支撑也有较大的潜力（见图8）。贷款产出率越高，表明银行贷款的产出效益越高，同时也反映该地区单位GDP所消耗的贷款越少。由于边际效应递减规律，往往是经济越发达、经济货币化水平越高的地区，贷款产出率更低。图8比

① 存贷比是银行贷款余额与存款余额的比率。一个地方的存贷比高低，说明该地银行将当地存款发放给当地企业贷款的多寡。

② 贷款产出率是贷款效益的主要指标，它反映的是贷款所产生的经济效益水平，等于当年国内生产总值与银行贷款年平均余额的比值，即1元贷款余额相应产出多少元的国内生产总值。

较了珠海、深圳和广州三地近几年的贷款产出率指标。从纵向来看，贷款产出率大体呈现下降趋势，说明在我国经济增长过程中，随着金融业的发展和经济货币化水平的不断提高，单位 GDP 所需要的贷款余额是不断增加的。从横向对比来看，经济发达程度和经济货币化水平越高的地区，单位 GDP 所需要的贷款余额越多。从这个角度上说，珠海需要向深圳、广州看齐，加大信贷力度，不断提高贷款量，以进一步提升珠海的经济货币化水平，促进珠海经济的发展。

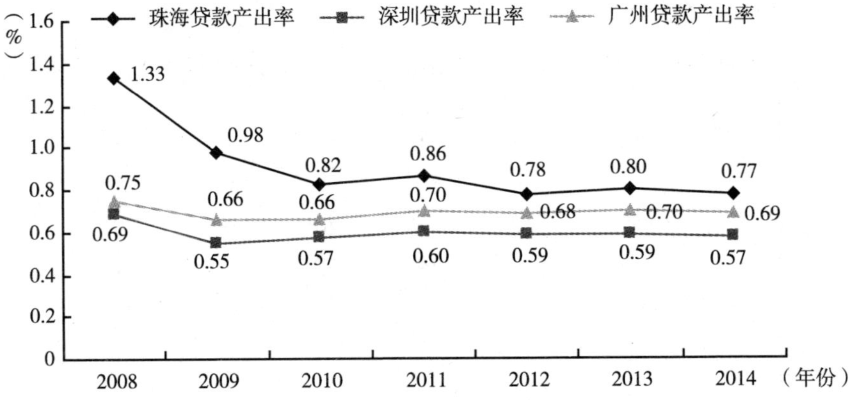

图 8　2008～2014 年珠海、深圳和广州的贷款产出率比较

资料来源：珠海、深圳和广州的统计信息网。

三　对策建议

（一）由追求经济增长速度逐步转向追求经济质量

在中国经济进入新常态的背景下，我国经济规模已经排名全球第二，“唯 GDP 论”导致了一系列的社会发展和城市问题，因此，应坚决杜绝为了短期经济利益而透支资源、牺牲环境的错误行为。追求经济质量，一是要加强节能减排，保护生态环境；二是促进居民收入和财富增长，让老百姓真正分享经济增长的成果；三是大力发展教育、文化和卫生等民生保障事业，提升老百姓的幸福指数。

（二）进一步大力扶持和促进民营经济发展

我国已成为全球第一大贸易国，外贸增长空间有限，我国经济发展逐渐由生产领域向消费领域转型，广东省尤其是珠三角地区的经济增长将不断从外贸驱动型转向内需拉动型。在这一趋势下，降低国际经济波动对珠海的不利影响，不是简单地限制外贸经济发展，而是大力扶持和促进民营经济发展，从而降低珠海的外贸依存度。2008 年以来，正是民营经济的不断发展壮大，才使得珠海经济在外贸依存度由 321% 下降到 181% 的同时，经济仍然保持较高水平的增长。

（三）扩大信贷规模，优化信贷结构

金融业特别是银行业在信贷方面对珠海经济的支持潜力还需要进一步挖掘，特别是要进一步通过多种手段促进珠海贷款规模的扩张，为珠海企业的发展提供支持。为此，一方面需要提高银行服务当地的积极性和觉悟，另一方面珠海政府部门可以采取税收、担保、政策指引等各种手段影响银行的经营行为。

在扩大信贷规模的同时，需要优化珠海的信贷结构，促进珠海经济的转型升级。一是督促银行业进一步完善差别化信贷政策，采取多种形式淘汰落后产能；二是引导银行业调整信贷投放计划，努力满足先进装备制造业、文化旅游会展业等优先发展产业的信贷需求；三是促进银行业为中国（广东）自由贸易试验区珠海横琴新区的发展优先提供优质的金融服务和信贷支持；四是积极满足在建续建项目、重大基础设施和保障性安居工程等重点工程的信贷需求；五是采取贴息、担保等政策促进银行向小微企业特别是科技型、创新型、创业型小微企业提供信贷支持等金融服务。

参考文献

[1] 珠海市统计局、国家统计局珠海调查队：《珠海市2014年国民经济和社会发展统计公报》，2015年3月13日。

[2] 广东省统计局、国家统计局广东调查总队：《广东省2014年国民经济和社会发展统计公报》，2015年2月28日。

[3] 朱小丹：《在广东省第十二届人民代表大会第三次会议上的政府工作报告》，2015年2月9日。

[4] 江凌：《在珠海市第八届人民代表大会第五次会议上的政府工作报告》，2015年2月2日。

[5] 陶一桃：《中国经济特区发展报告（2014）》，社会科学文献出版社，2014。

[6] 珠海政府门户网站：http：//www. zhuhai. gov. cn/。

[7] 珠海统计信息网：http：//www. stats - zh. gov. cn/。

[8] 广东省政府门户网站：http：//www. gd. gov. cn/。

[9] 广东省统计信息网：http：//www. gdstats. gov. cn/。

B.12
汕头经济特区发展报告

陈红泉*

2014年，在国际经济复苏缓慢而外需不足和国内经济下行压力增大的背景下，汕头市外贸经济形势严峻，但工业生产稳定，固定资产投资保持稳定增长，实现了经济平稳增长。同时，国务院批准汕头华侨经济文化合作试验区成立，汕头的发展成为“一带一路”国家战略的重要组成部分，这为汕头在新时期全面深化改革、扩大对外开放、促进社会经济发展等带来了新的重大机遇。

一　汕头2014年经济社会发展情况

（一）经济保持平稳增长，地区生产总值增速连续7年高于广东省

2014年，面对复杂严峻的国内外经济形势，汕头实现地区生产总值1716亿元，增长9%，比上一年下降1个百分点，但仍然高于广东省平均水平（见图1）。过去7年，汕头不断向经济社会发展总体上赶超全省平均水平的目标努力迈进。2014年，汕头人均GDP为31192元，增长8.2%，按年末汇率测算为5097美元，首次突破5000亿美元。

（二）工业生产稳定，起到中流砥柱作用

工业生产保持稳定增长。目前工业产值占汕头经济总量的近47.6%，工业的稳定增长对汕头经济具有基础性作用。2014年，汕头完成工业增加值817.48亿元，比上年增长9.8%，工业对经济增长的贡献率达到54.9%。

* 陈红泉，深圳大学中国经济特区研究中心讲师。

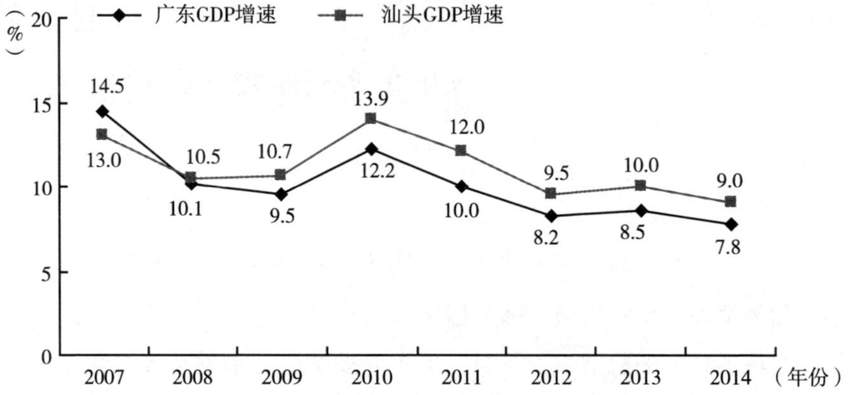

图1　2007～2014年汕头市与广东省地区生产总值（GDP）增速比较

注：2014年数据为公报统计数，2007～2013年数据为年报数。本图及本报告其他图中的地区生产总值、各产业增加值等指标绝对数按现价计算，增长速度按可比价计算。

资料来源：《汕头市2014年国民经济和社会发展统计公报》和《广东省2014年国民经济和社会发展统计公报》。

其中，先进制造业和高技术制造业的增加值分别为96.73亿元和36.88亿元，分别增长10.2%与8.5%。汕头工业增加值增速连续7年高于广东省平均水平（见图2），是拉动汕头经济发展的主要动力。

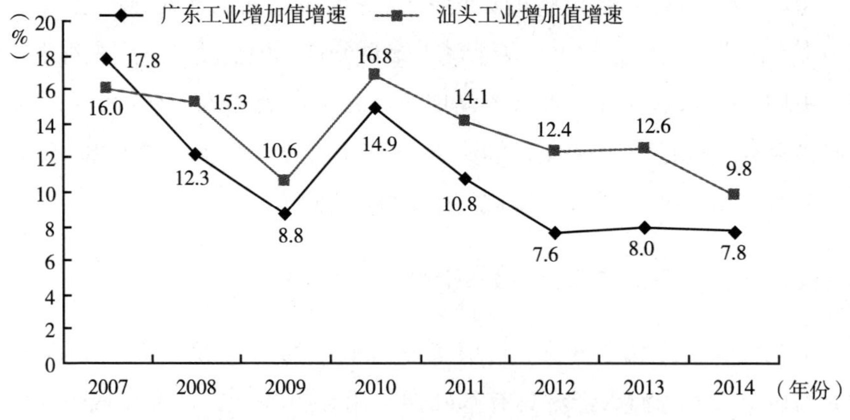

图2　2007～2014年汕头市与广东省工业增加值增速比较

资料来源：《汕头市2014年国民经济和社会发展统计公报》和《广东省2014年国民经济和社会发展统计公报》。

汕头工业经济另一个可喜的成绩是，在广东省乃至全国工业过剩、效益下滑的背景下，汕头工业效益表现良好。2014 年前 11 个月，汕头规模以上工业企业实现利税总额 252.71 亿元，增速为 19.1%，比上年快 2.7 个百分点。亏损企业有 117 家，同比减少 11 家，亏损额为 2.9 亿元，同比大幅下降 27.9%。

（三）固定资产投资不断加快，基础设施不断完善

2014 年，汕头全年完成固定资产投资额 1002.73 亿元，首次突破 1000 亿元，同比增长 35.1%，比上年提升 6.9 个百分点。固定资产投资率达 58.43%，比广东省平均水平高出 10 个百分点，但比全国平均水平低 22 个百分点。投资是直接拉动经济增长的“三驾马车”之一。固定资产投资率是指固定资产投资规模占国内生产总值的比重，反映了固定资产投资对经济增长的贡献。图 3 显示，近年来，在固定资产投资不断增长的推动下，汕头固定资产投资率由不到 30% 上升到接近 60%，这对于汕头经济赶超广东省平均发展水平具有重要的推动作用。

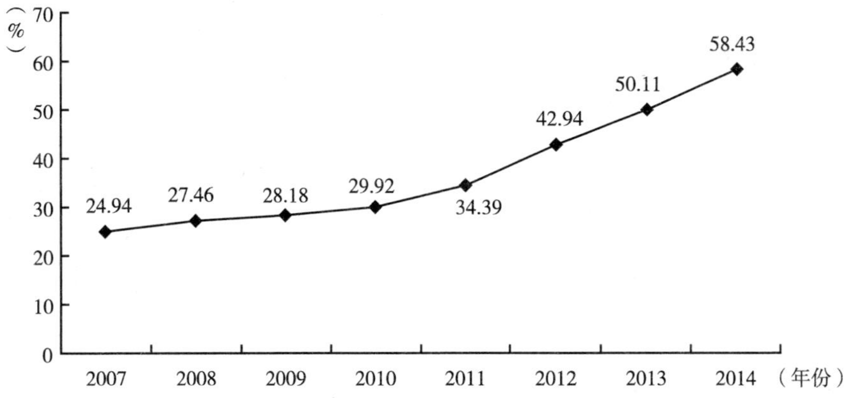

图 3　2007～2014 年汕头固定资产投资率

资料来源：汕头市统计信息网、广东省统计信息网和国家统计局网站。

从投资经济类型看，民营经济依然占主导地位，国有经济实现快速增长。2014 年，汕头民营经济投资额为 788.20 亿元，同比增长 39.5%，占全

市总投资额的78.6%，比上年提升了1.6个百分点。国有经济投资额为150.51亿元，同比增长33.5%，仅占全市总投资额15%。可见，汕头的民营经济将继续保持主导地位，而国有经济受汕头财力制约，在短期内仍然难以迅速发展壮大。

从投资的产业来看，工业和现代服务业依旧是汕头固定资产投资的主体，增速较快。2014年，汕头工业投资额为503.64亿元，同比增长33.3%，比上年提升了8.8个百分点。电子商务、现代物流等现代服务业的投资额为389.39亿元，同比增长48.7%，比上年提升了23.6个百分点。工业和现代服务业两者合计投资额占全市的比重高达89.06%，比上年提升了1.75个百分点。

交通基础设施建设在多年投资后成效显著。2014年底，广东省最长跨海大桥即汕头南澳大桥建成通车，打通了南澳岛连接大陆的快速通道，对于把南澳打造成为国际高端旅游休闲岛具有重要意义，对于汕头现代旅游业发展具有重要意义。汕头境内五条高速公路建设项目顺利推进，其中汕揭高速公路建成通车。广梅汕铁路增建二线等铁路建设工程取得突破，广澳港区防波堤工程等港口工程加快建设。基础设施的不断改善，有利于挖掘汕头作为区域中心城市的经济增长潜力。

（四）对外经济仍然处于低谷

受国际经济低迷、人民币升值等因素影响，2014年汕头对外经济仍然处于低谷。全年完成进出口总额95.6亿美元，同比增长3.5%，比上年下降1.4个百分点。其中，出口总额为69.66亿美元，同比增长5.5%，比上年下降1.6个百分点；进口总额为25.94亿美元，同比增速为-1.4%，比上年下降1.1个百分点。2007~2014年汕头市进出口额及增速如图4所示。

从出口结构看，2014年，汕头的加工贸易出口额下降14.7%，而一般贸易出口额增长8.7%，一般贸易出口额已占出口总额的绝对比重，达81.7%。从经济类型看，外商投资企业出口额受国际经济影响比较严重，2014年下降11.8%，其出口额占汕头出口总额的比重已经下降到只有

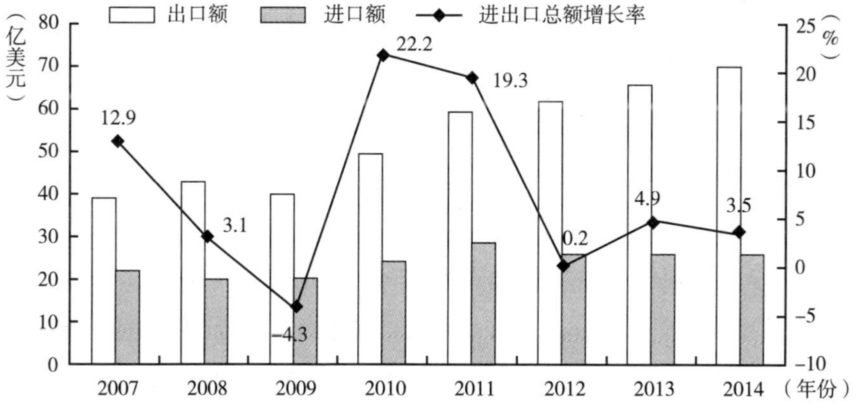

图4　2007～2014年汕头市进出口额及增速

资料来源：《汕头市2014年国民经济和社会发展统计公报》。

29.3%。而私营企业则表现相对强势，2014年出口额增长16.8%，占汕头出口总额的64.8%，已经超过外商投资企业的1倍以上。从出口商品看，机电产品、高新技术产品和水产品的出口额增速较大，2014年增速分别为9.6%、15.1%和49.7%，玩具产品出口额的增速一般，2014年只有7.3%，服装产品则表现欠佳，2014年出口额微增0.4%。

针对外贸经济工作中存在的主要问题和困难，2014年汕头市政府有关部门加大对外贸企业的帮扶力度，全力优化企业外贸环境，帮助企业拓宽外贸新渠道，采取有效措施加大力度扶持电商产业发展，培育、完善跨境电商公共服务平台，帮助企业运用电子商务手段开拓国际市场。汕头海关采取了多种政策措施促进外贸稳定增长，并开展了“企业管理简政放权政策解读”“加工贸易行政审批改革政策解读”“便捷通关政策”等政策宣讲活动，增进企业对海关服务举措的了解，帮助进出口企业全面了解掌握海关监管政策，从而更好地开拓和发展进出口业务。

同时，汕头市加大招商引资力度，抓好重大项目招商工作，促进外贸经济的可持续发展。2014年实际吸收外商直接投资1.78亿美元，同比增长20.2%；新签投资项目23个，比上年减少1个，其中投资规模在500万美元以上的项目4个，下降50%。

（五）居民收入稳步提高，社会事业稳步推进

汕头居民收入水平和生活水平继续提高。2014 年，汕头城镇常住居民人均可支配收入为 21446 元，同比增长 9%，与汕头 GDP 增速持平；农村居民人均纯收入为 11190 元，同比增长 10.7%，比汕头 GDP 增速高出 1.7 个百分点。全年社会消费品零售总额为 1286.04 亿元，同比增长 11%，比汕头 GDP 的增速高 2 个百分点。由此可见，汕头经济的增长质量在不断改善，老百姓的收入增速不低于 GDP 增速，分享了经济增长的成果，同时，在收入提高的情况下，老百姓更愿意消费，从而提高了生活水平，进而提高了消费对汕头经济增长的贡献率。

2014 年，汕头继续稳步推进民生社会事业发展，惠及全市人民群众，特别是低收入群众。2014 年度的十大民生任务基本完成：第一，提高困难群众的生活保障水平，全年最低生活保障资金支出 2.82 亿元，同比增长 59.3%；第二，全面启动给 33 所乡镇卫生院配置“五个一”设备（救护车、全自动生化仪、心电图仪、500 毫安 X 线机、B 超机各 1 台）的工作，改善基层卫生服务条件；第三，提高基本医疗保障水平，提高城乡居民基本医疗保险参保标准，并出台实施了惠及低收入群众的《关于开展城乡困难群众医疗救助“一站式”结算服务工作的实施意见》；第四，实施教育普惠工程，提高义务教育生均公用经费标准，完善中等职业教育免学费和助学金制度；第五，加大对残疾人的救助力度；第六，实施文化体育惠民工程，开展 10 个综合文化站、300 个行政村（社区）文化室配套建设等；第七，继续实施“绿满家园”全民行动，改造建设生态景观林带 133 公里，营造碳汇林 2.2 万亩，建设绿化美化示范村 70 个，封山育林 1.47 万亩等；第八，继续推进千村环境卫生整治，城乡生活垃圾终端处理设施建设取得突破性进展；第九，继续推进城镇保障性住房建设；第十，实施用水治水工程，出台了《“百河千沟万渠大整治”行动方案》，工程总投资额达 2.52 亿元。

二　汕头经济发展的新形势与老问题

（一）华侨经济文化合作试验区成为“一带一路”国家战略重要组成部分

汕头市自古以来就是“海上丝绸之路”的重要节点，在新时期国家实施建设“新丝绸之路经济带”和“21 世纪海上丝绸之路”的战略背景下，因侨而立的汕头经济特区迎来了新的重大发展机遇。

2014 年 9 月 15 日，《国务院关于支持汕头经济特区建设华侨经济文化合作试验区有关政策的批复》（国函〔2014〕123 号），同意在汕头经济特区设立华侨经济文化合作试验区，并要求试验区充分发挥汕头的华侨华人资源优势，为全面深化改革和扩大对外开放积极探索，先行先试，将试验区打造成为我国建设“21 世纪海上丝绸之路”的重要门户。由此，汕头的发展再次上升为国家战略，成为“一带一路”国家战略的重要组成部分，这将对汕头今后的全面深化改革、经济社会发展和对外开放产生深远的影响，并提供了重要的机遇。

2014 年 12 月 8 日，汕头华侨经济文化合作试验区管理委员会正式成立，试验区的主要任务包括：一是推动海外华侨华人与祖国经济深度融合发展；二是搭建海外华侨华人的文化交流平台和对外传播基地，深化与有关国家或地区的人文合作，不断扩大中华文化的影响力；三是推动汕头产业转型升级，在试验区大力发展与人民币国际化相关的跨境金融服务和与自由贸易相关的商贸物流以及高端旅游休闲、医疗服务等现代产业体系；四是为新时期全面深化改革进行先行先试，为推动和发展“一带一路”，在华侨经济文化合作、国际贸易与国际投资等方面探索开放型经济的新体制。

（二）不断深化体制机制改革，打造法治服务型政府

为了充分激发市场活力，促进民营经济和外资经济的发展，提升汕头经济发展的内生动力，实现汕头经济的快速发展，汕头近几年积极探索深化体

制机制改革，打造法治服务型政府，发挥市场在资源配置中的决定性作用。

一是扎实推进行政审批制度改革。汕头近年来在取消、转移、下放、前移政府职能，完善办事依据，优化审批环节，压缩办事时限，减少审批工作日等方面进行了大幅度的改革。

二是稳步推进商事登记制度改革，不断简化企业投资管理流程。逐步推进“宽进严管”的市场准入体系建设，大力探索市场准入负面清单管理方式，实行“先照后证”、注册资本认缴登记制，减少政府对企业投资的行政审批事项，建立以备案制为主的企业投资项目管理体制。这些改革措施有效地激发了市场活力，2014 年汕头新登记企业和注册资本分别增长 39.2% 和 76.7%。

三是探索和推进扩大开放的新经验，实施通关一体化改革，建立新型企业进出口信用管理制度，提升海关监管服务水平，大幅提高进出口企业的通关效率。同时，汕头市商务局等政府部门积极引导、推动汕头企业抱团在境外建立和拓展了数十家营销网络，不断开拓国际市场，如在阿联酋设立的“澄海玩具迪拜展示中心”，被国家商务部列为“培育外贸优势国际营销网络”试点单位。

四是规范政府自身建设，改进政府作风，改善政务环境。为加强和规范政府自身建设，2014 年汕头出台了政府廉洁性评估办法，大幅下降会议费及“三公”经费，不断完善权责明晰、衔接有序、配合有力的部门间工作协调机制，实行行政管理与行政监察、审计监督同步，政务环境明显改善，政府服务水平明显提升。

（三）汕头市经济基础薄弱的老问题仍然需要重视

汕头市经济基础薄弱主要体现在以下几个方面。

一是汕头地方财政仍然比较困难。2014 年，汕头公共财政预算收入为 123.97 亿元，同比增长 10.6%，占汕头 GDP 的比重为 7.22%，而广东省公共财政预算收入占 GDP 的比重为 11.89%。2014 年，汕头公共财政预算支出为 208.16 亿元，增长 11.2%，占汕头 GDP 的 12.15%，而广东省公共财政预算支出占 GDP 的比重为 13.47%。可见，与广东省的公共财政预算支出略高于公共财政预算收入不同，汕头的公共财政预算收入远远低于公共财政预算支出，属于严重的“入不敷出”。汕头市这种财政困难的局面已经延续多年，显然从资金上大大弱化了汕头政府对经济的调控力度。

二是汕头国有经济尤其是国有工业比重低。或许是由于汕头地方财政存在长期性的困难，难以进行较大规模的投资，汕头的国有经济特别是国有工业极其薄弱。2014 年，汕头规模以上国有工业企业总产值为 212.19 亿元，而汕头所有规模以上工业总产值为 2801.19 亿元，前者只相当于后者的 7.57%，可见汕头国有工业基础之薄弱。

三是汕头的银行资金使用效率过低，没有充分发挥金融业尤其是银行业对汕头经济的支持作用。2014 年末，汕头本外币各类存款余额为 2664.46 亿元，比上年增加 134.30 亿元，同比增长 5.3%。本外币各类贷款余额为 1072.83 亿元，比上年增加 100.90 亿元，同比增长 10.4%。汕头银行业的存贷比，即贷款余额占存款余额的比率为 40.3%，而 2014 年广东省和全国的存贷比分别为 66.4% 和 73.9%。可见，与广东省和全国平均水平相比，汕头银行业将当地企业发放贷款的比例非常低，这种情况已持续了十多年（见图 5）。从汕头固定资产投资来源看，也可以发现汕头银行信贷对当地企

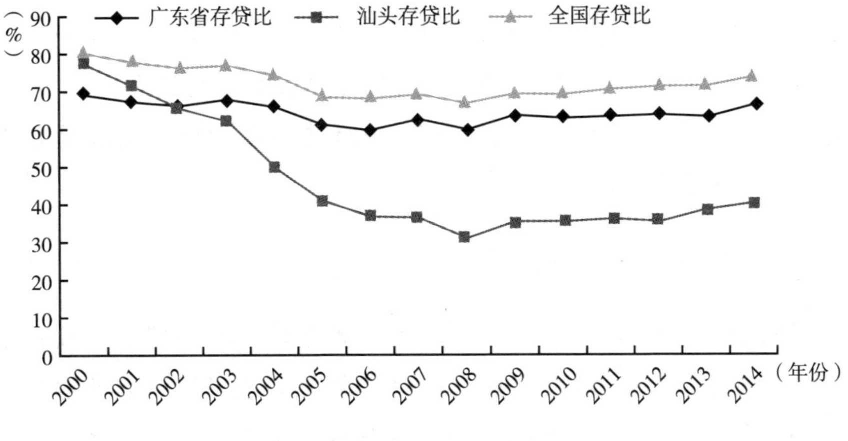

图 5　2000～2014 年汕头市、广东省和全国的存贷比对比

资料来源：《汕头市 2014 年国民经济和社会发展统计公报》和《广东省 2014 年国民经济和社会发展统计公报》。

业的支持力度还有待加强。2014 年汕头总计 1002.73 亿元的固定资产投资额中，大部分是自筹资金，为 861.25 亿元，同比增长 44.6%，而国内贷款仅为 61.75 亿元，同比下降 6.6%。

三　对策建议

（一）借华侨经济文化合作试验区之东风，进一步大胆改革开放

汕头华侨经济文化合作试验区的设立，要求汕头在新时期大胆探索，先行先试。对内要进一步深化行政管理体制改革，进一步简政放权，推动政府职能转变，建设服务型政府；对外要进一步发挥汕头的华侨华人资源优势，扩大开放，主动对接国家“一带一路”战略，实现海外资金、项目“引进来”，中华文化“走出去”。

（二）推动产业转型升级，稳步发展国有经济

从中长期来看，我国经济仍然处于增速换挡、结构调整和前期政策消化三期叠加的阶段，经济运行进入新常态，节能减排任务重、压力大。但是，像汕头这类相对后发地区，仍然需要坚持工业优先发展战略，在工业优先发展的同时实现产业转型升级。在这一过程中，需要充分发挥国有经济的主导作用，大力引进国资委下属大型国有企业的重点项目，同时为汕头地方国资委注资，增强其投资实力。

（三）深化金融改革创新，扩大银行信贷规模

深化金融改革创新，大力引进和筹建多种金融机构，增强汕头政府对金融业的影响力，特别是对银行业在信贷方面的影响力，以促进汕头银行业大力支持汕头企业的发展，特别是要为汕头华侨经济文化合作试验区的发展优先提供优质的金融服务和信贷支持，积极引导银行业向汕头在建续建项目、重大基础设施等固定资产投资工程扩大信贷。

参考文献

［1］汕头市统计局、国家统计局汕头调查队：《汕头市2014年国民经济和社会发展统计公报》，2015年3月18日。

［2］广东省统计局、国家统计局广东调查总队：《广东省2014年国民经济和社会发展统计公报》，2015年2月28日。

［3］朱小丹：《在广东省第十二届人民代表大会第三次会议上的政府工作报告》，2015年2月9日。

［4］郑人豪：《在汕头市第十三届人民代表大会第五次会议上的政府工作报告》，2015年1月25日。

［5］陶一桃：《中国经济特区发展报告（2014）》，社会科学文献出版社，2014。

［6］汕头市政府门户网站：http：//www. shantou. gov. cn/。

［7］汕头统计信息网：http：//www. stats – st. gov. cn/。

［8］广东省政府门户网站：http：//www. gd. gov. cn/。

［9］广东统计信息网：http：//www. gdstats. gov. cn/。

B.13
厦门经济特区发展报告

周铁昆*

2014年，面对复杂多变的经济形势，厦门经济特区以中国（福建）自由贸易试验区厦门片区获批为契机，加快实施“美丽厦门”战略规划，不断促进经济协调发展，发展质量不断提升，转型发展取得新的进展，经济社会保持平稳健康发展态势，厦门经济特区发展进入了新常态。

一 2014年厦门经济特区发展概况

（一）经济发展稳步回升

2014年，厦门经济总体呈现平稳增长态势，地区生产总值达3273.54亿元，与上年相比增长9.2%，增幅在全国15个副省级城市中居第四位。第一季度、上半年及前3个季度分别实现GDP 548.64亿元、1365.55亿元、2233.32亿元，分别增长5.3%、8.8%、9.0%。其中，上半年GDP增幅比第一季度回升3.5个百分点，前3个季度GDP增幅比上半年回升0.2个百分点，全年GDP增幅比上半年回升0.4个百分点，增长率呈现稳步回升态势（见图1）。人均GDP按常住人口计算为8.68万元，增长7.2%，折合1.41万美元。第一、第二、第三产业增加值分别为23.73亿元、1460.34亿元和1789.50亿元，与上年相比分别增长2.5%、9.7%和8.7%。第二、第三产业对经济增长的贡献率分别为54.2%和45.6%。各主要经济指标平稳

---

* 周铁昆，深圳大学中国经济特区研究中心讲师，经济学博士。

回升，规模以上工业总产值增长 10.8%，规模以上工业增加值增长 10.5%，社会消费品零售总额增长 10.0%，固定资产投资额（不含农户）增长 16.8%。

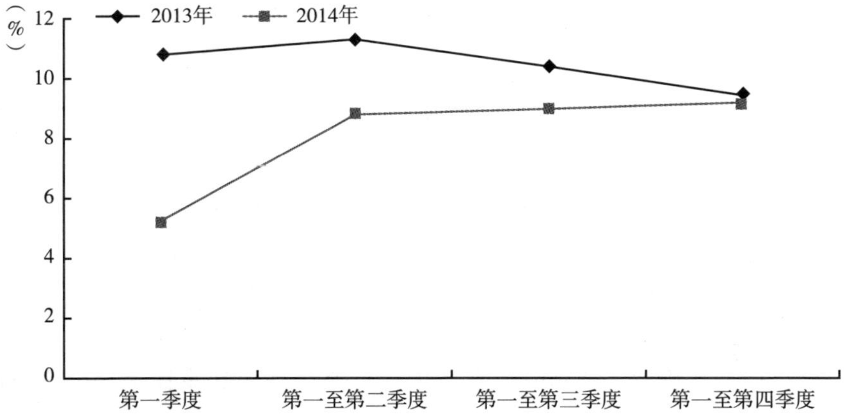

图 1 厦门 2013～2014 年分季度 GDP 增幅

（二）产业结构进一步优化

从产业结构来看，厦门的三次产业结构从 2013 年的 0.8∶46.7∶52.5 调整为 0.7∶44.6∶54.7（见图 2）。第二产业比重与上年相比减少 2.1 个百分点，但工业仍是拉动经济增长的主动力。规模以上工业增加值达 1240 亿元，增长 10.5%，对经济增长的贡献率达 49.4%。2014 年工业总产值首次突破 5000 亿元。其中，546 家产值超亿元企业对全市工业贡献显著，其工业产值占规模以上工业总产值的 91.0%。先进制造业的集聚效应不断增强，机械、电子两大支柱产业产值达 3202 亿元，占规模以上工业总产值的 65.3%。其中，平板显示产业链的产值突破千亿元，增长 10%。

第三产业增加值比重高出第二产业 10.1 个百分点，与上年第三产业比重相比提高了 2.2 个百分点，提升幅度高于全国 15 个副省级城市的平均水平。第三产业比重居福建省九地市首位，比全省平均水平高 13.9 个百分点，在全国 15 个副省级城市中居第八位。第三产业税收比重，提高 1.1 个

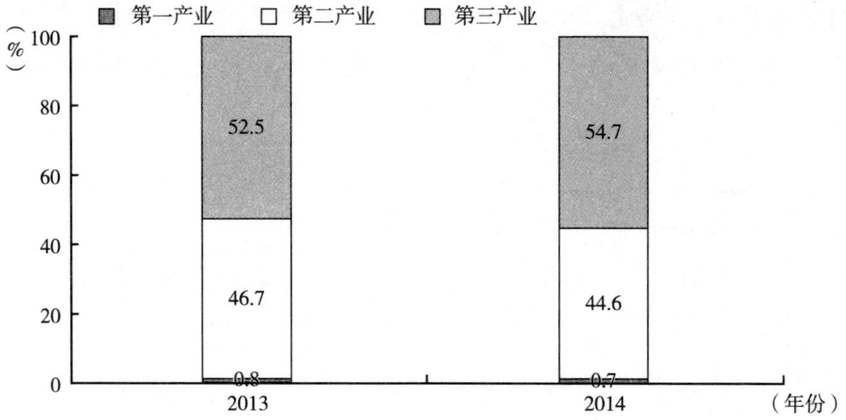

图 2　厦门 2013～2014 年三次产业增加值比重

百分点。批发零售业、住宿餐饮业等传统行业增加值比重比上年分别下降0.1和0.2个百分点。金融业和营利性服务业等现代服务业加快发展，增加值占GDP比重分别为8.8%、7.9%，比上年分别提高0.3和0.5个百分点，金融业税收比重较上年提升1.5个百分点。三次产业投资结构由2013年的0.4∶20.4∶79.2调整为0.2∶19.5∶80.3（见图3）。其中，第二产业投资额达304.14亿元，同比增长11.2%；第三产业投资额达1254.8亿元，同比增长18.5%，对投资增长的贡献更加明显。

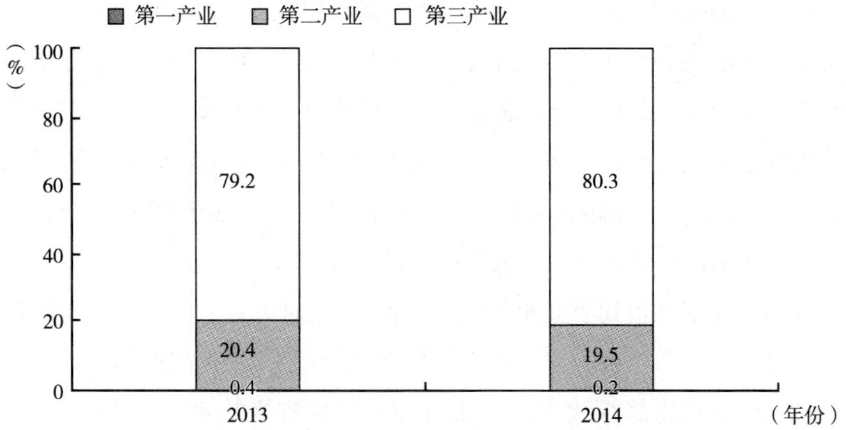

图 3　厦门 2013～2014 年三次产业投资结构

（三）创新驱动更加强劲

2014 年，厦门全社会研发投入占 GDP 比重达到 2.9%，国内专利授权数量达 8944 件，每万人拥有有效发明专利 11.1 件，PCT 国际专利申请量达 180 件。获国家各类科技立项 508 项，主导或参与制定国家标准、行业标准 130 项。2014 年，在全市 1701 家规模以上工业企业中，有 440 家企业开展了研发活动，比上年增长 12%（见表 1）。规模以上工业企业内部研发经费支出占主营业务收入的比重为 1.76%，比上年提高 0.17 个百分点。规模以上工业企业研发人员为 4.09 万人，比上年增长 10.7%，研发人员折合全时当量为 3.29 万人年，比上年增长 5.7%。规模以上工业企业内部研发经费支出为 83.88 亿元，比上年增长 10.1%。规模以上企业申请发明专利 1897 件，比上年增长 21.1%。企业拥有有效发明专利数量为 2634 件，比上年增长 36.1%。全市有高新技术企业 907 家，规模以上高新技术企业有 391 家，实现产值 1984 亿元，同比增长 12.5%，占规模以上工业总产值的 40.4%。新认定高新技术企业 151 家，省、市级创新型试点企业有 92 家，拥有软件、视听通信、半导体照明、钨材料、生物与新医药、电力电器 6 个国家特色产业基地。产业技术创新战略联盟有 11 个，科技企业孵化器有 12 个，企业技术中心有 114 个，工程技术研究中心有 102 个，重点实验室有 63 个，博士后工作站有 23 个，900 多人被纳入“海纳百川”人才计划。全市技术改造投资额达 218.55 亿元，增长 8.7%。其中，高新技术产业投资额达 127.54 亿元，增长 17.2%，技改投资力度进一步加大。设立科技成果转化与产业化基金，以股权投资方式支持初创期企业发展，科技投入向贷款贴息、担保贷款、股权投入转变。每平方公里土地创造地区生产总值 2.08 亿元，工业经济效益综合指数 223.08，节能降耗取得新成效。全市万元生产总值耗电 639.42 千瓦时、耗水 10.9 吨，分别下降 1.4% 和 2.2%。万元 GDP 能耗为 0.484 吨标准煤，在全国处于领先水平。

表1　厦门年主营业务收入2000万元以上工业企业科技开发活动情况

	单位	2014年	2013年	增长(%)
有研发活动的企业	个	440	393	12
科技活动人员	人	49865	50862	-2
其中:研发人员	人	40852	36891	10.7
R&D人员折合全时当量合计	人年	32865	31107	5.7
内部研发经费支出	万元	838806	762194	10.1
经常性支出	万元	744029	686125	8.4
资产性支出	万元	94777	76069	24.6
新产品开发经费支出	万元	762615	791140	-3.6
全部科技项目数量	项	3725	3720	0.1
其中:研发项目	项	3149	2858	10.2
专利申请数量	件	6266	4996	25.4
申请发明专利	件	1897	1566	21.1
有效发明专利数量	件	2634	1936	36.1
企业办研究开发机构数量	个	335	311	7.7

资料来源：厦门统计局、国家统计局厦门调查队编《厦门经济特区年鉴》，中国统计出版社，2015。

（四）“三驾马车”平稳运行

2014年，消费、投资、净出口对全市GDP的贡献率分别为26%、54%和20%，投资对经济增长的贡献超过一半。居民消费稳定增长，社会消费品零售额首次跨越1000亿元大关，全年实现社会消费品零售总额1072.28亿元，增长10%。其中，汽车类消费成为拉动消费增长的主因，占限额以上零售额的34.6%。互联网商品销售增长强劲，全年限额以上主要电商企业通过互联网实现商品零售额54.53亿元，增长50.1%。

投资总体上保持平稳增长态势，投资总量再创新高。2014年，全社会固定资产投资额达1572.95亿元，增长16.7%，增幅较上年提高15.6个百分点。从固定资产投资分类看，项目投资额占投资总额的54.6%，增长6.5%。房地产开发投资额达704.06亿元，增长32.4%。全市民间投资额占全社会固定资产投资额的41.8%，较上年提高7.3个百分点。房地产、住宿、零售、仓储等行业的民间投入力度较大，拉动作用较强。工业投资额达298.68亿元，增长9.9%，其中制造业投资额达253.04亿元，增长7.6%。境内引资增势迅猛，全年境内招商引资1443亿元，比上年增长1.5倍。厦门市外商投资规模创5年来新高，利用外资额居全省首位。合同利用外资额达29.93亿美元，增长63%；实际利用外资额达19.71亿美元，增长6.2%。合同利用台资（含转第三地）4.4亿美元，增长1.7%，主要集中于电子、计算机服务、食品制造、科研技术服务、商务中介、批发零售、仓储等行业。

表2　对外经济主要指标增长情况

	单位	2014年	2013年	增长(%)
外贸进出口总额(海关数)	万美元	8355311	8409432	-0.6
出口总额	万美元	5316484	5235398	1.5
进口总额	万美元	3038827	3174034	-4.3
直接利用外资项目数量	个	417	331	26.0
合同利用外资额	万美元	299338	183588	63
实际利用外资额	万美元	197101	185608	6.2
国家银行结汇收入	万美元	4276277	4322480	-1.1
国家银行售汇支出	万美元	2903756	1908922	52.1
全市税收收入	万元	8577309	7776659	10.3
其中:涉外税收	万元	2637942	2472494	6.7

资料来源：厦门统计局、国家统计局厦门调查队编《厦门经济特区年鉴》，中国统计出版社，2015。

2014年，外贸进出口总额达835.53亿美元，比上年下降0.6%。其中，出口531.65亿美元，增长1.5%；进口额达303.88亿美元，下降4.3%（见表2）。厦门出口增幅比全国水平低4.5个百分点，比全省低5个百分点，进口增幅分别比全国、全省低4.7和6.2个百分点。国有企业是稳定出口的主力，全年国有企业出口额达48.7亿美元，对全市出口增长的贡献率高达84%。民营企业则成为稳定进口的主力，全年民营企业进口额达76.4亿美元。

（五）城乡基础设施建设积极推进

厦门继续推进跨岛发展，积极推动城乡基础设施建设。全市200个城乡基础设施项目完成投资额达499.11亿元，225个宜居环境建设项目完成投资额达145.41亿元。新建、改建农村公路65公里，年度优化调整公交线路60条，新开通公交线路13条，BRT快线18米车辆比例提高至52.5%，更新、新增公交车辆509台。地铁1号线进展顺利，2号线跨海段工程积极推进。T4航站楼及全国首个第四代自动化码头远海码头投入使用。火车站南北广场、火车站主站房及片区市政配套等改造提升工程基本建成。长泰枋洋水利枢纽工程动工，库区移民工程有力推进，引水隧洞工程完成84%。厦成高速公路建成通车。澳头污水处理厂基本建成，西部垃圾焚烧发电厂投入使用。智慧城市建设稳步推进，基础设施的不断完善有力提升了厦门的城市功能。

（六）民生福祉持续改善

城镇居民人均可支配收入为39625元，比上年增长8.2%。城镇居民人均消费性支出为27402元，增长6.3%。农民人均可支配收入为16220元，比上年增长10.6%，比城镇居民人均可支配收入增幅高2.4个百分点。促进就业取得积极成效，新增就业18.29万人，本市农村富余劳动力实现转移就业2.68万人。全年财政支出548.25亿元，比上年增长4.9%。民生领域投资平稳增长，全市民生支出占一般公共预算支出的七成以上。教育惠民力度继续加大，开建公办幼儿园20所，新增学位5000个。建成中小学17所，新增学位2.3万个。社保运行质量取得新突破。全市基本医疗、基本养老、工伤、生育和失业保险参保人数分别为314.28万人、226.89万人、175.33万人、164.30万人和177.22万人，分别比上年末增长6.0%、2.1%、3.1%、3.3%和4.5%。全年共发放低保金7898.18万元，发放医疗救助金3181.5万元。

二 厦门经济特区改革开放的新进展

（一）经济领域改革深入实施

经济领域改革持续深化，亮点纷呈。创新商事登记制度，出台了《厦门经济特区商事登记条例》《商事主体登记备案办法》《经营场所备案及监管规定》等11个配套规范性文件，实行证照分离、企业年报公示、注册资本认缴、经营场所与住所登记备案等制度，激发市场活力。自2014年1月1日以来，新增商事主体7万多户，增长近80%。商事登记办理时限缩短至3个工作日，当日登记办结率达六成，登记和备案申请材料分别精简为5项和3项。制定出台《厦门经济特区无照无证经营查处办法》，该办法是全国工商登记制度改革后首部关于后续市场监管的地方性法规。推动国企发展混合经济，利润总额增长13%；制定外商投资审批清单，进一步放宽领域、简化手续；营改增试点范围扩大到铁路运输业、邮政业和电信业；创新区域合作机制，与龙岩、安溪共建协作经济区。

（二）行政领域改革持续深化

深化行政审批制度改革，市级保留329项，精简、下放审批服务事项295项，网上审批覆盖面进一步扩大。创新“多规合一”体制机制，优化审批环节，项目审批时长从180个工作日缩短至49个工作日，使建设项目审批效率大幅提高。完成新一轮机构改革，政府工作机构由45个减至39个。创新公共服务供给方式，在教育、医疗等8个领域开展政府购买服务，构建多元化公共服务供给模式。规范政府性债务管理，完善债务风险预警机制，有效防范政府债务风险。

（三）社会事业改革成效显著

厦门创新社会治理体制机制，出台了《全面推进美丽厦门共同缔造行动2014年工作方案》和《关于全面推进美丽厦门共同缔造行动的若干意见》，形成了一批不同类型的典型。制定了《厦门市基层社会治理创新改革试点方案》，以街道为单位进行创新。制定了《社区自治事项》和《社区协助政府办理事项》等权利清单，创新服务管理机制和多元共治机制。扶持18家民办社工机构，专业服务残疾人、老年人、社区矫正人员等特殊群体。403个村居建成网格化服务管理信息平台，获评“全国和谐社区建设示范城市”。创新医疗卫生领域的市校合作共建机制，与厦门大学、复旦大学签署了战略合作协议，复旦大学附属医院重点专科与厦门市6家三甲医院的10个专科建立了合作关系。放宽医师多点执业的限制，启动分级诊疗制度改革。实施进城务工人员随迁子女积分入学制，取消招收高中择校生。

（四）对外开放体制改革再上新台阶

改革对外开放体制，对外影响力进一步扩大。实行与工商部门对接的外资审批工作方案，颁布实施“先照后证”的登记制度。制定厦门融入“21世纪海上丝绸之路”建设工作方案，构建中国－中东欧国家投资合作平台。创新自贸区建设体制机制，在全省率先复制上海自贸区21项制度创新成果，稳步推进自贸园区建设。积极创新监管模式，逐步实行“一次申报、一次查验、一次放行”的通关新模式。推进特殊监管区域整合，积极试行“月度经济运行报告”一表制，实行“一表申请、一口受理”审批服务新模式，启动“两单一审”改革，正式统一对外发布海关特殊监管区域的经济运行数据。大力推进厦门大通关一体化信息平台和公共服务信息平台建设，建设特殊监管区域的通关系统。

（五）对台交流合作更加紧密

经贸合作日益频繁。两岸新兴产业和现代服务业合作示范区条例正式实施，跨境电商、冷链物流稳步发展。对台进口54.9亿美元，出口15.6亿美元，其中台湾水果进口量连续7年保持大陆首位。2014年，入境台湾水果近2万吨，创历史新高。新批台资项目167个，比上年增长21.0%。两岸贸易中心一期全部入驻，二期开工建设；两岸共建的“台湾风情商业街”开业；海峡两岸间集装箱运价指数正式发布；两岸海运快件常态化运营；探索文化保税贸易平台建设。两岸区域性金融服务中心核心区建设加快推进，全省首家两岸合资基金公司投入运营。已有23家台湾银行机构在厦门开立38个人民币代理清算账户，中国银行厦门市分行获准向台湾调运人民币现钞。

交流往来日趋活跃。第六届海峡论坛成功举办，参会台胞达1.2万名；全国首个两岸义工联盟在厦门成立；海峡两岸民间艺术节首次入台举办；新增4家两岸交流合作基地或办事机构；台湾7个县市在厦门设立旅游协会代表处，数量居全国首位；台湾民间社团在厦门设立9家代表机构；厦门全市8个社区与台湾社区签订两岸社区共建交流协议或合作意向书；厦门市律师协会与高雄、彰化律师公会签订了加强交流合作的协议；率先实施台湾特聘专家制度；厦金航线突破1000万人次大关；成功举办台交会、文博会等涉台特色活动，厦门成为大陆与台湾往来最密切的城市。

三　厦门经济特区发展中存在的主要问题

（一）工业发展缺乏新的增长点

工业传统优势逐步减弱，企业扩产积极性下降。大多数企业仍以劳动力密集的加工组装业务为主，随着劳动力成本的上升、土地供给的紧缺，厦门的特区政策优势日益削弱。规模以上工业企业产值下降的有675家，占全部企业数的43.4%，合计减产423.11亿元。2014年新增规模以上工业企业3家，实现工业产值4.87亿元，对规模以上工业增长的贡献率仅为2.4%。规模以下转规模以上工业企业108家，实现产值73.83亿元，对全市工业经济增长的贡献率为11.9%，户均产值仅为全市平均水平的1/5。支柱产业电子行业增幅继续放缓，增幅已由2012年的15.7%回落到1.2%。航空工业、生物医药产业总量偏小，分别占规模以上工业总产值的1.9%和1.7%，对全市工业的支撑作用尚不明显。工业企业的利润及营业收入低于全省平均水平，全年规模以上工业企业实现利润 229.42 亿元，仅增长 0.4%，而全省平均增长5.3%，实现营业收入 4712.53 亿元，比上年下降 1.9%，而全省平均增长 10.3%。营业收入和利润水平的低迷使工业企业的扩产积极性受到很大影响。

（二）高新技术产业带动效应减弱

高新技术企业的主要经济指标表现不佳，除研发经费比上年增长 9.1%外，高新技术企业产值、增加值、主营业务收入均为负增长。2014 年，厦门市火炬高新技术产业开发区内的高新技术企业有 216 家，园区内高新技术产业的增加值、产值、主营业务收入的增长速度分别比全市低 2.4 个、5.9 个和 8.1 个百分点。高新技术产业的科技创新投入力度不足，缺乏核心竞争力，产业层次低及产业链配套不完善，拥有真正自主知识产权的产品较少。2014 年，厦门市高新技术产业单位发明专利申请数占专利申请数的比重为 30.6%，比上年降低 1.6 个百分点。

（三）投资结构有待优化

厦门市工业项目的推进相对缓慢，工业投资总额和增幅均居全省末位，工业投资额仅占投资总额的不到 20%，比全省平均水平低 15 个百分点。制造业投资增幅低于全社会固定资产投资增幅 9.1 个百分点，不仅抑制了工业规模的扩张，还影响了全市的经济发展后劲。房地产投资额占比偏高，比全省平均水平高 9.1 个百分点，投资增长依赖房地产拉动的态势较为明显。金融、物流等现代服务业及科教文卫等社会事业方面的投资比重依然很低。资金到位增速低于同期固定资产投资增速，投融资渠道有待拓宽。

（四）综合零售增长乏力

2014 年，厦门限额以上综合零售业的零售额增长 5.3%，增幅比社会消费品零售总额低 4.7 个百分点。综合零售业尤其是传统百货商店、超市受到网络购物的巨大冲击，有25家百货商店、超市的营业额出现不同程度下降，其中11家商场的降幅超过了10%。限额以上汽车、石油类消费品零售额对全市零售额的增长贡献率为33.4%，占社会消费品零售总额的31%。由于过分依赖汽车销售的增长，一旦全市开始推行限号政策，将影响社会消费品零售总额的增长。从总量上看，厦门所实现的零售额仅占全省的11.7%，比上年下降0.3个百分点，零售额总量落后于福州、泉州。厦门限额以上消费品零售额增长速度也远低于省内其他地市，低于全省平均水平6.7个百分点。

（五）进出口受外部市场影响较大

受欧美经济缓慢复苏、新兴经济体形势不明朗、市场需求不景气等因素影响，全市进出口额增幅低于全国平均水平2.9个百分点。受人民币贬值的影响，进口额下降，其中进口额最多的台湾地区下降17.8%。出口增长乏力，特别是具有竞争优势的高新技术产品出口额呈下降趋势，2013年增长13.4%，2014年下降3.4%，回落16.8个百分点。对南非、巴西、阿根廷等新兴经济体的出口额分别下降16.5%、35.0%、30.2%。随着人力成本、原材料成本不断上涨，加工贸易进口额下降10.2%，比上年回落12.3个百分点，加工贸易出口额下降1.2%，比上年下降2.4个百分点。

四　促进厦门经济特区发展的政策建议

（一）加快实施创新驱动发展战略，力促产业转型升级

强化创新驱动导向，加快建立以企业为主体的技术创新体系，大力推进科技创新，强化产学研结合，加速科技成果转化。发挥高校、科研院所的作用，鼓励、支持高校、科研院所向社会开放实验室、科研设备，推动科技创新资源共建共享，推进创新平台建设。综合运用股权投入、贷款贴息、无偿资助等多种手段，满足科技型中小企业的融资需求，激发中小企业的创新活

力。支持高校、科研院所和企业组织和承担国际重大科技合作项目，鼓励科技企业参与国际竞争。完善创新发展的环境政策，包括保护知识产权、鼓励企业吸引和培养人才的相关政策等。加快推进产业园区基础设施配套建设，促进创新资源集聚化、规模化发展，整合提升科技创新的载体功能。发挥龙头项目的带动作用，瞄准符合厦门产业发展导向的世界500强等知名企业，引进一批具备高成长性的产业链关键环节的大项目，推进产业链整合延伸。以高新技术产业为龙头，以基础产业为依托，推动工业投资快速提升，加快推进产业资源整合，提升产业发展的内生动力。坚持以市场需求为导向，加大对主导产业包括机械装备、电子信息、生物医药等产业的研发投入，提升关键环节和产业链整体的创新能力，力促产业转型升级。

（二）加快实施跨岛发展战略，力促岛内外均衡发展

优化城市空间布局，推进岛内外重大基础设施建设，加快征地拆迁、填海造地和配套设施建设。岛内要降低开发强度和建设密度，进一步提升品位，打造高档商圈；岛外要继续做好旧村改造提升工作，加快美丽宜居乡村建设。完善城市交通体系，推动城市管理精细化，加快大物流、大港口、大路网建设，提高数字化城管水平，构建市、区、街（镇）、社区四级城市综合管理网络，增强中心城市的集聚和辐射功能。做好岛外居民区与工业区的长远合理规划，完善岛外公共交通和生活配套建设，加快城市快速公交运能提升工程，加大力度铺开岛外绿化带，培育厂区、社区绿地，营造岛外宜居环境。积极稳妥地推进新型城镇化，优化人口结构和布局，坚持以人的城镇化为核心，推进城乡一体化健康发展。

（三）加快推进自贸试验区建设，加大对外开放力度

抓住中央支持福建建设自贸试验区的重大机遇，进一步加快体制机制创新，稳步推进自贸园区建设。加快整合各类海关特殊监管区，进一步探索符合国际投资贸易规则的体制机制。加大服务业开放力度，加快发展港口物流业，引进供应链管理、服务外包等新型服务业大型项目，建设国际性航运物

流中心和全国重要物流节点城市，促进全市服务业高端化发展，加快培育发展跨境电子商务、保税融资租赁等新型业态。大力推动金融业开放创新，集聚金融机构，落实人民币资本项目可兑换、人民币跨境使用、外汇管理和利率市场化等改革试点。推进监管模式创新，探索建立贸易监管制度和投资管理制度，积极推进投资环境国际化，建立货物状态分类监管模式，实行准入前国民待遇和负面清单管理模式，为外向型经济发展创造良好环境，促进自贸试验区和“一区三中心”联动发展。

（四）深化两岸融合，促进共同发展

创新示范区管理体制机制，推进两岸新兴产业和现代服务业合作示范区核心区建设，加快产业对接。重视创新型中小企业招商，着力引进台湾的龙头项目，促进与台湾企业优势互补、共同发展。力争在两岸货币兑换、金融机构互设、金融产品服务创新等方面取得新突破；加快两岸贸易中心建设，优化贸易服务模式。继续办好台交会、海峡论坛等涉台交流活动。依托“小三通”“大三通”，创新两岸直接往来便利化机制，在海运快件、海峡旅游、车辆互通等方面先行先试，提升两岸人员往来和货物进出的效率和水平。建设两岸同胞情感融合的共同家园，加强基层、民间和青少年交流，密切科技、教育、文化、医疗等领域的合作，拓宽两岸合作渠道。用好、用活、用足对台先行先试政策，推动对台交流合作取得更大实效。

参考文献

［1］厦门统计局、国家统计局厦门调查队编《厦门经济特区年鉴》，中国统计出版社，2015。

［2］刘可清：《政府工作报告——在厦门市第十四届人民代表大会第四次会议上》，2015。

［3］王正凯：《转型发展稳回升结构优化新常态——2014 年厦门 GDP 运行情况分析》，http：//www. stats - xm. gov. cn/tjzl/tjfx/201502/t20150204_ 25076. htm。

[4] 纪新：《2014 年厦门高新技术产业发展状况》，http：//www. stats - xm. gov. cn/tjzl/tjfx/201508/t20150805_ 25503. htm。

[5] 张勤：《稳中求进投资总量再创新高——2014 年厦门固定资产投资运行形势分析报告》，http：//www. stats - xm. gov. cn/tjzl/tjfx/201501/t20150129_ 25035. htm。

[6] 陈晓婷：《迎难而上稳步发展——2014 年厦门规模以上工业生产情况》，http：//www. stats - xm. gov. cn/tjzl/tjfx/201502/t20150203_ 25068. htm。

[7] 林芬：《2014 我市社会消费品零售总额突破千亿元大关》，http：//www. stats - xm. gov. cn/tjzl/tjfx/201501/t20150129_ 25034. htm。

[8] 厦门市统计局：《厦门市 2014 年国民经济和社会发展统计公报》，http：//www. stats - xm. gov. cn/tjzl/tjgb/ndgb/201503/t20150318_ 25135. htm。

[9] 翟晨晨：《新常态下稳中增效改革创新稳步推进》，http：//www. stats - xm. gov. cn/tjzl/tjfx/201501/t20150128_ 25031. htm。

[10] 蔡晓鹏：《强措施稳增长厦门经济持续稳定发展——2014 年厦门与十五个副省级城市比较分析》，http：//www. stats - xm. gov. cn/tjzl/tjfx/201504/t20150409_ 25173. htm。

[11] 郑朝旭：《厦门市规模以上工业能耗总量和单位能耗实现“双下降”》，http：//www. stats - xm. gov. cn/tjzl/tjfx/201503/t20150323_ 25147. htm。

[12] 厦门市发展和改革委员会：《关于厦门市 2014 年国民经济和社会发展计划执行情况与 2015 年国民经济和社会发展计划草案的报告》，2015。

B.14

海南经济特区发展报告

刘伟丽　唐月娥*

2014 年，海南省经济保持平稳增长，发展质量进一步提升，经济转型稳步推进，民生得到改善，各项社会事业在全省人民的努力下不断进步。海南省的社会发展表现为产业结构不断优化，重点项目建设顺利推进，经济发展质量和效益进一步提升，生态文明建设稳步推进，城乡统筹顺利进行，保障和改善民生的力度不断加大，社会治理进一步深入。在经济社会不断发展的同时，海南经济特区也面临产业基础依然薄弱、投资结构不合理、易受自然灾害影响、区域发展不平衡等突出问题，与深圳、珠海、厦门等经济特区相比，海南经济特区加快转型升级依然任重道远。

一　2014年海南经济发展的主要特征

（一）总体经济平稳较快增长

2014 年，海南省实现地区生产总值（GDP）3500.7 亿元，按可比价格计算，全年地区生产总值比上年增长 8.5%。2006 ~ 2014 年海南地区生产总值如图 1 所示。其中，第一产业增加值为 809.6 亿元，增长 4.8%，对 GDP 的贡献率高达 12.9%，从位次上看，贡献率在全国仅次于黑龙江省。第二产业实现增加值 874.4 亿元，比 2013 年增长 11%；第三产业实现增加值 1816.7 亿元，比 2013 年增长 8.7%。三次产业结构由

* 刘伟丽，深圳大学经济学院教授、经济学博士，深圳大学中国质量经济发展研究所所长；唐月娥，深圳大学经济学院硕士研究生。

上年的 24.0∶27.7∶48.3 调整为 23.1∶25.0∶51.9，产业结构进一步优化。2006～2014 年海南三次产业结构如图 2 所示。

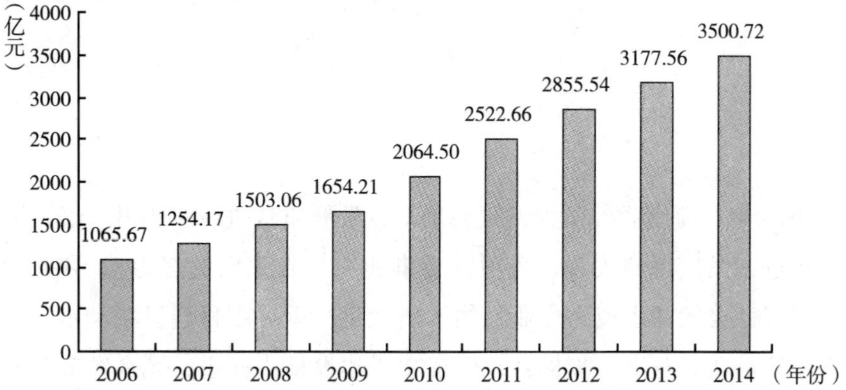

图 1　2006～2014 年海南地区生产总值

资料来源：《海南统计年鉴》（2015 年）和《海南省 2014 年国民经济和社会发展统计公报》。

在拉动经济发展的动力中，第三产业是拉动海南经济增长的主动力，贡献率达 53.5%。金融业继续保持快速发展势头，实现增加值 210.6 亿元比上年增长 16.2%。旅游业加快转型升级，运行质量得到提升。2014 年，海南省共接待过夜游客 4060.2 万人次，比 2013 年增长 10.6%，旅游总收入达 506.5 亿元，比 2013 年增长 13.2%。

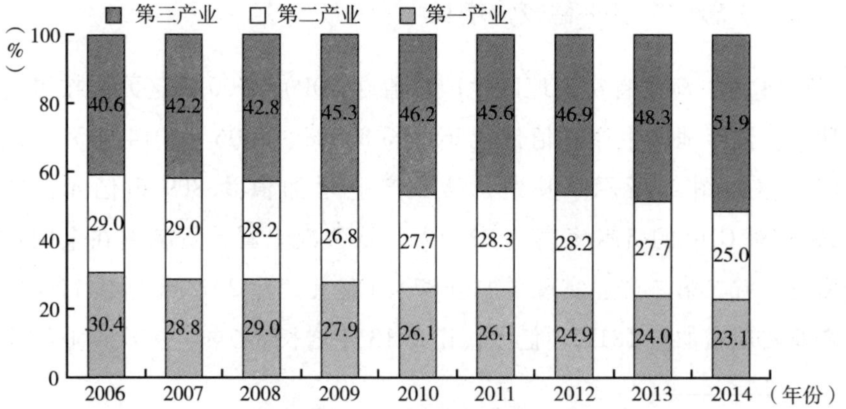

图 2　2006～2014 年海南三次产业结构

资料来源：《海南统计年鉴》（2015 年）和《海南省 2014 年国民经济和社会发展统计公报》。

（二）固定资产投资稳定增长

2014 年，海南省固定资产投资额达 3039.46 亿元，比 2013 年增长 13.2%，增速比 2013 年降低 13.8 个百分点。其中，房地产开发投资额达 1431.65 亿元，同比增长 19.6%，增速比上年同期回落 15.4 个百分点；其他投资额达 1607.80 亿元，同比增长 8.0%，增速比上年同期回落 13.4 个百分点。

受征地拆迁和规划设计等项目前期准备工作的影响，2014 年海南省的新开工项目推进缓慢，是全省固定资产投资增速同比回落明显的主要原因。2014 年，全省新开工项目完成投资额 801.57 亿元，同比下降 6.6%，增速比上年同期回落 48.1 个百分点。由于新开工项目完成投资额减少，全省固定资产投资增速下降 2.1 个百分点。

2014 年，共完成 395 个重点项目，实现投资额 1919 亿元，比 2013 年增长 7.0%。澄迈椰树矿泉水生产线竣工投产，观澜湖电影公社、海口希尔顿逸林酒店、三亚接待中心正式营业，洋浦跨海大桥建成通车，西部中心医院开业运营，昌江核电一期、西南部电厂、西环高铁、屯昌至琼中高速公路、新海滚装码头一期、红岭灌区、海口观澜湖、万宁神州半岛、乐东龙沐湾、海口红旗、三亚育才、万宁兴隆、琼海博鳌等一大批项目加快推进。①

（三）建筑业增速超过工业增速

2014 年，海南省工业增加值增速在石化、医药、电力等行业的强力推动下，依然是稳定发展的。2014 年，海南省工业增加值达 514.4 亿元，比 2013 年降低 6.7%。其中规模以上工业增加值达 471.23 亿元，比 2013 年增长 12.0%，增幅比 2013 年上升 5.7 个百分点，超额完成计划，在全国排名第二，比全国平均增幅高出 3.7 个百分点。图 3 反映了海南 2006～2014 年的工业增加值，可以看出其工业增加值总体是上升的，但 2014 年比 2013 年有所降低。

① 《海南省 2014 年国民经济和社会发展统计公报》。

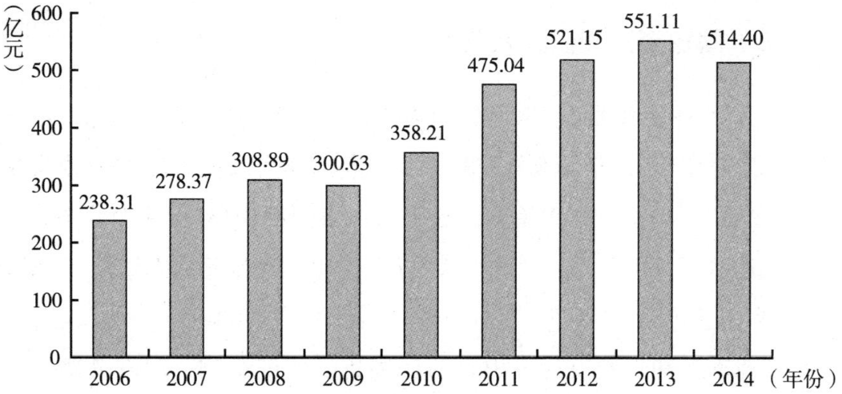

图 3　2006～2014 年海南工业增加值

资料来源：《海南统计年鉴》（2015 年）和《海南省 2014 年国民经济和社会发展统计公报》。

从轻重工业的角度看，2014 年，海南轻工业实现增加值 115.6 亿元，比 2013 年增长 3.4%；重工业实现增加值 355.6 亿元，比 2013 年增长 15.1%。从经济类型看，国有企业增加值增长 9.9%，集体企业增加值下降 16.4%，股份制企业增加值下降 0.6%，外商及港澳台投资企业增加值增长 32.1%，其他经济类型工业增加值增长 4.7 倍。工业产品产销率为 97.35%，提高 0.98 个百分点。[①] 2014 年海南主要工业产品生产情况如表 1 所示。

表 1　2014 年主要工业产品产量及增长速度

产品名称	单位	绝对数	比上年增长(%)
发电量	亿千瓦时	229.35	6.6
铁矿石(原矿)	万吨	572.71	-5.1
原油加工	万吨	940.78	27.8
水泥	万吨	2151.65	8.3
人造板	万立方米	30.79	-5.4
汽车	万辆	9.00	-17.0
精甲醇	万吨	137.26	0.0
配混合饲料	万吨	177.88	-3.5
成品糖	万吨	33.30	-23.8
原盐	万吨	3.08	-25.2

① 《海南省 2014 年规模以上工业经济运行情况分析》。

续表

产品名称	单位	绝对数	比上年增长%
卷烟	亿支	122.50	6.5
罐头	万吨	24.61	-7.2
软饮料	万吨	54.78	8.3
饮料酒	万升	8.61	-10.2
机制纸及纸板	万吨	154.95	5.5
氮肥	万吨	66.25	0.6
合成纤维聚合物	万吨	51.95	2.9
天然气	万立方米	15769.00	-6.9
纸浆	万吨	142.98	5.0
液化石油气	万吨	64.71	57.6
太阳能电池	万千瓦	68.52	-17.8

资料来源：《海南省2014年规模以上工业经济运行情况分析》。

2014年，随着全省固定资产投资增速的下滑，海南省建筑业增加值增速也有所回落。2014年，海南省建筑业增加值为361.22亿元，比2013年增长10.1%，增幅比2013年减少4.2个百分点。①

（四）旅游业和消费品市场保持较快增长

2014年，海南省旅游业增加值达258.1亿元，增长9.1%。受世界经济持续低迷、东南亚旅游市场冲击等因素的影响，2014年海南省入境旅游市场低迷，接待过夜游客量继2013年后进一步下滑。2014年，全省共接待入境过夜游客66.14万人次，同比下降12.6%。图4反映了海南2008~2014年接待旅游人次情况，可以看出人次不断增加。图5展示了2014年旅游饭店建设情况，可以看出相关配套设施逐步完善，海南旅游业发展相对平稳。

乡村旅游逐渐成为旅游业的生力军。截至2014年底，全省确定了134家乡村旅游示范点。以琼海龙寿洋田野公园、海口红树林乡村旅游区、琼中的什寒村、五指山的水满乡新村等为代表的一批乡村旅游区游客接待量保持

① 《海南省2014年国民经济和社会发展统计公报》。

稳定增长。海南逐步形成了集休闲农业、农家乐、森林人家、水乡渔村、旅游名镇名村等多种类型为一体的乡村旅游产品体系。2014 年，全省乡村旅游景点景区共接待游客 600. 46 万人次，占全省接待游客总量的 12. 5% 。乡村旅游总收入达 17. 75 亿元，占全省旅游总收入的 3. 5% 。

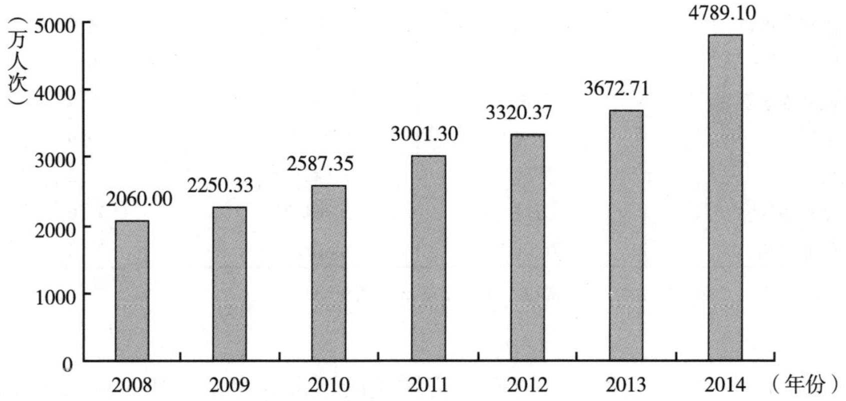

图 4　2008 ~ 2014 年海南接待旅游人次

资料来源：《海南统计年鉴》（2015 年）和《海南省 2014 年国民经济和社会发展统计公报》。

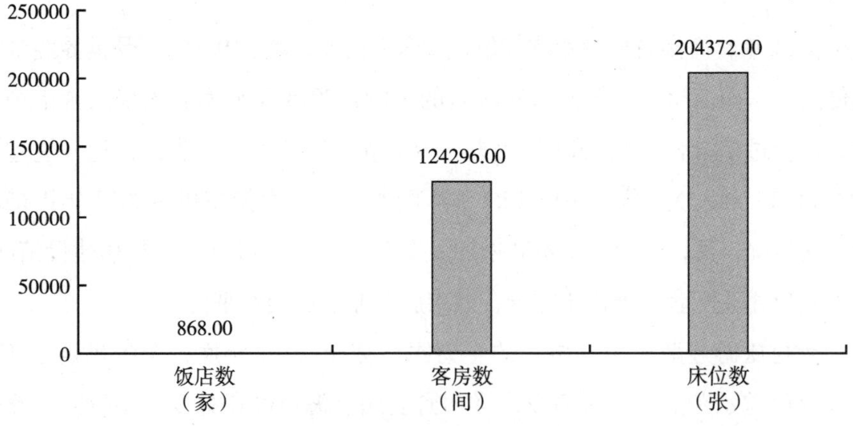

图 5　2014 年旅游饭店建设情况

资料来源：《海南统计年鉴》（2015 年）和《海南省 2014 年国民经济和社会发展统计公报》。

2014 年，海南批发零售业增加值达 419.0 亿元，增长 12.9%。社会消费品零售总额达 1090.9 亿元，增长 12.2%。25 家农贸市场得到改造，新建 12 个直销配送中心和 14 个直销配送门店。

（五）外贸进出口总额平稳增长

2014 年，海南省对外贸易总额达 975 亿元，比上一年增长 4.3%。其中，出口总额达 271.4 亿元，比上一年增长 17.8%；进口总额达 703.6 亿元，比上一年降低 0.1%。进出口逆差为 432.2 亿元。按贸易方式分，一般贸易进出口额达 561 亿元，同比下降 2.0%；加工贸易进出口额达 278.4 亿元，同比增长 15.2%。一般贸易仍是海南贸易的主力，贸易额占全省对外贸易总额的 57.5%，但比重较上年同期回落 4.5 个百分点。

在出口总额占比中，海南省对东盟的出口总额达 97.9 亿元，占比最大。2014 年海南贸易出口的地域分布如图 6 所示。2014 年，海南省实际利用外

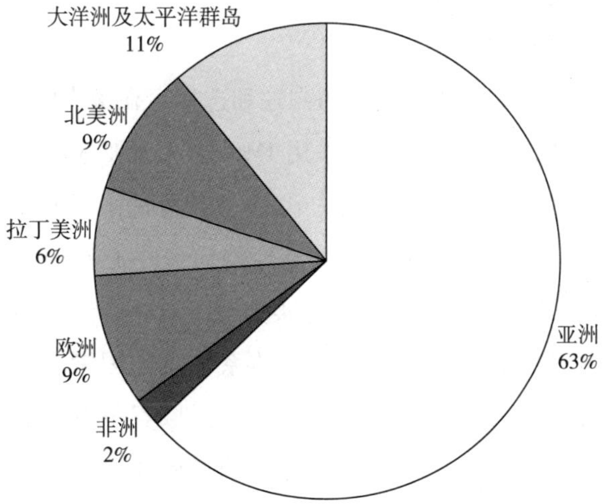

图 6　海南贸易出口的地域分布

资料来源：《海南统计年鉴》（2015 年）和《海南省 2014 年国民经济和社会发展统计公报》。

资达19.16亿美元，比上一年增长5.8%。其中，外商直接投资额为18.9亿美元，比上一年增长4.3%。①

二 2014年海南省区域经济综合竞争力研究及竞争力差异评价

（一）海南省区域经济综合竞争力研究

1. 研究区域说明

本报告选择的研究区域包括海南省18个市县：海口市、三亚市、琼海市、文昌市、陵水县、万宁市、五指山市、屯昌县、定安县、保亭县、琼中县、白沙县、儋州市、澄迈县、东方市、乐东县、临高县、昌江县。由于历史、政治的因素，三沙市与其他市县差距较大，所以研究区域不包括三沙市。

2. 指标体系构建、数据来源与研究方法

（1）指标体系构建

县域经济综合竞争力评价指标的构建和选择存在很大的差异性，评价指标选择数目也不同。例如，尹玉龙采用IMD的八大要素体系，并进行了修改，将国家经济实力用地区经济实力代替，将国际化程度用对外开放程度代替；深圳综合开发研究院华南及深港经济研究中心在研究京九沿线各地区综合竞争力时，运用了资源、经济实力等8个一级指标和35项二级指标，与尹玉龙的评价体系相比，该指标体系考察的因素相对全面，但是也不是很全面，如没有考虑社会基础设施等对区域竞争有力起着重要作用的因素；王秉安等提出了一个包括三个层次的指标体系，第一层次主要考察直接和间接竞争力因素，称为一级指标，第二层次细分七大竞争力影响因素，二级指标有24个，第三个层次有69个指标；中国人民大学竞争力与评价研究中心研究组提出了一个包含286项指标的评价体系，分为硬指标

① 《海南省2014年国民经济和社会发展统计公报》。

和软指标，运用综合评价法对竞争力指数进行计算；福建省政府发展研究中心课题组提出了一个具有 3 个直接性竞争力、3 个间接性竞争力以及 1 个基础性竞争力的综合评价指标体系。所以，本报告在综合考虑这些因素的基础上，构建了一个包含 17 个指标的指标体系（见表 2）。海南省各区域单位的数据来源于《海南省统计年鉴》（2015 年）和《海南省 2014 年国民经济和社会发展统计公报》。

表 2　海南省区域经济竞争力评价指标体系

目标层	领域层	复合指标层	基本指标层
综合竞争力	经济竞争力	经济水平	X1:GDP;X2:人均 GDP;X3:进出口总额;X4:企业数量
		产业结构	X5:第一产业占 GDP 比重;X6:第二产业占 GDP 比重;X7:第三产业占 GDP 比重
		财政金融	X8:全社会固定资产投资额;X9:地方财政收入;X10:金融存贷比
		生活消费	X11:社会消费品零售总额;X12:城镇居民人均可支配收入
综合竞争力	社会竞争力	基础设施与公共服务	X13:学龄前儿童入学率
		城乡统筹	X14:农村居民人均可支配收入;X15:城乡居民收入比
	绿色生态竞争力	旅游发展	X16:接待过夜游客数
		生活环境	X17:空气质量好于 2 级以上天数

（2）数据来源与研究方法

秩和比法（Rank - Sum Ratio，RSR）是我国学者田凤调教授提出的一种用于综合评价和统计分析的发法。秩和比（RSR）是指先将各种数据指标按照一定规则进行排序，然后按照从大到小或从小到大的顺序对数据进行编秩，运用所编的秩次这种无量纲的数据进行计算，最后根据所计算的 RSR 值来对评价对象进行分档评价。①

① 邓丹、钟晓妮：《RSR 法在住院医疗费管理中的应用》，《重庆医科大学学报》2005 年第 30 期。

表 3　各项指标的编秩

	海口市	三亚市	五指山市	文昌市	琼海市	万宁市	儋州市	东方市	白沙县
GDP(万元)	18	16	1	13	14	12	17	10	4
人均 GDP(元)	17	18	2	9	13	8	15	11	5
进出口总额(万美元)	17	11	1	13	10	9	18	16	4
企业数量	18	17	1	12	13	14	16	11	3
第一产业占 GDP 比重	1	2	4	12	10	8	3	6	16
第二产业占 GDP 比重	9	11	12	14	5	13	15	17	3
第三产业占 GDP 比重	18	17	16	6	15	14	7	3	8
全社会固定资产投资额(万元)	18	17	2	11	13	12	15	9	1
地方财政收入(万元)	18	17	5	11	13	12	16	10	2
金融存贷比	1	2	13	7	8	9	3	10	18
社会消费品零售总额(万元)	18	17	1	14	16	13	15	11	3
城镇居民人均可支配收入(元)	17	18	1	15	13	11	10	12	3
学龄前儿童入学率(%)	1	3	2	11	18	7	5	6	16
农村居民人均可支配收入	15	18	1	14	17	13	12	11	4
城乡居民收入比	13	9	14	7	2	6	3	11	16
接待过夜游客数	17	18	7	14	15	16	12	8	1
空气质量好于 2 级以上天数	13	16	14	17	15	18	10	4	2

续表

	保亭县	昌江县	澄迈县	定安县	乐东县	临高县	陵水县	琼中县	屯昌县
GDP(万元)	3	8	15	6	7	11	9	2	5
人均 GDP(元)	7	14	16	6	1	10	12	3	4
进出口总额(万美元)	3	7	15	12	2	8	14	6	5
企业数量	8	4	15	10	6	7	2	5	9
第一产业占 GDP 比重	14	5	7	11	17	18	9	15	13
第二产业占 GDP 比重	4	18	16	7	2	1	10	8	6
第三产业占 GDP 比重	12	4	2	13	5	1	10	9	11
全社会固定资产投资额(万元)	6	10	16	3	7	8	14	5	4
地方财政收入(万元)	6	9	14	4	8	7	15	3	1
金融存贷比	17	16	4	11	14	5	15	12	6
社会消费品零售总额(万元)	2	5	12	7	9	10	8	4	6
城镇居民人均可支配收入(元)	6	16	14	9	2	4	8	5	7
学龄前儿童入学率(%)	17	12	9	13	14	10	15	8	4
农村居民人均可支配收入	2	10	16	9	7	5	6	3	8
城乡居民收入比	18	15	5	12	1	8	10	17	4
接待过夜游客数	6	9	11	10	5	2	13	4	3
空气质量好于 2 级以上天数	1	9	8	6	5	7	11	12	3

RSR 的计算公式为：

$$RSR_i = \sum_{j=1}^{m} \frac{R_{ij}}{m \times n} \tag{1}$$

在式（1）中，n 为县域单位的个数，m 为指标数，为第 i 行第 j 列的秩次数。

3. 过程分析

（1）对各指标进行编秩

对各因素进行排序，在排序的基础上赋予其秩次，本报告按照数值越大秩次越大的原则进行编秩，如第一个指标 GDP，海口市 GDP 最大，赋予其秩次 18（因为有 18 个研究对象，最大值是 18），儋州市 GDP 排名次之，故赋予儋州市的秩次为 17，以此类推，最终编秩如表 3 所示。

（2）计算各区域单位的秩和比

根据表 3 的数据，计算海南省各区域单位的秩和比，结果见表 4。

表 4　海南省各区域单位的秩和比值

区域单位	秩和比	区域单位	秩和比
五指山市	0. 3170	昌 江 县	0. 5588
屯 昌 县	0. 3235	陵 水 县	0. 5915
白 沙 县	0. 3562	儋 州 市	0. 6275
乐 东 县	0. 3660	万 宁 市	0. 6373
琼 中 县	0. 3954	澄 迈 县	0. 6373
临 高 县	0. 3987	文 昌 市	0. 6536
保 亭 县	0. 4314	琼 海 市	0. 6863
定 安 县	0. 4869	三 亚 市	0. 7418
东 方 市	0. 5425	海 口 市	0. 7484

（3）确定 RSR 的分布

根据以上数据，经过运算，最终 RSR 结果见表 5。表 5 中第一列代表的是最终 RSR 值，该值用于对各指标进行分档评级。f↓是指第一列的 RSR 值在 18 个评价对象中出现过几次，即对第二列 f 的一次向下累加。R 是对第一列 RSR 值大小的排序。$\bar{R}$ 是对 R 的加权平均，第六列是按照（$\bar{R}$/n）×100% 计算得出的结果，Y 是按照（$\bar{R}$/n）×100% 计算的结果经过查《百分数与概率单位对照表》所得出的值。

表 5　区域单位的 RSR 值分布

RSR	f	f↓	R	$\bar{R}$	（$\bar{R}$/n）×100%	Y
0.3170	1	1	1	1	5.56%	3.41
0.3235	1	2	2	2	11.11%	3.79
0.3562	1	3	3	3	16.67%	4.03
0.3660	1	4	4	4	22.22%	4.23
0.3954	1	5	5	5	27.78%	4.41
0.3987	1	6	6	6	33.33%	4.57
0.4314	1	7	7	7	38.89%	4.72
0.4869	1	8	8	8	44.44%	4.86
0.5425	1	9	9	9	50.00%	5.00
0.5588	1	10	10	10	55.56%	5.12
0.5915	1	11	11	11	61.11%	5.33
0.6275	1	12	12	12	66.67%	5.43
0.6373	2	14	13,14	13.5	75.00%	5.67
0.6536	1	15	15	15	83.33%	5.96
0.6863	1	16	16	16	88.89%	6.22
0.7418	1	17	17	17	94.44%	6.85
0.7484	1	18	18	18	98.61% *	7.17

注：*是利用（1－1/4n）校正后的值。

（4）求回归方程

回归方程的形式设为：RSR = A + BY。其中概率单位值 Y 是自变量，RSR 是因变量，经过相关回归分析，因变量 RSR 与自变量 Y 线性相关（r =

0.937)，线性回归方程为：RSR = －0.182 ＋0.138Y。分析显示，F = 238.88，经查表回归方程通过 F 检验，且 P＜0.0001，可看出回归方程是非常显著的。

（5）排序分档

根据田凤调《秩和比法的应用》一书中提供的分档标准，遵循最佳的分档准则，将海南省各区域经济综合竞争力分为先进型、中等型与落后型3档，具体见表6。

表6　海南省区域经济综合竞争力分档结果

等级	Y	RSR(估计值)	分档结果
落后型	4.00 以下	0.4166 以下	五指山市、屯昌县、乐东县、琼中县、临高县
中等型	4～6	0.4166～0.6672	保亭县、定安县、东方市、昌江县、陵水县、儋州市、万宁市、澄迈县、文昌市、白沙县
先进型	6 以上	0.6672 以上	海口市、三亚市、琼海市

（6）准则层的秩和比计算与结果分析

按照上述步骤，计算海南省各区域经济综合竞争力准则层的秩和比，计算结果见表7。

表7　海南省各区域经济竞争力的准则层的秩和比

区域单位	经济竞争力	社会竞争力	绿色生态竞争力
海口市	0.556	0.095	0.098
三亚市	0.533	0.098	0.111
五指山市	0.193	0.056	0.069
文昌市	0.448	0.105	0.101
琼海市	0.467	0.121	0.098
万宁市	0.441	0.085	0.111
儋州市	0.490	0.065	0.072
东方市	0.412	0.092	0.039

续表

区域单位	经济竞争力	社会竞争力	绿色生态竞争力
白 沙 县	0.229	0.118	0.010
保 亭 县	0.288	0.121	0.023
昌 江 县	0.379	0.121	0.059
澄 迈 县	0.477	0.098	0.062
定 安 县	0.324	0.111	0.052
乐 东 县	0.261	0.072	0.033
临 高 县	0.294	0.075	0.029
陵 水 县	0.412	0.101	0.078
琼 中 县	0.252	0.092	0.052
屯 昌 县	0.252	0.052	0.020

在经济竞争力的准则层的秩和比排序中，可以看出海口市和三亚市得分较高，其他市县得分与这两市差距很大，反映了在经济发展方面海南省区域差距比较明显。横向比较经济竞争力、社会竞争力和绿色生态竞争力的秩和比，可以看出经济竞争力指标值明显大于另外两个，这说明海南省经济方面的差异是区域差距的主要原因。

（7）海南省区域单位的秩和比值分析

分析海南省区域单位的秩和比值，发现海南省各区域经济综合竞争实力的差距是较大的。其中 RSR 值最大的是海口市，最小的是五指山市。根据表 6 中的分档结果可以看出，海南省 18 个市县中，只有海口市、三亚市和琼海市处于先进水平，RSR 值越大意味着经济实力越强。大部分地区处于中等水平，只有五指山市、屯昌县、乐东县、琼中县和临高县处于落后水平。

（二）海南经济发展区县差异的一般观察

为了刻画海南经济发展的区县差异，下文引入变异系数法来测算海南不同区县之间的差距。变异系数是标准差与平均值的比值。其中，标准差是样本中变量值与其均值的离差平方的平均值的算数平方根，可以精确地反映地区经济指标的离散程度。将标准差与平均值相比是为了剔除由于基数大小不同造成的影响。变异系数的具体计算公式是：

$$CV = \frac{\delta}{\bar{x}}, \delta = \sqrt{\sum_{i=1}^{n} \frac{(x_i - \bar{x})^2}{n}} \tag{2}$$

（2）式中 δ 为标准差，$\bar{x}$ 为样本均值，n 为样本数，x_i 表示 i 地区的样本值。

1. 海南区县经济发展的总体差异

2014 年海南省东、西部地区 GDP 分别完成 2040.09 亿元和 1163.53 亿元，分别占全省区域经济总量的 59.1% 和 33.7%。分市县看，全省经济总量最大的海口市 GDP 首跨千亿元门槛。经济总量超过百亿元的市县全部集中于东、西部地区，东部地区增速企稳回升，中、西部地区增速小幅回落。但与上年同期相比，三大区域增速下降幅度较大。2014 年东部地区 GDP 增速为 7.1%，较上年同期下降 3.1 个百分点；中、西部地区 GDP 增速分别为 6.6% 和 9.4%，较上年同期分别下降 3.1 个和 1.0 个百分点（见图 7）。分市县看，全省 18 个市县中（未包括三沙市），有 12 个市县 GDP 的增速较前三季度有所提高，分别是海口市、三亚市、五指山市、文昌市、琼海市、万宁市、澄迈县、临高县、乐东县、琼中县、白沙县和昌江县。其中，增速回升幅度较大的大多集中在东部地区（见图 8）。

从近年来海南区县生产总值的变异系数来看，2000 ~ 2014 年，海南各区县生产总值的变异系数均大于 1，变异系数越大，说明一个地区各个区域之间的发展越不平衡。海南各区县生产总值的变异系数均大于 1 说明海南各区县之间的经济发展仍极不平衡。从总体趋势上看，海南各区县生产总值的变异系数呈不断下降的趋势，说明海南各区县之间的不平衡程度虽然并未有实质的改变，但总体上呈不断缩小的趋势（见图 9）。

从海南经济发展的主要指标上看，各区县经济发展有较大差异的主要是第二产业和第三产业。2014 年，海南第一产业的变异系数小于 1，说明海南

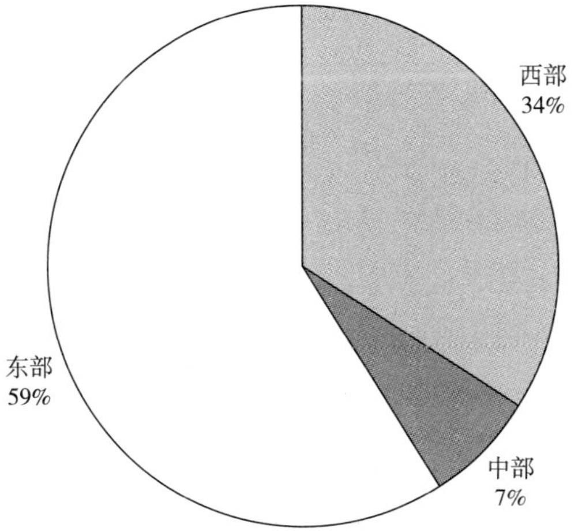

图7　三大区域经济总量占比

资料来源：根据《海南省2014年国民经济和社会发展统计公报》数据计算而得。

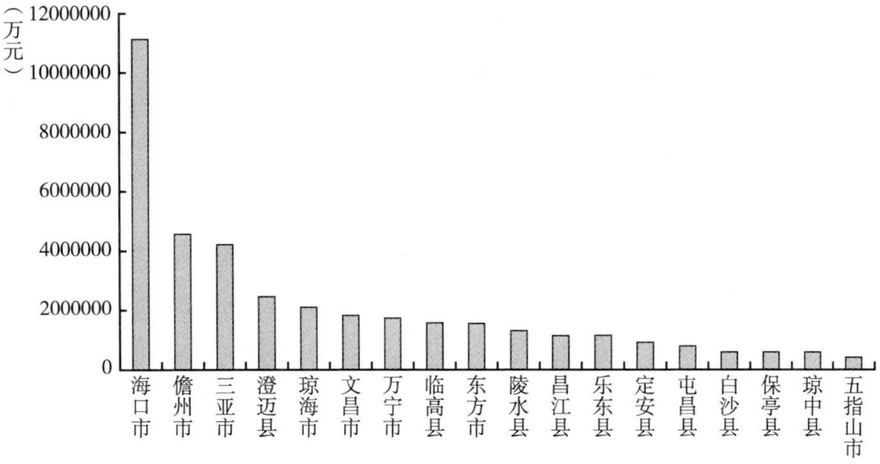

图8　2014年海南各区县地区生产总值

资料来源：根据《海南省2014年国民经济和社会发展统计公报》数据计算而得。

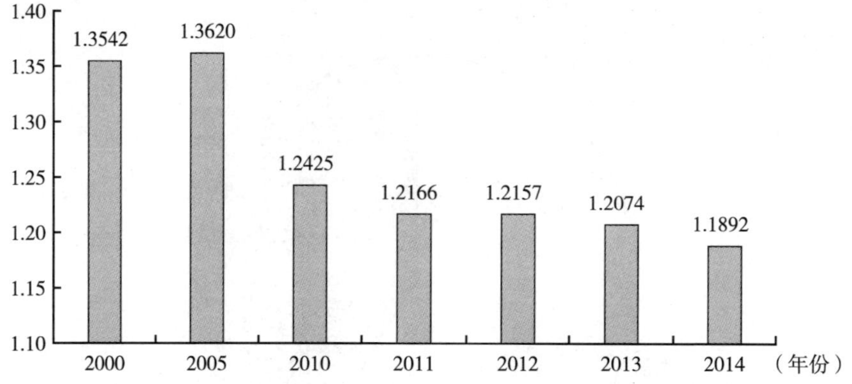

图 9　2000～2014 年海南各区县生产总值的变异系数变化情况

各区县第一产业发展不平衡程度较小。2013 年人均生产总值指标的变异系数是小于 1 的，2014 年大于 1，说明人均生产总值的不平衡程度变大。相较而言，各区县第二产业和第三产业的变异系数均大于 1，且第三产业的变异系数远大于全省生产总值变异系数的平均水平，说明第二产业和第三产业的发展是导致海南各区县经济发展差距的主要因素（见图 10）。

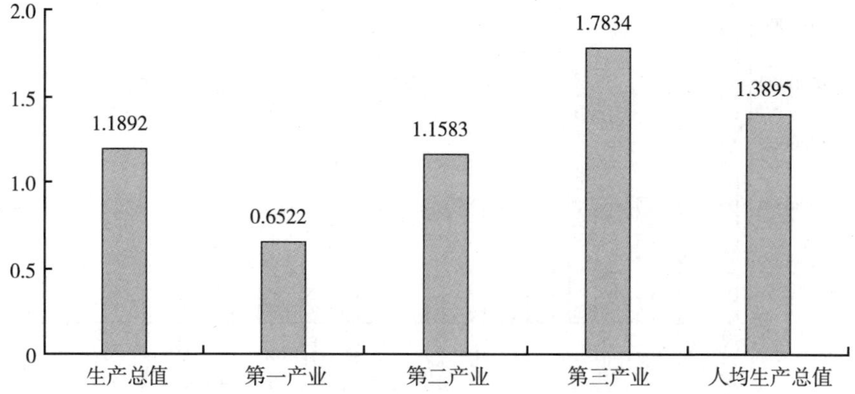

图 10　2014 年海南各区县主要经济指标的变异系数情况

2. 海南各区县工业发展的总体差异

2014 年，全省规模以上工业增加值 471.2 亿元，增长 12.0%（见图

11）。在全省 18 个市县中，规模以上工业增加值增长速度高于全省平均水平的有 10 个，依次是：文昌市增长 31%、屯昌县增长 22.4%、五指山市增长 21.1%、安定县增长 20%、澄迈县增长 14.3%，东方市、保亭县、万宁市、儋州市的增长速度分别是 17.3%、17.3%、15%、12.4%。从区域上来看，中部地区工业增加值增长 15.1%，西部地区增长 13.9%，东部地区增长 7.8%，中部地区工业发展增速显著快于西部和东部地区（见图 12）。

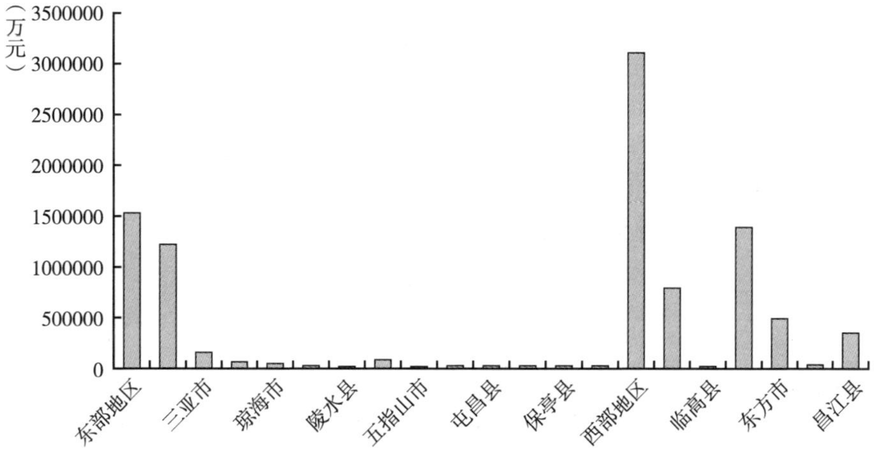

图 11　2014 年海南省各区域规模以上工业增加值

资料来源：《海南省 2014 年规模以上工业经济运行情况分析》。

从近年来海南区县工业发展的变异系数来看，海南区县工业发展的变异系数均大于 1，说明海南各区县工业发展的不平衡程度很高，且在 2009 年海南各区县工业发展的不平衡程度达到最大值，之后变异系数虽呈不断下降的趋势，但差距仍未得到本质上的改善（见图 13）。

3. 海南区县固定资产投资的总体差异

2014 年，海南省固定资产投资是 3039.5 亿元，比 2013 年增长 13.2%。在全省 18 个市县中，有 6 个市县固定资产投资增速超过全省平均水平，分别是：海口市增长 26.5%、三亚市增长 20.3%、临高县增长 37.5%、琼中县增长 36.2%、儋州市增长 15.5%、乐东县增长 23.2%。分区域看，西部地区固

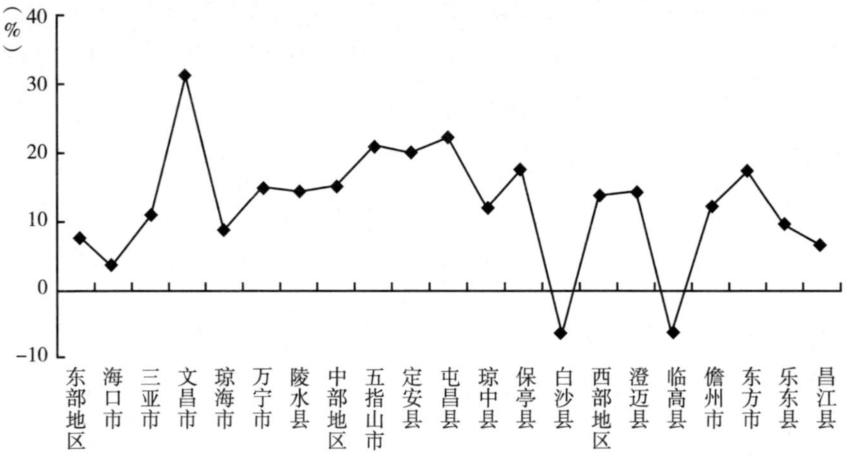

图 12　2014 年海南省各区域规模以上工业增加值增速与 2013 年对比

资料来源：《海南省 2014 年规模以上工业经济运行情况分析》。

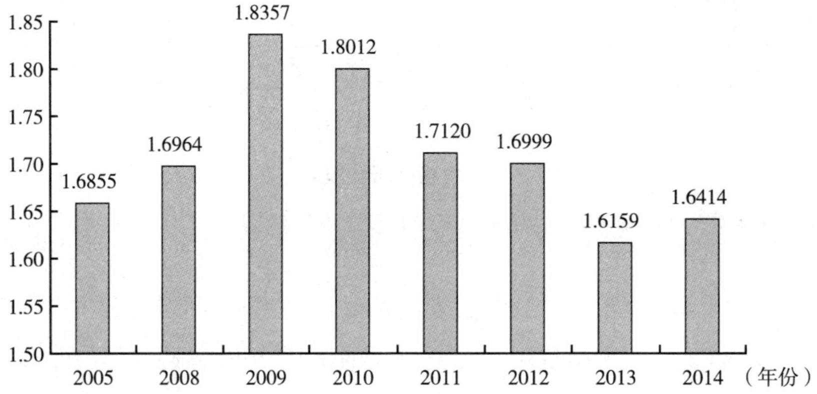

图 13　2005～2014 年海南各区县地区工业发展的变异系数变化情况

定资产投资额同比增长 11.7%，东部地区增长 14.5%，中部地区增长 6.5%（见图 14、图 15）。

2014 年，海南各区县固定资产投资的变异系数为 1.3039，显示海南各区县固定资产投资的不平衡程度相对较低。在城镇投资、房地产投资和农村投资领域，农村投资在各区县中的变异系数最高，显示农村投资在区县之间

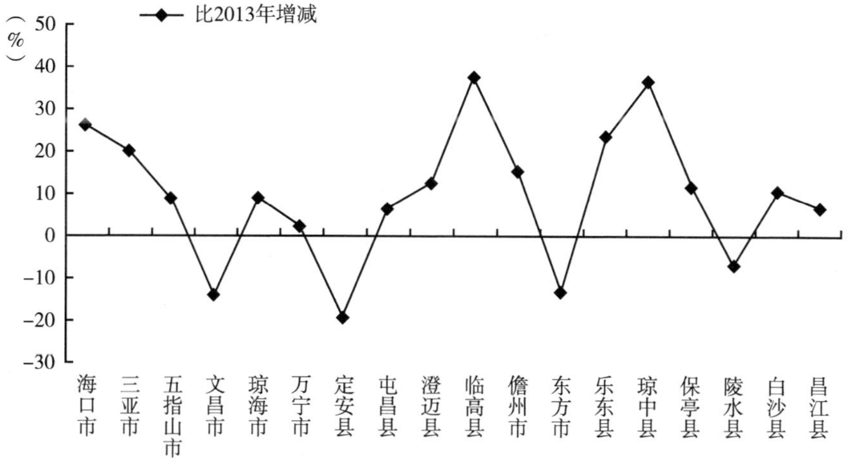

图 14　2014 年海南各区县固定资产投资增速情况

资料来源：《海南统计年鉴》(2015) 和《海南省 2014 年国民经济和社会发展统计公报》。

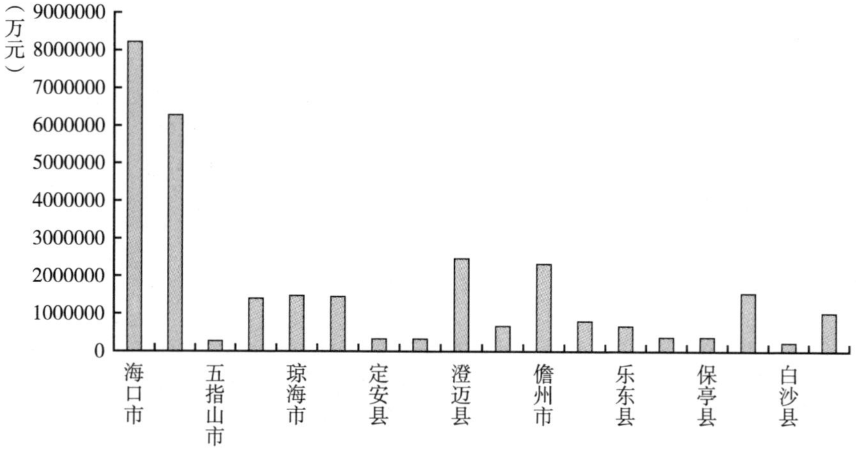

图 15　2014 年海南各区县固定资产投资情况

资料来源：《海南统计年鉴》(2015) 和《海南省 2014 年国民经济和社会发展统计公报》。

差异最大。在房地产投资和城镇投资领域，城镇投资在区县中的变异系数略高于房地产投资（见图 16）。

2014 年，从产业方面来看，海南各区县固定资产投资变异系数第一产

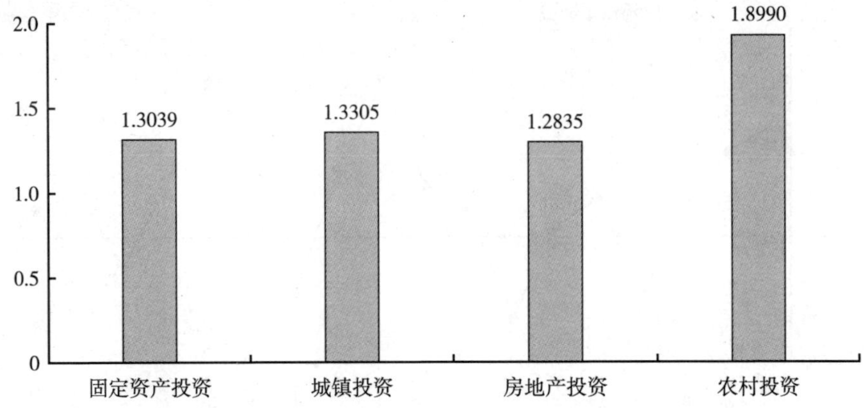

图16　2014年海南各区县固定资产投资分类变异系数情况

业最高，达到1.6924，显示海南在各区县第一产业的固定资产投资空间分布最不平衡。相较而言，第二产业变异系数为1.2498，第三产业变异系数为1.4688，海南在区县第三产业的固定资产投资不均衡程度显著高于第二产业（见图17）。

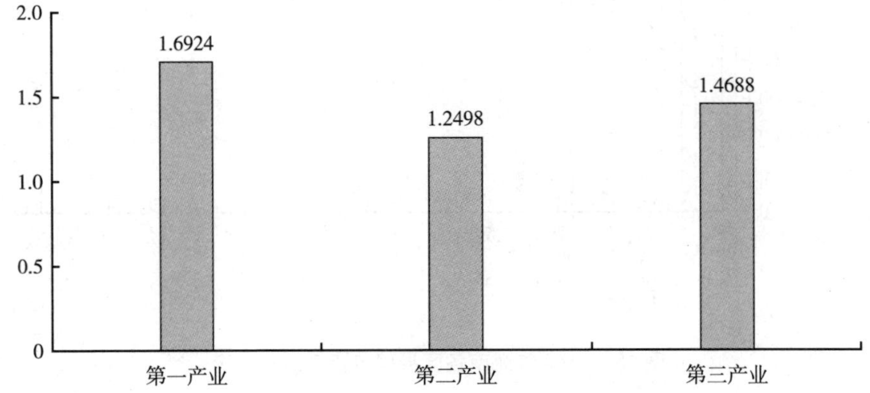

图17　2014年海南各区县固定资产投资变异系数的产业分布情况

资料来源：《海南统计年鉴》（2015）和《海南省2014年国民经济和社会发展统计公报》。

4. 海南各区县在消费领域的总体差异

2014 年，海南省全社会消费品零售总额为 1090.9 亿元，比 2013 年增长 12.2%（见图 18）。在全省 18 个市县中，全社会消费品零售总额增长速度超过全省平均水平的有 17 个市县，它们是：三亚市增长 14.6%、琼海市增长 15.2%、万宁市增长 13.4%、澄迈县增长 14.7%、东方市增长 13.2%、陵水县增长 14.4%、定安县增长 14.9%、白沙县增长 14.0%、儋州市增长 13.3、琼中县增长 13.5%、保亭县增长 12.4%、昌江县增长 14.0%、屯昌县增长 14.3%、乐东县增长 14.2%、文昌市增长 13.3%、临高县增长 13.6%、五指山市增长 14.0%。分区域看，西部地区社会消费品零售总额增长 13.7%，中部地区增长 14.1%，东部地区增长 11.8%（见图 19）。

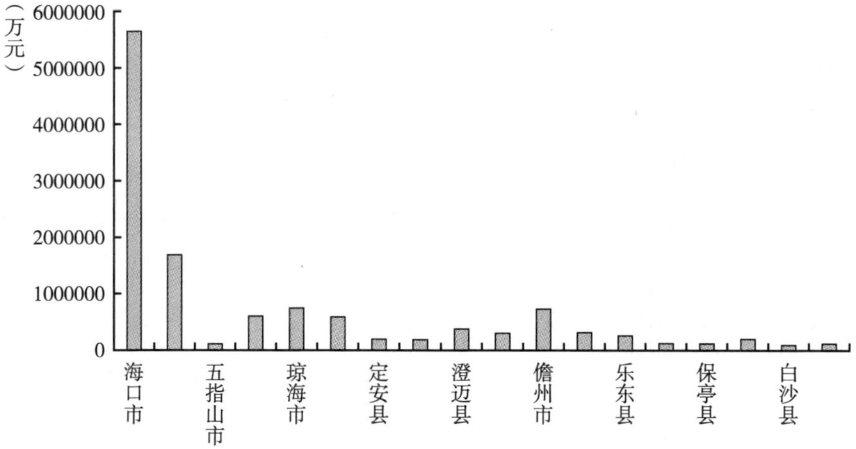

图 18　2014 年海南省各区域全社会消费品零售总额

资料来源：《海南统计年鉴》（2015）和《海南省 2014 年国民经济和社会发展统计公报》。

2014 年，海南各区县全社会消费品零售总额的变异系数为 1.8314，远远高于工业、固定资产投资和经济发展总体水平，显示海南各区县消费能力差异巨大。在全社会消费品零售总额的地域分布中，城镇变异系数显著高于农村，说明导致海南区县之间消费能力的差异主要在于城镇区域（见图 20）。

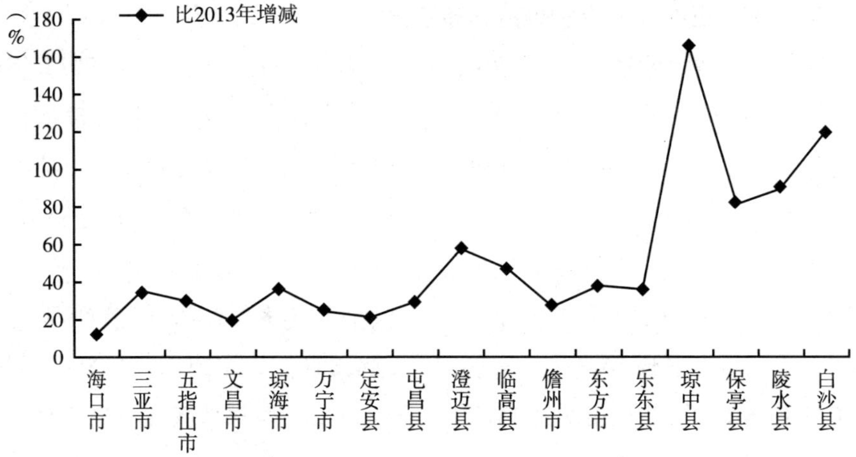

图 19　2014 年海南省各区县全社会消费品零售总额增速与 2013 年对比情况

资料来源：《海南统计年鉴》（2015）和《海南省 2014 年国民经济和社会发展统计公报》。

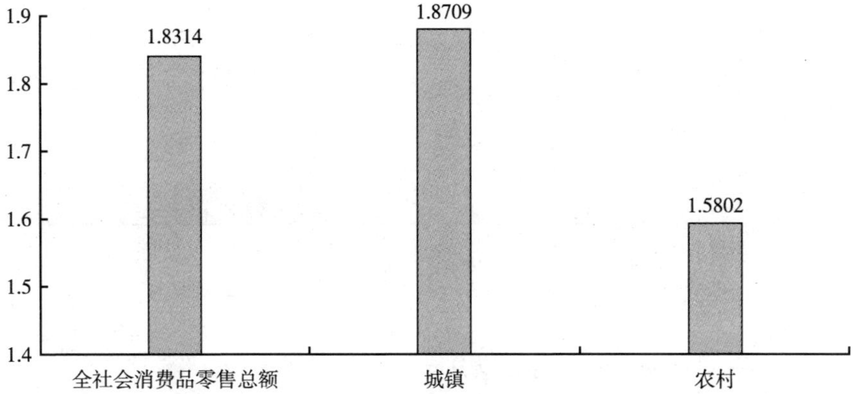

图 20　2014 年海南各区县社会消费零售总额变异系数的产业分布情况

5. 海南各区县在财政收支领域的总体差异

2014 年，海南加快国际旅游岛的建设步伐，积极推动项目建设，房地产开发保持健康快速发展，带动全省地方公共财政预算收入每月均较快增长，2014 年全省一般公共财政预算收入是 919. 5 亿元，比 2013 年增长 11. 9%。其中，地方一般公共财政预算收入是 555. 3 亿元，比 2013 年增长15.4%。

分区域来看，东、中、西部地方公共财政预算收入分别完成2541775万元、214814万元、954821万元，东、西部分别增长15.5%、19.6%，中部减少3.1%，东部地区收入规模最大，西部地区增幅最大，中部地区收入规模最小而且增长衰退。在全省18个市县中，有10个市县地方公共财政预算收入增长高于全省平均水平：海口市增长15.4%、三亚市增长15.2%、保亭县增长14.0%、临高县增长16.9%、东方市增长20.1%、儋州市增长32.7%、万宁市增长15.4%、陵水县增长20.3%、五指山市增长20.6%、乐东县增长16.2%。

2014年，海南省的地方一般公共预算支出1094.4亿元，比2013年增长8.2%。在全省18个市县中，有7个市县地方公共财政预算支出增长快于全省平均水平：临高县增长10.4%、昌江县增长15.5%、三亚市增长18.6%、海口市增长14.3%、文昌市增长18.2%、儋州市增长19.3%、万宁市增长9.6%。（见表8、图21、图22）。

表8　2014年海南各区县公共财政预算收支总额及增速情况

单位：万元，%

市县	公共财政预算收入	比上年增减	公共财政预算支出	比上年增减
海口市	1001174	15.4	1509200	14.3
三亚市	777708	15.2	1048646	18.6
五指山市	43260	20.6	160876	7.1
文昌市	129617	9.0	407732	18.2
琼海市	196654	10.7	387069	0.2
万宁市	142731	15.4	385321	9.6
定安县	36227	-28.3	188075	-3.6
屯昌县	26510	-27.5	181218	-1.3
澄迈县	205115	10.8	435187	7.1
临高县	64149	16.9	316065	10.4
儋州市	377370	32.7	996699	19.3
东方市	124138	20.1	357712	4.9
乐东县	79815	16.2	336012	2.8

续表

市县	公共财政预算收入	比上年增减	公共财政预算支出	比上年增减
琼 中 县	33617	8.7	207305	6.6
保 亭 县	48475	14.0	150168	-2.3
陵 水 县	293891	20.3	425795	-13.3
白 沙 县	26725	5.4	189580	3.3
昌 江 县	104234	2.4	282228	15.5

资料来源：《海南统计年鉴》（2015）和《海南省2014年国民经济和社会发展统计公报》。

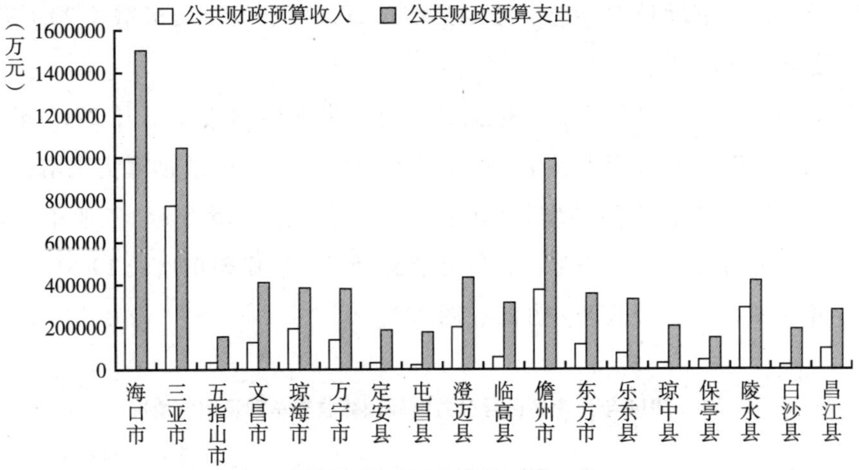

图21　2014年海南省各区域公共财政预算收入和财政预算支出

资料来源：《海南统计年鉴》（2015）和《海南省2014年国民经济和社会发展统计公报》。

从2005~2014年海南财政收入的变异系数走势来看，近年来海南各区县公共财政预算收入的变异系数总体呈下降趋势，但变异系数仍均显著大于1，说明海南各区县在公共财政预算收入领域的不平衡程度仍然较大。与海南公共财政预算收入的变异系数走势相比，自2008年以来，海南各区县公共财政预算支出的变异系数均稳定在1以下，说明海南各区县公共财政预算支出较为均衡（见图23）。

6. 海南各区县其他领域的差异程度比较

GDP能耗方面，海南各区县之间GDP能耗的变异系数2008~2014年均

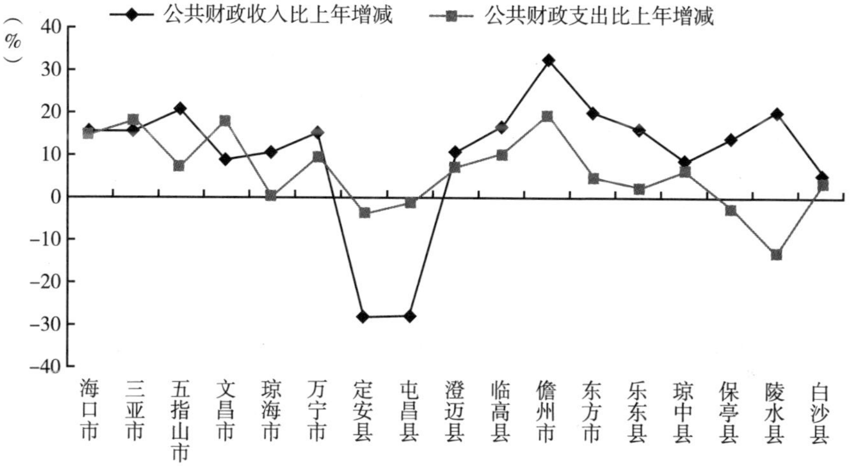

图22　2014年海南省各区域公共财政收入和支出增速情况

资料来源：《海南统计年鉴》（2015）和《海南省2014年国民经济和社会发展统计公报》。

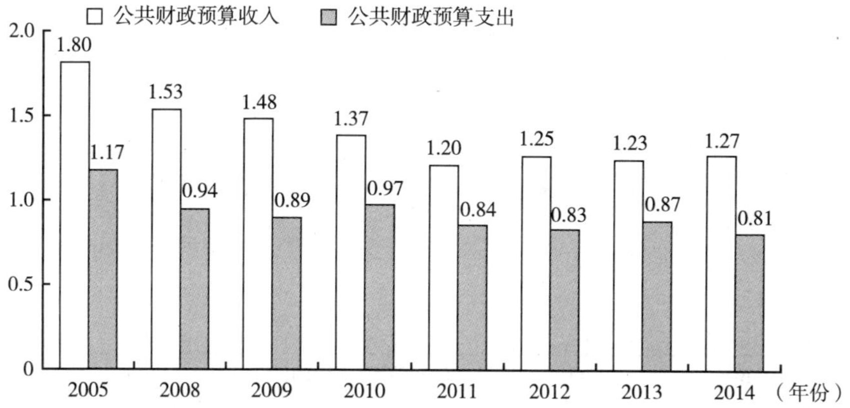

图23　2005～2014年海南区县公共财政预算收入与公共财政预算支出的变异系数变化情况

小于1，说明各区县GDP能耗水平差距不大。但从趋势上看，2011年之后，GDP能耗的变异系数逐步趋近于1，说明随着经济社会的发展，GDP能耗的区县差距有逐步拉大的趋势（见图24）。

居民收入领域，海南各区县城镇居民的收入差距小于农村居民，但

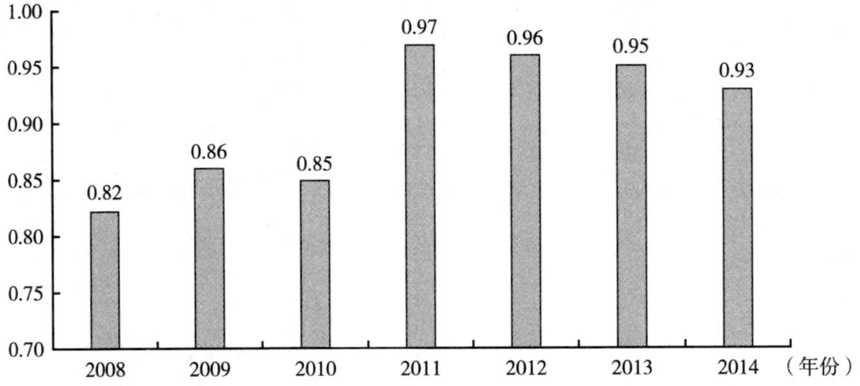

图24　2008～2014年海南区县GDP能耗的变异系数变化情况

从变异系数的数值上看，城镇居民和农村居民的变异系数均小于1，说明随着劳动力的流动，各区县的收入差距总体较为均衡（见图25）。

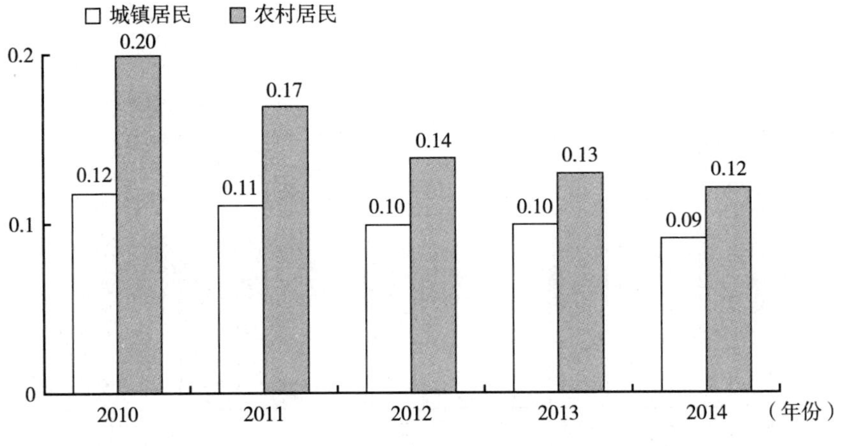

图25　2010～2014年海南区县城镇居民和农村居民收入的变异系数比较

三　2014年海南经济发展的总体评述和相关建议

（一）2014年海南经济发展的总体评述

综合上述内容分析，可以得到以下结论。

第一，2014 年，经济保持平稳增长，发展质量进一步提升，经济转型稳步推进，民生得到改善，各项社会事业在全省人民的努力下不断进步。

第二，由于各种自然和社会发展的差异，海南省地区经济发展差距依然很明显。

东部经济总体发展较好，西部次之，中部差距最大。未来还需要不断依据各区域的资源积极促进区域平衡发展。

第三，在“中部较弱，东、西部较强”的总体格局下，海南各区县发展也极不均衡，第二产业、第三产业、固定资产投资等诸多经济指标的变异系数均显著大于 1，且多年来区县之间不均衡的状况始终未能得到有效改善，缩减不同区县之间、城镇与农村之间的经济发展不平衡仍是海南经济特区发展的重大挑战。

第四，随着海南经济社会的发展，区县之间的经济发展尽管存在赶超现象，但以旅游业为主导的三亚市、海口市仍是全省经济发展的主体带动力量，未来区县的区域竞争格局调整仍主要集中在第二梯队和第三梯队区县。

（二）促进海南经济发展的相关建议

1. 改进财政转移支付制度

近年来海南尽管不断加大对欠发达地区的转移支付，但欠发达地区要求加大转移支付力度的呼声仍然很高。目前，海南的转移支付制度仍存在结构安排不合理、资金使用效率低等诸多问题，未来海南应加强转移支付资金规范管理，提高转移支付的公开性、合理性与有效性，增强财政转移支付制度对缩小海南东、中、西部差异的基础性作用。

2. 打造热带特色农业王牌

进一步调整农业结构，注重新品种、新技术的推广，使深加工和网络营销得到进一步发展，创建属于海南的特色农业品牌体系，积极促进农业转型升级，健全农产品的质量全程监管体系。海南中部地区拥有种植南药的天然优势。海南中部地区应加大南药的开发与利用，建设南药生产基地，使南药得以产业化经营。此外，海南中部生态旅游资源十分丰富，拥有大量的热带山区和雨林自然景观，海南中部地区应依托优势资源，不断寻求缩小与东、西部地区差距的产业发展增长点。

3. 注重人才的培养

发达地区的富余人才可以适当向落后地区分流。当经济发展水平快速提高时，发达地区对人才的需求也会有所改变，原来适合发达地区的人才可能不再适应。但是他们的技术在经济欠发达的地区还会有很大用处。要拓宽渠道，加大对本土人才的培养力度。要善于发挥现有人才的作用，为现有人才的成长铺路搭桥。近年，高校毕业生逐渐增多，应该给予各种优惠措施，积极吸引优秀大学毕业生，运用他们的才华建设落后地区。

4. 促进西部资源节约型、环境友好型工业的发展

西部地区拥有良好的资源条件，拥有集中的港口资源、国家级开发区等，是海南省新型工业发展的最佳集中区域。海南推进国际旅游岛建设，需要以以旅游业为龙头的现代服务业为支撑，更需要新型工业的支撑。工业发展滞后是制约海南省经济社会发展的重要原因。发展新型工业既是西部地区实现跨越式发展的必然选择，也是国际旅游岛建设的必由之路。海南工业发展要走集中布局、集约发展的路子，要创造条件争取大企业落户，以优质资源换大项目，以洋浦和东方为主轴线，打造资源节约型、环境友好型西部工业链条，做大做强做精西部工业产业集群，拉动西部经济增长，促进海南区域经济协调发展。

5. 推动东部旅游转型升级

目前单一、低端、老化的观光型旅游要向休闲、度假、商务、会展转型，加快推进旅游基础设施建设。东部地区的硬件设施建设有了很大的进步，但软环境建设，比如说卫生、服务水平、旅游商品的开发等有待提高。要不断发掘海南本土文化优势，精心打造具有海南特色的旅游景点。东部的旅游产品主要是陆地旅游，而作为拥有广阔海洋资源的东部地区，海洋旅游却一片空白。可以开发海上旅游项目，如模拟海员出海、体验渔民生活、特色游船、游艇比赛、海底探险等，把传统的“观海”转变为“体验海洋”。

参考文献

[1] 海南省统计局、国家统计局海南调查总队：《海南统计年鉴 2015》。

[2] 海南省统计局、国家统计局海南调查队：《海南省 2014 年国民经济社会发展统计公报》，2015 年 1 月 24 日。

[3] 《2014 年海南省规模以上工业经济运行情况分析》，海南省统计局网站，http：//www. hi. stat。s. gov. cn/tjsj/tjfx/jdfx/201403/t20140324_ 1176243. html。

[4] 《2014 年海南消费品市场运行情况分析》，海南省统计局网站，http：//www. hi. stats. gov. cn/tjsj/tjfx/jdfx/201403/t20140310_ 1168836. html。

[5] 《海南区域经济协调发展研究》，海南省统计局网站，http：//www. hi. stats. gov. cn/tjsj/tjfx/ztfx/201105/t20110505_ 623032. html。

[6] 王建龙、李明东、陈虹：《南充市县域经济综合竞争力研究》，《西华师范大学学报》（自然科学版）2015 年第 2 期。

[7] 尹玉龙：《全国各省市区经济竞争力谁执牛耳?》，《经济日报》1998 年 4 月 2 日。

[8] 王秉安、陈振华、叶穗山：《区域竞争力理论与实证》，航空工业出版社，2000。

[9] 李永强：《城市竞争力评价的结构方程模型研究》，西南财经大学出版社，2007，第 62 页。

[10] 中国人民大学竞争力与评价研究中心研究组：《中国国际竞争力研究报告（2003）——区域竞争力发展主题研究》，中国人民大学出版社，2003，第 266 ~ 267 页。

[11] 王秉安、洪文生：《县域经济竞争力比较研究——以福建为例》，《福建行政学院福建经济管理干部学院学报》2004 年第 3 期。

B.15 上海浦东新区发展报告

章 平 刘宇飞*

2014年，浦东新区坚持稳中求进、改革创新，坚持创新驱动发展、经济转型升级，扎实推进稳增长、促改革、调结构、惠民生、防风险各项工作。主要有：自贸试验区建设带动浦东综合配套改革取得新突破，聚焦投资管理、贸易监管、金融监管、事中事后监管等领域，形成了一批可复制、可推广的制度成果。创新转型、结构调整取得重要进展，以金融、航运、贸易为重点的现代服务业保持较快增长，第三产业增加值占新区生产总值的比重提高到67%，产业结构向服务业转型趋势明显。

本报告以《2015上海浦东新区统计年鉴》数据为基础，在既定的新区经济增长评价指标体系指导下，对2014年新区发展的情况展开科学分析，从其规模、效率、分享性、持续性、充分性、稳定性、协调性和创新性等诸方面进行评价，辅以新区2015年发展的最新情况，给出相应的政策建议。

一 基于新区发展综合评价指标的分析

经济增长指标，以其可计量性、可比性等优势远超其他综合性评价指标，成为评价一个国家或地区发展程度最基本、最直接的指标。

从狭义角度来看，经济增长质量主要是指资源要素投入比例、经济增长效果及经济增长的效率，体现的是经济增长方式的转变问题（韩平、徐翠

---

* 章平，深圳大学中国经济特区研究中心副研究员，管理学博士，硕士生导师，主要研究方向为比较制度分析；刘宇飞，深圳大学中国经济特区研究中心理论经济学专业硕士研究生。

枚，2013）。武义青（1996）认为经济增长质量以投入要素的产出效率来衡量。质量高的经济增长，表现为以相同的投入量取得较多的产出量或以较少的投入量取得相同的产出量。郭克莎（1996）认为，经济增长质量主要表现在综合要素生产率的增长率及其贡献率的高低、产品和服务的质量、通货膨胀的状况、环境污染的程度。

从广义的经济增长质量来看，钟学义（2001）认为不仅要从生产率角度考察还要从经济波动、经济结构等方面对经济增长质量的内涵进行考察。毛海波（2009）把经济增长质量界定为“经济增长质量是经济增长的过程中表现出来的国民经济有效性、稳定性、协调性、分享性、创新性及持续性等方面的优劣程度”。

本文综合基于经济增长及其质量的相关研究，删繁就简，针对新区的特点和实际，归纳为如图 1 所示的评价体系。

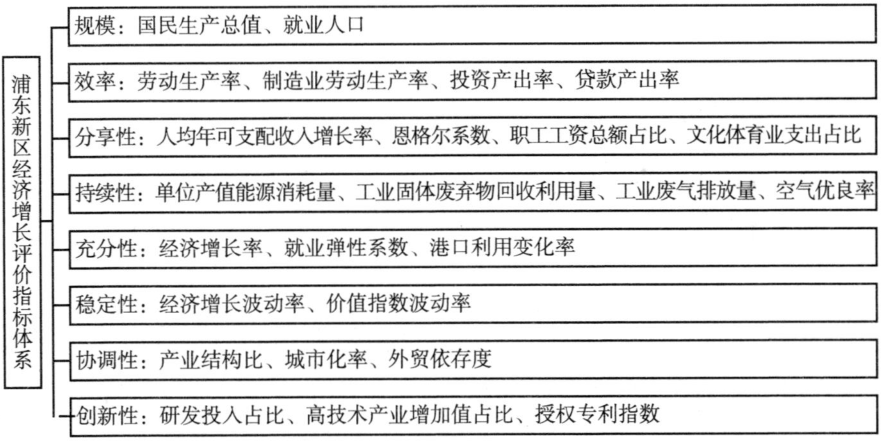

图 1　浦东新区经济增长评价指标体系

（一）经济增长的规模

国内生产总值（GDP）是衡量一个地区经济增长规模的有效指标。浦东新区以“创新驱动、转型升级”为指导，2014 年保持了平稳较快发展。

全区实现生产总值 7109.74 亿元，比上年增长 10.3%；地方财政收入达到 684.51 亿元，比上年增长 12.21%（见图 2）。经济增长与就业之间也是相互协同的关系，全年新增就业岗位 15.07 万个，其中，新增非农就业岗位 2.15 万个，新增就业人口 11.8 万人，就业总人数达到 302.39 万人（见图 3）。

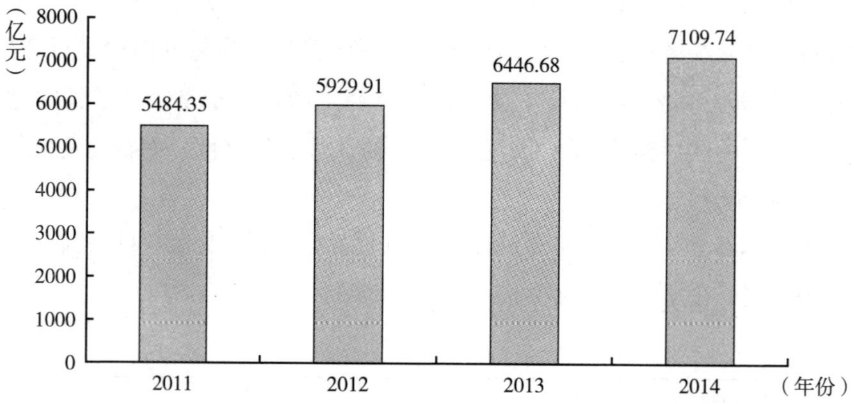

图 2　上海浦东新区 2011～2014 年 GDP

资料来源：《2015 上海浦东新区统计年鉴》。

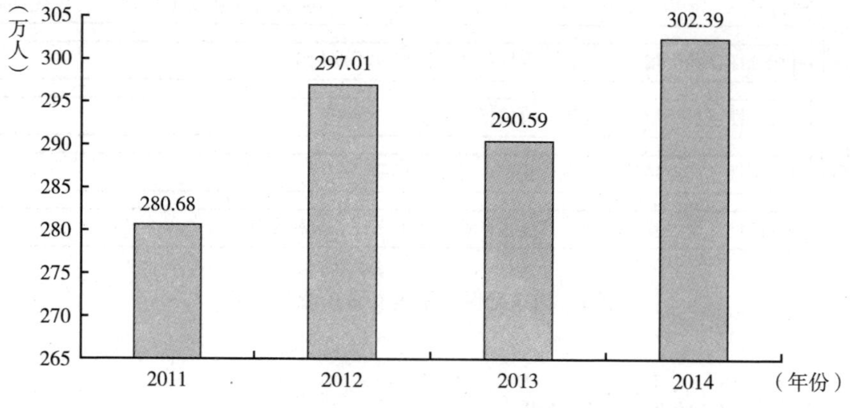

图 3　上海浦东新区 2011～2014 年从业人员数量

资料来源：《2015 上海浦东新区统计年鉴》。

（二）经济增长效率

经济增长效率是指在一定的经济成本的基础上所能获得的经济收益。这里我们计算了四种指标：劳动生产率、制造业劳动生产率、投资产出率和贷款产出率。算法及计算数值如表1所示。

表1　经济增长效率评价指标

二级指标	含义算法	2014年数据计算值	2013年数据计算值
劳动生产率	GDP/从业人员总数	25.01万元/人	21.94万元/人
制造业劳动生产率	第二产业GDP/第二产业从业人员	15.43万元/人	14.55万元/人
投资产出率	GDP/当年固定资产投资总额	4.03	3.84
贷款产出率	GDP/银行贷款年平均余额	0.51	0.49

（1）劳动生产率相比2013年的21.94万元/人，2014年上升到25.01万元/人，即报告期内平均每个劳动力比基期多创造了3.07万元的经济价值。

（2）制造业方面，其劳动生产率在2013年的14.55万元/人的基础上，增加了0.88万元/人，达到15.43万元/人，表明制造业单位工人产值略有小幅提升。

（3）投资产出率方面，相对于2013年的3.84，2014年达到4.03，即用于固定资产更新的资本每增加1元，就相应比上年多创造0.19元的价值，表明固定资产更新后带来更大的经济增长。

（4）贷款产出率，作为银行贷款效益的主要指标，它反映了每单位贷款产生的经济效益。2014年的贷款产出率为0.51，与上年的贷款产出率水平相当，保持平稳的基准。

由图4可见，2011～2014年，除劳动生产率增幅较大之外，制造业劳动生产率、投资产出率和贷款产出率则基本保持不变。

依据以往经济数据分析，劳动生产率与固定资产的大规模更新呈正相关关系，即固定资产的大规模更新促进劳动生产率的提升，原因显而易见，采用更为先进的生产技术必然使单位劳动生产率上升。

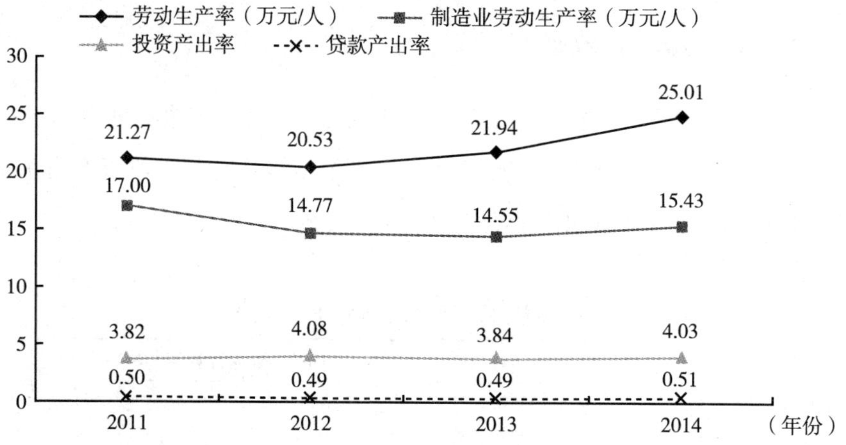

图4　上海浦东新区2011～2014年经济效率汇总

资料来源：《2015上海浦东新区统计年鉴》。

2011～2014年浦东新区的固定资产投资总额基本保持不变，而国内生产总值却以9.3%的高速率增长，这就很好地解释了投资产出率的增加。新区在20多年建设的基础上，各项基本指标已逐渐趋于平稳，经济增长持续有效。

（三）经济增长的分享性

根据统计，我们得出：2014年城镇居民人均可支配收入较上年增长21.34%，达到49628元，农村居民人均年可支配收入较上年增长23.66%，达到21814元，远远高于GDP 9.3%的增长速度，证明居民分享了GDP增长的收益（见图5）。

2014年，新区地方财政支出完成820.36亿元，比上年增加81.92亿元，增长11.1%。

全年新区财政着力调整优化支出结构，保障重点支出，促进经济社会平稳健康发展。着力支持以保障和改善民生为重点的社会建设，支持重点区域建设和发展，推进重大基础设施项目建设，合理保障预算执行中涉及改革和发展稳定的重点增支因素。由此，我们可以看到，地方财政对社区事务的支出由 2013 年的 1902557 万元增加到 2014 年的 1904908 万元，地方政府对医疗卫生的支出则从 2013 年的 312571 万元增加到 2014 年的 439777 万元，社会保障和就业支出从 2013 年的 590514 万元增加到 2014 年的 690176 万元。以上几项支出总和占 2014 年全年财政支出的 36.99%，与 2013 年 37.99% 的占比基本持平。

新区 2014 年人均公共绿地面积为 24 平方米，与 2013 年的 24.02 平方米持平，由于缺乏全国人均公共绿地面积的数据统计，这里找到 2014 年全国公园绿地面积为 13.08 平方米，可通过粗略估计，说明新区园林绿化建设工作远远高于全国水平，新区在发展经济的同时，民生工作也配套跟进，提高了居民的生活质量。

1. 居民人均年可支配收入增长率

该指标为现期可支配收入与基期可支配收入比值减去 1，由于新区城市化率并没有达到 100%，故这项指标有城镇居民与农村居民之分。其中，统计期内城镇居民人均年可支配收入为 49628 元，农村居民人均年可支配收入为 21814 元，增长率分别达到 21.34% 和 23.66%。

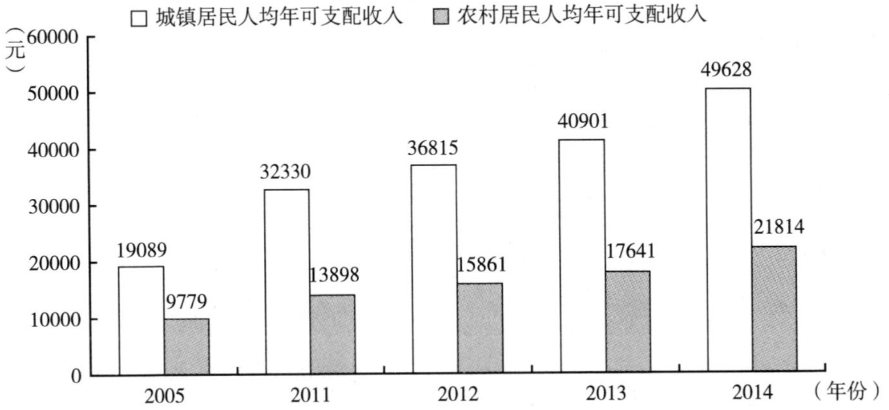

图 5　上海浦东新区城镇居民和农村居民人均年可支配收入变化及对比

资料来源：《2015 上海浦东新区统计年鉴》。

居民人均年可支配收入呈现逐年递增趋势，农村居民人均年可支配收入的增长率略高于城镇居民人均年可支配收入的增长率。

但是，农村居民人均年可支配收入远低于城镇居民，这是因为，受教育程度的差别，以及农村地区固定资产投资低于城镇，使农村劳动力素质低于城镇。政府加大对农业投资的力度是提升农业现代化水平的重要因素。

2. 恩格尔系数

恩格尔系数即食品支出占个人全部消费的比重。可以简单地认为，该系数数值越小，居民生活水平越高。一个人的食品支出在短时间内几乎很难变化，所以当收入越高时，其食品支出在全部消费支出中所占的比重就越低，反之，则越高。恩格尔系数部分反映了一个地区的居民生活水平和经济发达程度。根据《2015 上海市浦东新区统计年鉴》显示，2014 年城镇居民的恩格尔系数为 35. 3%，比 2013 年降低了 1. 2 个百分点，说明新区居民生活水平较 2013 年有所提升。

3. 职工工资总额占 GDP 的比重

通过计算，建区初期的 1993 年，职工工资占 GDP 的比重为 28. 82%，但 2005 年下降至 11. 15%。最近 3 年，这一比重分别为 22. 46%、23. 95%、33. 98%，呈现增长趋势，其中 2014 年增幅最大。说明新区在建设过程中越来越注重分配公平（见图 6）。

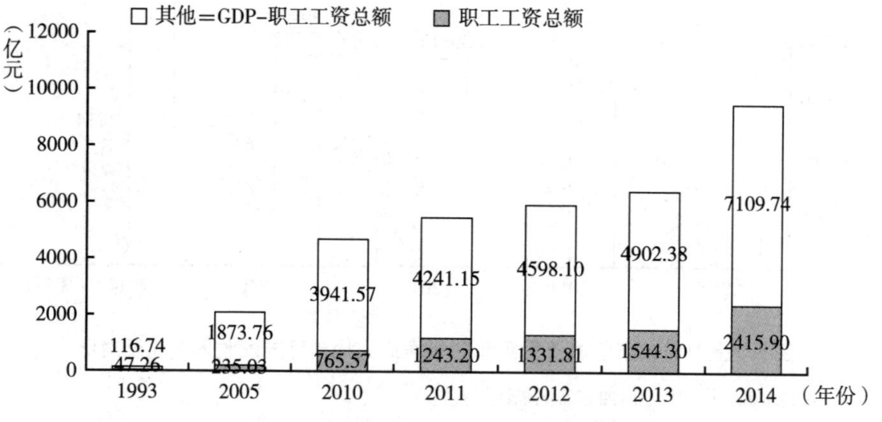

图 6　职工工资总额在 GDP 中的比重

资料来源：《2014 上海浦东新区统计年鉴》。

职工工资占 GDP 比重是衡量国民收入初次分配公平程度的重要指标，数值越大，则分配越公平，反之则越不公平。据统计，在欧美发达国家该比重普遍在 50% 以上，而东南亚的平均水平也有 28%，新区 2014 年工资分配水平超过东南亚，但与欧美发达国家相比，差距还很大。由此可见，新区目前的经济增长的分享性仍然是低水平的。

新区在解决收入分配公平问题上，还有很长的路要走。因此，应加快劳动者工资水平的增长速度，逐渐实现初次分配的公平性，进而在二次分配中更加注重公平，这样才真正使广大劳动者分享经济增长的收益。

4. 居民文化体育业支出比率

我们选取了城镇居民支出中文化教育的支出，用这一指标来考察居民对教育事业的重视程度。通过计算，2013 年新区城镇居民收入在教育文化娱乐服务方面的花费占其消费总支出的 16%，这一比重在 2012 年为 15.9%，而 2014 年则上升到 16.62% （见图 7）。教育以人为本，为人所用，数据显示充分证明教育越来越得到重视，教育的发展则会为新区人才培养、科技发展，打下基石。

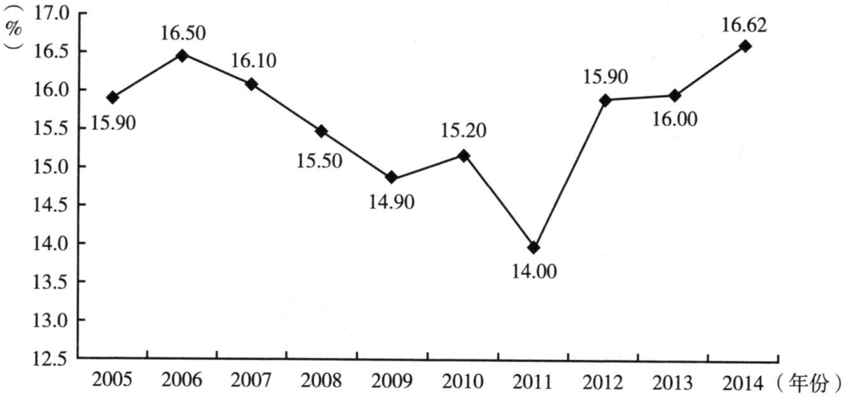

图 7　居民教育文化娱乐服务支出占消费支出比重 2005 ~ 2014 年变化情况

资料来源：《2015 上海浦东新区统计年鉴》。

通过计算可得，新区城镇居民消费支出中教育文化娱乐服务占比，近 10 年平均值为 15.66%，除 2011 年偏离均值较大之外，其余各年基本在均值附近，说明多年来城镇居民对教育文化娱乐较为重视，稳定且呈现增长趋势。

说明随着收入的提高，居民对教育文化娱乐的需求增加，人们更加注重精神层面的享受。但同时也应看到这一比例并不是很高，也就是说，这一占比还有待进一步提高，更加说明未来教育文化产业的发展空间会更大，人们提升精神文化的需求更加迫切。

（四）经济增长的持续性

衡量经济增长的持续性，我们计算出单位产值能源消耗量，同时从统计年鉴中着重选出四项重要指标：工业固体废物产生量、工业废气排放总量、空气质量优良率（见表2）。

表2　经济增长的持续性指标

二级指标	含义算法	2013 年数据值	2014 年数据值
单位产值能源消耗量	能源消耗总量(吨标准煤)/GDP(万元)	0.1354	0.1165
工业固体废物综合利用量	无	221 万吨	227 万吨
工业废气排放总量	无	2049 亿标立方米	1987 亿标立方米
空气质量优良率	全年空气达标天数/全年天数	68.2%	76.7%

1. 单位产值能源消耗量

从表2中可以看出，2014 年单位产值能源消耗量计算数值比 2013 年降低 0.0189，说明新区在 2014 年能源利用率有所提高。通过计算，消耗 1 吨标准煤，在 2013 年能产生 7.3855 万元经济效益，而在 2014 年则产生 8.5837 万元经济效益，相比增加 1.198 万元产能值，即能源利用率提高 16.22 个百分点。

2. 工业固体废弃物排放总量与工业废气排放总量

统计年鉴显示，2014 年新区工业固体废弃物为 239 万吨，比 2013 年的 232 万吨减少 7 万吨；工业废气排放总量也从 2013 年的 2049 亿标立方米，减少到 1987 亿标立方米。其原因有二：一是随着产能过剩越来越明显，第二产业规模有所下降；二是环境治理有条有序，人们的环保意识有所加强。

3. 空气质量优良率

空气优良率指空气的质量，随着我国工业化发展进程加快，大气污染不可避免，但新区2014年优良率达到76.7%，较2013年提高8.5个百分点，新区在空气治理工作方面取得可喜的成绩，但是应看到发达城市空气优良率几乎都在85%以上，因此，我们应该继续加大治理力度，努力营造良好的生存环境。

（五）经济增长的充分性

为了考察新区经济增长是否充分，我们选取了经济增长率、就业弹性系数、港口利用变化率作为指标加以研究，指标具体计算方法及计算值如表3所示。

表3　经济增长的充分指标

二级指标	含义算法	2014年数据计算值	2013年数据计算值
经济增长率	（当期GDP/基期GDP）×100% －1	9.3%	9.7%
就业弹性系数	当期从业人员增长率/GDP增长率	0.4366	－0.2227
港口利用变化率	当期港口吞吐量/基期港口吞吐量	1.04	1.05

1. 经济增长率

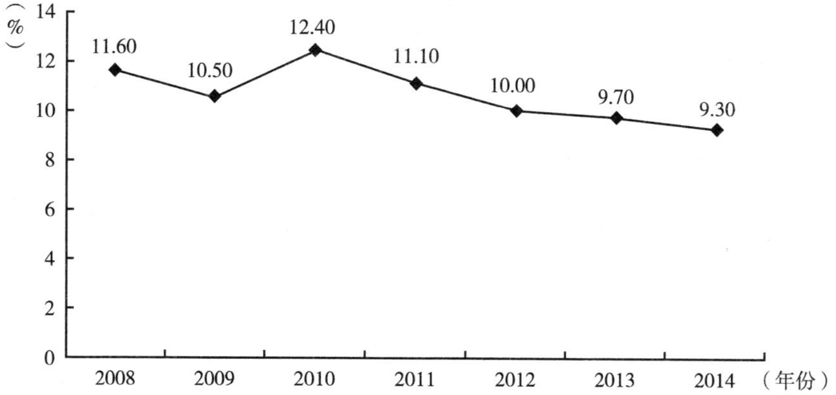

图8　2008～2014年上海浦东新区经济增长率

资料来源：《2015上海浦东新区统计年鉴》。

GDP增长率是衡量一个国家经济增长的有效指标，如图8所示，近7年来，新区GDP增长率始终保持在9%以上，远远领先于全国水平。在近两年国际经济形势不太乐观、全国增长率略微下调的情况下，仍能保持9.3%以上的增长速度，充分说明浦东发展势头依然强劲。

2. 就业弹性系数

就业弹性系数是就业人数增长率与GDP增长率的比值，即GDP每增长1个百分点所能够带动就业增长的百分点。该系数数值越大，说明经济增长提供了更多的就业机会，数值越小，则说明社会经济吸收劳动力的能力越弱。

2014年新区就业弹性系数为0.4366，虽然相比2013年扭负为正，表明GDP增长速度是就业增长速度的两倍多，说明经济增长并没有带来充分的就业机会，换句话说是单位个人创造了更大的经济价值。因此新区要下大力气提高劳动者技能水平、努力做到人才培养与产业竞争要求相适，以此减少就业的结构性矛盾，推动就业弹性的稳定增长。

3. 港口利用变化率

2014年港口利用变化率与2013年1.05的水平基本相当，计算值为1.04，自贸区成立两年多来，为浦东港口贸易带来新的发展机遇，尽管面临世界经济衰退，但仍然保持正增长。洋山、外高桥、浦东机场三个海港和空港扎根新区，2014年外高桥港和洋山港集装箱吞吐量超过3200万标箱，连续多年位居世界第一。航空快件国际中转集拼业务2013年在浦东机场综合保税区启动至今，机场货邮吞吐量居全国第三位。

（六）经济增长的稳定性

经济增长的稳定性可通过表4的两个指标来衡量。

表4　经济增长的稳定性评价指标

二级指标	含义算法	2014年数据计算值	2013年数据计算值
经济增长波动率	当期GDP增长率/基期GDP增长率－100%	－4.12%	－3.96%
价值指数波动率	|当期CPI增长率/基期CPI增长率－100%|	0.01	0.01

1. 经济增长波动率

经济增长波动率反映经济增长的平稳性，而图9表明浦东新区经济增长

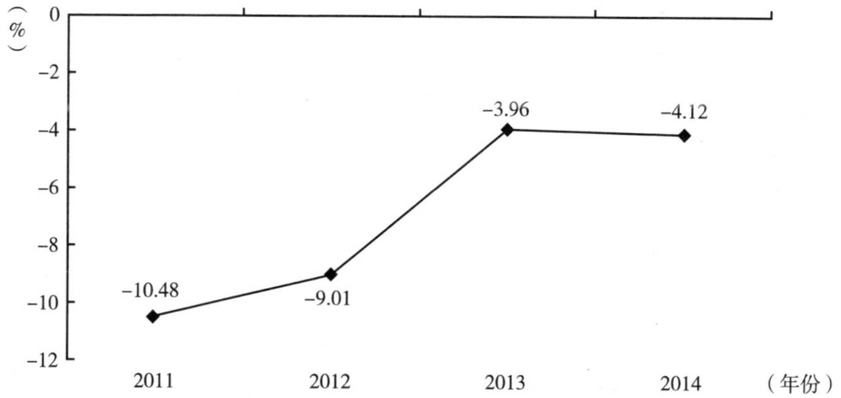

图 9　2011～2014 年上海浦东新区经济增长波动率

资料来源：《2015 上海浦东新区统计年鉴》。

近 4 年，整体趋势是走向波动稳定的，但应该看到 2014 年波动幅度实际上比 2013 年大，这警示我们经济增长的长期不稳定波动会威胁经济增长的长期表现。拉动经济增长的“三驾马车”是投资、出口、消费，如今世界经济疲软，整体形势不好，出口和投资面临巨大压力，因此要更注重刺激内需，进一步减少对出口和投资的依赖。

2. 价值指数波动率

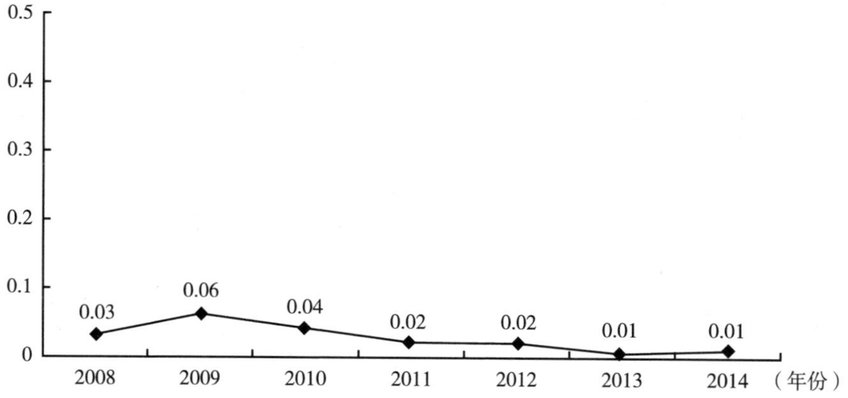

图 10　上海浦东新区价值指数波动率

资料来源：《2015 上海浦东新区统计年鉴》。

从图 10 可以得出基本结论：新区自 2009 年以来物价指数波动率总体水平很低。物价稳定有利于保障民生、稳定社会，促使人们对未来形成稳定预期，以便合理安排私人消费和投资。

（七）经济增长的协调性

本文从产业结构比、城市化率和贸易依存度三个方面来对经济增长的协调程度做出一定的分析。具体评价指标如表 5 所示。

表 5　经济增长的协调性评价指标

二级指标	含义算法	2014 年数据计算值
产业结构比	第一产业产值总额:第二产业产值总额:第三产业产值总额	0. 42∶32. 62∶66. 96
城市化率	（城市人口/总人口）×100%	90. 44%
外贸依存度	（进出口货物总额/GDP）×100%	231. 44%

1. 产业结构

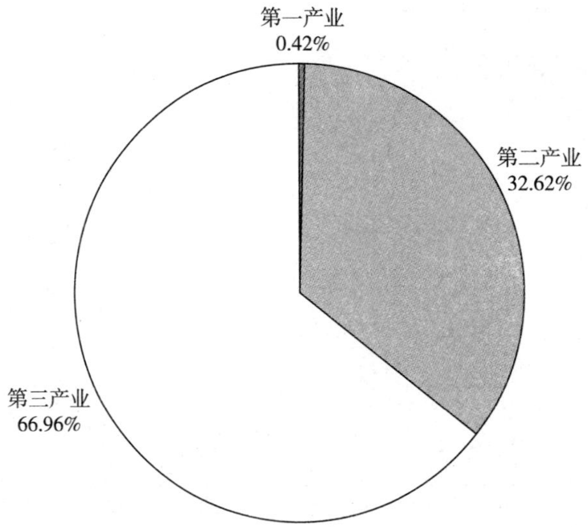

图 11　上海浦东新区 2014 年产业结构比

资料来源：《2015 上海浦东新区统计年鉴》。

图 11 可以直观反映出，新区第一产业所占比例为 0.42%，微乎其微，第三产业占 GDP 的 66.96%，接近 70%，充分说明新区的第三产业高度发达。原因主要在于新区在开发时的定位是以服务业为主导，耕地较少，着重发展金融、交通、旅游、信息等第三产业。

2. 城市化率

浦东新区位于上海东部、长江入海口，具有得天独厚的地理区位优势，再加上国家政策导向，开发力度较大，使得城市人口比重大大高于全国平均水平，2014 年城市化率更是提升到 90.44%，在世界范围内处于较高水平。

3. 外贸依存度

2014 年上海的外贸依存度为 231.44%，而同期全国外贸依存度平均水平仅为 41.5384%，这显示上海高度开放的贸易往来，同时也表明上海经济受国际经济影响的程度十分大。

进一步细化，可从进口和出口两个角度来考虑外贸依存度，进口、出口依存度分别为 144.64% 和 86.9268%，其中进口依存度大于出口依存度，而进口依存度反映从外国引进稀缺资源的依赖程度，由此数据得出新区对外国商品的依赖程度要大于外国对新区商品的依赖，因此新区在未来发展过程中，要逐渐形成本区独特的贸易优势、科技优势，扩大出口，促使进出口平衡发展。

（八）经济增长的创新性

2014 年，新区继续推进“稳增长、促改革、调结构、惠民生”的各项工作，坚持创新驱动发展、经济转型升级，区域创新体系不断完善，创新环境继续优化，创新成效进一步显现。具体指标见表 6 所示。

1. 研究与开发投入占 GDP 的比重

研究与开发投入由三部分组成：政府对科学技术的财政支出、企业内部研发支出与企业委托外单位科技活动支出，2014 年浦东新区研究与开发投入占 GDP 的比重为 4.2%，较 2013 年的 3% 增长 1.2 个百分点，2014 年浦东的研发投入登上新的台阶，科学技术是第一生产力，只有加大研发投入，科技力量才能更快转化为现实生产力。

表 6　经济增长创新性指标

二级指标	含义算法	2014 年数据计算值(%)	2013 年数据计算值
研究与开发投入占 GDP 的比重	(研究与开发投入/GDP)×100%	4.2%	3%
高技术产业增加值占工业总产值的比重	(高技术产业增加值/工业总产值)×100%	29.66%	30.90%
高技术产业产品出口占外贸出口商品总额比重	(高技术产业出口总额/外贸出口商品总额)×100%	43.05%	42.60%
授权专利指数	无	10896 项	10417 项

2. 高技术产业增加值占工业总产值的比重

这一指标说明了上海高新技术产业的重要程度，2014 年的 29.66% 较 2013 年的 30.9% 略有下降，但基本维持在 30% 的水平，从综合研发投入来看，研发转化为成果的能力实际呈下降趋势，所以期待高技术产业有突破性发展。

3. 高新技术产业产品出口占外贸出口商品总额的比重

该指标 2014 年为 43.05%，与 2013 年的 42.60% 持平，增长幅度不大。一方面说明当前国际经济形势的严峻性和各国科技竞争的激烈性，另一方面也说明浦东新区在高技术出口领域具有一定的竞争力。

4. 专利授权指数

根据数据统计，2014 年浦东新区授权专利数为 10896 项，相比 2013 年的 10417 项增长了 479 项，其中发明专利达到 3139 件，实现每 1 万人中发明专利达到 5.76 件。全年全区技术交易合同达到 2753 件，金额达到 179.5 亿元，新区创新成效十分显著。

三　发展新态势与特征

（一）新区进一步促进中小企业、高新技术产业发展

新区积极搭建中小企业公共服务平台，加快融资服务和担保体系建设，

提高自主创新能力、转型成长能力，积极采取奖励资助制度鼓励中小企业发展。对于高新技术产业，新区在科技产业基地内，积极引进新兴战略核心企业、配套企业，给予相应补贴。

（二）自贸试验区带动综合配套改革取得新成绩

截至2014年9月，已有21项上海自贸试验区的制度创新成果在全国复制推广（6项投资管理制度、9项贸易监管制度、6项金融创新制度）。2015年1月29日，国务院发布《关于推广中国（上海）自由贸易试验区可复制改革试点经验的通知》，明确在全国范围内复制推广投资管理、贸易便利化、金融、服务业开放和事中事后监管五大领域的改革经验，在全国其他海关特殊监管区域复制推广海关监管制度创新与检验检疫制度创新。

试验区主动建立对接联动机制，积极深化改革，促进上海国际黄金交易中心推出国际板业务，完善信托登记制度，首创商业保理企业信用评级机制，实现内外联动、活力发展。新区继续深化改革，首创专利、商标、版权的集中管理和综合执法的知识产权局，精简机关机构，完善项目审批制度，完善政府投资项目代建制度管理，国资国企改革有序推进。

根据上海市工商部门的统计（转引自侯仕军，2015），上海自贸试验区2013年揭牌首月，区内设立登记企业208户，同比增长近4倍。揭牌后3个月内新增企业3600多家。揭牌半年内注册企业数量约是过去23年的总量。2014年1~6月新注册企业同比增长10.1倍。截至2014年9月15日，上海自贸区共新设企业12266家。截至2014年底，上海自贸区共有2.2万余家企业（其中海关注册企业1.25万家，挂牌之后新增企业1.4万余家，新增数量是前20多年累计数量的1.66倍），吸引从业人员超过28万人。

外贸活动方面，总体成效显著。2014年上海自贸区实现进出口7623.8亿元，同比增长8.3%，比上海全市进出口平均增速快3.7个百分点，占全市进出口总额的26.6%，对全市进出口总额增长的贡献度达46.7%。2014年上海市实现进出口2.9万亿元，同比增长4.6%，2010年以来增速首次超过全国水平，比全国进出口增速高出2.3个百分点。

（三）核心功能进一步提升

第一，金融功能进一步提升。根据统计，2014 年新区中外资银行本外币贷款余额分别增长 9.7% 和 4.7%，全年证券市场成交额增长 48.1%。新兴金融业发展态势良好，政府出台了相关政策，集中监管第三方支付及移动支付等互联网金融机构。

第二，航运功能继续加强。在国际经济形势较为严峻的背景下，浦东 2014 年港口货物吞吐量和集装箱吞吐量都有显著增长，上海海事司法鉴定中心、亚洲船级社中心等航运功能性机构入驻新区，同时中国海运大厦、洋泾国际航运服务创新试验区等项目建设正式启动。

第三，贸易功能发展更为稳定。贸易结构更加优化合理，其中电子商务与服务贸易总额双双达到两位数增长。外贸进出口总额持续增长。跨境电子商务，如快钱、盛付通等第三方支付机构积极参与自贸区跨境电子商务人民币支付结算试点。

第四，总部功能不断升级。2014 年新区内跨国公司地区总部达到 229 家，将近一半的跨国公司选择新区作为地区总部。新区实施总部企业外汇集中管理、人民币资金池政策、优化总部运营环境等一系列措施，促进国际国内企业总部落户新区。

（四）城市综合环境明显优化

新区加快地铁等轨道交通建设，加快迪斯尼、住宅等配套道路按计划实施，统筹智慧城市建设，进一步完善基础设施。综合整治环境，不断加大生态环保工作力度，建设绿地，落实节能减排工作。同时街道网络化平台建设取得新的进展，完善了城市网络综合管理机制，城市管理成效显著。

（五）社会民生持续改善

新区居民收入保持增长，农村居民收入增速超过城镇，城乡居民收入差距正在缩小，新区不断推进就业与社会保障工作，实施了就业优先战略，吸引人才、促进就业。加快保障性住房建设。鼓励中外合作办教育，教育水平有所提升。改善医疗服务，推进国际中医药综合改革试验区建设。文化创意产业发展平稳，文化公共设施建设积极推进，软实力逐步提升。

四　政策建议

（一）自贸试验区建设无缝对接“一带一路”国家战略

随着2015年3月24日中共中央政治局审议通过广东、天津、福建自由贸易试验区总体方案及进一步深化上海自由贸易试验区改革开放方案，中国自贸区建设在全国和上海层面双重扩围起步，正式迈入制度创新效应扩散及制度创新竞争的新阶段。

围绕到2020年浦东建成“四个中心”核心区这一目标，上海自贸试验区建设尤其要对接好“一带一路”国家战略。第一，上海是“21世纪海上丝绸之路”与长江经济带地理意义上的交汇点，浦东新区更需要采取东西联动、南北贯通的开放视角，更加纵深且广泛地拓展自贸试验区吞吐运行的腹地与前沿，并可能通过承担“一带一路”新型国际贸易投资规则试验田探索自身在该战略中的新型定位。第二，上海自贸试验区亟须统筹协调区内各部门以及区内外资源，带动市场需求、优化生产条件、拓展市场广度和深度，为企业战略性投资创造和整合平台，比如鼓励和帮助有实力的企业到“一带一路”沿线国家建立境外经贸合作区等多种形式的经济特区，作为当地经济新的增长极。

（二）营造与国际接轨、公平透明的营商环境

全面加强政府自身建设，包括深化行政审批制度改革。围绕市场在资源配置中起决定性作用和更好发挥政府作用，加大简政放权力度，推动政府职能转变，如2014年推出“两个15%”改革计划（区级机关内设机构精简15%，区级机关行政编制精简15%）。创新市场准入制度、优化审批服务机

制和健全社会信用体系。推进政府运行机制法治化。深化行政执法体制改革，健全依法决策机制，强化对行政权力的制约和监督。

创新政府服务管理方式。坚持寓管理于服务之中，更多运用市场化、社会化、信息化、透明化方式强化服务管理，不断提升行政效能。全面推进政务公开，促进政府购买公共服务。

（三）探索城乡社会经济发展一体化

“城乡发展一体化重在推进新型城镇化，而城镇化的核心是人的城镇化。”推进城乡发展一体化，首先是要抓住上海城市新一轮总体规划修编和新型城镇化机遇，探索完善郊区城镇规划体系，促进基本公共服务均等化。各个利益相关主体主动应对新情况、新问题，结合新的城镇规划体系，统筹考虑人口规划、区域规划、产业布局规划等主要因素，科学配置公共服务资源，促进城镇基本公共服务均等化。

其次要以建立长期稳定的农民增收机制为着力点，积极稳妥推进农村综合改革，加强农村社会保障，在推动新型城镇化进程中促进城乡发展一体化。转变农业生产方式，鼓励规模化经营，通过家庭农场、合作社加农户等规模化生产方式，进一步提高农业生产效率和农民收入；探索推进农村集体经济组织产权制度改革，鼓励引导集体资产向街镇一级平台集中，完善收益分配机制，设计出让农民积极参与专业化、规模化的激励机制；要完善土地流转配套政策措施，保障农村转移劳动力就业，多管齐下建立长期稳定的农民增收机制。

参考文献

［1］武义青：《经济增长方式的界定》，《管理现代化》1996 年第 4 期。
［2］郭克莎：《论经济增长的速度与质量》，《经济研究》1996 年第 1 期。
［3］毛海波：《浅析经济增长质量的内涵》，《企业导报》2009 年第 4 期。
［4］冷崇总：《构建经济发展质量评价指标体系》，《宏观经济管理》2008 年第

4 期。
[5] 李答民：《区域经济发展评价指标体系与评价方法》，《西安财经学院学报》2008 年第 5 期。
[6] 李丽莎：《我国经济发展指标体系的构建与应用研究——基于经济发展的数量与质量角度》，《特区经济》2011 年 6 月。
[7] 冷崇总：《关于构建经济发展质量评价指标体系的思考》，《发展纵横》2008 年第 4 期。
[8] 倪鹏飞主编《中国城市竞争力报告》，社会科学文献出版社，2004。
[9] 韩平、徐翠枚：《海南省经济增长质量评价指标体系研究》，海南省统计局网站，2013。
[10] 孙继伟：《上海浦东新区人民政府 2014 年政府工作报告》，《上海浦东新区政府公报》2014 年 1 月。
[11] 侯仕军：《上海自贸试验区面临的新形势和新机遇》，《东方早报》2015 年 9 月 29 日。
[12] 何建木：《大都市郊区城乡发展一体化的探索与思考——基于上海市浦东新区的实证研究》，《农业经济与管理》2015 年第 2 期。
[13] 钟学义：《中国生产率变化与经济增长源泉：1978～2010 年》，《数量经济技术经济研究》2013 年第 1 期。

B.16
天津滨海新区发展报告

章 平　刘启超*

“十二五”以来，滨海新区紧紧围绕实现城市定位和建设美丽新区，加快推进转型发展，全力打造经济升级版，综合实力跃上新台阶，结构调整取得新进展，开发开放实现新突破，人民生活达到新水平，成为全国经济发展最具活力的地区之一，为“十三五”发展奠定了坚实基础。天津自贸试验区的建立又强有力地服务于国家战略：服务于京津冀协同发展重大国家战略，服务国家“一带一路”开放战略。

2014 年，面对各类风险和困难叠加的复杂局面，新区政府和人民沉着应对、凝心聚力、接续奋斗，不断深化改革、扩大开放，着力进行创新驱动、转型升级，主要指标又迈上了一个新台阶。同时，发展过程中也出现了一些问题。本文根据公开数据（由于截稿时尚未获得 2015 年滨海新区统计年鉴，只能以政府公报为主、媒体报道和报纸杂志为辅获取数据）对上述内容进行梳理分析，提出政策建议。

一　发展态势和总体特征

滨海新区全区生产总值由 2010 年的 5030.11 亿元增长到 2014 年的 8760.15 亿元，占天津全市 GDP（15722.47 亿元）比重由 2010 年的 54.5% 提高到2014 年的55.7%，同比增长 15.5%，近5 年年均增长 20.3%（见图

* 章平，深圳大学中国经济特区研究中心副研究员，管理学博士，硕士研究生导师，主要研究方向为比较制度分析；刘启超，深圳大学中国经济特区研究中心理论经济学专业硕士研究生。

1）。财政一般预算收入由2010年的435.41亿元增长到2014年的1028.20亿元，增长1.36倍，年均增长26%。社会消费品零售总额由2010年的743.58亿元增长到2014年的1213.87亿元，增长0.6倍，年均增长17.92%；2010～2014年外贸出口总额达到1458.45亿美元，年均增长11%。2010～2014年累计固定资产投资2.23万亿元，年均增长22.9%。2010～2014年累计实际利用外资487.74亿美元，年均增长16.86%。

2014年，城乡居民生活水平稳步提高。2014年新区城镇居民人均可支配收入35680元；农村居民人均可支配收入17465元。2014年我国城镇居民人均可支配收入28844元，农村居民人均可支配收入10489元，新区的居民收入明显高于全国平均水平（见图2）。

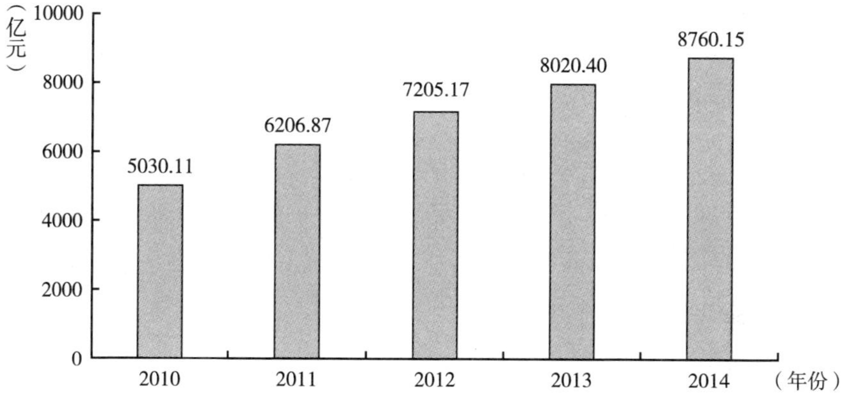

图1　天津滨海新区2010～2014年GDP

资料来源：《天津滨海新区统计年鉴》（2013）；《天津市2014年滨海新区国民经济和社会发展统计公报》。

（一）功能区与产业统筹发展，为新区转型发展创造优质环境

天津自由贸易试验区获批建设，为金融、贸易等领域制度创新和开发开放带来新的机遇。2014年有674家新批外商投资企业入驻，合同外资额达到228.20亿美元，同比增长10.1%；实际直接利用外资188.67亿美元，增长12.1%。其中，制造业实际直接利用外资83.29亿美元，增长15.6%；服务业实际直接利用外资102.89亿美元，增长8.6%，占全市的54.5%。

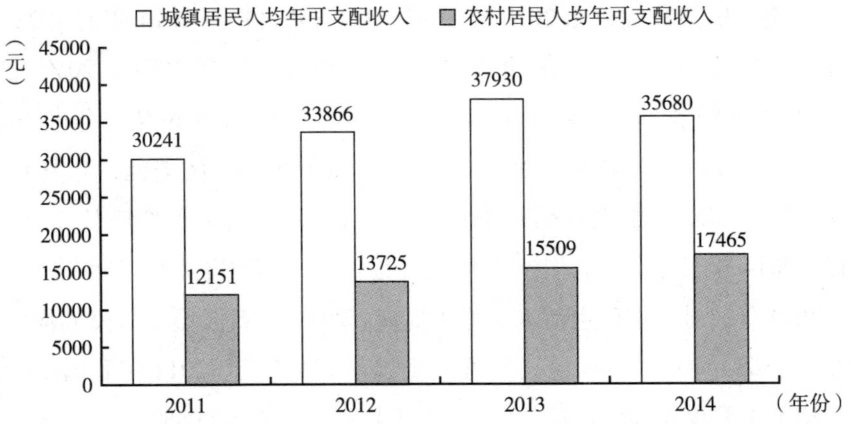

图 2　天津滨海新区城镇居民和农村居民人均年可支配收入变化及对比

资料来源：《天津滨海新区统计年鉴》（2013）；《天津市 2014 年滨海新区国民经济和社会发展统计公报》。

全年实际利用内资 3600.32 亿元，增长 15.4%。

1. 通过功能区内外联动发展，释放潜在的发展活力

新区通过把开发区、保税区、空港商务园、滨海高新区、东疆保税港区、中新天津生态城、临港经济区、中心商务区和滨海旅游区等功能区与产业融合，使新区的产业布局形成了“谋划启动一片、开发建设一片、收益见效一片”的良好发展态势。

同时新区以京津冀一体化为契机，积极融入京津冀协同发展，2014 年北京的资金占新区全部内资到位额的 70%，遥遥领先于其他省市。目前，新区正积极推进天津自贸区建设，努力将滨海新区打造成北方对外开放新平台，进一步完善为京津冀及腹地服务功能，构筑与国际市场经济和贸易规则相接轨的开放环境。

2. 各功能区增创新优势,使新区区域产业布局更加均衡

在“一城双港、三片四区”的空间布局下，构建“东港口、南重工、西高新、北旅游、中服务”五大板块，提升优势产业的集中度，使各大功能区实现产业集聚，推动功能区之间的协调发展，突出各功能区的产业特色，实现区域均衡发展。新区积极推进各功能区分工合作，实现经济职能和

社会职能的转型。正是在此背景下，国务院批复南港口岸开放。以航空航天引领的高端装备制造业的保税区增长20%以上，第200架空客A320飞机2015年交付。高新区在未来科技城建设方面取得显著成效，吸引360余个各类企业和项目加盟入驻，更令人鼓舞的是国家自主创新示范区也在2015年正式获批。东疆保税港区经济社会发展更是令人瞩目，各项指标增长20%以上，初步建成高端航运物流基地、北方国际商品进口基地、国家租赁业创新示范基地，融资租赁资产达到3500亿元的第一艘国际登记船舶也正式落户。中新生态城国家绿色发展示范区获批，吸引2000多家企业前来注册，示范区相应的配套设施日趋完善。中心商务区正加快建设律师服务示范基地、金融服务中心等平台，力争重点项目早日落地。临港经济区工业增长更是一枝独秀，同比增长40%以上，随着装备制造、粮油等优势产业快速增长，工业区与港区一体化联动效应初步显现。2014年各功能区完成增加值见图3。

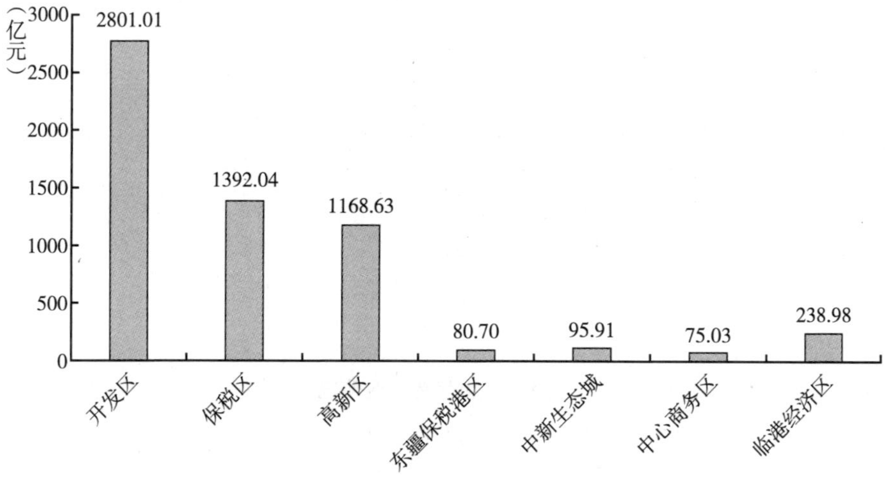

图3　2014年各功能区完成增加值

（二）以改革促发展，经济结构调整加快，产业水平实现新提升

1. 先进制造业比重提升、主体壮大

2014年，全区累计实施850个亿元以上项目，完成规模以上工业总产

值16719.91亿元，增长7.4%。其中滨海新区的汽车及装备制造业的发展更是突飞猛进，2012年《天津市滨海新区汽车与装备制造产业发展规划纲要（2011～2020年）》正式出台实施，到2014年汽车和装备制造业已占主要产业的1/3左右，已成为滨海新区工业的第一大支柱产业，初步形成了大型装备制造产业集群；新材料、新能源装备产业集群也粗具规模（见图4）。

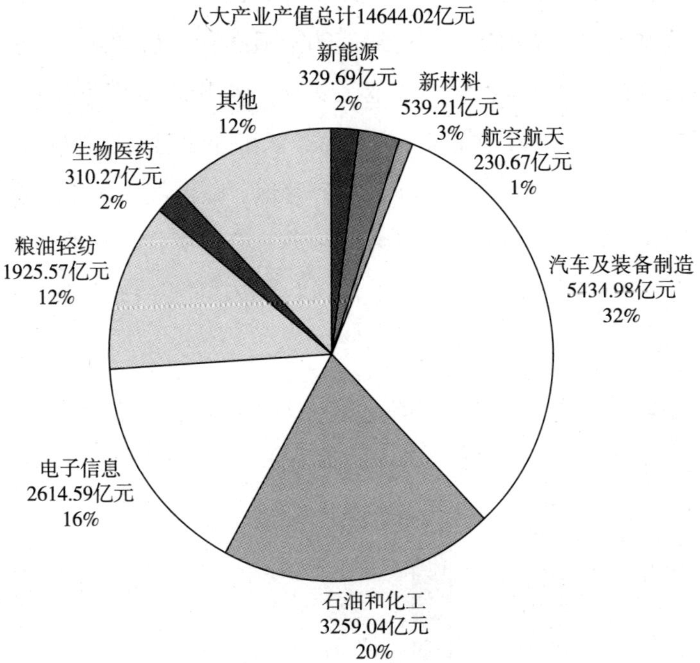

图4　八大优势产业情况

资料来源：《天津滨海新区工业年鉴》（2015）。

2. 科研条件与环境得到改善，科技创新能力与科技实力明显增强

建设国家创新型城区、国家知识产权试点城区、国家863计划产业化伙伴城区三个“城区”进度加快，2014年全年新增60家国家级、市级研发中心，6个国家级科技产业化基地，新认定354家市级以上研发中心。全区会聚320多名高端人才，其中包括两院院士、长江学者、国家科技奖项带头人等，引进4700多名海外留学归国人员。新区国家“千人计划”46人比上年

增长17.9%，市“千人计划”108人，比上年增长17.4%。同时自主创新能力得到显著提高，创新成果达到新的水平，从表1可以看出新区创新环境和条件的改善为创新企业的孵化成长提供了养分，吸引了大批新型科技中小企业。在某些功能区，科技型中小企业在经济发展中起到了中流砥柱的作用。新区要实现可持续发展，必须依靠科技创新，而在科技创新的过程中科技创新型企业发挥着举足轻重的作用，新区大力推动科研资源由科研院所流向企业，促使科研成果真正实现市场化、商品化、产业化，真正解决科研与生产脱节的问题。同时，新区的科学研究和成果转化也达到新的水平，165个项目得到登记，签订3070项技术合同，完成技术合同登记额129亿元；申请专利量累计达20297件，专利授权量达8380件，共有29656件有效专利；获得10项国家科学技术奖。

表1　2014年新增的各类科技企业数目情况

项目	科技型中小企业	科技小巨人企业	国家级高新技术企业
新增数	3874	227	170
累计总数	18201	964	894

3. 进一步调整产业结构，服务业创新业态快速成长

新区长期以来一直以制造业为主，服务业规模小、比重低，并且现代服务业发展缓慢。但随着近年来新区经济的迅速发展和基础设施的完善，新区的服务业也迎来新的发展机遇。在新区产业结构中，新区的服务业2006年占产业的31.3%，上升到2013年的32.5%，2014年更是提高到33.3%；交通运输、仓库和邮政业，批发零售业和住宿餐饮业三个传统服务业仍占主体地位，并实现迅速发展，金融现代服务产业和其他服务业增速加快，区域服务功能不断增强（见图5）。2014年新区新设立9家创新型金融交易市场。其中天津股权交易所挂牌企业达到556家，涉及全国大部分省市区，融资总额达到262.53亿元；作为金融市场重要组成部分的证券交易市场更为活跃。滨海新区境内有26只股票上市。在高端化的中心城区服务业比重超过90%，成为城区发展强有力的引擎；2014年前三季度新区服务业投资增

长14.1%，首次比制造业高0.4个百分点，根据国家统计数据，我国服务业增加值每增长1个百分点，就能创造约100万个就业岗位。服务业成为拉动新区经济新的增长点。

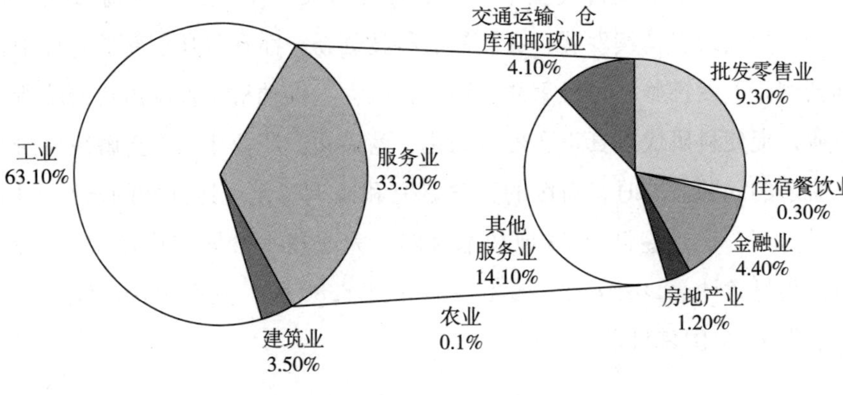

图5　天津滨海新区2014年产业结构

资料来源：《2014年天津市滨海新区国民经济和社会发展统计公报》。

4. 中小企业和民营经济取得阶段性发展

截至2014年底，滨海新区共有民营经济市场主体87802户，比上年增长8.2%，共获得专利授权7228件；从图6可以看出，新区民营经济市场主体数目是逐年递增的，并且保持持续、健康、稳步的发展态势。根据新区统计局的数据，新区共有39265户个体工商户，48537万家民营企业，同比分别增长2.32%和16.92%；个体工商户申报资金达到22.21亿元，民营企业注册资本总额达到6658.09亿元，同比分别增长10.17%和13.23%。截至2014年末，新区共有民营科技型中小企业15471家，占中小型企业的85%，同比增长25.74%；新区共有科技小巨人964家，其中民营科技“小巨人”占776家，达到80.5%。规模以上民营企业共完成1025亿元的固定资产投资，同比增长19.7%。

5. 经济增长的质效显著提高

在经济增长的效率方面，相对于2013年的1.59，2014年的投资产出率为1.51，即平均每投入1个单位资本用于固定资产更新，就可以创造1.51

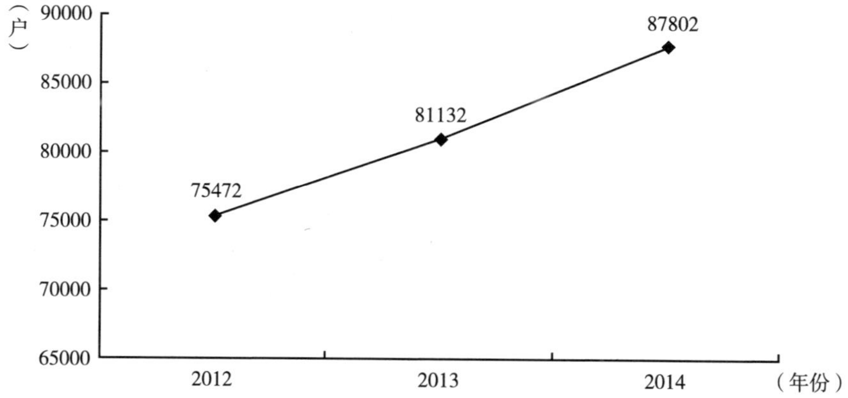

图 6　2012 ~ 2014 年民营市场主体数目

资料来源：根据历年天津市滨海新区国民经济社会发展统计公报。

个单位价值。这一指标有所下降，作为反映投资经济效果的静态指标，不能只凭这一单一指标判断经济增长效率。

在经济增长的可持续方面，2014 年，滨海新区单位国内生产总值能源消耗总量为 0.562 吨标准煤，同比下降 6.01%，提前完成年度节能所要求的目标任务。同时公共机构人均能耗和单位建筑面积能耗分别下降 3.2%、2.5%，主要工业固体废弃物资源综合利用率保持在 98% 以上。实现节能量 8.82 万吨标准煤，其中节电 14420 万千瓦时，节燃气 95 万立方米，节水 239 万吨，节蒸汽量 50 万吨，减排废水 35.8 万吨。

在经济增长的分享性方面，农村居民用于文教娱乐消费的比重不断提高，居民健康意识不断增强，2014 年农村居民人均文教娱乐消费支出为 1042 元，同比增长 25.0%。其中，教育消费支出 714 元。此外，随着农村居民保健意识不断增强，越来越多的居民由被动就医变为主动预防，由“大病才就医”变为“小病也治疗”，医疗保健消费支出持续增长。2014 年人均医疗保健消费支出 980 元，增长 2.8%。

在经济增长的充分性方面，天津港加快结构转型，实现货物吞吐量新突破。从图 7 可以看出，新区 2011 年货物吞吐量为 45338 万吨，2012 年新区货物吞吐量为 47697 万吨，2013 年新区货物吞吐量为 50063 万吨，2014 年为5.4亿吨。新区在进行量的提升外，还注重质的提高，推进“美丽港口”建设，每万吨吞吐量所消耗的能源比上年下降7%。港口利用变化率（当期港口吞吐量/基期港口吞吐量）2012～2014年分别为1.05、1.05、1.08。

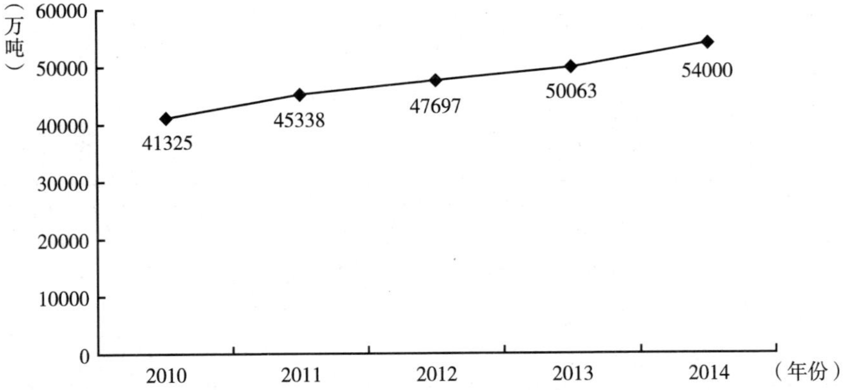

图7　2010～2014年新区货物吞吐量

资料来源：根据历年天津市滨海新区国民经济社会发展统计公报。

在经济增长的协调方面，新区的第三产业增加值已经占GDP的33.34%，而第一产业所占比例则基本可以忽略不计，原因是新区本身农业占地面积小且建立时主要发展点就是第二、三产业，这一现象与浦东所处的区位有相似性，并不是产业发展不均衡的表现（见图8）。

（三）深化综合配套改革，激发创新活力，释放制度红利

新区在努力实现产业发展目标外，也加快政策、制度完善和创新的步伐，以全新的姿态迎接区域内外的挑战。

1. 持续深化经济领域的改革创新，不断探索建立完善的社会主义市场经济体制

2014年新区对一系列经济金融体制进行改革，例如对改革金融体制、改革涉及对外贸易的经济体制、规范土地管理、流动和交易制度，并不断取得进展，给经济发展带来新的活力。在具体政策措施上，新区成为首批全国

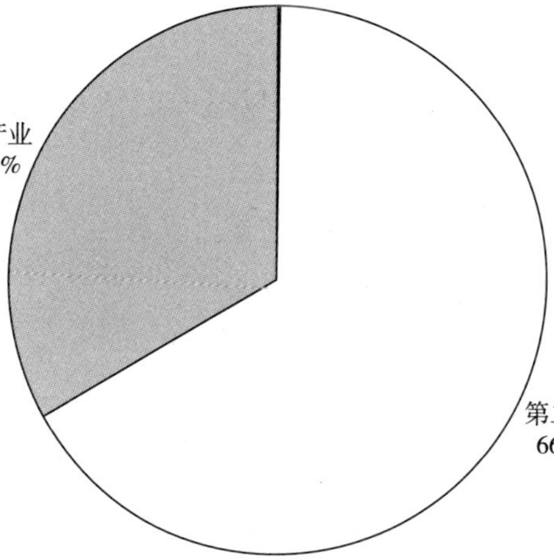

图8　2014 年滨海新区产业结构占比

资料来源：《2014 年天津市滨海新区国民经济和社会发展统计公报》。

非上市公司场外交易市场扩容试点区。国务院对东疆保税港区建设北方国际航运中心核心功能区方案进行批复。2014 年 12 月成立的天津自贸区，涵盖滨海新区中心商务区、东疆保税港区，以及天津港保税区（含空港经济区）3 个功能区，作为北方首个自贸区，地理优势决定战略高度，新区的战略定位将挂钩京津冀协同发展。在学习和探索上海经验基础上，将重点摸索符合新区的特色之路，包括：用制度创新服务激活实体经济；借“一带一路”契机带动环渤海经济；发展航运，打造航运税收、航运金融等特色，使之成为新区经济发展新的火车头。

2014 年新区新增 3 家上市公司、4 家“新三板”挂牌企业。新增 200 家融资租赁公司，增加数量继续领跑全国。3 家村镇银行获批。外汇资本金意愿结汇政策得到全面推广。国有企业战略性调整不断推进，清产核资和调整重组 550 多家企业，组建多个国有资本运营一级企业集团。京津冀通关一体化试点启动，并进一步推进。新区出台了一系列政策措施，进一步优化民营经济发展环境，且效果显著，平均每日新增非公企业超过57家，在新区经济发展、扩大就业、活跃市场等方面发挥不可替代的作用，有力地拉动了滨海新区整体经济的发展。2014年新区规模以上民营企业完成固定资产投资1025亿元，比上年增长19.7%；缴纳税金122.5亿元，吸纳就业人数35万人。

2. 持续实施了一系列社会领域的改革，改善民生和推进社会事业发展

随着经济社会改革进入深水区，新区把广泛涉及国计民生的就业、收入、住房、教育、医疗、出行和社会保障纳入公共服务改革体系，以改革促进社会事业的跨越式发展，以社会事业跨越式发展促进国计民生的根本改善。新区拿出财政的80%用于民生民计领域，连续3年每年有100亿元投入民生事业，表达了新区加强社会事业建设的决心，彰显了改革创新的力度。努力破除城乡二元结构，积极推进城乡就业、社会保障、公共服务等城乡二元体制并轨。加大对医疗保障的投入，创建新型医疗服务模式，并且形成了在全国范围内引起重视并获得推广的食品药品监管机制的“滨海经验”。建立了多层次多渠道的住房保障体系，努力做到“居者有其屋”，为吸引人才服务；建立了多种机制，妥善解决历史遗留问题和行政争议案件；创新流动人口管理模式，建了以“新港经验”“泰达模式”为代表的基层服务管理新体系，完成功能区和街镇整合。创新行政审批模式，成立行政审批局，实现“一枚印章管审批”，审批效能全国领先。封存的109枚印章被国家博物馆永久收藏。下移行政执法重心，成立18个街镇综合执法大队，设立两级行政执法监督平台，实现了“一支队伍管全部、管到底”，改革经验在全市推广。

二　存在的问题和面临的挑战

与引领长三角的中国经济第二增长极——上海浦东新区相比较，滨海新区有自身发展的历史背景和成长模式，本文主要总结其发展模式并指出现存的问题和面临的挑战。

（一）内外经济环境的不确定性

统计数据显示（见图9、图10），滨海新区近年来经济增长速度基本领跑全国，但受国内外经济大环境和自身因素影响，增速放缓和波动相对较大，主要原因如下。

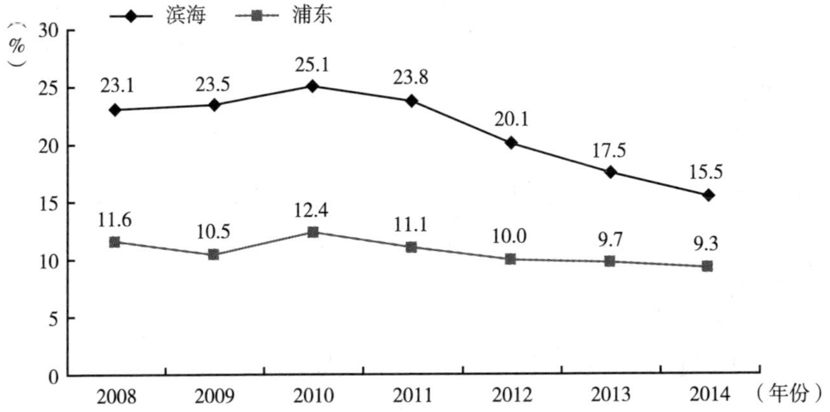

图9　2008～2014年滨海新区和上海浦东新区经济增长率对比

资料来源：根据《2014年上海浦东新区统计年鉴》和《2013年天津滨海新区统计年鉴》等数据。

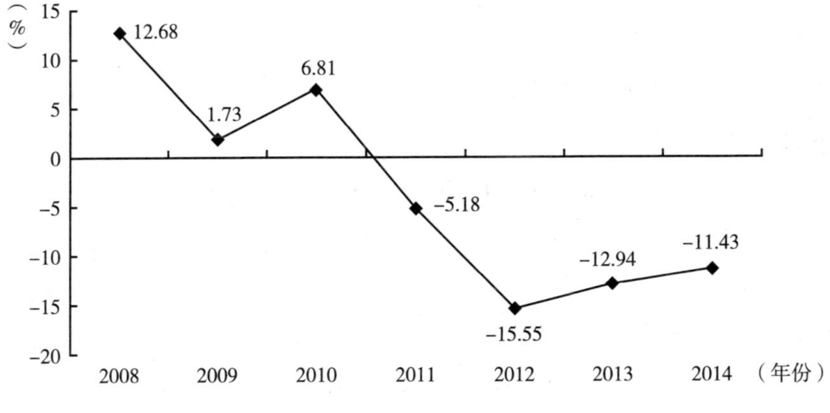

图10　2008～2014年天津滨海新区经济增长波动率

资料来源：根据《2013年天津滨海新区统计年鉴》等数据计算。

从国际层面看，由于全球经济仍处在国际金融危机后的深度调整中，特别是美国经济的疲软，欧债危机的持续以及日本经济增长的低迷，总体经济态势是延续缓慢复苏。从全国范围看，随着我国经济进入新常态，增长速度的换挡期、结构调整的阵痛期、前期刺激政策的消化期“三期叠加”也随之而来，资源环境压力比较大。从新区层面看，化解产能过剩、调整经济结构、经济转型升级，不是一朝一夕的事。截至目前，国家批复的新区就有12个，预计2016年将达到20个，国家发展重点呈现分散化趋势，区域竞争日趋激烈，新区很难再有设立新区时的政策优势，政策效应会逐步减弱，随之而来新区在吸引企业、招商引资方面的难度自然也加大。从近年的总体形势来看，新区商品销售总额、社会消费品零售总额以及工业品出口交货值增幅同比回落，商贸流通领域增速放缓，制约内需释放。

（二）产业结构处于调整中，经济发展动力不足

2006年新区设立时的功能定位是：依托京津冀、服务环渤海、辐射“三北”、面向东北亚，努力建设成为中国北方对外开放的门户、高水平的现代制造业和研发转化基地、北方国际航运中心和国际物流中心，逐步成为经济繁荣、社会和谐、环境优美的宜居生态型新城区。但是目前新区现有产业结构与其功能定位尚存在较大差距，第二产业占比偏高，第三产业比重极低，第三产业增速慢于第二产业。2014年新区三大产业占GDP构成的百分比为0.13∶66.53∶33.34，而浦东新区2014年新区三大产业占GDP构成的百分比为0.4∶32.6∶67.0，2014年服务业在三大产业中的占比只有33.34%，低于天津平均水平，并且一直低于制造业，同时滨海新区的第三产业与浦东新区相比还有很大差距，以科研和金融创新为主体的服务业也很落后。优化结构遇到瓶颈。目前，由于国内外经济的不景气，部分重点行业增势回落，如石化产业增长缺乏动力、冶金行业增幅回落、钢铁市场需求低迷、化工行业产品价格持续下滑，钢材、聚氯乙烯以及纯碱价格不断走低且降幅较大等，这一系列市场行情变化更使新区产业结构难以得

到优化和完善，使第三产业特别是现代服务业的潜力未得到最大限度的释放。

（三）经济资源的制约

在劳动力方面，经济较发达的东部沿海地区用工荒已是常见问题，滨海新区经过20多年的发展，已开始从制造业占主体向以创新为主导转变。新区发展高新技术产业，需要大量高技术和高技能人才，根据有关数据进行预测，未来几年，滨海新区对高端人才的需求将达到30万人，但滨海新区企业技术工人主要是天津市中、高职院校的毕业生，而高职毕业生不足6万人，留在滨海新区就业的只有25%～34%。因此人才具有很大缺口，而技能人才总体水平不高，造成人才供给不足。

在土地资源方面，由于近年的发展，以及房地产用地逐年增加，新区剩余能用于建设的用地不是很多，造成土地成本很高，影响了民营企业和中小型企业的发展，土地成本上升造成的房价上涨也阻碍了人才的流入。根据CORC（中国写字楼研究中心）的最新统计数据，截至2014年底，天津写字楼市场平均售价16900元/平方米，这样的租金已超过很多省会城市，据统计，新区商品住房均价每平方米将近1万元，使蓝领人士可望而不可即。

在建设资本方面，2014年天津GDP为15722亿元，在31个省区市（不含港澳台）中位居第17名，在4个直辖市中仅排第3名，仅比重庆高约1500亿元，且2014年GDP增速低于重庆，经济实力相对较弱。而滨海新区作为副省级新区为天津所管辖，其建设资金的来源势必直接受到天津的约束。2009年滨海新区着力开展“十大战役”的基础设施建设，总计划投资超过1.5万亿元，而2014年天津财政收入仅为2390亿元，财政缺口较大。

三　政策建议

（一）加速深化改革，扩大开放，进一步释放经济发展潜力

近年来，滨海新区加快转变政府职能，对重要领域进行深化改革，加大投

资贸易便利化，以开放促改革、促调整、促发展，形成全方位对外开放新格局。

面对复杂的形势和挑战，新区政府必须加快经济领域的改革。推进自由贸易试验区的建设，全面推进经济金融服务、监管等领域的制度创新。实施负面清单管理制度。完善金融资产租赁租售制度。进一步推进国有企业改革，完善国有企业退出机制和制定国有企业监管制度，完善国有企业经营、管理和融资制度，采取措施进一步激活民营经济的活力，鼓励混合所有制经济的发展。

全方位开放。主积极融入京津冀协同和“一带一路”战略布局，充分发挥港口、土地等要素优势，积极承接首都功能转移，推进区域深度合作。采取措施积极引进人才，特别是高端人才。

（二）积极进行结构调整，提高功能区联动发展水平，加快实体经济提质增效

新区要促进拓展空间与提升功能的协调发展，大力发展海洋经济、绿色经济、循环经济，提高产业聚集度，打造发展引擎。

做强高端制造业。主动升级传统制造业，鼓励制造业和生产性服务业融合发展。注重质量和品牌建设。吸取天津港爆炸事件的经验和教训，有力促进滨海新区的产业结构调整与升级。

做大现代服务业。完善重点商业设施，实施政策使金融业尽快成为现代服务业的支柱。着力引进综合型、功能型和区域型总部，促进总部企业快速聚集。组建大型专业会展企业集团，提升十大品牌展会知名度。

做精街镇经济。按照“一街一特色、一镇一品牌”的思路，加快推进街镇产业改造升级。以科技型中小企业、小微企业为主体，以服务大项目、大产业为依托，大力发展加工制造、配套生产、物流服务业。不断提升农业产业化水平。

（三）努力增进人民福祉，持续改善国计民生

经济发展的出发点和落脚点都应该是增进人民福祉，坚持以人为本。深

入落实“十大民生工程”三年行动计划，持续加大公共服务领域投入力度，推进社会事业协调均衡发展。大力实施富民强区战略，想方设法提高群众幸福指数，传播正能量。努力扩大就业，继续做好高校毕业生和就业困难群体帮扶工作，全面加强就业创业培训，支持民营人力资源服务机构发展。继续深化和谐劳动关系。

完善社会保障体系。深入推进社保扩面工作，继续抓好建筑施工企业农民工工伤保险和城乡居民养老保险参保工作。完善居民大病补充医疗保险和社保基金社会监督试点工作体系。建立全区统一的救助政策体系，创新慈善救助机制。

（四）以自贸区建设为契机，进一步促进滨海新区城市转型

滨海新区是天津自贸试验区改革创新、为国家试制度的肥沃土壤，天津自贸试验区是滨海新区新一轮开发开放的重要引擎。新区需要大力升级传统制造业，发展先进制造业和现代服务业，推进核心要素和优势产业“引进来”和“走出去”，充分发挥融资租赁集聚优势，把飞机轮船、高铁列车、数控机床等高端装备推向全国、推向世界。利用自贸试验区投融资便利化、金融业准入门槛降低、人民币跨境使用等一系列创新成果，推动金融业发展并更好地为产业发展服务，促进企业做大做强，探索京津冀金融改革创新试验，尤其是在金融监管和服务方面不断创新，在服务区域协同发展中发挥更大作用。

参考文献

［1］中共天津市委党校课题组、李燕、于明言、邹玉娟、刘波：《天津滨海新区经济发展研究报告（2014）》，《求知》2014 年第 2 期。

［2］李晅煜：《天津滨海新区经济发展方式转型策略研究》，《改革与战略》2013 年第 7 期。

［3］刘昊：《天津滨海新区和上海浦东新区的产业发展比较研究》，《求知》2013 年

第 9 期。

[4] 宗国英:《2014 年天津市滨海新区政府工作报告——2013 年 11 月 27 日在天津市滨海新区第二届人民代表大会第一次会议上》。

[5] 陈西艳:《新区去年 GDP 同比增 17.5%》,《滨海时报》2014 年 2 月 15 日。

[6] 金鑫:《滨海新区前三季度服务业投资增长首超制造业》,《今晚报》2014 年 11 月 13 日。

[7] 张勇:《2015 年天津市滨海新区政府工作报告》。

[8] 艾宁:《2014 年滨海新区大事记》2015 年 6 月 15 日。

[9] 天津市滨海新区统计局:《2014 年天津市滨海新区国民经济和社会发展统计公报》,2015 年 4 月 15 日。

特区发展动态考察报告

BLUE BOOK

Investigation Reports on the Development Trends of the Special Economic Zones

B.17 深圳前海合作区发展报告

雍 炜*

自开发开放以来前海已经迈入了第五个年头，过去的五年里，前海合作区从无到有，从一片滩涂到高楼大厦屹立，前海取得了快速的发展。2015年是前海开发开放的重要转折点。这一年里，国家又赋予前海合作区两大使命，一是"一带一路"的战略节点，二是自贸试验区。在"深港现代服务业合作区""一带一路""国家自贸区试验区"国家三大战略的指引下，为构建开放自由、与国际通行规则接轨的贸易投资环境以及探索政府职能转变，2015年前海合作区实施了进一步的开发开放。

一 新形势下前海合作区的战略定位

2010年8月26日，前海深港现代服务业合作区成立；2015年3月28

* 雍炜，深圳大学中国经济特区研究中心讲师，博士。

日，随着《推动共建丝绸之路经济带和21世纪海上丝绸之路的愿景与行动》的出台，前海合作区被定位为“一带一路”战略的重要节点；2015年4月21日，前海合作区作为广东自贸区试验区的重要组成部分被纳入国家自贸区发展战略。短短的5年，随着“深港现代服务业合作区”“一带一路”“国家自贸区试验区”等国家战略的陆续实施，前海合作区也相继被赋予“粤港现代服务业创新合作示范区”“一带一路的桥头堡”“自贸试验区”等重大使命，成为叠加国家三大战略实施的改革前沿阵地。

第一，“深港现代服务业合作区”战略对前海的战略定位。

在“一国两制”框架下，深化与香港合作，构建更具活力的体制机制，以生产性服务业为重点，推动现代服务业集聚发展，促进珠三角地区产业结构优化升级，提升粤港澳合作水平，努力打造“粤港现代服务业创新合作示范区”。将前海合作区打造成现代服务业体制机制创新区、现代服务业发展集聚区、香港与内地紧密合作先导区以及珠三角地区产业升级引领区。①

第二，国家“一带一路”战略对前海的战略定位。

积极利用现有双多边合作机制，推动“一带一路”建设，促进区域合作蓬勃发展，发挥前海合作论坛平台的建设性作用；充分发挥深圳前海等开放合作区作用，深化与港澳台合作，打造粤港澳大湾区。②

第三，国家自贸试验区战略对前海的战略定位。

依托港澳、服务内地、面向世界，围绕建设粤港澳深度合作示范区、“21世纪海上丝绸之路”重要枢纽和全国新一轮改革开放先行地的总目标，重点发展金融、现代物流、信息服务、科技服务等战略性新兴服务业，努力打造我国金融业对外开放试验示范窗口、世界服务贸易重要基地和国际性枢纽港。③

综观国家三大战略对前海的定位，可以将其归纳为以下三个方面。

---

① 《前海深港现代服务业合作区总体发展规划》。

② 《推动共建丝绸之路经济带和21世纪海上丝绸之路的愿景与行动》。

③ 《中国（广东）自由贸易试验区总体方案》。

（一）以机制体制创新为核心内容

作为全国新一轮改革开放的桥头堡，前海合作区肩负着机制体制创新的艰巨任务。通过自贸区和深港合作，实现金融创新、法治创新、管理创新，构建与国际接轨、符合国际惯例的运行机制和制度体系，打造更加便利、安全、国际化、法治化的融资投资营商环境，推进人民币国际化进程，争取中国在国际规则制定中的话语权。这正是前海合作区要做的事情。

（二）以现代服务业尤其是金融业、现代物流业为重点发展产业

金融、现代物流、信息服务、科技服务和专业服务等现代服务业的集聚发展是国家在前海的产业定位。而其中重点发展金融业、现代物流业。发展金融业，联合香港共同构建国际金融中心；发展现代物流业，与蛇口共同打造国际型枢纽港。

（三）以深化深港合作为制度创新、产业发展的重要途径

改革开放前35年，深圳通过与香港“前店后厂”的紧密合作实现了中国经济的高速发展。而35年后在全国掀起新一轮改革开放的当下，深圳将依托前海合作区平台深化与香港在社会、经济、人才流动等方面的合作，推进国际化、法治化、市场化建设，发展生产性服务业，加快产业转型，联合香港共同服务“一带一路”战略。

二　前海合作区取得的新进展

2015年，叠加国家三大战略的前海合作区在机制体制创新、现代服务业的集聚发展以及深化与香港的紧密合作三个方面取得了一定的成绩，具体内容如下。

（一）机制体制创新上取得突破性进展

推进前海在机制体制上的创新，是前海发展的核心内容。2015 年前海在金融制度、法律制度以及管理制度方面取得了很大的创新，具体如下。

1. 金融体制创新：积极探索推进人民币国际化

金融改革是前海合作区开发开放的重要内容。“国家金融业对外开放的试验示范窗口”“跨境人民币业务创新试验区”，是国家对前海的一个重要战略定位，早在 2010 年就将其写入《前海深港现代服务业合作区总体发展规划》中，又在 2015 年《中国（广东）自由贸易试验区总体方案》中明确重申。可以说，推进人民币国际化是前海合作区金融改革的重要使命和终极目标。人民币要成为国际货币，需要一个完善的金融市场。过去的 5 年里，前海合作区为构建一个安全、开放、稳健的金融市场，围绕着人民币国际化，在资本项目开放、利率市场化等方面进行了多项先行先试。

首先，资本项目开放的创新。我国自 1996 年根据国际货币基金组织协定开始经常项目的自由兑换以来，对于资本项目的管理仍然采取审慎的开放策略。稳步地推进资本项目的开放是加速人民币国际化进程的重要步骤。自香港 - 前海人民币跨境双向贷款政策落地以来，资本项目下人民币跨境流通机制已初具雏形。2015 年前海合作区继续积极探索资本项目开放创新。

跨境融资方面。除了前海 - 香港人民币跨境贷款业务之外，2015 年 4 月 22 日前海金控成功赴港发行 10 亿元的人民币债券外债，开始了离岸人民币债券的试点。离岸人民币债券的发放不仅为中资企业境外发放人民币债券积累经验，而且还扩大了人民币的回流通道。除此之外，外债宏观审慎管理在前海的先行先试，开辟了外币跨境融资新通道。外债宏观审慎管理的试点，规范统一了中外资企业的外债管理，使合作区内中资企业能够通过借用外债形式进行融资，从而与人民币的跨境融资共同形成了“人民币 + 外币”境外融资的双渠道。

跨境投资方面。继合格境外有限合伙人（QFLP）、合格境内有限合伙人（QDLP）、合格境内投资者（QDII）等先行先试政策落地后，2015 年前海合作区又开始了合格境内投资者境外投资（QDIE）的试点工作。相对于合格境外有限合伙人试点下允许境外合格机构投资者对国内进行金融投资，合格境内有限合伙人、合格境内投资者、合格境内投资者境外投资的试点则是允许境内的企业和个人通过合格的境内银行、基金等金融机构对境外进行金融投资。至此，双向跨境投资渠道被打通。

一个开放的资本市场除了能够让国外的融资者、投资者在本国内自由地融资、投资，还能够让本国的融资者、投资者在国外自由地融资、投资，保障各国融资者、投资者的权益。可以说，双向跨境融资渠道、双向跨境投资渠道在前海的开通，有助于我国资本项目的开放，同时也在人民币国际化的道路上迈出了坚实的一步。

其次，利率市场化的创新。利率市场化是金融市场体系建设的关键和基础，对人民币国际化的推动作用主要体现在创新金融产品、减少双边套利以及推动境外人民币贷款三方面。①

多元化的金融产品有助于人民币循环机制的形成，推动利率的市场化。当一国的资本市场银行成为资金的绝对供给者，形成资本市场的垄断时，实际上就破坏了资本市场的供给与需求关系，因此很难实现利率的市场化。金融产品的不断创新，融资理财的渠道被打开，金融脱媒②的出现，推动了利率的市场化。随着前海在金融创新方面的先行先试，除了传统型的银行、保险、证券等金融产品外，PE、融资租赁、商业保理、要素交易市场、互联网金融等新兴金融产品不断地涌入前海。2015 年 1 月，以探索互联网金融、跨境金融为目标的“国内首家民营互联网银行”——前海微众开始试营业；3 月，招联消费金融公司也开始在前海试点；6 月，国内首只公募 REITs 产品在前海问世。多元化、多层次资本市场的形成，为前海创造了便利的融资投资环境，同时也推进了利率市场化的进程。另外，在推动跨境人民币贷款方面，2014 年 12 月前海实现了跨境银团贷款，为合作区内企业跨境贷款提

① 《人民币国际化路径研究》。

② 指随着直接融资的发展，货币资金的供给通过一些新的机构或新的手段绕开商业银行这个媒介体系，输送到需求单位，实际上就是指资金融通的去中介化。

供了新模式，成为继“直接贷款”“内保外贷”后的又一次创新。

2. 法治体制创新：初步建立多元化商业纠纷解决机制

建设“公正、透明、高效、廉洁、诚信的社会主义法治示范区”是前海的重要定位。一个市场要想发挥其高效的资源配置功能需要有公正、廉洁、透明的法治保障。发展现代服务业是前海合作区的产业定位，构建符合现代服务业发展需求的法治环境是前海合作区法治建设的重要目标。

首先，司法体制方面的探索创新。作为前海法庭的升级版本，2015 年 1 月前海法院落户前海合作区。之后前海公证处、华南（前海）海事物流仲裁中心和金融仲裁中心也陆续入驻前海。至此，前海合作区内形成了以前海法院、前海廉政监督局、深圳国际仲裁、前海公证处、华南（前海）海事物流仲裁中心、金融仲裁中心为主体，提供包括预防、咨询、调解、仲裁、诉讼、监督一整套的法律服务，并初步建立了以“调解 + 仲裁”为主的多元化商业纠纷解决机制。随着前海的开发开放，目前已有 40000 多家国内外现代服务业企业入驻前海。面对多元化的利益主体，当各种纠纷、冲突发生时，需要政府建立一个多元化的解决机制，通过协商对话、调解、仲裁等方式使其得以及时妥善的解决，从而更好地保障合作区内入驻企业的基本权益。

法律查明机制方面，自蓝海法律服务中心的“法律查明平台”落户前海，2015 年“一中心两基地”（中国港澳台和外国法律查明研究中心、最高人民法院港澳台和外国法律查明基地、最高人民法院港澳台和外国法律查明研究基地）国家级法律查明平台也落户前海。此外，作为司法体制改革探路者的前海法院，在建立之日起就开始了“跨行政区划管辖案件，实行民商事案件立案登记制，审执分离，任期制法官制度”等方面的先行先试，而其中“港籍陪审员选任制度，建立香港及外国法律查明机制”的创新，能使前海的法治环境快速与香港、国际接轨，吸引更多的港企、外企落户前海。此外，《广东自贸试验区深圳浅海蛇口片区条例》《关于互联网金融健康发展的指导意见》《互联网保险业务监管暂行办法》等法规的颁布，又为前海合作区的建设和产业发展提供了有效的法治保障。

其次，廉政监督体制方面的探索创新。前海合作区是全国唯一的廉政示范区。廉洁的政府可以为市场主体营造一个公正的营商环境。继建立前海廉政监督局、成立前海廉政咨询委员会之后，2015 年前海合作区又颁布了《党风廉政建设主体责任实施办法》，并成立了前海开发开放制度评估委员会，从制度创新和制度建设创新的角度推进廉政监督工作。《党风廉政建设主体责任实施办法》推出了“建立多眼观察与独立评价制度，设立举报贪腐专项基金与奖励标准”等创新举措，为廉政建设提供制度保障；前海廉政监督局通过前海开发开放制度评估委员会，引入智库的力量，对前海的制度内容进行有效的评估审查，优化制度建设，从而从源头上防治腐败。

3. 管理机制创新：已初步建立以社会信用体系为核心的事中事后监管体系

简政放权，建设服务型政府，是前海合作区管理机制改革的方向和目标。为了为合作区内现代服务业的集聚发展提供一个更加便利、高效、低成本、安全的营商软环境，2015 年前海合作区在外商投资管理、行政管理、信用体系建设方面进行了先行先试，并初步建立以社会信用体系为核心的事中事后监管体系。

首先，在外商投资管理方面，继续优化改进“负面清单管理 + 准入前国民待遇”管理模式，推进商事登记制度改革，实现境外投资备案管理。“法无禁止即可为”的负面清单管理和准入前国民待遇，简化了政府对外商境内投资的行政审批流程，变事前审批为核准、备案，加强事中事后监管，并使负面清单之外的外商共享与境内企业一样的投资政策环境。自 2015 年 4 月被纳入广东自贸试验区后，前海合作区继续探索符合国际投资贸易规则的“负面短清单”，优化外商境内投资的政策环境。在商事登记制度改革方面，为了进一步提高办事效率，减轻企业负担，前海合作区内已经建立了“一口受理，一照三号”的服务机制。通过“一口受理，一照三号”，外资企业可以一站式完成商事登记审批流程，提高了商事登记效率，从而激发了市场活力。另外，为了推动合作区内企业尽快“走出去”，2014 年 11 月前海开始对企业境外投资实行备案管理，提高企业境外投资的便利化程度，为企业“走出去”搭建一个重要平台。

其次，在行政管理方面，继续探索“互联网+”式行政管理模式。自前海“E站通”在线服务开通以来，深圳市场监管委、公安局、地税局、国税局纷纷走进“E站通”，以“互联网+审批”模式为合作区内企业及外商投资提供便捷的线上服务，从而提高办事效率。随着“互联网+”的稳步推进，前海合作区将会继续探索“互联网+”式行政管理模式，为企业提供高效便捷的营商环境。

最后，推进前海信用体系的建设。前海是现代服务业的集聚发展地区，在目前入驻的3万多家企业中，金融业过半。而随着互联网金融的快速增长，2015年，P2P卷款脱逃等恶性事件时有发生，降低金融业信用风险，保障金融业的健康发展，优化金融业乃至现代服务业的生态环境，需要适时地推进信用体系的建设。2015年，前海合作区积极推进前海信用平台建设，2015年7月前海信用网正式上线。通过前海信用网，相关人可以及时了解掌握合作区内入驻企业的纳税、信贷等各项信息，同时推进前海现代服务业健康发展。

这种以社会信用体系为核心的事中事后监管体系的建立，打破了原有的事前烦琐的行政审批模式，实行“宽进严管”，通过建设社会信用体系，转变政府职能，创新政府监管模式，防范、控制前海开发开放所带来的各种风险，构建高效安全的经济体系。

（二）现代服务业集聚发展方面取得的新进展

自2012年开始，中央政府为了扶持前海“金融、现代物流、信息服务、科技服务和其他专业服务”等生产性现代服务业的发展，通过“股权投资、财政资助、以奖代补、贷款贴息、落户奖励”等方式进行投资，2012～2015年共有60个项目获批，投资30.2亿元。截至目前，入驻前海的企业共49675家，包括港企1956家。其中金融业及其相关企业25664家，占比为51.7%，现代物流业6944家，占比为14.0%；科技服务和其他服务业11006家，占比为22.2%；信息服务业6061家，占比为12.2%。从2015年1～9月入驻前海的各个现代服务业数据来看，9个月中科技及其他服务业增长速度最快，平均以14.7%的增长率增长，信息服务业紧跟其后，平均增长率为11.6%，随后是现代物流业，平均增长率为10.1%，最后是金融业，平均增长率为9.3%。总体来讲，前海的现代服务业呈稳定的高速增长态势。

金融业仍然是前海发展最快的板块，是前海产业发展的重中之重，占据半壁江山。从它的构成上来看囊括了19家银行类金融机构、53家证券类金融机构、14家保险类金融机构、1330家商业保理机构、6036家股权投资企业、527家融资租赁企业、178家信用担保公司、31家小额贷款公司、19家要素平台、1550家互联网金融机构等传统型金融机构和创新型金融机构，基本上形成了多元化资本市场，为合作区内的企业提供多样化、便利化、低门槛的融资平台（见图1至图4）。

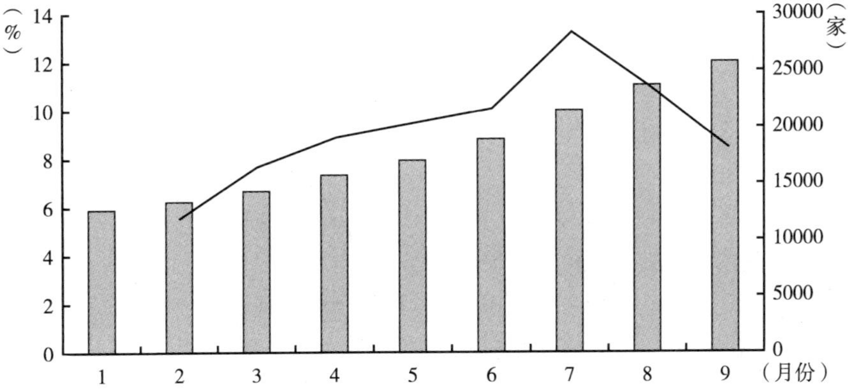

图1　2015年1~9月金融业数量和增长率

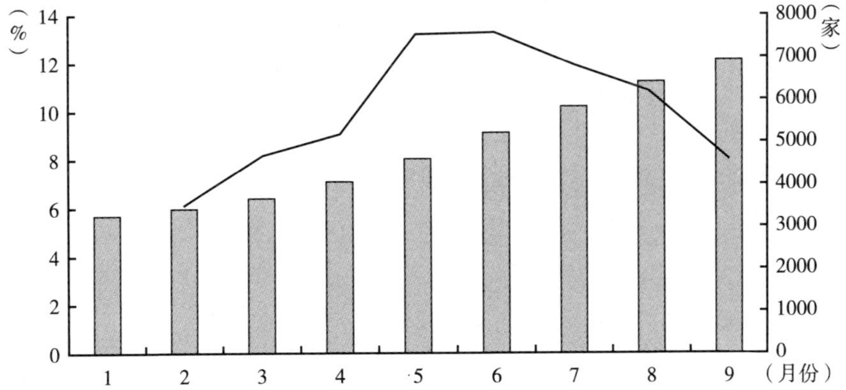

图2　2015年1~9月现代物流业数量和增长率

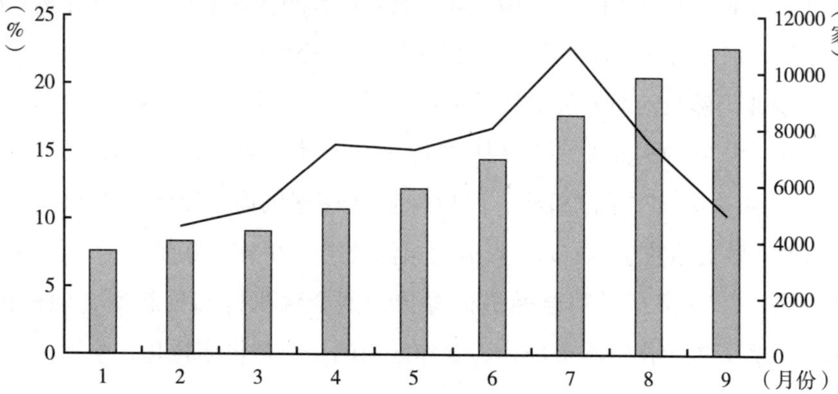

图3　2015年1～9月科技及其他服务业数量和增长率

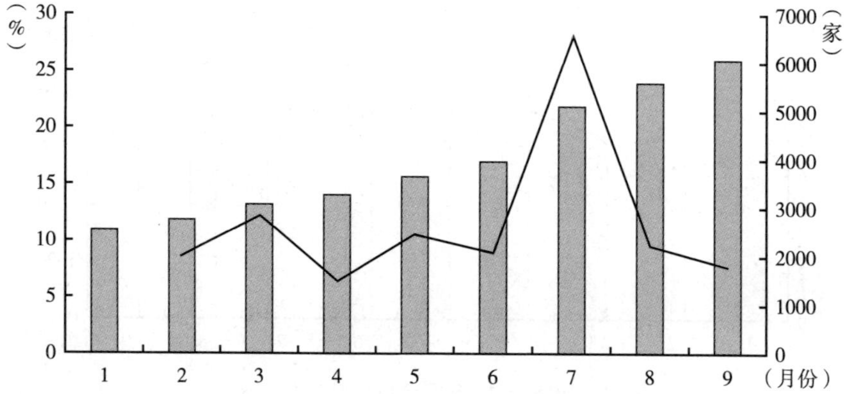

图4　2015年1～9月信息服务业数量和增长率

（三）与香港紧密合作方面取得的新进展

深化与香港的紧密合作是前海制度创新、现代服务业集聚发展的重要途径。2015年，前海合作区在产业发展、人才交流、法治建设等方面深化与香港的合作，取得如下进展。

1. 产业发展方面，继续探索深港青年梦工场合作机制

发展现代服务业是前海的产业定位。加强与香港的产业合作，将香港发达的现代服务业转移至前海，是前海产业发展的目标。2015年，前海积极

推进与香港的产业合作，颁布了《前海深港现代服务业合作促进深港合作工作方案》《港澳服务提供者在广东省投资备案管理办法（试行）》，加快港企入驻前海。另外，在产业发展的合作机制上，继续前海深港青年梦工厂合作机制的创新，推进深港的产业合作。前海深港青年梦工场合作机制是深港合作的一个创新。它是由粤港两地政府以及香港青年组织共同创办的，为粤港两地创业青年提供创业培训、咨询服务、投融资、推广等一站式的专业创业支援服务。2015 年又成立了“创业梦想 +”国际路演中心，并建立了“深港青年梦工厂创业发展基金”。可以说，进入前海深港青年梦工厂的企业，可以通过“苗圃、孵化器、加速器”等一系列的服务，完成企业从创立到成长再到上市的发展全过程。

2. 人才交流方面，继续推动粤港人才的交流

现代服务业发展的成功说到底在于专业人才的培养、引进。香港拥有发达的现代服务业和众多高素质的现代服务专业人才，吸引香港专业人才到前海就业是前海现代服务业发展的关键。为了更好地推进粤港两地的人才交流，加强前海的“香港元素”，2015 年前海先后成立了“前海深港博士后交流驿站”以及“前海留学人员创业园区”，为香港博士及海外人才提供资金补贴与咨询服务。此外，前海管理局还积极和香港政府合作，共建“香港大学生到前海实习项目”，为香港大学生提供合作区内 721 个实习岗位，目前已有 238 名香港大学生来前海实习。

3. 法治建设方面，继续推进联营律师事务所建设

在法治建设方面，前海积极深化与香港的法律服务合作，自全国首家合伙型联营律师事务所——华商林李黎联营律师事务所在前海成立后，又有 4 家粤港联营律师事务所落户前海。粤港联营律师事务所的建立能够综合内地与香港两地律师事务所的比较优势，相互借鉴，取长补短，从而提升联营律师事务所整体的专业水准，更好地为合作区内企业提供专业化的跨境法律服务。

三　前海合作区发展的焦点问题

前海合作区的开发开放已经过去了 5 个年头，前海为构建一个投资融资

便利化、法治化、国际化的营商环境做了很多的努力，在制度创新、现代服务业发展以及深港合作等方面取得了进展。聚焦国家三大战略的前海，未来的发展将何去何从？

（一）如何推进制度创新，加快政府职能转变

制度创新是前海合作区开发开放的核心内容。如何推进制度创新、加快政府职能转变是前海合作区、前海自贸区发展的焦点问题。政府职能是指国家行政机关依法对国家和社会应尽的职责和发挥的作用。而政府职能的转变实际上是在认清市场和政府之间关系的基础上重新对政府职能的界定。这就需要我们认清什么是需要政府做的，什么是不需要政府干预的。传统的政府总是凌驾于市场之上，是经济社会的管理者、支配者，而前海合作区的制度创新就是要摆正政府的位置，实现政府职能的转变，使政府从原来的管理者、支配者向市场经济的服务者、监管者转变。

前海合作区在金融、法治、贸易、投资、管理等方面的制度创新，其目的在于对接国际通行投资贸易规则，建立新的经济制度体系，实现经济贸易的自由化和投资融资的便利化，发挥市场在整个资源配置中的决定性作用，推进生产要素在新的经济体制下自由流动，使资源得到优化配置和优势互补。

（二）如何发挥香港的作用，深化与香港的紧密合作

“依托香港、服务内地、面向世界”，是前海的发展使命。香港因素，是前海自贸区区别于其他自贸区的最大优势，是前海开发开放的重要途径；前海因素，又是香港突破产业发展困境的重要手段。如何在“一国两制”的框架下，充分借力“香港因素”和“前海因素”，推进深、港两地的融合发展，共同服务“一带一路”战略，是前海开发开放的又一焦点问题。

前海是叠加国家三大战略、进行新一轮改革开放的重要阵地，作为深港现代服务合作区，前海要进一步深化与香港的合作，发挥香港自由港和国际金融中心的作用，积极将香港在金融、法治、自由贸易、行政服务模式等方

面的先进做法、经验引入前海，实现金融创新、法治创新、管理创新，构建与国际通行规则相接轨的运行机制；作为自贸区，前海要努力处理好“政府与市场的关系”“发展与开放的关系”，形成改革倒逼机制，并依托港澳实现区域共同发展；作为“一带一路”的重要枢纽，前海要联合香港共建国际金融中心，为“一带一路”沿线国家以及国内企业“走出去”提供金融服务。

深化与香港的合作，如何深化？紧密合作又专指哪些方面？这实际上说的就是合作的深度、广度问题。从深度上来讲，也就是推进两地制度合作，具体而言包括金融制度、法律制度、贸易制度、管理制度等；从广度上来讲，就是推进两地社会、经济、文化、人才等方面的合作。如何拓展深圳与香港两地合作的深度和广度，实现深、港两地的双赢发展，是前海合作区开发开放亟须解决的焦点问题。

四　前海合作区发展的对策建议

（一）认清政府的职责界限

推进前海贸易自由化，投融资便利化是前海开发开放的目标，为此前海要从理论上进一步厘清政府在市场经济中的职责界限，有所为有所不为，简政放权，加快职能转变，为经济自由化发展构建世界上具有竞争力的营商环境。对于政府在经济中的职责，可以归纳如下。首先，作为交易规则确立者，政府将经济活动中自发形成的大家一致认可的经济规则上升为法律法规，为市场主体提供稳定的预期，使之产生长期的生产经营行为；其次，作为市场经济的服务者，政府提供包括基础设施、营商环境、公共安全、社会保障体系在内的公共产品，目的是培育、维护、规范公平、自由、低成本的市场体系；再次，作为市场的监管者，既要作为公共权威来执法、维持公平自由竞争机制，又要反对垄断、打击假冒伪劣与非法经营等破坏正常市场秩序的行为；最后，作为仲裁者，当经济活动中出现纠纷时，政府应该以公正的第三方身份出现，不偏不倚，调解纠纷、化解矛盾（蒋硕亮，2014）。

认清政府在经济中的作用，变管制型政府为服务型政府，积极为市场提供规则制定、公共产品、监督管理以及仲裁服务，为市场经济的健康发展保驾护航。前海合作区要继续完善“负面清单”管理模式，精简行政审批项目，探索事中事后监管制度创新，推进社会信用体系建设，完善信息公开机制，推进“互联网+”行政管理模式，构建权责分明、制约有效、透明、便携、法治化的行政管理体系。

（二）建立深、港两地的合作分工机制，推进两地紧密合作

分工理论最早来源于亚当·斯密的《国富论》，他认为“分工和专业化的发展是经济增长的源泉”。区域间的分工合作是区域间经济联系的一种方式，它能够发挥各区域在资源、要素等方面的比较优势，合理利用资源，推进生产创新，从而使各区域的经济得到发展。

深化与香港的合作，积极利用“香港因素”“前海因素”，让“港人、港企、港资”更好地参与前海的开发开放建设，同时利用前海平台使香港现代服务业走进更广阔的内地市场，扩大服务半径，使香港走出产业发展的困境，这是推进深港合作的重要意义所在。然而在过去开发开放的5年中，香港政府虽然已参与其中，但积极性并不是很高。一方面，可能是由于前海对香港的宣传力度还不够、不到位；另一方面，可能是港人对“前海的开发一旦制定了比香港各方面都宽松的政策，把香港的金融业、物流业、信息服务业以及科技服务和其他专业服务业都吸引过去，香港是否面临产业空洞化的危机”所抱有的顾虑，从而选择被动地等待。这是目前深港合作面临的现实问题。

前海蛇口自贸区的设立为深港合作带来了机遇，让港人看到了国家对前海合作区开发开放的决心。前海应该抓住机遇，一方面通过大力宣传，使香港民众信服前海给予其的利好，从而积极参与前海的建设，另一方面要理顺前海与香港的分工合作，建立合作分工机制，将分工细化、扩大化，明确各

自在前海开发开放中的分工角色，各司其职，发挥其比较优势，从而产生更大的乘数效应。

参考文献

张燕、冯邦彦：《制度创新视角下深圳前海的功能和定位分析》，《区域金融》2011年第420期。

魏达志：《发挥改革创新驱动引领作用》，《深圳特区报》2015年1月27日。

曹龙骐、陈红泉：《人民币国际化路径研究》，中国金融出版社，2014。

蒋硕亮：《中国（上海）自贸试验区制度创新与政府职能转变》，经济科学出版社，2014。

B.18
中国自由贸易试验区发展报告

范霄文　朱维芝*

从2013年9月29日中国（上海）自由贸易试验区（以下简称上海自贸试验区）正式挂牌到2015年4月21日中国（广东）自由贸易试验区（以下简称广东自贸试验区）、中国（天津）自由贸易试验区（以下简称天津自贸试验区）、中国（福建）自由贸易试验区（以下简称福建自贸试验区）同步挂牌，中国自由贸易试验区（China Pilot Free Trade Zone，以下简称自贸试验区）已由1个增加到4个，面积也由原来的28.78平方公里扩大到474.9平方公里。自贸试验区已从上海的"一枝独秀"演发成"1+3"联动的发展格局。

随着制度改革的不断推进，自贸试验区国际化、市场化和法治化的营商环境初见雏形。以"法无禁止皆可为"的负面清单管理为核心的投资管理制度基本建立，122条负面清单统一用于上海、广东、天津、福建4个自由贸易试验区。"法无授权不可为、法定职责必须为"的事中事后监管制度初步形成，贸易便利制度落地生效，金融基础设施建设取得突破。然而，作为开放型市场经济制度的试验田，面对国际形势变化与新的挑战，自贸试验区任重道远。

一　中国自贸试验区发展状况概述

从上海自贸试验区扩展到广东、天津、福建4个自贸试验区，"1+3"

* 范霄文，深圳大学中国经济特区研究中心副教授，经济学博士、硕士生导师；朱维芝，深圳大学经济学院硕士研究生。

的联动格局既可以进行制度改革的对比、互补试验，也可以验证制度创新的可行性与推广性。上海、广东、天津和福建自贸试验区各具区位优势，形成错位、互补发展的对外开放经济带。

（一）4大自贸试验区基本概况

1. 上海自贸试验区

上海自贸试验区是我国大陆第一个自由贸易试验区，2015 年 4 月 21 日正式由原来的 28.78 平方公里扩展到 120.72 平方公里。在原有上海市外高桥保税区、外高桥保税物流园区、洋山保税港区和上海浦东机场综合保税区 4 个海关特殊监管区域基础上，陆家嘴金融片区、金桥开发片区、张江高科技片区被纳入上海自贸试验区。

陆家嘴金融片区面积 34.26 平方公里，是上海国际金融中心的核心区域、上海国际航运中心的高端服务区和上海国际贸易中心的现代商贸集聚区。

金桥开发片区面积 20.48 平方公里，是上海的先进制造业核心功能区、生产性服务业集聚区、战略性新兴产业先行区和生态工业示范区。

张江高科技片区面积 37.2 平方公里，是国家自主创新示范区，也是上海贯彻落实创新型国家战略的核心基地。

从 2015 年 4 月扩区至 6 月底，自贸试验区新设企业 3223 户，其中内资 2697 户、注册资本 1476.42 亿元；外资 526 户、注册资本 106.51 亿美元。截至 5 月底，自贸试验区累计办结境外投资备案 369 个，中方累计投资额 107.53 亿美元。2014 年上海自贸试验区相关情况见表 1 所示。

表 1　2014 年上海自贸试验区主要经济指标及其增长速度

指标	单位	绝对值	比上年增长(%)
经营总收入	亿元	16000.00	11.0
商品销售额	亿元	13800.00	11.5
航运物流服务收入	亿元	1180.00	15.0
工业总产值	亿元	572.70	-10.1

续表

指标	单位	绝对值	比上年增长(%)
税务部门税收	亿元	576.40	13.4
合同外资	亿美元	118.00	5.2倍
新增注册企业数	家	11440	1.6倍
内资企业注册资本	亿元	3329.00	2.9倍

2. 广东自贸试验区

广东自贸试验区是2014年12月31日经国务院正式批准的第二批自贸试验区之一，2015年4月21日正式挂牌，实施范围116.2平方公里，涵盖南沙新区片区、前海蛇口片区和横琴片区。

广州南沙新区片区面积60平方公里（含广州南沙保税港区7.06平方公里），共7个区块。分别是：海港区块15平方公里；明珠湾起步区区块9平方公里，不包括蕉门河水道和上横沥水道水域；南沙枢纽区块10平方公里；庆盛枢纽区块8平方公里；南沙湾区块5平方公里，不包括大角山山体；蕉门河中心区区块3平方公里；万顷沙保税港加工制造业区块10平方公里（其中南沙保税港区加工区面积1.36平方公里）。

深圳前海蛇口片区面积28.2平方公里，分为前海区块（15平方公里，含前海湾保税港区3.71平方公里）和蛇口区块（13.2平方公里）。

珠海横琴新区片区总面积28平方公里。

从4月21日挂牌至6月底，广东自贸试验区新设立企业11064万家，包括内资企业1.06万家，注册资本总额4062.31亿元，外商投资企业464家，合同外资金额49.07亿美元，实际外资金额13.27亿美元。

3. 天津自贸试验区

天津自贸试验区是2014年12月31日经国务院正式批准的第二批自贸试验区之一，实施范围为119.9平方公里，涵盖天津港东疆片区、天津机场片区和滨海新区中心商务片区。

天津港东疆片区面积30平方公里（含东疆保税港区10平方公里），是北方国际航运中心和国际物流中心的核心功能区。

天津机场片区面积43.1平方公里（含天津港保税区空港部分1平方公里和滨海新区综合保税区1.96平方公里），是天津先进制造业企业和科技研发转化机构的重要集聚区。

滨海新区中心商务片区面积46.8平方公里（含天津港保税区海港部分和保税物流园区4平方公里），是天津金融改革创新集聚区和滨海新区城市核心区。

从挂牌之日天津自贸区获准设立起，在其119.9平方公里土地上，新登记市场主体4008户，与上年同期相比增长96.66%，注册资本（金）共计837.47亿元，同比增长超过190%。其中，内资企业3549户，外商投资企业156户，个体工商户303户。

4. 福建自贸试验区

福建自贸试验区是2014年12月31日经国务院正式批准的第二批自贸试验区之一，实施范围118.04平方公里，涵盖平潭片区、厦门片区和福州片区。

平潭片区面积43平方公里，包括三个区块：港口经贸区16平方公里；高新技术产业区15平方公里；旅游休闲区12平方公里。

厦门片区面积43.78平方公里，包括两个区块：两岸贸易中心核心区19.37平方公里；东南国际航运中心海沧港区24.41平方公里。

福州片区面积31.26平方公里，包括两个区块：福州经济技术开发区22平方公里；福州保税港区9.26平方公里。

自挂牌起至8月31日，福建自贸试验区共新增内外资企业5018户，注册资本1168.74亿元，同比分别增长94.65%、7.22倍。其中，福州片区新增企业2095户，注册资本712.64亿元，同比分别增长32.01%、6.37倍；厦门片区新增企业2125户，注册资本364.02亿元，同比分别增长12.80倍、38.64倍；平潭片区新增企业798户，注册资本348.62亿元，同比分别增长-4.66%、2.98倍①。

① 引自福建自贸试验区官方网站公布的统计数据。

（二）4大自贸试验区的区位优势

1. 上海自贸试验区

上海拥有优越的地理位置，地处长江入海口，南濒杭州湾，西接江苏、浙江两省，隔东中国海与日本九州岛相望，交通便利，上海港货物吞吐量和集装箱吞吐量均居世界第一。历史上是座“以商兴港，以港兴市”的城市，对外开放程度高，经济腹地广，经济商贸发达，囊括了全国所有的金融市场要素，是我国的金融中心。

上海自贸试验区作为高度开放的外向型经济区域，综合了区位优势、腹地经济优势、港口基础优势、物流枢纽优势和城市综合优势，已经具有雄厚的产业基础。与其他三大新批的自贸试验区最大的不同是上海自贸试验区的五大片区均在浦东新区境内，这使得试验区可以在一个综合的行政区内改革创新。另外一个得天独厚的区位优势是自贸试验区改革与上海“四个中心”①、全球科技创新中心的对接。

综合保税区为此次扩区前的自贸试验区，包括外高桥保税区、外高桥保税物流园区、洋山保税港区、浦东机场综合保税区。外高桥保税区于1990年设立，是中国第一个保税区，也是目前中国国内经济规模最大、业务功能最丰富的海关特殊监管区；外高桥保税物流园区于2004年设立，是中国第一个保税物流园区；洋山保税港区于2005年底设立，是中国第一个实行“区港一体”封关运作的特殊监管区域；浦东机场综合保税区于2009年设立，实行保税物流区域与机场货运区一体化运作模式。

陆家嘴金融片区包含陆家嘴金融贸易区、世博前滩地区。陆家嘴金融片区是上海国际金融中心的核心区域、上海国际航运中心的高端服务区、上海国际贸易中心的现代商贸集聚区。世博前滩地区是上海新一轮发展的重点区域，正在打造总部经济、航运金融、文化体育旅游业、高端服务业集聚区。

金桥开发区于1990年成立，经过20多年的持续开发，已经成为上海的

---

① 国际经济中心、国际金融中心、国际航运中心、国际贸易中心。

先进制造业核心功能区、生产性服务业集聚区、战略性新兴产业先行区和生态工业示范区。

张江高科技片区是上海贯彻落实创新型国家战略的核心基地。

2. 广东自贸试验区

广东自贸试验区的三大片区——广州南沙、深圳前海蛇口、珠海横琴，在珠江口入海处形成了一个“金三角”。广东、香港和澳门以珠江口为中心构成了一个更大的“金三角”。广东一直是中国改革开放的前沿，经济发达，具有良好的市场经济基础，营商环境规范。在行政审批、投融资、商事登记、园区管理等方面一直走在改革的前列。在建设公平正义的法治环境、透明高效的政务环境、竞争有序的市场环境、和谐稳定的社会环境方面已经有一定的基础。2003 年 CEPA 签署后，粤港澳融合再上新台阶。广东已经成为东盟十国第三大贸易伙伴，广东自贸试验区集深港合作、“一路一带”、自贸试验区三大国家战略于一身。

南沙片区位于珠江出海口，是连接珠江口两岸城市群的枢纽性重要节点，是大珠三角经济圈的地理几何中心和我国南方重要的对外开放门户。南沙 1990 年 6 月被确定为重点对外开放区域和经济开发区。1993 年 5 月 12 日，国务院批准设立广州南沙经济开发区，2005 年南沙变身为独立行政区，2012 年 10 月 11 日，经国务院批准，南沙新区成为继上海浦东新区、天津滨海新区、重庆两江新区、浙江舟山群岛新区和兰州新区之后的第六个国家级新区。

前海蛇口片区位于珠江口东岸，毗邻港澳，地处珠江三角区域发展轴与沿海功能拓展带的交会点。拥有香港、深圳两大国际机场和香港港、深圳港两大世界级集装箱枢纽港，产业基础雄厚，具有深港融合圈、空港辐射圈、海港服务圈“三圈叠加”效应，有着发展现代服务业的最佳区位优势。

横琴片区位于珠江入海口西岸，处于珠三角的核心，距香港 34 海里，与澳门一河相望，最近处相距仅 187 米。

3. 天津自贸试验区

天津自贸试验区地理区位优势明显。试验区地处太平洋西岸环渤海经济圈的中心，背靠华北、西北、东北地区，面向东北亚，是我国北方对外交往的重要通道，也是北方最大的港口城市。距北京 120 公里，是拱卫京畿的要地和门户。

机场片区位于中国经济增长第三极——天津滨海新区，“东达新区核心区，西至天津市区，南接高速公路，北临首都北京”，是天津自贸试验区三个片区中距离天津市区、北京市最近的区域。天津滨海国际机场位于片区中，天津港保税区在管辖范围内，坐拥海空“双港联动”优势。

滨海新区中心商务片区位于海河入海口，具有临河临海的区位环境优势。中心商务区处于京津滨发展轴和沿海经济发展带的交会点，海河两岸风景秀丽、环境宜居，自然条件得天独厚，具备与纽约、旧金山、东京等世界三大著名湾区同等区位条件，是联系陆域资源和海洋资源，汇聚人流、物流、资金流、信息流的要素枢纽。

4. 福建自贸试验区

福建省位于中国东南沿海，海域面积 13.6 万平方公里，是中国面向亚太地区的主要窗口之一。

平潭片区是全国第五大岛、福建第一大岛，距离台湾本岛最近，与新竹直线距离仅 68 海里（约 125 公里）。处于太平洋和台湾海峡主航道，是连通长三角和珠三角、海峡两岸、东南亚、太平洋、印度洋的战略节点，也是“一带一路”的重要枢纽节点。

福州片区具有侨台、金融合作、整车进口口岸、两岸电子商务以及打造“21 世纪海上丝绸之路”核心先行区六重优势。福州是深化两岸交流最前沿阵地，“海上直航”等多项涉台先行先试政策在福州发布和实施。福州服务外包产业爆发式增长，是中国服务外包示范城市。福州既是“海上丝绸之路”的起点，也是陆上“丝绸之路”的重要节点，国家“一带一路”战略规划已经确定福州市为“21 世纪海上丝绸之路海上合作战略支点”。

（三）四大自贸试验区的区位功能

四大自贸试验区主要有四个方面功能：一是推进服务业扩大开放和投资

管理体制改革；二是推动贸易转型升级，创新监管服务模式；三是深化金融领域开放；四是探索建立与国际投资和贸易规则体系相适应的行政管理体系，培育国际化、法治化的营商环境。除以上四项外，因各试验区区位优势有别，其区位功能也有所不同。

1. 上海自贸试验区

扩区后的上海自贸试验区将进一步扩大先行先试，以制度创新为核心，围绕构建开放型经济新体制，把防控风险作为重要底线，以企业作为重要主体，充分发挥浦东新区创新基础好、开放度高的优势。加快政府职能转变，在更广领域和更大空间范围内积极探索以制度创新推动全面深化改革的新路径，率先探索区域经济合作新模式，建立符合国际化和法治化要求的跨境投资和贸易规则体系。

陆家嘴（世博）片区，将探索建立与国际通行规则相衔接的金融制度体系，与总部经济等现代服务业发展相适应的制度安排，持续推进投资便利化、贸易自由化、金融国际化和监管制度创新，加快形成更加国际化、市场化、法治化的营商环境。金桥开发区则为不断提升创新能力和经济发展活力为导向，进行政府管理和金融制度创新；打造贸易便利化营商环境，重点培育具有国际竞争力的战略性新兴产业。张江高科技片区将推动上海自贸试验区建设与张江国家自主创新示范区建设深度联动，提升张江园区创新力，在发展“四新”经济、科技创新公共服务平台、科技金融、人才高地和综合环境优化以及国家科学中心等方面进行重点探索创新。

2. 广东自贸试验区

探索粤港澳经济合作新模式，将自贸试验区建设成为粤港澳深度合作示范区、现代产业新高地、综合性服务枢纽和全国新一轮改革开放先行地。

广州南沙新区片区，在重点发展航运物流、特色金融、国际商贸、高端制造的基础上，打造以生产性服务业为主的现代产业，构建具有世界先进水平的综合服务枢纽；深圳前海蛇口片区则在重点发展金融、现代物流、信息服务、科技服务等战略性新兴服务业的基础上，打造对外开放金融试验示范窗口，使之成为国际性枢纽港和世界服务贸易的重要基地；珠海横琴新区片区，在重点发展旅游休闲健康、商务金融服务、文化科教和高新技术等产业的基础上，使之成为文化教育开放先导区和国际商务服务休闲旅游基地，并成为促进澳门经济适度多元发展新载体。

3. 天津自贸试验区

天津自贸区作为中国北方首个自贸区，其战略定位是通过制度创新，打造成为京津冀协同发展的对外开放平台。充分发挥作为中蒙俄经济走廊和海上合作战略支点的作用，推动“一带一路”建设。试验区将增强口岸服务辐射功能，完善京津冀通关一体化改革。在促进区域产业转型升级的同时，推动区域金融市场一体化，构筑服务区域发展的人才高地。

天津港东疆片区以发展航运物流、国际贸易、融资租赁等现代服务业为重点；天津机场片区则以航空航天、装备制造、新信息技术等高端制造业和研发设计、航空物流等生产性服务业为发展的重点；滨海新区中心商务片区则重点创新发展现代金融服务业。

4. 福建自贸试验区

福建自贸试验区，率先推动与台湾地区投资和贸易的自由化，立足两岸，成为深化两岸经济合作的示范区，并成为面向“21 世纪海上丝绸之路”沿线国家和地区开放合作新高地。

平潭片区以两岸共同家园和国际旅游岛为发展的重点；厦门片区打造成为两岸新兴产业和现代服务业合作示范区，使之成为东南国际航运中心、两岸区域性金融服务中心和两岸贸易中心。福州片区则在重点发展先进制造业基地的基础上，打造成为两岸服务贸易、金融创新合作的示范区，使之成为“21 世纪海上丝绸之路”沿线国家和地区合作的重要平台。

（四）自贸试验区制度创新不断完善落实

自贸试验区按照党中央、国务院对自贸试验区“继续积极大胆闯、大胆试、自主改”“探索不停步、深耕试验区”的要求，经过两年的实践，与国际投资贸易通行规则相衔接的制度体系已初见雏形。但与自贸试验区第一年制度创新相比，第二年制度创新相对较少，更多的是制度的完善与落地，相对而言，金融制度的构建是一大亮点。

1. 负面清单不断“瘦身”，市场准入制度不断完善

2015 年 4 月 8 日国务院批准发布《自由贸易试验区外商投资准入特别管理措施（负面清单）》，122 条清单在上海、广东、天津、福建四个自由贸易试验区统一实行。至此自贸试验区负面清单已由 2013 年版的 190 条缩减至 122 条，依据《国民经济行业分类》（GB/T4754—2011）划分为 15 个门类、50 个条目、122 项特别管理措施。负面清单包括政府服务和监管创新 22 条、促进投资与贸易便利化 51 条、金融创新 37 条、促进创新要素集聚与流动 12 条。“准入前国民待遇 + 负面清单”的投资管理改革取得新突破，以“法无禁止皆可为”的负面清单管理为核心的投资管理制度基本建立。

由正面清单到负面清单，市场准入制度改变形成了政府职能改变的倒逼机制，政府自觉放权于市场，使资源配置方式由政府主导转换为市场主导。目前，清单与国际上市场经济较为完善的国家相比还比较“长”，随着清单的进一步“瘦身”，政府职能转变也将不断推进和深入。

2. “法无授权不可为、法定职责必须为”的事中事后监管制度初步形成

以安全审查制度、反垄断审查制度、社会信用体系、企业年度报告公示和经营异常名录制度、信息共享和综合执法制度和社会力量参与市场监管制度为主体的事中事后监管制度初步形成。

由事前审批到事中事后监管，政府职能发生了根本性转变。政府简政放权，给予市场和企业更大的发展空间。六项基础性制度的建立极大地促进了政府职能的转变，在实践中不断完善，从而实现政府在开放环境下的专业监管，对于降低企业交易成本、完善营商环境具有积极的意义。

3. 贸易便利制度落地生效

在“一线放开、二线安全高效管住、区内流转自由”的原则下，自贸试验区实施“先入区、后报关”“一次申报、一次查验、一次放行”等一批海关监管方式，目前自贸区“先进区、后报关”的试点企业超过 400 家，业务规模占一线进境总量的 70% 以上，货物通关时间平均缩短 2 ~ 3 天。2014 年海关制定的 23 项创新制度已全部落地生效。这些制度的落实大大降

低了企业交易的成本，贸易便利化制度改革取得明显成效。

2015 年上半年上海海关在自贸试验区再次推出 8 项改革措施，其中包括大宗商品现货市场保税交易，涵盖金属、农产品和能源化工等主要商品类别。自 7 月 1 日起，上海出入境检验检疫局和上海海关将对上海自贸试验区范围内的海关特殊监管区域实施进出口/境通关单无纸化。除特殊情况外，检验检疫不再签发纸质通关单，海关不再收取纸质通关单。

2015 年以来，上海自贸试验区以扩区为契机，深化拓展制度创新举措，改革效应进一步显现。在提出的 6 个方面 37 项制度创新任务中，完善自贸试验区管理体制等 6 项已完成，深化国际贸易“单一窗口”管理制度货物分类监管等 14 项阶段性成果，以贸易便利化为重点的贸易监管制度有效运行。商事制度改革简化了相关手续，降低了交易成本，也为自贸区建设有国际竞争力的商品交易中心铺平了道路。

4. 金融开放的基础设施建设取得突破性进展

资本项目开放是 2015 年自贸试验区制度创新的最大亮点。本外币打通，使企业不仅可以从海外融入外币资金，还可以融入人民币。这些举措既有利于人民币的跨境流通以及回流，也有利于增强海外投资者持有人民币的意愿，推动人民币国际化。在自贸试验区内，自由贸易账户下的境外融资、跨境借款、人民币资金池、外汇资金的集中运营管理成为最受区内企业欢迎的金融政策，资本项目的开放降低了区内企业的交易成本和提高了资金使用效率。

围绕资本项目开放，在“一线放开、二线严格管理”的金融监管模式下，自由贸易账户构建起了本外币一体化运作的通道。2015 年 10 月自贸试验区第一期跨境同业存单①正式发行。跨境同业存单旨在吸引全球金融机构参与探索利率定价机制，推进自贸试验区与境内、境外金融市场的互联，形成世界范围的资金筹集系统，对于降低融资成本、实施“一带一路”战略

① 跨境同业存单是指以自由贸易账户为依托，面向金融机构投资者发行的记账式定期存款凭证。在中国外汇交易中心建设、独立运作的发行交易系统上发行。

具有深远意义。

围绕合格境内个人投资者（QDII2）试点、证券交易所互联互通、取消大多数外汇管理的事前审批事项、为海外机构投资者投资中国资本市场提供更多便利、进一步促进人民币在国际上的使用和紧急情况下采取必要的手段防控风险六项资本项目可兑换改革稳步推进。在中国外汇管理局支持下，开展 QFLP① 和 QDLP② 试点，可以自由选择外汇资本金的结汇时点。

随着货币自由进出制度改革的不断推进，人民币已经成为世界第四大支付货币和中国第二大跨境支付货币。跨境人民币的进出需要快捷的通道，2015 年 10 月 8 日人民币跨境支付系统（CIPS）正式运行。CIPS 负责处理人民币跨境业务结算，为境内外金融机构提供跨境和离岸的人民币清算、结算服务。人民币跨境流通基础设施顺利建成使用，标志着人民币国际化的支付体系建设取得重要进展，也是我国金融市场基础设施建设的重要里程碑。基础设施的搭建相信会推动自贸试验区金融制度的进一步完善。

二　中国自贸试验区改革的核心问题

自贸试验区方案早就明确了自贸试验区改革的历史使命。然而，随着 TPP 成为热议的话题，自贸试验区似乎成为对接新国际贸易规则的试验田，而忽略了自贸试验区最根本的历史使命。因此有必要明确自贸试验区究竟要试验什么？试验区改革所依存的土壤是什么？

（一）自贸试验区究竟试验什么？

从 1978 年改革开放至今，中国在快速发展的同时成功实现了由计划经

① QFLP（Qualified Foreign Limited Partner，合格境外有限合伙人），指境外机构投资者在通过资格审批和其他外汇资金监管程序后，将境外资本兑换人民币资金，投资国内外资私人股权投资及风险投资市场。

② QDLP（Qualified Domestic Limited Partner，合格境内有限合伙人），允许注册于海外，并且投资于海外市场的对冲基金，能向境内的投资者募集人民币资金，并将所募集的人民币资金投资于海外市场。

济到社会主义市场经济的制度转型。但作为一个制度转型发展中的国家，经过30多年的快速发展之后，经济发展的深层次矛盾日趋突出，社会经济发展面临瓶颈，GDP增速由2007年的11.4%降至2014年的7.3%，中国需要寻找新的增长引擎。中国经济随之也进入了一个新的发展阶段，经济发展变迁对相应制度提出了新的要求。

破解深层次发展矛盾的出路在于建立更加开放的市场经济制度，妥善处理市场与政府的关系，增强市场在资源配置中的决定性作用，简政放权，不断激发市场的活力。以开放促改革，先试验后推广的制度变迁之路是中国特色的改革路径，自贸试验区正是开放型市场经济制度的试验田，也是撬动中国新一轮改革开放的支点。

开放就是要“引进来”和“走出去”，开放型市场经济意味着“引进来”和“走出去”要由市场来主导，意味着政府要放权。放什么权、如何放权就需要进行试验。在“引进来”和“走出去”的过程中，还会涉及市场准入、国民待遇问题、商事制度、税收制度、监管制度及国际通行的营商规则对接，这些都会形成对现有政府职能改革的倒逼机制，从而促进政府与市场关系的制度改革。“引进来”和“走出去”还会涉及货币的自由流动及汇率的制度改革，也会涉及人才流动制度改革。国资国企改革是建立公平竞争市场制度绕不开的问题，但这可能也是自贸试验区难以承载的制度改革任务。

（二）实体经济是制度改革的土壤

自贸试验区内产业基础决定了试验制度的具体内容，自由贸易的特点决定了其支柱产业主要以国际贸易、金融服务、航运服务、专业服务为导向，制度改革也将以这些产业的开放展开。目前，自贸试验区改革取得的成果也印证了这一点。制度改革主要围绕市场准入、贸易便利化及与之相关的政府职能转变、金融体系改革进行。然而，一个大国的安身立命之本是实体经济，如果没有实体经济的发展也就没有贸易的发展。

制度改革要预防脱离实体经济，避免经济结构过度金融化。人民币国际化可以极大地降低对外贸易的交易成本，但金融开放也会给实体经济发展带来不确定性，如果处理不当会引发经济危机，日本、英国等的经验教训值得我们借鉴，不能一味地追求自由开放。自贸试验区改革的根本目的是通过开放促进制度改革，解决现阶段经济发展的深层次矛盾，进一步完善市场经济制度。中国30多年高速的经济增长验证了中国制度变迁路径的有效性，因此自贸试验区的改革一定要以实体经济发展为根本，否则改革可能就会迷失方向。

三　中国自贸试验区发展的焦点问题

（一）自贸试验区能否应对TPP挑战

2015年10月5日，由美国主导的TPP谈判取得实质性突破，12个成员就TPP协议达成一致。这意味着一个涵盖了大约8亿人口、GDP占世界GDP总值约40%（超过欧盟）的世界最大自由贸易区诞生。TPP旨在试图重新制定世界自由贸易的游戏规则，在不少人看来，TPP更像是为将中国排除在外而量身定制的贸易规则，是用来遏制中国发展、阻止中国崛起的工具，带有较浓的地缘政治色彩。自贸试验区能否应对TPP挑战是目前各界热议的焦点话题。

那么，TPP究竟是一个什么样的协议？对自贸试验区而言又面临哪些挑战呢？TPP包括零关税下货物、服务全部自由流动，成员国经济监管制度都必须具有统一的标准。协议要求贸易和服务自由、货币自由兑换、税制公平、国企私有化、保护劳工权益、保护知识产权、保护环境资源、信息自由。无壁垒的自由贸易将极大地降低贸易成本，促进对外贸易发展。但需要指出的是TPP的很多条款高于国家主权，一旦国家丧失主权，也就失去了自由贸易的意义。因而，在零关税和贸易自由的背后，TPP是否真正代表自由贸易还是一个值得进一步商榷的问题。诺贝尔经济学奖得主约瑟夫·斯蒂格利茨就指出该协议与自由贸易无关，甚至认为TPP

中的一些条款会阻碍自由贸易。然而，尽管世界上大多数经济体可能无法满足和接受 TPP 的高标准，但不可否认 TPP 代表未来国际经贸规则的发展趋势。

无论中国是否有意加入 TPP，但开放型市场经济是未来大势所趋。自贸试验区作为中国连接世界的窗口，在面对 TPP 挑战中，不断深化改革、完善自身也许是唯一的出路。

（二）自贸试验区的辐射与虹吸效应

自贸试验区是在划定区域内设立的区域性经济特区。作为与国际市场对接的窗口，除了率先进行制度改革外，另一个重要的作用就是将国际一些高商业标准映射到整个国内制造和服务业中。然而，在某种程度上而言，自贸试验区是克服现存制度障碍的“飞地”。作为“飞地”本身就存在难以对主体经济产生辐射效应的问题，而制度与区位优势反倒可能产生虹吸效应，如何避免对周边地区产生虹吸效应，发挥辐射效应，与周边区域形成协同效应是自贸试验区发展面临的焦点问题之一。

据江苏省商务厅一份调研报告①，上海自贸试验区对江苏的虹吸效应虽不是很明显，对经济造成的负面影响也低于预期，但自贸区对苏州总部经济、高端制造业、服务业构成的外资招商压力已经显现。虽然，压力也倒逼苏州多个开发区复制上海自贸试验区的成功经验，但自贸试验区本身所具有明显的地理区位优势可能比制度优势对企业更具吸引力，加之自贸试验区内交易成本低于区外，市场会促使自贸试验区外企业通过发展离岸贸易来减少贸易成本。

制度复制和推广虽然在一定程度上可以减弱虹吸效应，但是现阶段自贸试验区所产生的虹吸效应恐难完全避免。如何解决虹吸效应与辐射效应矛盾需要市场竞争者的智慧。

---

① 王海平：《上海自贸区虹吸效应渐显　苏州便利化政策跟进》，《21 世纪经济报道》2014 年 9 月 24 日。

四　中国自贸试验区发展的对策建议

（一）在新旧贸易规则的冲突中不断变革制度

对外开放意味着引进来与“走出去”，那么，无论是引进来还是“走出去”都存在与国际通行规则接轨的问题。目前，美国通过 TPP、TTIP 及 SPA 正在试图重新制定世界自由贸易的游戏规则，WTO 规则有可能被取代。未来自由贸易面临的是更高标准的贸易、知识产权、服务、投资、劳工、环境等规则。

我国已经逐步实现计划经济向市场经济制度的转变，但离开放的市场经济还有一定的距离，尤其是在开放度方面。制度变迁是渐进的，规则的改变形成了制度改革的倒逼机制。适应旧有规则的制度对企业“走出去”及引进来显然存在制度上的制约。而自贸试验区的制度改革恰恰要从制约企业“走出去”和引进来的冲突中进行制度改革，只有这样才能使中国融入世界经济体系。

制度改革是有成本的，在制度创新中要善于学习国外的先进经验，降低制度改革成本。制度改革是为了更有利于实体经济发展，规则的制定源于实践的需要，从现存制度中阻碍进一步开放的规则、机制着手，在一定的规则下给试验区内企业一定的自主权，调动区内企业参与制度改革的积极性，在冲突和矛盾中寻求制度改革的突破，构建开放市场经济和与国际营商环境接轨的制度体系。

（二）采取先自下而上再自上而下的制度改革路径

追根溯源，自贸试验区的发展源于改革开放的需要，是在保税区、出口加工区、保税港区、保税物流园区的基础上建立起来的，已经有一定的开放制度基础。有学者[①]在对自贸试验区的调研中发现区内原有企业约有六成对

① 韦浩、刘莉莉、郑必军、刘艳：《上海自由贸易试验区制度创新与发展》，《党政论坛》2014 年 8 月号。

制度创新缺乏了解。调研显示，大部分区内原有企业已经形成相对稳定的经营模式，目前的一些制度创新对于经营并没有直接的帮助，因而对制度创新缺乏了解的动力。自贸试验区制度创新现在的着力点主要是一些新领域，但新入区内的企业实际运营占比又较小。这在某种程度上会导致制度创新的“土壤”的缺失。因而，制度的改革重点应从目前开放过程中企业营商面临的制度困境出发，如果带上浓厚的顶层设计色彩，制度改革就容易与实际发展需要相脱节。

中国30多年的经济改革之所以成功，就是走了一条先自下而上再自上而下的制度改革道路。正如经济学家诺斯指出的那样：“制度创新过程存在着报酬递增和自我强化的机制。这种机制使制度变迁一旦走上了某一路径，它的既定方向会在以后的发展过程中得到自我强化。也就是说，人们过去做出的选择决定了他们现在可能的选择。按照既定的路径，制度的变迁可能进入良性的循环轨道。”

自贸试验区的改革创新采取自上而下模式的倾向更大，目前区内企业创新动力不足。自贸试验区核心任务是完善市场经济制度，如果脱离了与国际接轨的经济活动环境，制度改革就是一句空话，脱离了改革的土壤和服务的对象，开放型市场经济制度改革就难以成功。在制度改革创新过程中也要处理好市场与政府的关系，使制度改革建立在开放的市场经济运行过程之中。

参考文献

[1] 韦浩、刘莉莉、郑必军、刘艳：《上海自由贸易试验区制度创新与发展》，《党政论坛》2014年8月号。

[2] 王海平：《上海自贸区虹吸效应渐显　苏州便利化政策跟进》，《21世纪经济报道》2014年9月24日。

[3] 中国人民银行：《人民币国际化的重要里程碑》，http：//www.pbc.gov.cn/goutongjiaoliu/113456/113469/2960452/index.html。

[4] 中国（上海）自由贸易试验区官网，http：//www.china－shftz.gov.cn/

Homepage. aspx。
[5] 中国（广东）自由贸易试验区官网，http：//www. china – gdftz. gov. cn/。
[6] 中国（天津）自由贸易试验区官网，http：//www. china – tjftz. gov. cn/html/cntjzymyq/portal/index/index. htm。
[7] 中国（福建）自由贸易试验区官网，http：//www. china – fjftz. gov. cn/article/index/gid/8/aid/142. html。
[8] 自贸区财经，http：//ftaftz. com/。
[9] 裘萍：《南沙自贸区企业称："不知道有这个政策"!》，《南方都市报》2015 年 3 月 3 日。
[10] 上海市统计局、国家统计局上海调查总队：《2014 年上海市国民经济和社会发展统计公报》，http：//www. stats – sh. gov. cn/sjfb/201502/277392. html。
[11] 杨深来：《上海自贸试验区面临的新形势和新机遇》，http：//read. haosou. com/article/? id = 5054e3f253dd7f3fb8b22deb8c777cd7。
[12] 网易财经：《上海自贸区发行跨境同业存单》，http：//money. 163. com/15/0926/06/B4DSVSUR00253B0H. html。
[13] 新华网：《自贸区 2. 0 出发粤闽津三大自贸区今同日挂牌》，http：//www. nmg. xinhuanet. com/xwzx/cjtz/2015 – 04/21/c_ 1115040848_ 2. htm。
[14] 环球网（财经）：《闽粤津自贸区总体方案发布共享一张负面清单》，http：//finance. huanqiu. com/roll/2015 – 04/6235156. html。

B.19
中国图们江地区外商投资发展报告

沈万根*

在《中国图们江区域合作开发规划纲要》《长吉图规划纲要》《沿边地区开发开放规划》以及国家“一带一路”战略的大力推动和支持下，中国图们江地区①开发开放程度进一步加深，国际合作示范区、边境经济合作区、空港开发区、产业园区等开发开放经济形势蓬勃发展，使外商投资事业取得了进一步的发展。

一 中国图们江地区外商投资基本现状

2014 年中国图们江地区新批外商投资企业 38 家，合同外资金额 23279 万美元，较上年增长了 21.21 倍，增速较快；实际利用外资 4002 万美元，比上年增长 14.1%；外商直接投资 15302 万美元，增长 12.4%。截至 2014 年底，中国图们江地区外资合同总数达 554 个，合同外资金额 214095 万美元，外方实际出资 137279 万美元。② 中国图们江区域（珲春）国际合作示范区不断壮大，和龙国家级边境经济合作区获批成立，中国图们江地区外商投资事业取得了较大发展，具体分析如下。

（一）外商投资量情况

2014 年，中国图们江地区合同外资项目有 38 个，比上年增加 4 个；合

---

* 沈万根，延边大学马克思主义学院教授，博士，硕士生导师，主要从事区域经济研究。

① 中国图们江地区，指吉林省延边朝鲜族自治州，包括延吉市、图们市、珲春市、龙井市、和龙市、敦化市、安图县和汪清县。

② 延边州统计局：《延边州 2014 年国民经济和社会发展统计公报》，2015 年 5 月 8 日。

同外资金额23279万美元，比上年增加22231万美元，增长了21.21倍；新增外商直接投资15302万美元，比上年增加1686万美元，增幅达到12.38%。2011年以来中国图们江地区合同外资项目数和合同外资金额呈现大幅下降趋势，2014年出现回升趋势，其中合同外资金额增幅较大。然而，中国图们江地区外商直接投资呈现稳步增长的趋势（见图1、图2）。

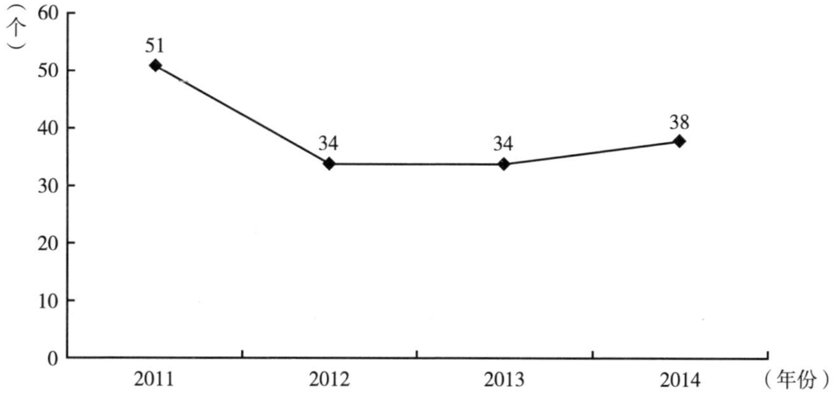

图1　2011～2014年中国图们江地区历年合同外资项目变化情况

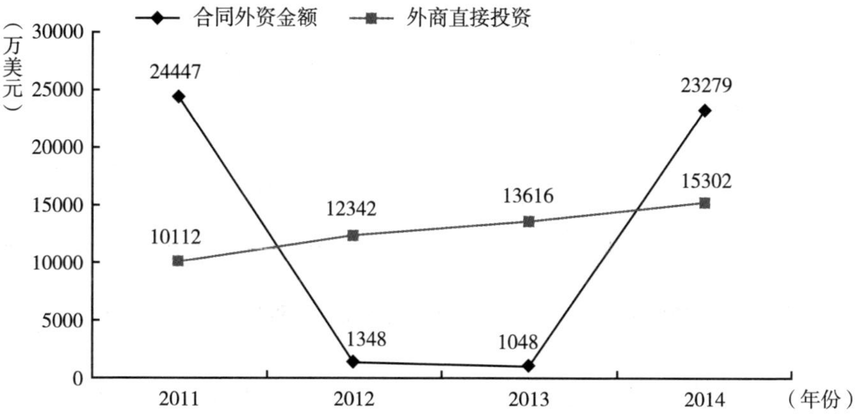

图2　2011～2014年中国图们江地区历年外商投资金额变化情况

截至2014年底，中国图们江地区外资合同总数达554个，比上年末减少83个；合同外资金额214095万美元，比上年末增加27462万美元，增幅

14.7%；外方实际出资 137279 万美元，比上年末增加 15299 万美元，增幅 12.5%。外商实际出资占合同外资的比重，即外资到位率为 64.12%，比上年下降 1.24%（见图 3、图 4）。

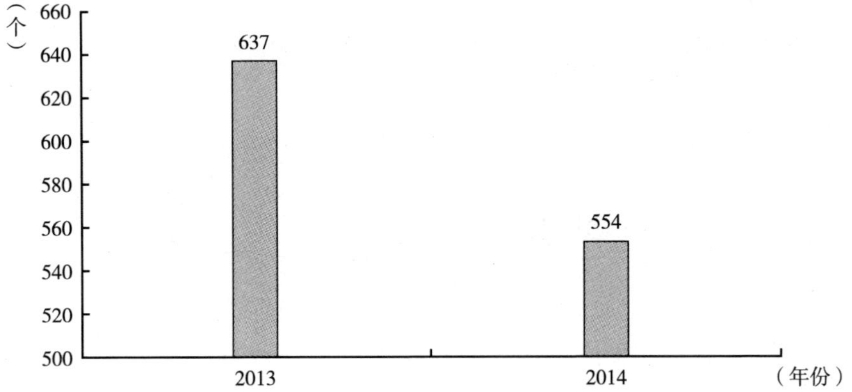

图 3　2013～2014 年中国图们江地区外资合同累计总数变化情况

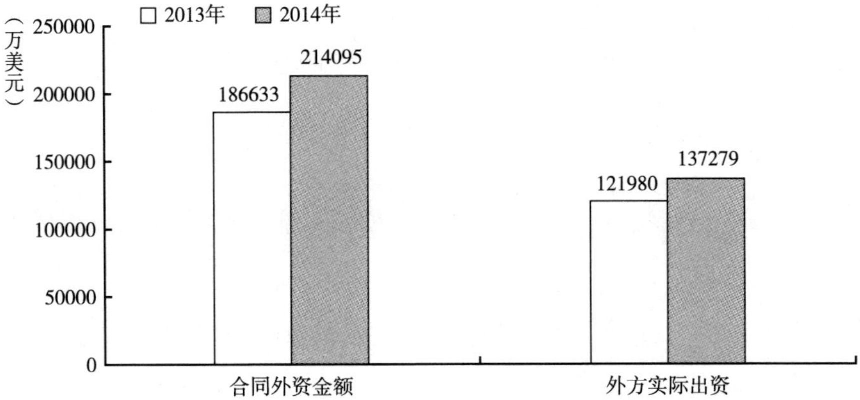

图 4　2013～2014 年中国图们江地区外资合同累计总数变化情况

2014 年，外商投资企业共有 746 户，总投资额达到 172874 万美元。其中，中外合资企业 116 户，占 15.6%；中外合作企业 16 户，占 2.1%；外商独资企业 452 户，占 60.6%；外商投资企业分支机构 153 户，占 20.5%；外商投资股份有限公司 1 户，占 0.1%；其他外商投资企业 8 户，占 1.1%。可见，中国图们江地区外商投资企业中，外商独资企业占主要地位（见图 5）。

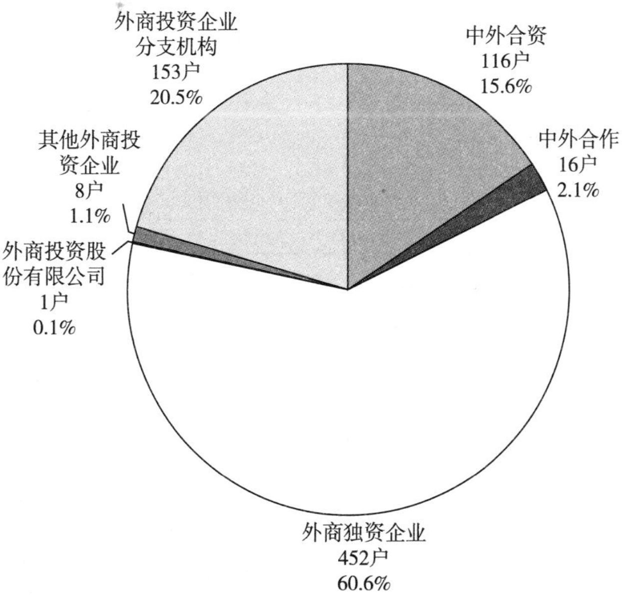

图5　2014年中国图们江地区外商投资企业类型分布情况

（二）外商投资产业分布情况

截至2014年末，中国图们江地区外商投资产业分布具体情况如表1所示。

表1　2014年中国图们江地区主要行业外商投资的产业分布情况

单位：万美元，%，个

行业	合同项目		合同外资		外方实际出资	
	数量	比重	金额	比重	金额	比重
农、林、牧、渔业	40	7.22	12849	6.00	3097	2.26
采矿业	4	0.72	6545	3.06	143	0.10
制造业	265	47.83	134150	62.66	103716	75.55
电力燃气	3	0.54	10797	5.04	180	0.13
建筑业	5	0.90	9331	4.36	2373	1.73
交通仓储业	6	1.08	8254	3.86	7988	5.82
信息服务业	46	8.30	2668	1.25	626	0.46
住宿和饮食业	57	10.29	2616	1.22	2616	1.91
批发和零售业	56	10.11	3877	1.81	1736	1.26
房地产业	4	0.72	8729	4.08	2609	1.90
社会服务业	47	8.48	8267	3.86	7782	5.67
卫生福利业	3	0.54	406	0.19	451	0.33

续表

行业	合同项目		合同外资		外方实际出资	
	数量	比重	金额	比重	金额	比重
文体娱乐业	8	1.44	4231	1.98	1705	1.24
科学地质业	9	1.62	249	0.12	606	0.44
水利、教育等	1	0.18	1126	0.53	1651	1.20
合　计	554	100.00	214095	100.00	137279	100.00

资料来源：根据2015年《延边统计年鉴》数据整理及计算得出。

从三大产业划分来看，第一产业，农、林、牧、渔业合同项目40个，占7.22%；合同外资金额12849万美元，占6%。第二产业，采矿业、制造业、电力燃气、建筑业合同项目共277个，占49.99%；合同外资160823万美元，占75.12%。第三产业，交通仓储业、信息服务业、住宿和饮食业、批发和零售业、房地产业、社会服务业、卫生福利业、文体娱乐业、科学地质业、水利、教育等合同项目共237个，占42.79%；合同外资40423万美元，占18.88%。因此，中国图们江地区外商投资主要集中在第二产业，虽然第三产业外商投资合同数比重较大，仅次于第二产业，达到42.78%，但合同金额少，仅占外资合同总额的19%（见图6、图7）。

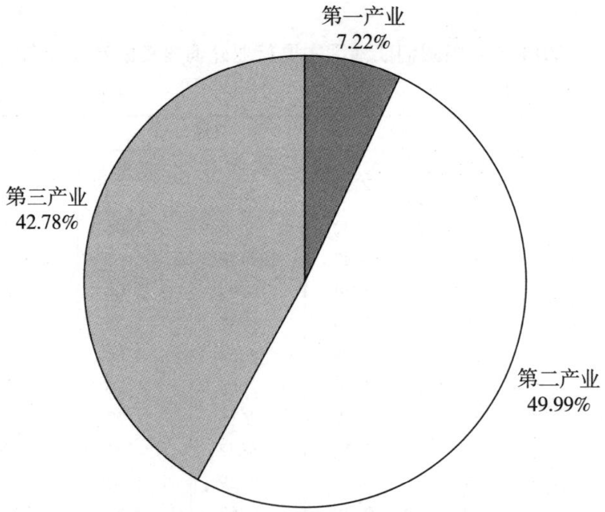

图6　2014年中国图们江地区外商投资合同数产业分布情况

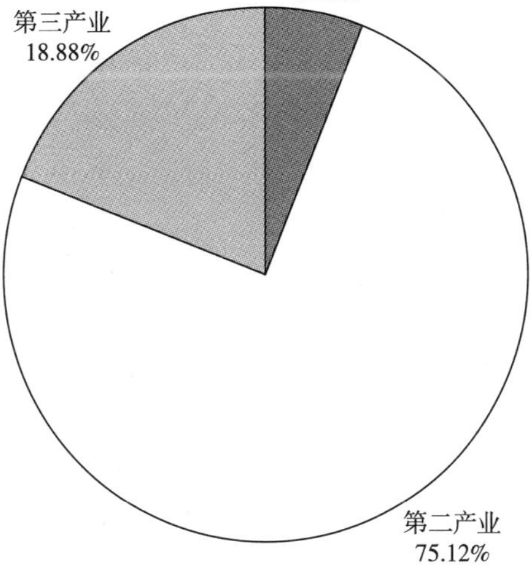

图7　2014年中国图们江地区合同投资金额产业分布情况

（三）外商投资来源情况

截至2014年末，中国图们江地区外商投资主要来源分布具体情况如表2所示。

表2　中国图们江地区按投资主要来源分布情况

单位：万美元，个

国家和地区	合同数	合同外资金额	外方实际出资
朝　　鲜	14	480	391
中国香港	36	71171	18808
中国台湾	8	3060	4133
日　　本	50	9657	9655
韩　　国	369	105487	85089
马来西亚	3	583	70
新 加 坡	1	228	737
尼 泊 尔	1	10	10
英　　国	1	1794	3319

续表

国家和地区	合同数	合同外资金额	外方实际出资
百慕大	1	580	508
俄罗斯	10	559	189
西班牙	1	10	8
德国	1	51	51
荷兰	1	698	668
加拿大	7	2070	422
美国	39	6425	6328
开曼群岛	1	3649	3702
维尔京群岛	2	1500	2134
委内瑞拉	1	4	4
澳大利亚	4	389	355
塞舌尔	1	125	125

资料来源：根据2015年《延边统计年鉴》数据整理及计算得出。

由表2可见，中国图们江地区外商投资主要来源于韩国、中国香港和日本等亚洲国家和地区，其中韩国对中国图们江地区投资最多，合同外资占总量的67%左右，合同外资金额占51%左右，实际出资额占62%左右。从洲际情况来看，在中国图们江地区投资的主要外商中，亚洲投资商合同外资金额为190676万美元，占91.44%；美洲投资商合同外资金额为13648万美元，占6.54%；欧洲投资商合同外资金额为3692万美元，占1.77%；澳洲投资商合同外资金额为389万美元，占0.19%；非洲投资商合同外资金额为125万美元，占0.06%。因此，中国图们江地区外资主要来源自亚洲地区（见图8）。

（四）外商投资地区分布情况

中国图们江地区包含延边朝鲜族自治州的延吉市、图们市、珲春市、龙井市、和龙市、敦化市、安图县和汪清县，这8个县市的外商投资分布情况如表3和图9所示。

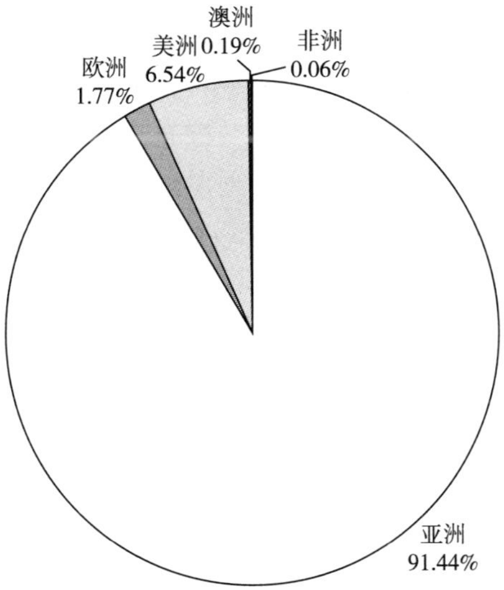

图 8 中国图们江地区外商投资主要来源分布对比

表 3 中国图们江地区内各县市外商投资分布情况

单位：万美元

市 县	合同外资金额	外方实际出资
州 直	82519	20881
延吉市	36569	37936
图们市	11125	8210
敦化市	13212	9516
珲春市	33275	25901
龙井市	9962	8033
和龙市	4942	2705
汪清县	9278	2229
安图县	13213	21868
总 计	214095	137279

资料来源：根据 2015 年《延边统计年鉴》数据整理及计算得出。

可见，在中国图们江地区内，除延边朝鲜族自治州直属地区外，延吉市外资利用情况最佳，合同外资金额达到 36569 万美元，占地区总数的 17.1%，外方实际出资 37936 万美元，占 27.6%。这主要是因为延吉市为中国图们江地区——延边朝鲜族自治州的首府城市，经济社会发展水平地区内较高，各项基础设施较为完善，从而能够吸引更多外资。仅次于延吉市的是珲春市，其主要凭借中国图们江区域（珲春）国际合作示范区和三国交界口岸优势吸引外商投资。其中利用外资情况最差的是和龙市，合同外资 4942 万美元，占地区的 2.3%；实际外方投资 2229 万美元，占地区的 1.6%。

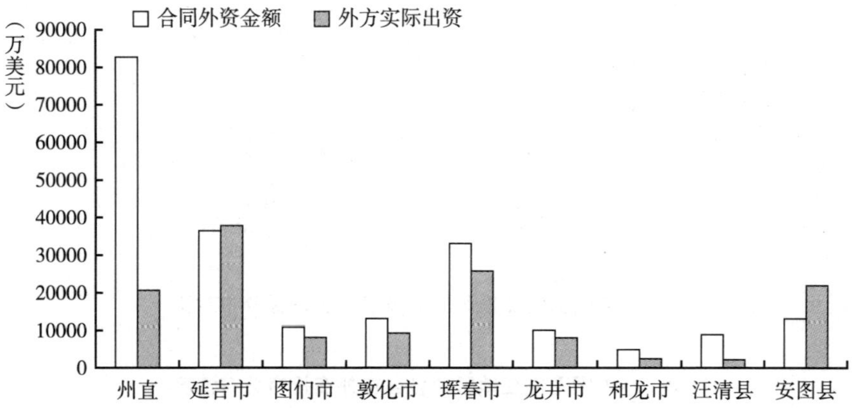

图 9　中国图们江地区内各县市外商投资分布对比

（五）地区开发开放情况

目前，在国家商务部、外交部以及吉林省政府等的大力支持下，中国图们江地区中韩（延边）产业园建设进一步推进，主要依托韩国浦项、农心、韩正、惠人等韩资企业，形成了包含珲春国际物流产业园区、延吉健康科技产业园区、安图生态食品产业园区、图们江电子信息产业园区在内的“一园四区”发展模式，预计到 2020 年能够实现千亿元产值。[①] 中国图们江区域（珲春）国际合作示范区作为中国图们江地区对外开放的重要窗口，在机制体制完善、项目建设和政策支持等方面进一步发展，2014 年实施重点

① 王军：《李景浩向韩企推介中韩（延边）产业园》，延边网，http://www.hybrb.com/show/?idx=90318，2015 年 8 月 31 日。

项目180个，总投资1003亿元，其中10亿元以上项目20个，5亿元以上项目17个，亿元以上项目91个，并成功引进俄罗斯苏玛集团、韩国浦项等外资企业。[①] 除此之外，延吉开发开放试验区被列入国家研究设立范围，试验区方案已编制完成，并报国家发改委；延吉空港经济区筹备建设工作已基本完成，尚待吉林省政府批准；中国（图们）朝鲜工业园进一步发展，2014年落户企业增至20家；2015年3月，和龙国家级边境经济合作区正式获国务院批准，为中国图们江地区开发开放开辟了一个新的窗口[②]，也有利于和龙市改善利用外商投资情况较差的局面。

二　中国图们江地区外商投资中存在的问题

（一）外商投资质量不高

近年来，随着中国图们江地区开发开放程度的不断提高，外商投资量显著增加，外商投资企业也有所增加，但是质量不高。首先，外商投资金额少，以小型企业为主，缺乏大型企业。中国图们江地区近年来不断扩大招商引资，利用外资量虽然逐年提高，但总量仍旧较少，对地区经济的带动作用不强。截至2014年末，中国图们江地区实际利用外资0.4亿美元，而吉林省实际利用外资额为76.53亿美元，中国图们江地区实际利用外资量仅占吉林省的0.52%。[③] 而且，中国图们江地区引进的外商企业以中小企业为主，实力较弱，经营效益不稳定。大型企业屈指可数，主要只有韩国浦项、农心、韩正、惠人以及俄罗斯苏玛集团等，难以起到支撑作用。其次，外商投资产业结构不合理。与我国大部分欠发达地区相同，中国图们江地区外商投资产业仍旧主要集中在第二产业，从外商合同投资金额来看，第二产业外资

① 延边州政府综合处开发办2014年延边开发开放工作总结。

② 延边州政府综合处开发办：《2015年上半年工作情况及下半年重点工作安排》，2015年6月23日。

③ 根据2014年吉林省和延边州国民经济与社会发展统计公报数据整理。

占总量的 75.12%，第一、三产业外商投资量较少，分别占 6% 和 18.88%。[①] 而按照产业结构升级的要求，要大力发展第三产业，提高第三产业比重。中国图们江地区外商投资过于集中于第二产业，多为处于产业链低端的加工制造业，虽然会在提高地区工业基础和扩大就业方面起到一定作用，但是不利于劳动者素质提升以及技术外溢效应产生[②]，并在一定程度上限制了中国图们江地区的产业结构的升级。最后，外商投资技术含量不高，地区产业优势未能突出。[③] 中国图们江地区外商投资企业普遍实力不高，资金少、技术弱现象明显，外商投资项目科技含量低，这样不仅难以保证良好效益，而且不利于中国图们江地区高科技引入和利用，不利于产业附加值的提高。目前，中国图们江地区外商投资量较少，因而在引进外资时过于注重规模，而忽视了科技创新能力较强的中小型高技术外资企业。[④] 此外，中国图们江地区优势特色产业以农业和服务业为主，而在这一领域的外商投资比重低，未能突出中国图们江地区的产业优势，没有很好地发挥外商投资在带动地区优势特色产业发展中的作用。

（二）地区内外资分布不均

中国图们江地区外商投资主要集中在延吉市、珲春市。其中，除州直地区外，延吉市受益于首府城市地位，经济水平高和基础设施完善，从而外商投资量最大（见图 10）。

由图 10 可以看出，各县市地区生产总值的高低与外商投资金额存在一定的相关性，中国图们江地区外商投资主要集中在地区内经济社会发展水平较好的县市，其中珲春市主要占据中国图们江区域（珲春）国际合作示范

① 根据《2015 年延边统计年鉴》计算得出。

② 王晓红、沈家文：《我国利用外商直接投资的现状与趋势展望》，《国际贸易》2015 年第 2 期。

③ 谭红梅：《中韩 FTA 框架下深化吉韩经贸合作的路径分析》，《图们江合作》2015 年第 2 期。

④ 王晓红、沈家文：《我国利用外商直接投资的现状与趋势展望》，《国际贸易》2015 年第 2 期。

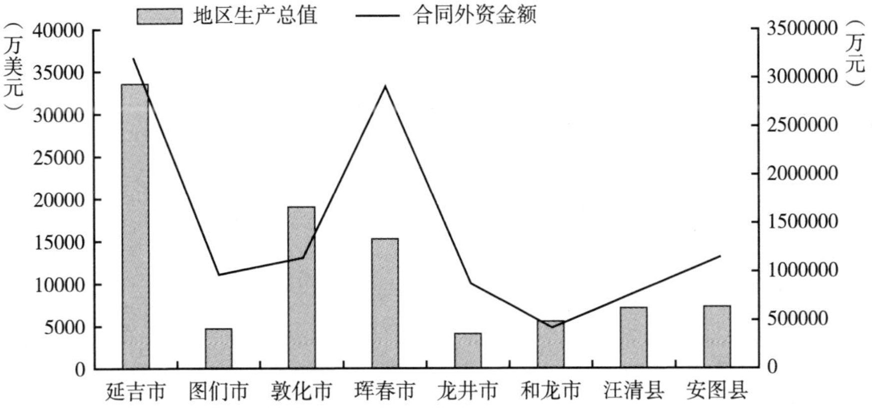

图 10　中国图们江地区内各县市地区生产总值与合同外资金额相关性

区优势，虽然地区生产总值位于第三位，但外商投资额居第二。目前，中国图们江地区内外商投资呈现两极分化现象，外商合同外资金额最高和最低县市间相差 7 倍多。因此，外商投资较多的县市会获得更多的发展机会和经济增长点，而外商投资较少县市则难以获得发展的优势条件，这会在一定程度上拉大地区内各县市的差距，造成中国图们江地区的不均衡发展。

（三）投资环境建设不完善

首先，基础设施不完善。随着中国图们江地区外商投资规模的不断扩大，货物、人员、资本的流动频率会极大提高，因此需要更加完善的道路交通及金融服务支持，而中国图们江地区在这些方面还存在设施不完善的问题。一方面，中国图们江地区高速公路、铁路只向西通往长春方向，而直接通往吉林省南部、辽宁省的高速公路、铁路尚未建设完成，因此中国图们江地区与吉林省南部及外界省份的大宗货物陆路运输还须绕行长春市、吉林市等地，从而增加了时间成本和运输成本。[①] 此外，中国图们江地区内道路狭窄问题突出，各县市内主要道路以及各县市间国道、省道和高速公路宽度不

① 汪琦：《贵州省对外投资现状及对策分析》，《商》2015 年第 17 期。

够，道路拥堵现象近年来已经逐渐显现，这会严重影响中国图们江地区的外商投资倾向，限制中国图们江地区未来的发展。另一方面，中国图们江地区外商投资的金融支持不完善。虽然中国图们江地区的一些国有银行及其他商业银行开通了较为便捷的外汇业务，但中国图们江地区外资还没有外资银行，因此给外商在华的资金管理和跨境资金流动带来了不便，也会增加外商的资金流动成本。其次，外商投资服务质量欠佳。中国图们江地区外商投资服务人员综合素质不高，精通外商投资业务和专业知识的人才较少，普遍缺乏外商投资业务经验，因而造成难以推出丰富的发展项目以吸引外资，外商投资业务办理效率不高。而且中国图们江地区大部分外商投资服务人员未能深入、系统掌握中国图们江地区，乃至整个东北三省的人文、地理知识，在向外商推介中国图们江地区时，难以突出强调中国图们江地区与东北其他地区的比较优势，难以让外商看到中国图们江地区的投资亮点。另外，中国图们江地区外商投资多语言服务能力弱，仅仅在韩语、日语上具有一定优势，而英语和其他欧美小语种服务能力相对较差，在与欧美投资商进行沟通存在一定障碍。再次，地区招商引资宣传能力不高。中国图们江地区在国内外的宣传力度仍旧不足，知名度相对较低。而且中国图们江地区内的宣传活动缺乏整体性和联系性，许多地区内举办的民俗旅游、特色产品的大型宣传活动和宣传节都较为分散独立，缺乏连贯性和整体性，也没有很好地与外商投资宣传联系起来。因此，虽然做了许多宣传活动，但是并没有获得足够的成效。最后，外商生活环境建设滞后。外商投资的扩大必然会伴随着大量的外籍人员的入驻，而中国图们江地区较为重视外商投资项目、配套经济设施和公共服务的建设，却忽略了外商在中国图们江地区内生活环境的建设，符合外籍人士生活习惯的住宅、餐饮、教育等设施较少，而且外商家属的生活、工作、教育安置能力差，这在一定程度上影响了外商的长期投资意向。

（四）外商投资项目的人才支持不足

中国图们江地区要科学合理利用外资，实现外商投资企业和项目的良好发展和推进，就需要雄厚的人才队伍作为支持，然而中国图们江地区受限于地区发展水平，人才资源不足，难以为外商投资的发展提供足够支持。首先，中国图们江地区经济社会发展水平滞后，工作待遇普遍偏低。从2014年统计数据来看，中国朝鲜族聚居边疆地区生产总值为900.8亿元，仅占吉林省的6.5%；城镇居民人均可支配收入为1.98万元，尚不及吉林省平均水平2.32万元。① 近年来，中国图们江地区虽然取得了较大发展成就，但相对来看发展仍旧滞后。如今年轻人才为追求更好的生活条件和发展空间，多倾向于留在经济较为发达的大中城市，这就使得中国图们江地区不仅难以留住本地人才，而且难以吸引外来人才。其次，中国图们江地区内缺少知名大型企业，引进的大型外资企业较少，难以满足本地高校人才就业需求。如今高校人才倾向于大型企业，特别是中国图们江地区内的延边大学培养了大量的本地区朝鲜族人才，其毕业后大部分就职于三星、现代、LG等韩资企业，但中国图们江地区却没有这类大型企业，因而难以留住大量的本地高校人才。

三 中国图们江地区外商投资发展的新路径

（一）提高外商投资质量

1. 继续扩大招商引资，提高外商投资质量

党的十八届三中全会报告提出，要放宽投资准入，加快自由贸易区建设，扩大内陆沿边开放。② 中国图们江地区位于东北亚沿边开放地区，现有中国图们江区域（珲春）国际合作示范区与和龙国家级边境经济合作区等经济开发开放区，具备外商投资的区位优势和政策优势。因此，中国图们江地区要充分利用本地区的优势，制定具有科学性、创新性的招商引资项目，加强招商引资的宣传工作，适度放宽资金准入条件。同时要借鉴和学习我国

① 根据2014年吉林省和延边州国民经济与社会发展统计公报数据整理。

② 《中国共产党第十八届中央委员会第三次全体会议公报》，http://news.xinhuanet.com/politics/2013-11/12/c_118113455.htm。

几大自由贸易区的发展经验，不断完善中国图们江地区招商引资的机制体制，创新利用外资模式，从而促进外商投资规模的扩大。此外，中国图们江地区要紧跟国家“一带一路”战略，利用地区内中朝、中俄的铁路、陆路运输通道，以及珲春“借港出海”开辟的海上通道，加强与“一带一路”沿线东亚、东南亚、中东、非洲国家和地区，以及俄罗斯、蒙古和西亚、欧洲各个国家的经济联系，把握交通优势和政策优势，吸引更多国家和地区来中国图们江地区投资。

2. 优化外商投资结构

党的十八大报告指出，“提高利用外资的综合优势和整体效益，推动引资、引技、引智有机结合”①。一方面，要不断优化外商投资的产业结构。中国图们江地区要不断鼓励和引导外商投资，并紧跟产业结构升级的要求，引导外资流向第三产业。通过给予优惠政策和宣传引导等方式，使外商更多地投资于中国图们江地区的黄牛、人参、食用菌等特色农产品产业以及技术含量高的现代农业领域，大力引入电子科技、信息技术、文化创意、节能环保等领域的外资。同时，促进加工制造业转型，提高科技投入和产业附加值。另一方面，要不断优化外商投资的国别结构。目前，中国图们江地区外商投资主要来源于亚洲国家和地区，以韩国为主，而资金实力雄厚的欧美国家在中国图们江地区的投资较少。因此，要加强与美国、英国、法国、德国等发达欧美国家的经济交流，引进其资金和技术，从而提高中国图们江地区外商的经济实力。

（二）引导外商投资于经济落后地区，促进区域协调发展

1. 重点开发经济落后县市的外商投资项目

中国图们江地区内各个县市均有各自的特色产业，如汪清县食用菌产业、龙井市苹果梨产业、和龙市大米产业、安图县长白山旅游和特产业等。

① 《十八大报告》（全文），新华网，http：//www. xj. xinhuanet. com/2012 - 11/19/c _ 113722546. htm. 2012. 11. 19。

因此，要充分结合这些经济落后县市自身的发展优势，开发外商投资项目，一方面可以能够更好地吸引外来投资者，凸显投资价值；另一方面也可以使落后县市的优势产业发展壮大，提高影响力，并带动地区经济快速发展。

2. 给予进驻经济落后县市的外商企业更多优惠

由于中国图们江地区经济落后县市的投资环境相对较差，因此在不断完善落后县市各项投资配套基础设施的同时，要加大对进驻经济落后县市外商企业的政策优惠。一方面，在保证外资投资质量的前提下，可以适度放宽落后地区的外资准入条件，并给予优先办理权，并为外资企业提供选址、建设、信息咨询等服务便利；另一方面，给予外资企业在税收和其他应缴费用上更多的减免，通过减少外资企业交易成本，促进外资企业进驻。

（三）进一步优化投资环境

1. 加强交通设施建设

交通设施的完善会在很大上影响中国图们江地区外商投资中人员和货物的流动。首先，加快中国图们江地区与黑龙江省东部、吉林省南部以及辽宁省的直通、短距离公路、铁路的建设，特别是要加快高速公路、高速铁路的建设。一方面能够降低中国图们江地区人员和货物与这些地区联系的交通运输成本，另一方面可以减少人员和货物流动的时间，提高效率。其次，要完善中国图们江地区内道路网建设，一方面要完善中国图们江地区内各县市间的高速公路运输网络，加强对现有公路的修缮和扩宽。完善省内铁路网，建设连接汪清—珲春—龙井的铁路线，使图们江区域（珲春）国际合作示范区与省内各县市以及黑龙江省、辽宁省的联系更加便利，同时还能够使珲春与和龙的两个合作区连接起来，促进两个合作区的协同发展。最后，要根据城市目前交通流量，重新规划道路，拓宽城市主干道，开辟新的分流分支道路，设置单行线等，提高市内道路的交通承载能力。

2. 引入外资银行

结合来华投资外商的实际需求，支持外资银行入驻中国图们江地区。目前，中国图们江地区外资主要来源于韩国、日本、美国、中国香港等，其常用银行主要有韩国企业银行、新韩银行、汇丰银行、花旗银行、渣打银行等，因此可以引进1~2家来华投资外商使用度最高的外资银行。这样，不仅能够为中国图们江地区内外商提供跨国资金流动、资金管理便利，而且能够为我国企业对外投资以及国际贸易的资金结算提供更多便利。

3. 提高对外商的服务质量

首先，提高外商服务人员的业务能力。可以通过组织人员到上海、天津、广东自由贸易试验区参观学习，组织定期业务培训，邀请其他地区专业人士讲座等形式，不断提高图们江外商服务人员业务水平，提高办事效率。其次，使外商服务人员深入了解中国图们江地区在吉林省乃至整个东北地区的比较优势，从而起到吸引外商的更好效果。最后，还要培养多语言人才，注重英语及其他小语种人才的引入和培养，提高与各国企业的沟通能力。

4. 优化招商引资宣传形式

首先，用多种媒体，对中国的投资机遇及举办的洽谈会、会展活动等进行宣传，扩大地区知名度。其次，增强特色宣传活动、宣传节日的连贯性、联系性，使各类宣传活动构成一个整体，并将其与招商引资的宣传活动密切联系起来，从而使招商引资实现更好的效果。最后，中国图们江地区政府和边境合作区领导要多参观走访外国有实力的企业，将中国图们江地区的投资机会主动宣传给外商，吸引其来投资，并利用他国媒体对中国图们江地区的投资优势进行宣传。

（四）加大促进外商投资的人才支持

1. 提高人才的待遇

中国图们江地区要吸纳更多人才，需要适度提高人才的工作待遇。在外商服务人员和外资项目工作人员等其他外商投资相关从业人员的招聘上，优先选择工作经验丰富、高学历、专业知识能力强的人才，适当提高其薪资水平，保证“五险一金”及其他福利，并为其创造广阔的晋升空间。对于外来人才，要给予其住房补贴、安家费等，在条件允许的情况下为其安排住房，从而吸引更多的人才。

2. 引入大型知名企业，满足人才就业需求

中国图们江地区可以先利用本地朝鲜族聚居区的优势，率先引进三星、现代、LG 等大型韩资企业，满足朝鲜族人才倾向于到大型韩资企业就业的需求，从而吸引更多的本地朝鲜族优秀人才，减少本地大量人才和劳动力外流，壮大人才队伍。同时，随着大型外资企业的逐步入驻，中国图们江地区的外商投资环境和地区发展水平也会随之显著提升，人才资源也会逐渐丰富，从而有利于吸引更多欧美大型信息产业和高端制造业外资企业，从而也会在全国范围内吸引人才流入，从而为中国图们江地区的外商投资发展提供更多的人才支持，并提高中国图们江地区外商直接投资的质量。

参考文献

[1] 沈万根：《中国图们江地区开发中延边利用外资研究》，民族出版社，2006。

[2] 李铁：《吉林沿边开放问题研究》，吉林人民出版社，2014。

[3] 延边州统计局编《2015 延边统计年鉴》，（香港）中国国际图书出版社，2015。

[4] 王晓红、沈家文：《我国利用外商直接投资的现状与趋势展望》，《国际贸易》2015 年第 2 期。

[5] 谭红梅：《中韩 FTA 框架下深化吉韩经贸合作的路径分析》，《图们江合作》2015 年第 2 期。

[6] 边婧：《吉林省外商投资现状及对策研究》，《人力资源开发》2015 年第 16 期。

[7] 延边州统计局：《延边州 2014 年国民经济和社会发展统计公报》，2015。

B.20

深圳湾区经济发展报告

李凡　谢加加*

自20世纪60年代，世界湾区城市掀起滨海湾区建设浪潮。随着美国纽约、旧金山湾区经济带和日本东京湾区经济带的迅速崛起和持续发展，湾区经济逐渐形成一种独特的效应，在国内外受到政界、学界和商界的普遍关注。在国际上，“湾区”一词多用于描述围绕沿海口岸分布的众多海港和城镇所形成的港口群和城镇群，是一个地理区位的概 念；在此地理区位内衍生的经济效应称为“湾区经济”。①相较于国外对湾区经济的定义，深圳不但强调该效应对自身地缘优势和邻近城市集群的依赖，而且赋予其更高、更广的使命：产业发达、功能强大、开放互动、集聚外溢。

当前，我国正紧密建设“丝绸之路经济带”和“21世纪海上丝绸之路”（以下简称“一带一路”），深圳经济特区作为我国改革开放的窗口，地处粤港澳大湾区和海上丝绸之路战略要冲，与“一带一路”沿线国家交流合作紧密，应当继续发展改革开放排头兵的作用：率先落实中央和广东省的要求，主动适应经济发展新常态，推动粤港澳大湾区合作。这是深圳经济特区服务国家“一带一路”战略的主动担当，是对接广东省海洋经济战略的主动作为，也是在新的经济发展形势下谋划深圳经济特区更高质量发展的主动选择。

本文首先分析深圳发展湾区经济的基础条件以及当前国家战略下深圳的

---

* 李凡，深圳大学中国经济特区研究中心副教授；谢加加，深圳大学经济学院本科生。

① 刘艳霞：《国内外湾区经济发展研究与启示》，《城市观察》2014年第3期。

发展定位，然后归纳加州旧金山湾区的成功经验，最后立足于深圳的新定位，借鉴旧金山经验，对深圳发展湾区经济的整体布局和政策向导提出建议。

一　深圳发展湾区经济的基础条件

首先通过分析深圳的地理区位以及改革开放35余年来逐渐形成的社会人文特征、高科技产业形态和金融环境，梳理深圳发展湾区经济的基础条件。

1. 优越的地理区位

深圳优越的地理区位不仅仅源于自身独特的地理位置和自然环境所赋予的天然禀赋，更重要的在于周边城市与其相得益彰的关系和以其为中心的沿海城市群的集结。

深圳地处广东省中南沿海地区，东临大亚湾和大鹏湾，与惠州接壤，西南面连接伶仃洋和珠江口，与珠海、澳门隔水相望，南边与香港的新界相连，北部与东莞为邻。毗邻港澳的独特地缘促成了深圳经济特区的设立，借助香港优势，深圳仅仅用35年的时间便完成从小渔村到国际化大都市的华丽转身。今天，深圳逐渐从学习香港的经济发展模式过渡为与之合作，比如，香港符合国际标准的金融、会计和法律人才选择就近在深圳就业，一方面弥补内地这些领域人才的短缺，另一方面缓解香港的就业压力。深圳这种毗邻港澳的地缘优势从特区建立之初到今日，都在不断铸造深圳发展的原动力。同时，深圳背靠珠三角、地处亚太主航道，大面积临海，在航运业拥有得天独厚的优势。近年来，深圳港迅速发展跻身世界三大港，2012年深圳港经济贡献为936.04亿元，2014年货物吞吐量达2.23亿吨，集装箱吞吐量超过7000万标准箱。

深圳依山面海的地理位置缔造了优美宜居的自然环境。据统计，深圳全市环境质量总体保持良好水平。在空气质量方面，2014年深圳全市环境空气质量指数（AQI）达到国家一级（优）和二级（良）的天数共348天，占全年监测有效天数（364 天）的 95.6%。在 2014 年环境保护部网站发布的全国 74 个重点城市空气质量排行榜中，深圳紧随海口、舟山、拉萨排名第四，在大城市中位列第一。在绿化建设方面，全市绿化覆盖面积共 98805.26 公顷，建成区绿化覆盖率为 45.08%，在一线城市中仅次于北京；全市森林面积共 82868 公顷，森林覆盖率达到 41.5%，已达到国际标准。凭借优美的生态环境、和谐的人居环境，深圳在“2015 中国十佳宜居城市排行榜”中摘冠。

伴随自身地缘优势，深圳也受益于周边城市的集群发展。围绕珠江各个沿海口岸的众多港口城市，如香港、澳门、广州、惠州、东莞与深圳形成集群发展的业态：资金互通、人才互补、产业凝聚。2014 年，深圳和香港的经济总量已经达到 5450 亿美元，接近美国旧金山的水平；环珠江口城市群经济总量更是近 8 万亿元。享有“世界工厂”美誉的珠三角，其经济增长拉动了深圳港口物流市场的需求，为深圳港提供更大的发展空间；深圳港的发展又能够促进珠三角区域的协调发展。

这种经济业态的形成依赖城市之间地缘上的紧密相连和沿海口岸对各种经济功能的理性归属。深圳作为这个城市集群的天然腹地，连接港澳与内陆城市，在整个湾区中逐渐扮演引领的角色。

2. 开放的社会环境

改革开放以来的移民潮为深圳创造了独特的移民文化，同时，深圳所倡导的人才强市战略也为深圳招徕了来自海外各地的人才，形成更加开放的社会环境。

20 世纪 80 年代，在中国创办经济特区之初，大量的内地人员纷纷向深圳迁移。时至今日，深圳已经成为一个人口近 1400 万的大都市，但本地原住民不到 30 万，95% 以上的人口都是新移民。这种独特的人口结构逐渐形成深圳特有的移民文化：创新与包容。来自全国各地的移民者带着梦想来到深圳，奋斗在深圳，扎根在深圳。开拓进取、勇于创新的新移民书写了深圳“敢于冒险、崇尚创新、追求成功、宽容失败”为内核的创新文化和氛围。深圳移民文化的另一个特征是包容性，使移民和原住民在互相包容借鉴的同时保留各自的文化特性。继而，移民网络得以快捷高效地利用国内外资源，迅速获取和整合各类信息，提高了创新的有效性和高效性。

开放的社会环境的营造也得益于深圳一直坚持的人才强市战略，吸引世界各地人才。深圳市陆续出台了一系列吸引海外留学人员来深就业创业的政策，截至2014年，深圳已引进海外留学人员超过5万人，居北京、上海之后位列第三，已成为“海归”回国就业创业首选地之一。作为对外开放门户，深圳的开放性是发展湾区经济的先决条件和根本优势。

3. 成熟的高科技产业

深圳依靠日渐深厚的自主创新实力，及日臻完善的创新载体体系，逐渐发展成为以高科技产业为主的中国创新中心。

在衡量高科技产业自主创新实力的多项指标中，如研发投入、专利申请量、创新载体建设，深圳在全国处于绝对领先地位。2014年，深圳全社会研发投入超过640亿元，占GDP比重达4.02%，在全球各国中，目前只有以色列和韩国超过4%；国际专利申请量达到1.16万件，约占全国的一半，超过全球第六的法国，PCT国际专利申请量占全国比重接近五成，连续11年居全国首位（见图1）。创新载体——重大创新基础设施逐渐完善：2014年新建立国家、省、市级重点实验室，工程实验室，工程（技术）研究中心和企业技术中心等各类创新载体共141家，累计达到1107家。此外，为积极顺应开放创新趋势，设立国际创客中心和中科史太白创客学院，并成功举办中美青年创客大赛、全球创客马拉松等一系列活动。深圳主办的高交会、电子信息博览会、国际人才交流大会、IT领袖峰会等影响力进一步扩大，促进国内及国际的创新交流与合作。

同时，深圳已初步建立以企业为主体，以开放合作、自发性创新为特色的创新载体体系。依托科技创新，一批创业型企业逐渐发展成为全国乃至全世界高新产业中的引领者。如，腾讯打造了中国最大的网络社区；华为是全球领先的信息与通信解决方案供应商；华大基因成长为全球最大基因组研究中心；大疆创新作为全球飞行影像系统先驱，在全球无人机市场独占鳌头，占全球小型无人机市场过半份额。根据世界知识产权组织（WIPO）公布的

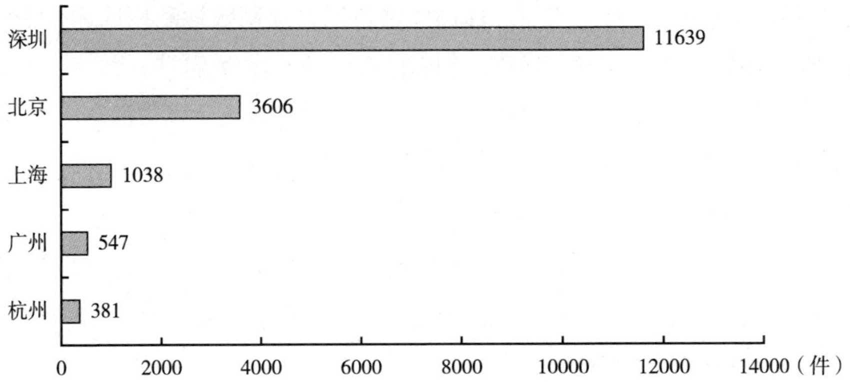

图1 2014年全国PCT国际专利申请排行前5名城市

资料来源：国家知识产权局《2014年12月国家知识产权局专利业务工作及综合管理统计月报》。

最新统计数据，华为技术以3442件的PCT申请量成为2014年全球最大的专利申请人，中兴通讯名列第三，腾讯、华星光电、华为终端分列第17、23和46位。中国进入全球前50名的6家企业中，有5家来自深圳。高新技术领军企业的合作更推动了产业的发展。华为与腾讯在深圳共同创立了“华为腾讯NFV产业联合创新实验室”（NFV意为网络功能虚拟化），同时成立华为“MBB开放互联产业基地”。此次合作将基于双方在移动互联网业务发展趋势上的共识，联合双方在各自领域的技术和资源优势，在产品解决方案和技术创新等方面进行合作开发等多方面，促进移动互联网领域内相关业务的融合创新。本土领军企业的精诚合作将最大化利用双方资源，推动高科技产业的整体发展，完善产业的内部结构。

二 深圳的发展定位

基于深圳改革开放35年的丰硕成果，无论在国家层面、广东省层面还是深圳市自身层面的发展定位中，发展湾区经济对于深圳而言都是必要而明智的选择。

1. 深圳发展湾区经济是服务于“一带一路”国家战略的需要

深圳发展湾区经济与国家建设“一带一路”有着本质上的联系。“一带一路”是国家实施大国外交、周边外交，构建陆海统筹、东西联动全方位开放新格局的重大战略。2015 年发布的《推动共建丝绸之路经济带和 21 世纪海上丝绸之路的愿景与行动》（以下简称《行动》）提出：共建“一带一路”旨在促进经济要素有序自由流动、资源高效配置和市场深度融合，推动沿线各国实现经济政策协调，开展更大范围、更高水平、更深层次的区域合作，共同打造开放、包容、均衡、普惠的区域经济合作架构。其倡导的“区域协同合作、产业高效发展、经济开放包容”的精神与深圳发展湾区经济的目标“产业发达、功能强大、开放互动、集聚外溢”是一致的。

发展湾区经济是国家对深圳提出的战略要求。2015 年 3 月 28 日，国家发展改革委、外交部、商务部联合发布了《行动》，其中提到要充分发挥深圳前海、广州南沙、珠海横琴、福建平潭等开放合作区作用，深化与港澳台合作，打造粤港澳大湾区。《行动》明确提出建设粤港澳大湾区，可见在“一带一路”战略下建设粤港澳大湾区的重要性。中国建设面向 21 世纪的海上丝绸之路，需要若干世界级的经济湾区支撑。而粤港澳大湾区在我国开放和发展格局中地位独特，优势显著。随着世界经济中心持续东移，亚太地区正面临新的历史机遇。深圳理应一马当先，带领粤港澳大湾区发展成为世界一流湾区，建造中国海上丝绸之路的桥头堡。

2. 打造粤港澳大湾区是积极构建泛珠合作的重要举措

广东省在公布的推进“一带一路”实施方案中提出，深化与港澳合作，打造粤港澳大湾区。粤港澳大湾区是促进粤港澳地区交流合作，推动区域资源高效配置、市场深度融合，及珠三角一体化发展的重要载体。广东省编制的《广东海洋经济地图》，将海洋经济作为经济转型的支点，提出建设“湾区计划”，将全省沿海部分分成了六湾区一半岛。深圳所处的环珠江口湾区是六湾区一半岛中海洋经济体量较大且最具发展潜力的地域。深圳提出湾区经济的概念，也是对广东省海洋经济战略的一种呼应。[①]

3. 深圳发展湾区经济的自我定位

深圳发展湾区经济，是深圳协同珠三角区域发展、发挥经济中心城市功能的重要方略，也是深圳扩大开放和实现国际化的重要路径。深圳中共市委出台的《深圳市人民政府关于大力发展湾区经济建设21世纪海上丝绸之路桥头堡的若干意见》中，提出“发展湾区经济，努力建设海上丝绸之路桥头堡”。深圳市市长许勤在2014年的政府工作报告中也提出“聚焦湾区经济，构建区域协同发展新优势”的重点工作任务。发展湾区经济已经成为深圳以国际化视野进行的重新定位。

深圳作为粤港澳大湾区重要中心城市，发展湾区经济的总体思路是：全面贯彻落实国家“一带一路”战略要求，以全球性视野把握世界经济和国际湾区发展新趋势，充分发挥湾区、特区双优势，以“市场化、法治化、国际化改革”为发展方向，以前海开发开放为突破口，坚持深圳质量深圳标准发展理念，集聚高端资源，强化创新驱动，充分发挥多港联动效应，努力建设“创新能力卓越、产业层级高端、交通网络发达、基础设施完善、生态环境优美、辐射功能强大”的一流湾区城市，带动粤港澳大湾区发展，为实施国家“一带一路”战略提供有力支撑。

三　加州发展湾区经济的成功经验

前文通过分析现有的地理区位、经济环境和政治因素，阐述了深圳发展湾区经济的可行性和必要性，本章将以加州旧金山湾区为例，总结世界成熟湾区的成功经验。

1. 建立世界最优秀的大学网络

完善的大学网络是加州优秀人力资本的供应者，不仅学术蓬勃发展，学

① 全国人大代表、全国人大常委会委员、致公党中央副主席闫小培在接受《深圳特区报》采访中提出。

校与企业间的紧密合作也为加州的创新经济注入不绝动力。

据《美国新闻与世界报道》（USNEWS）统计的美国大学综合排名，2015 年加州共有 12 所大学进入美国大学综合排名前 100 名行列，其中 9 所大学位列全美前 50 名。该排名基于学校声望、人才培养、社会贡献等多方面因素，表明大学网络在就业、社会文化、教育环境等各个层次对加州以及美国其他地区的整体贡献。不仅如此，加州的大学在世界学术体系中也处于领先地位，进入世界大学学术排名（USNEWS）前 100 名的共有 11 所，其中有 9 所进入前 50 名（见表 1），这体现了这些大学在世界高精尖技术和人文社会科学领域的学术高度。

表 1　2015 年加州综合排名前 100 名的大学及世界排名

大学	全美综合排名	世界学术排名
斯坦福大学	4	4
加州大学理工大学	10	7
加州大学伯克利校区	20	3
加州大学洛杉矶校区	23	8
南加州大学	23	50
加州大学圣塔芭芭拉校区	37	28
加州大学欧文校区	39	66
加州大学圣地亚哥校区	39	18
加州大学戴维斯校区	41	37
佩珀代因大学	52	
加州大学圣克鲁兹校区	82	63
圣地亚哥大学	89	
加州大学旧金山校区		22

注：世界学术排名（USNEWS）Top 100 依据学术成果，与全美大学综合排名标准不同，因此在表 1 出现一些学校世界排名在全美排名之后的情况。

资料来源：美国新闻与世界报道（USNEWS）美国大学综合排名 Top 100，2015；世界大学学术排名（USNEWS）Top 100。

完善的大学网络是湾区创新系统的核心。以斯坦福大学和加州大学为例，斯坦福素有硅谷“心脏”的美誉，斯坦福大学首创的“大学 - 政府 -

产业”合作模式，积极倡导学生走出校园创业，是斯坦福大学成为硅谷创新创业中心的重要推动力之一，孕育了在各个行业中享誉全球的翘楚——惠普、雅虎、谷歌、思科等都是斯坦福师生的杰作。加州大学伯克利分校也是加州重要的大学之一，该校有着全美前5名之内的工程和科学院系，在ARWU的世界大学学术排名中位列第4。除学术成就外，加州大学伯克利分校在创业方面也颇有成就——著名的初创公司如苹果公司、英特尔公司、闪迪公司、VMware公司等的创始人都是伯克利校友。更令人震撼的是，仅伯克利小镇就有31位诺贝尔奖获得者，加上斯坦福大学的16名，加州大学旧金山分校的3名，在这个面积约为1.9万平方公里的区域里，诺贝尔奖获得者数量就达到50名之多（2012年数据）。湾区的诺贝尔奖获得者比美国之外的任何国家都多，这得益于湾区发达、完善的大学网络。

2. 完善创业的风险管控体系

硅谷是创业者的理想国，其良好的创业环境不仅源于其独特的商业文化，更得益于完善的风险管理体系。

加州吸引众多初创企业的一个重要原因是它具有与众不同的宽容失败的商业文化。硅谷存在“失败可以创造机会和更好的创新”的理念。BEA Systems的共同创办人比尔·科曼也认为，硅谷的秘密是“失败，容忍大量的失败，20家公司中只有一家能在这里成功。但是你若失败了，那就重新再来”。在湾区经济研究协会（Bay Area Council Economic Institute Report）发布的调查报告中，接受调查的初创公司中有75%表示假若它们的创业失败了，它们会选择第二次尝试。

“宽容失败”的商业文化实际源于其背后完善的风险投资管理体系。风险投资为加州的创业、创新提供了最为重要的动力，风险投资机构和天使投资网络深植于加州硅谷，大力推动了初创公司的发展。硅谷几乎每一家市值10亿美元的公司，都接受过风险投资。汤森路透数据库数据显示，2014年全美风险资本投资总数是502.97亿美元，其中硅谷风投资金为252.8亿美元，占全美风险资金总额的一半之多（见图2）。

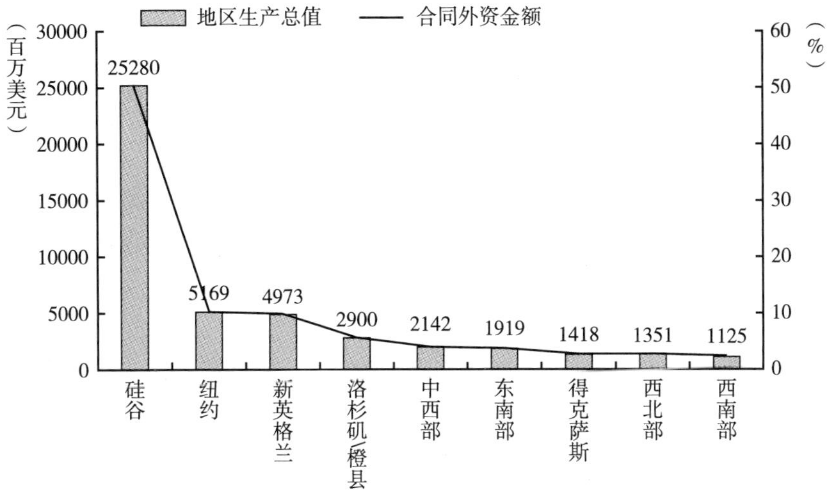

图 2　2014 年美国风险投资分布

资料来源：2015 年 PWC、NVCA、MoneyTree 报告，汤森路透数据库。

3. 吸引来自世界的精英

开放包容的文化是加州吸引世界各地精英的重要原因，而其多元化的人口组成也为加州创造了巨大的经济体量。

湾区之所以能吸引全世界的人才，得益于它作为一个充满阳光和包容四海的地区形象。加州很早就提出了欢迎世界各地的人才——无论其出生地、宗教信仰、性取向或者肤色——的政策，这吸引了来自世界各地的优秀移民，构成多元化的人口组成。据 2012 年美国社区调查（American Community Survey），加州 39% 的人口是白种人，38% 是拉丁美洲人，亚太族裔居民占 13%，美国黑人占 6%，还有 4% 是美国印第安人及其他多种族人群，这使加州成为世界上最多元化的地区之一（见图 3）。

加州没有一个占人口大多数的种族，各种族人口数量相对均衡，多元的人口组成在形成多元文化的同时，也为加州带来巨大的创造力。2012 年统计数据显示，加州有大约 37% 的人口（约 1030 万人）是移民者，他们在就业创业方面都颇有造诣。据美国移民协会（American Immigration Council）统计，2006 ~ 2010 年，加州共新增 676537 位移民企业家；2007 ~ 2011 年，加州 45% 新创企业

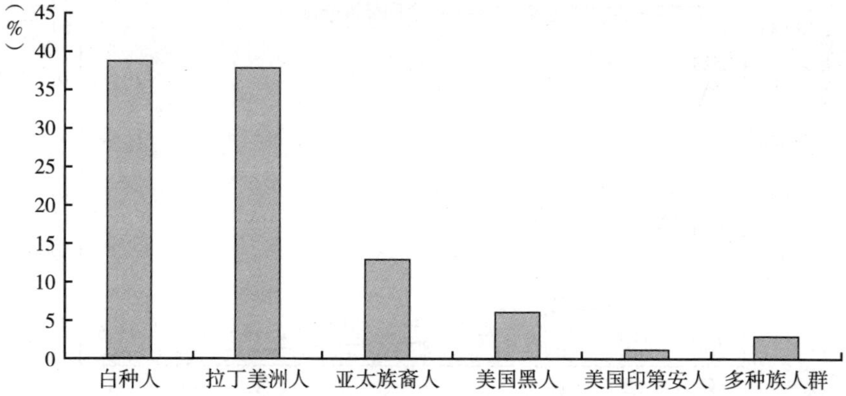

图 3　2012 年加州各种族人口组成

资料来源：California Department of Finance Estimates and Projections；U. S. Census Bureau estimates；Decennial censuses；American Community Survey。

都是由移民者建立的。其中，2010 年，加州 33.4% 的企业家是移民者，新的移民企业家创造了总计为 343 亿美元的净营业额，占加州净营业额的 28.1%。另外，加州著名的 500 强公司雅虎、易贝、谷歌等的创办人都是移民。

4. 引领世界高科技产业

加州高科技产业一直处于世界领先地位，这也是加州旧金山湾区得以蓬勃发展的原因所在。

加州引领着世界电子信息和互联网产业的发展，该产业的发展得益于聚集在硅谷的全球规模最大、发展最迅速的高科技公司，它们是产业发展的强大引擎。例如，谷歌是网络搜索的垄断者，苹果是手持通信装置的控制者，微软是世界上最大的软件公司，英特尔是芯片市场的引领者，Facebook 仍然是全球主要的社交网站之一，思科是全球领先的网络解决方案供应者，甲骨文公司是全球最大的企业软件公司。不仅如此，市值在 10 亿美元级别的公司几乎全来自高科技产业（富兰克林资源公司除外），在硅谷占统治地位，它们加固了硅谷技术生态系统的根基。2015 年硅谷重要的互联网公司的营业情况及世界 500 强排名见表 2。

除了巩固电子信息和互联网产业的发展，加州也积极拓展其他产业，强

表 2　2015 年硅谷重要的互联网企业在世界 500 强排名

单位：百万美元

公司名称	营业收入	利润	全球 500 强排名
苹果公司	182795	39510	15
惠普公司	111454	5013	53
微软公司	86833	22074	95
谷歌公司	71487	14444	124
英特尔公司	55870	11704	182
甲骨文公司	38275	10955	300

资料来源：2015 年世界 500 强排行榜，财富中文网。

调高科技对产业的驱动作用，其中最具代表性的是洁净技术产业（Clean Technology）①。2011 年“全球洁净技术企业 100 强”美国共有 58 个公司上榜，其中仅加州旧金山湾区就集聚着“美国私营洁净技术企业 100 强”中接近 50% 的企业（见图 4）。这些产业高效能、低污染，在创造巨大的经济量的同时，守护人类的自然家园。

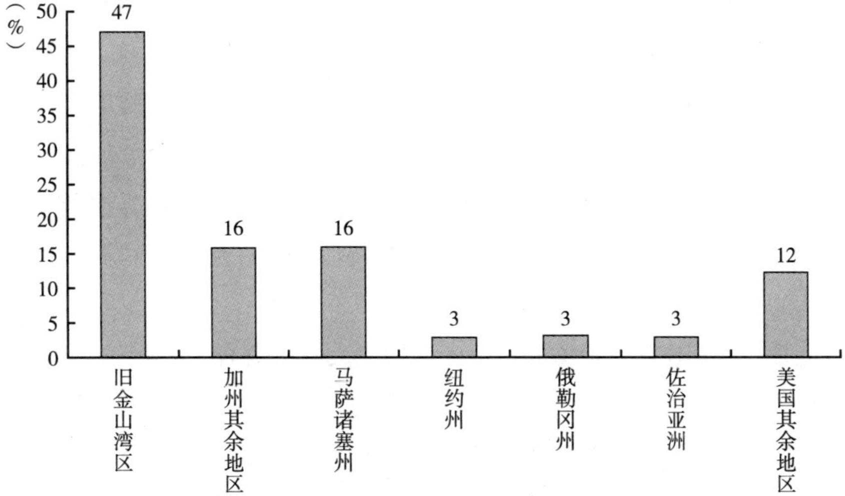

图 4　2011 年美国洁净技术企业 100 强地区分布

资料来源：Bay Area Council Economic Institute and McKinsey & Company analysis。

① Clean Technology：洁净技术产业，包含再循环、可再生能源、信息技术、绿色交通、电力驱动、绿色化学等高效能源产业。

四　借鉴加州经验，打造具有深圳特色的湾区

通过总结加州湾区的成功经验，结合深圳现状，对深圳发展湾区经济提出以下建议。

1. 完善高等教育体系

旧金山湾区发达的大学网络为湾区的发展提供了强大的智力支持，而深圳目前缺乏为高新技术产业提供强力支撑的高等院校、科研机构集群。近年来，深圳市政府高度重视高等教育问题，已经取得了一定成果。深圳已吸引28家境内外优质高校来深办学，一批特色学院正在筹建中，深圳大学的办学质量也在逐年提高，但深圳目前的高等教育现状仍与深圳经济实力不相称，仍无法满足深圳蓬勃发展的高新技术产业对智力型人才的需求。

对此，深圳市教育局除继续加人教育科研经费的投入外，还应当全面深化与国际一流大学和顶尖科研机构的合作，推动高等院校和研究机构参与国际大科学计划和大科学工程，提升前沿技术水平。加快推进与联合国教科文组织等国际机构合作，打造高端教育国际交流合作平台，集聚国际优质资源。探索多样化合作办学新机制，多渠道引入合作项目。除了加强国际合作，深圳还应发挥本土大学（深圳大学）的优势，进一步提升深圳大学的办学质量。为服务国家对外开放战略、打造“一带一路”枢纽城市构建更加发达的教育开放网络。

此外，深圳应学习借鉴斯坦福大学的“大学－政府－产业”合作模式，加强高校与政府、企业间的互动。高校与企业进行技术研发合作，逐渐建立联合开发、委托开发、共建研发机构、共建经济实体、共建技术创新联盟等一系列模式，促进产学研合作，使高校人才能够更好地服务于市场。

2. 加强创业风险管理

创新经济是湾区经济发展的灵魂，但创新经济本身所具备的高风险属性将不利于产业的健康发展，政府应适当加强创业风险管理。深圳的中小微企业和创客为深圳的经济带来了活力和激情，但这些企业和群体常常因面临资

金短缺、风险管理不规范而难以发展壮大。为减少创业失败带来的损失，从政府到社会应该建立更加完善的风险管理机制。第一，由政府牵头，全方位整合银行、证券、保险等金融机构的资本，完善科技研发资金投入机制，从而解决科技中小微企业的融资问题。第二，鼓励有实力的创投企业来深设立创投机构和创投基金，联合深圳现有的创投企业，共同打造更为完善的创投业，扶持创新企业成长。

3. 吸引人才多样化

从加州的成功经验可以看出，多样化的人才有利于提高地区的创新能力，因此应更加注重人才的引进。近年来，深圳已经通过“孔雀计划”和“千人计划”引进了许多海外高水平人才，但以“孔雀计划”为引领的海外人才政策体系仍有待完善。对此，建议加大对留学生创业特别是重点引智项目的资助力度，抓好创业前期费用补贴工作；由政府科研、经贸主管部门牵头、协同高校和企业，共同在深圳本地以及国外增办、参与国际人才交流会、论坛，在相互了解的基础上，不分国界，引进适合深圳产业发展的海外高端人才。

除吸引海外人才外，深圳应该加强与周边地区的人才交流。与深圳毗邻的香港聚集着金融业的人才，以前海合作区为窗口，以深港合作为契机，开展“智库”建设，吸引香港专业人员到前海就业，是当前深圳对外人才交流最有效的途径之一。此外，国内大学生资源也是人才交流的一个重要部分。仅依靠深圳本土大学毕业生为就业源显得过于单一，难以满足深圳企业对于多样化人才的需求。因此，建议构建相应就业服务平台，降低国内大学生来深就业、创业门槛，丰富深圳人才多样性，以人才交流促进区域经济交流，同时提高创新积极性。

参考文献

［1］Arun Rao, Piero Scaruffi（2013）. *A History of Silicon Valley*: *The Greatest Creation of Wealth in the History of the Planet*. Posts & Telecom Press.

[2] Bay Area Council Economic Institute. (2012). The Bay Area Innovation System, *How the San Francisco Bay Area Became the World' s Leading Innovation Husband What Will be Necessary to Secure Its Future*. From ttp: //www. bayareaeconomy. org/media/files/pdf/BayAreaInnovationSystemWeb. pdf.

[3] Bay Area Council Economic Institute. (2008). *Human Capital in the Bay Area, Why an Educated, Flexible Work Force is Vital to Our Economic Future*. From http: //www. bayareaeconomy. org/media/files/pdf/HumanCapitalintheBayAreaWeb. pdf.

[4] Bay Area Council Economic Institute. (2011) *Benchmarking the Bay Area's Environment for Entrepreneur – led Start – ups*. From http: //www. bayareaeconomy. org/media/files/pdf/EntrepreneurSurveyReportOct2011ES. pdf.

[5] 柳艳:《深圳湾区杨帆起航》,《南方日报》2015 年 4 月 21 日。

[6] 刘艳霞:《国内外湾区经济发展研究与启示》,《城市观察》2014 年第 3 期。

[7] 吴思康:《深圳发展湾区经济的几点思考》,《人民论坛》2015 年第 6 期。

[8] 许勤:《加快发展湾区经济服务"一带一路"战略》,《人民论坛》2015 年第 6 期。

[9] 深圳政府在线(http: //www. sz. gov. cn/cn/)有关政策和公报。

[10] 综合开发研究院(深圳)(http: //www. cdi. com. cn/index. aspx)有关研究论文。

B.21

新疆新兴经济特区发展报告

王保卫　胡炳惠*

2010 年 5 月成立的"喀什经济特区"和"霍尔果斯经济开发区"在我国"一带一路"的国家战略中有着非凡的地理位置、人文优势，也具有历史回归、经济发展的意义，两个经济开发区在国家战略层面的顶层设计中扮演着重要的角色——"21 世纪丝绸之路经济带"的核心区、接合点和增长极。2014 年是两个经济开发区完成基础设施体系和产业基础的重要阶段。

一　新疆新兴经济特区运行状况

（一）喀什经济特区国民经济和社会发展运行状况

根据《2014 年喀什地区国民经济和社会发展统计公报》的数据，2014 年喀什地区地方生产总值达 688 亿元，同比增长 10.2%，低于上年的增速，但明显快于全国的平均增速，如图 1 所示。其中，第一产业增加值 211 亿元，同比增长 7.4%；第二产业增加值 210 亿元，同比增长 13.2%，其中工业增加值 119 亿元，同比增长 13%；第三产业增加值 267 亿元，同比增长 10.1%。三次产业结构比例为 30.7∶30.5∶38.8。人均生产总值 16024 元/人，比上年增长 5.3%。全年实现城镇新增就业人数 12.26 万人，城镇登记失业率为 3.92%。全年居民消费价格比上年上涨 2.1%，涨幅比上年回落

* 王保卫，深圳大学中国经济特区研究中心教师；胡炳惠，深圳大学经济学院统计系硕士研究生。

2.3 个百分点，稍高于同年全国 CPI 的平均涨幅 0.1%，属于温和上涨。其中，食品价格上涨 3.5%，涨幅位居榜首。

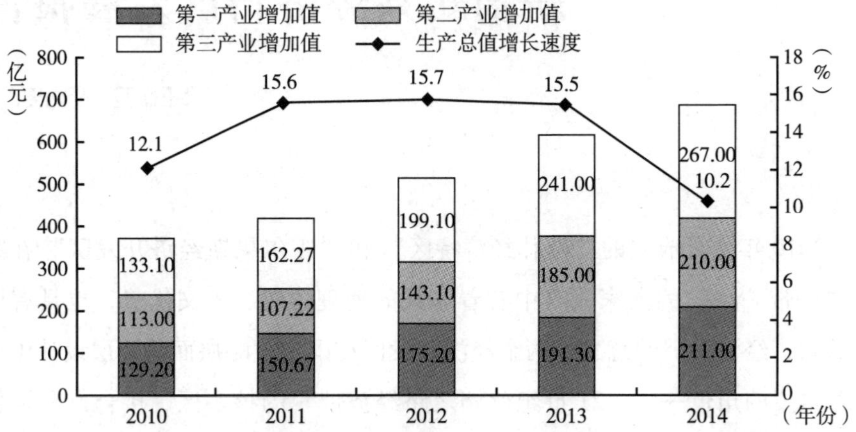

图 1　喀什地区 2010～2014 年各产业的增加值以及生产总值增长速度

资料来源：根据喀什政府信息网、《2010 年喀什地区国民经济和社会发展统计公报》、《2011 年喀什地区国民经济和社会发展统计公报》、《2012 年喀什地区国民经济和社会发展统计公报》、《2013 年喀什地区国民经济和社会发展统计公报》、《2014 年喀什地区国民经济和社会发展统计公报》整理而得。

1. 总体价格略微上涨，保持平稳增长态势

2014 年，喀什地区全年居民消费价格比上年上涨 2.1%。CPI 月度环比指数波动较大，呈现 W 字形走势，居民消费主要受节假日、季节、气候和消费习惯的影响，一般年初和年末较高；年度 CPI 同比指数前半年波动较大，后半年保持温和增长，没有出现暴涨暴跌的情形。与居民生活密切相关的食品、衣着及居住类涨幅最大，分别为 3.5%、1.6% 和 2.5%。工业生产者出厂价格同比下降 4.2%，其中，轻工业下降 5.8%，重工业下降 3.3%。工业生产者资料购进价格同比下降 1.8%。相对于 2013 年，CPI 指数有所下降，喀什地区固定资产投资增速放缓，导致有效需求不足，生产资料价格下降，从而抑制了 CPI 上升。

2. 工业生产增速持续放缓，建筑业增速大幅下滑

2014 年，喀什地区工业增加值 119.4 亿元，比上年增长 13.0%，相对

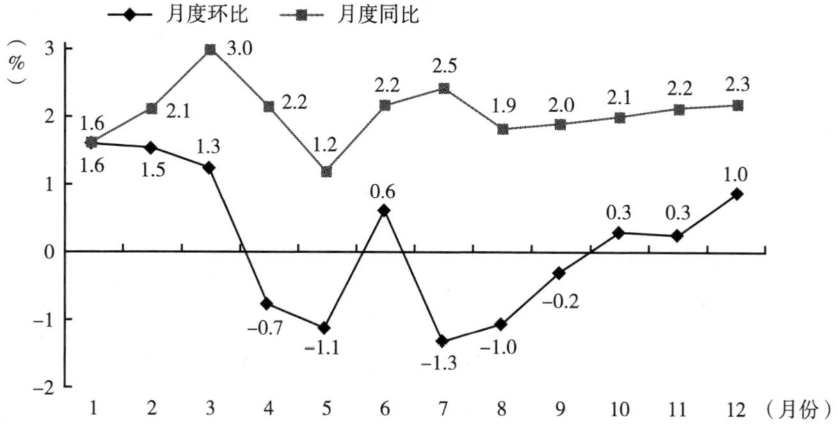

图 2　喀什市 2014 年居民消费价格月度涨跌幅

资料来源：根据喀什政府信息网、《2014 年喀什地区国民经济和社会发展统计公报》整理而得。

2013 年放缓 4 个百分点，工业生产增长速度持续放缓。其中，规模以上工业增加值 36.5 亿元，增长 2.3%，规模以下工业增加值 82.9 亿元，增长 19.9%。

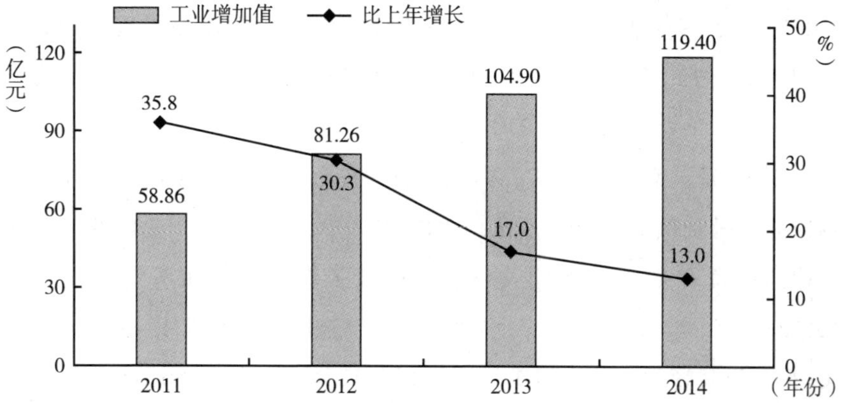

图 3　喀什地区 2011～2014 年工业增加值及其增长速度

资料来源：根据喀什政府信息网、《2011 年喀什地区国民经济和社会发展统计公报》、《2012 年喀什地区国民经济和社会发展统计公报》、《2013 年喀什地区国民经济和社会发展统计公报》、《2014 年喀什地区国民经济和社会发展统计公报》整理而得。

全社会建筑业实现增加值 91.08 亿元，增长 13.3%，全年具有资质等级的总承包和专业承包建筑企业 56 家，减少 3 家，共完成总产值 79.93 亿元，增长 7.2%。

从需求层面看，固定资产投资增速放缓、房地产行业投资增速大幅下滑致使其相关行业需求大幅下降。2014 年，全社会固定资产投资增速由上年的 25% 放缓至 12.37%，其中房地产开发投资增速从上年的 31.7% 下降至 11.91%，房地产业的低迷极大地影响了上游采矿、基础原料等相关行业的需求和其对应的下游家庭消费品行业，因此与房地产行业相关的工业需求下降，产量增速降低。如 2014 年规模以上工业企业钢铁产量较 2013 年增速下降 137.9 个百分点，水泥产量增速下降 6.21 个百分点，塑料制品产量增速下降 70.52 个百分点。

3. 固定资产投资情况分析

第一，固定资产投资增速大幅回落，房地产业是主要因素。

2014 年，喀什地区全社会固定资产投资 702.68 亿元，比上年增长 12.37%，从 2010 年提出建立特区以来，连续三年回落，增速波动较大。

第二，三大产业增速大幅回落，产业投资比重较为稳定。

2014 年，喀什地区三大产业增速均放缓，第一产业完成投资 29.02 亿元，同比增长 12.99%；第二产业完成 220.23 亿元，增长 17.51%，如图 5 所示。其中，工业完成投资 219.79 亿元，增长 17.63%。第三产业完成投资 453.43 亿元，增长 9.99%。第二产业的投资增速主要由制造业拉动，全年制造业的投资额 1330294 万元，增长 29.19%，而第三产业增速主要靠房地产业的投资和基础设施相关行业、社会工作拉动，如房地产业投资额 2142110 万元，增长 11.91%，水利和公共设施建设投资 521344 万元，增长 31.01%，公共管理和社会组织投资额 521112 万元，增长 60.54%。

对于产业投资比例而言，自 2012 年以来，产业投资比例较为稳定，如图 6 所示。

第三，制造业产能过剩影响下降，商品房供应过剩。

2014 年，喀什地区制造业投资额 1330294 万元，如图 7 所示，2010 ~ 2012

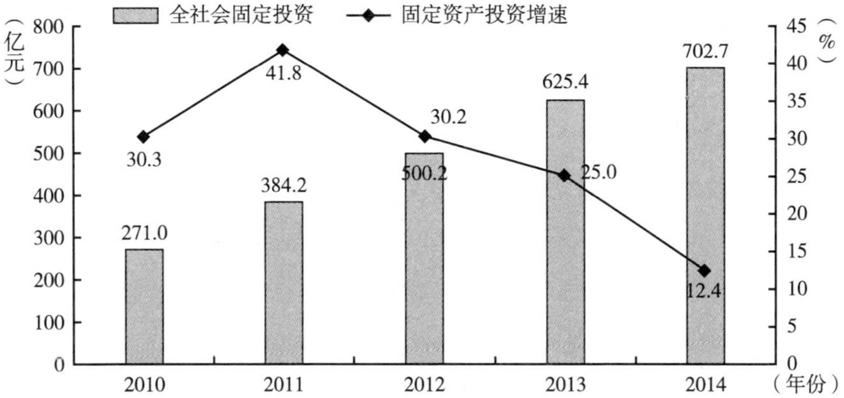

图 4　喀什地区 2010～2014 年全社会固定资产投资及增速

资料来源：根据喀什政府信息网、《2010 年喀什地区国民经济和社会发展统计公报》、《2011 年喀什地区国民经济和社会发展统计公报》、《2012 年喀什地区国民经济和社会发展统计公报》、《2013 年喀什地区国民经济和社会发展统计公报》、《2014 年喀什地区国民经济和社会发展统计公报》整理而得。

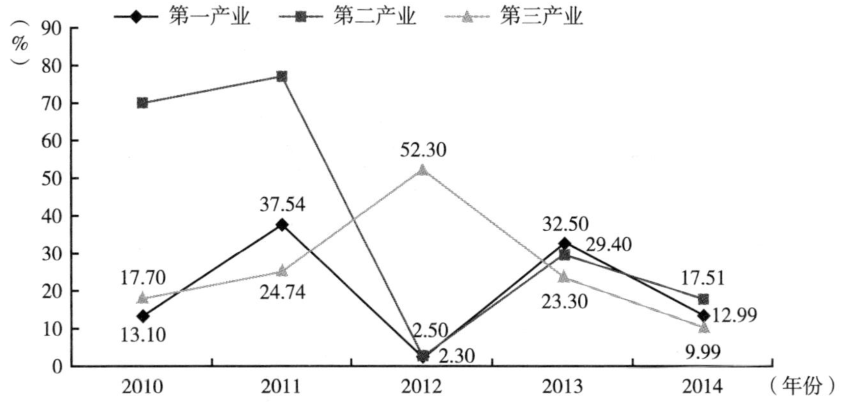

图 5　喀什地区 2010～2014 年三大产业投资增长情况

年大幅回落，产能过盛，投资的积极性不断下滑，2014 年产能过剩得到有效的解决，投资积极性有所上升。2014 年，喀什地区商品房销售面积 20.53 万平方米，下降 55.75%；销售额 9.11 亿元，下降 44.48%。商品房销售面积和销售额均出现大幅回落，转为负增长，商品房供应过剩日益突出，主要受全国房地产市场下行的影响（见图 6、图 7）。

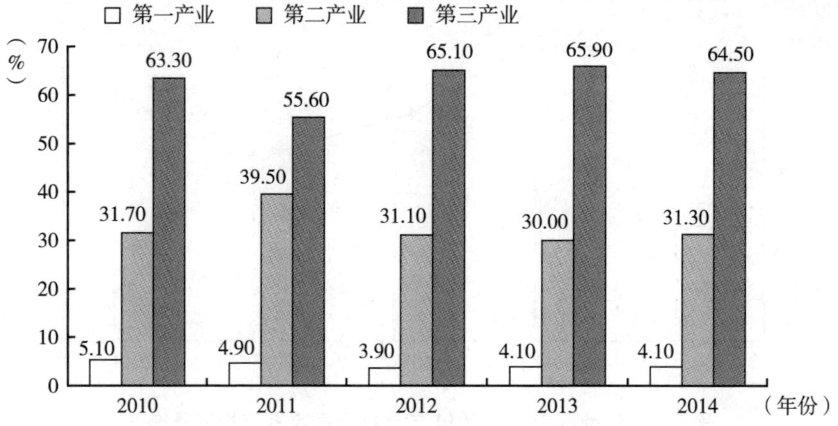

图 6 喀什地区三大产业投资比重变化

资料来源：根据喀什政府信息网、《2010 年喀什地区国民经济和社会发展统计公报》、《2011 年喀什地区国民经济和社会发展统计公报》、《2012 年喀什地区国民经济和社会发展统计公报》、《2013 年喀什地区国民经济和社会发展统计公报》、《2014 年喀什地区国民经济和社会发展统计公报》整理而得。

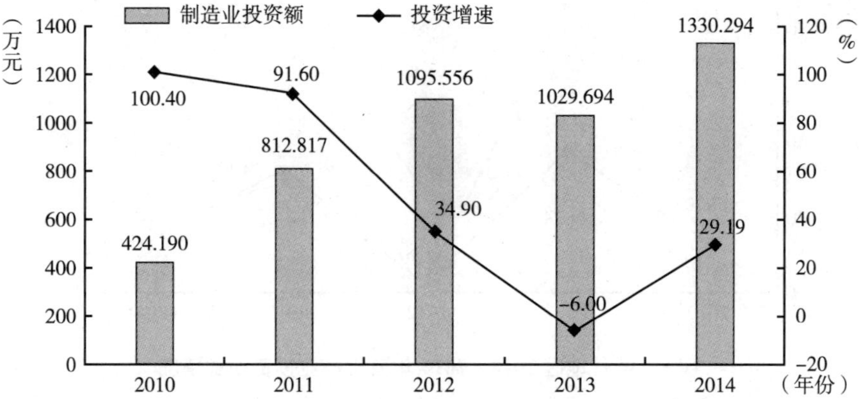

图 7 制造业投资情况

资料来源：根据喀什政府信息网、《2010 年喀什地区国民经济和社会发展统计公报》、《2011 年喀什地区国民经济和社会发展统计公报》、《2012 年喀什地区国民经济和社会发展统计公报》、《2013 年喀什地区国民经济和社会发展统计公报》、《2014 年喀什地区国民经济和社会发展统计公报》整理而得。

4. 喀什地区商贸与旅游情况

第一，全社会消费品零售总额增速下降。

2014 年，全社会消费品零售总额 148.38 亿元，比上年增长 13.01%。按经营地统计，城镇零售额 107.22 亿元，增长 10.40%，乡村零售额 41.16 亿元，增长 20.44%。按消费形态统计，商品零售额 127.98 亿元，增长 11.44%，餐饮收入 20.40 亿元，增长 20.82%（见图 8）。

第二，对外贸易规模非常小，对外贸易依存度呈下降趋势。

2014 年，喀什地区全年完成外贸进出口总额 12.06 亿美元，同比增长 7.39%，其中，出口 11.87 亿美元，同比增长 6.53%，进口 1951.3 万美元，同比增长 109.1%。全年贸易顺差 11.67 亿美元，比上年增加 6281.9 万美元，扩大 5.69%，对外贸易依存度为 1.78%，近年来喀什地区贸易依存度情况如图 9 所示。自 2011 年以来，总体来说，喀什地区对外贸易规模非常小，且属于出口主导型，对外贸易依存度严重低于全国的平均水平，并且呈现下降的趋势，反映了当前喀什地区并没有充分发挥其“五口通八国，一路连欧亚”的独特区位优势，对外发展潜力巨大。

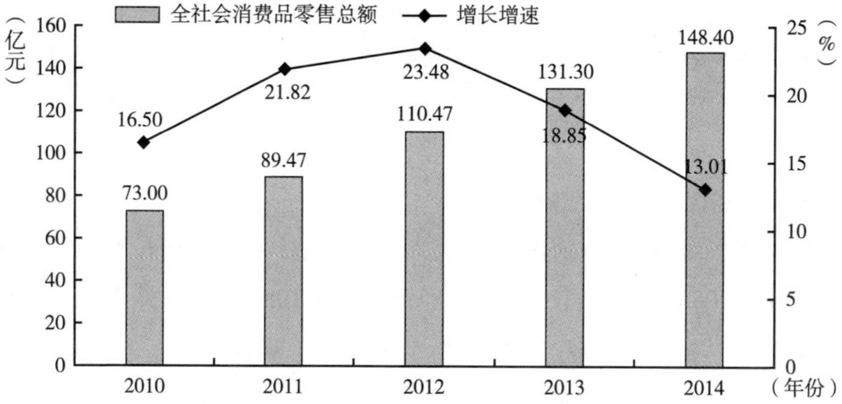

图 8　喀什地区 2010～2014 年社会消费情况

资料来源：根据喀什政府信息网《2010 年喀什地区国民经济和社会发展统计公报》、《2011 年喀什地区国民经济和社会发展统计公报》、《2012 年喀什地区国民经济和社会发展统计公报》、《2013 年喀什地区国民经济和社会发展统计公报》、《2014 年喀什地区国民经济和社会发展统计公报》整理而得。

第三，旅游业发展缓慢，较2013年呈下降趋势。

接待国内外游客达358.86万人次，其中国内旅游人数355.5万人，海外旅游人数3.36万人；旅游总收入达27.5亿元。目前全地区共有37处国家A级旅游景区，其中5A级景区1处，4A级景区4处，3A级景区14处，2A级景区18处；旅游星级饭店35家，旅行社26家。国内外游客人数比2013年下降15.6%，国外游客人数下降42%。

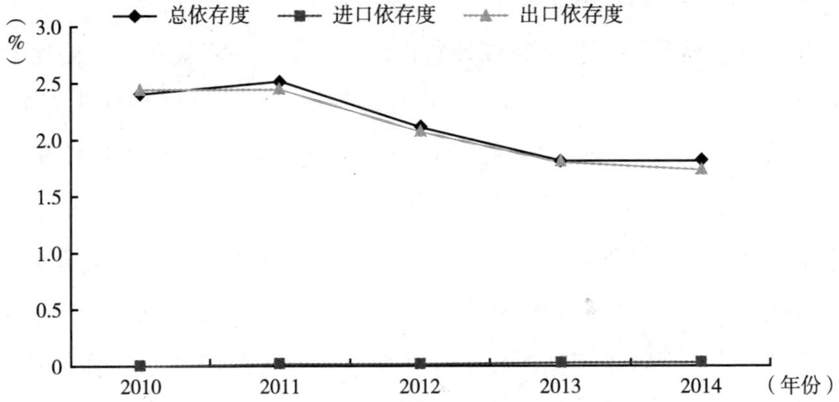

图9　喀什地区2010~2014年对外贸易依存度

资料来源：根据喀什政府信息网、《2010年喀什地区国民经济和社会发展统计公报》、《2011年喀什地区国民经济和社会发展统计公报》、《2012年喀什地区国民经济和社会发展统计公报》、《2013年喀什地区国民经济和社会发展统计公报》、《2014年喀什地区国民经济和社会发展统计公报》整理而得。

第四，居民收入状况分析。

2014年，城镇居民人均可支配收入17310元，比上年增长12%。其中，工资性收入10833元，增长1.4%；经营净收入1082元，下降2%；财产净收入602元，增长12.4%；转移净收入4793元，增长27%。农牧民人均纯收入7133元，增长16.1%，其中，工资性收入944元，增长50.5%；家庭经营收入5976元，增长12.6%；转移性收入213元，增长2.7%（见图10）。自2013年6月起，新疆最低工资标准提高120元至180元不等，且2014年城镇新增就业岗位人数12.26万人，由于政府积极促进就业政策的实施以及最低工资标准的提升，农牧民的工资性收入大幅上涨。

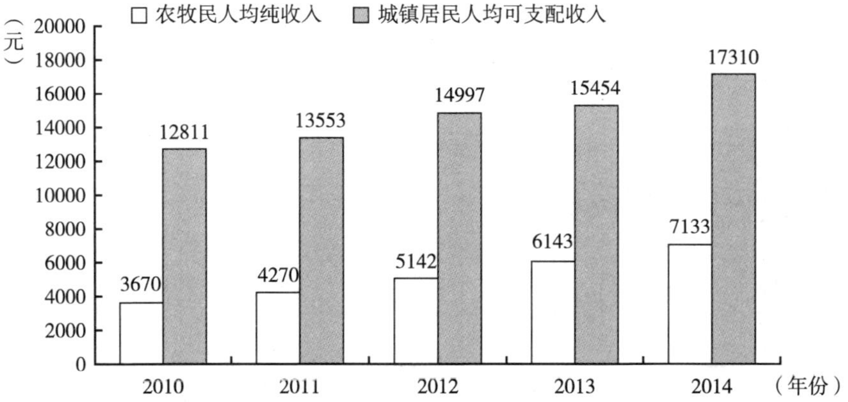

图 10　2010～2014 年喀什地区居民收入情况

资料来源：根据喀什政府信息网、《2010 年喀什地区国民经济和社会发展统计公报》、《2011 年喀什地区国民经济和社会发展统计公报》、《2012 年喀什地区国民经济和社会发展统计公报》、《2013 年喀什地区国民经济和社会发展统计公报》、《2014 年喀什地区国民经济和社会发展统计公报》整理而得。

第五，金融机构存贷比过低，盈利能力较低。

2014 年 12 月末，喀什地区的金融机构各项存款余额 1046.4 亿元，较上年同期增长 11.32%，其中单位存款 568.05 亿元，同比增长 12.3%，个人存款 469 亿元，同比增长 9.4%。各项贷款余额 458.7 亿元，同比增长 12.66%，其中短期贷款 188.84 亿元，同比增长 0.42%，中长期贷款 251.37 亿元，同比增长 16.59%。存贷比为 43.8%，远远低于 2014 年全疆金融机构的存贷比 77.5%（见图 11）。以上数据反映了喀什地区银行盈利能力较差，市场过冷，体现了当地居民消费能力严重不足。

第六，对口援助省市援助态度积极、援助效率高。

2014 年四省市对口援建项目 267 个，援助到位资金 45.1 亿元，截至 8 月底，开工项目 246 个，开工率达 92%，援助资金 100% 到位。2010～2014 年累计援建项目 1152 个、援助资金 166.16 亿元。从各省市来看，山东省援助项目 82 个，援助到位资金 10.14 亿元，2010～2014 年累计援助资金 38.45 亿元；上海市援助项目 103 个，援助到位资金 19.46 亿元，2010～2014 年累计援助资金 71.26 亿元；广东省援助项目 43 个，援助到

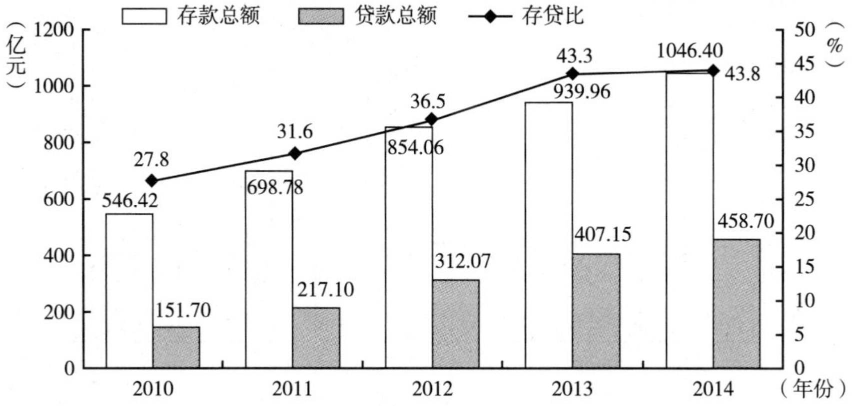

图 11　2010～2014 年喀什地区金融机构存贷情况

资料来源：根据喀什政府信息网、《2010 年喀什地区国民经济和社会发展统计公报》、《2011 年喀什地区国民经济和社会发展统计公报》、《2012 年喀什地区国民经济和社会发展统计公报》、《2013 年喀什地区国民经济和社会发展统计公报》、《2014 年喀什地区国民经济和社会发展统计公报》整理而得。

位资金 8.54 亿元，2010～2014 年累计援助资金 30.56 亿元；深圳市援助项目 39 个，援助到位资金 6.96 亿元，2010～2014 年累计援助资金 25.88 亿元。

（二）喀什地区新型城镇化现状分析

1. 喀什地区新型城镇化总体情况

2014 年，喀什地区总户数 110.1 万户、总人口 448.82 万人，其中，非农业人口 100.28 万人，占总人口数的 22.34%，农业人口 348.54 万人，占总人口的 77.66%。从产业产值看，喀什地区地方生产总值达 688 亿元，第一产业增加值 211 亿元，第二产业增加值 210 亿元，第三产业增加值 267 亿元，三大产业比重分别为 30.7%、30.5%、38.8%，人均生产总值 16024 元。我们采用非农业人口比重作为指标衡量喀什地区的城镇化水平，如图 12 所示，可见自设立特区 4 年来，喀什地区的城镇化水平依旧保持较低水平。

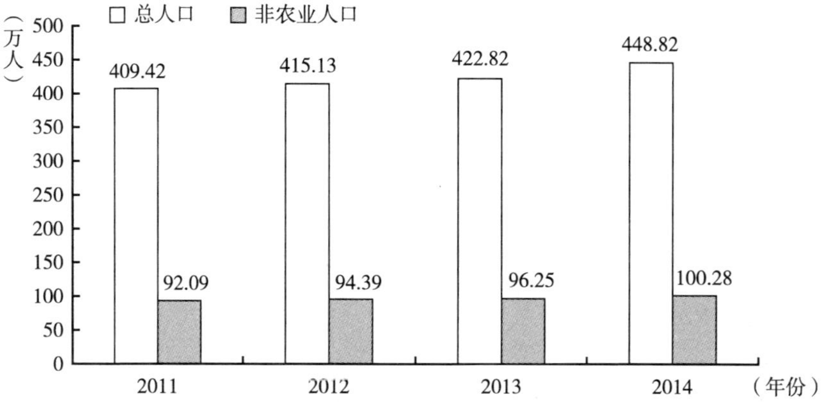

图 12　喀什地区 2011～2014 年城镇化水平情况

资料来源：根据喀什政府信息网、《2011 年喀什地区国民经济和社会发展统计公报》、《2012 年喀什地区国民经济和社会发展统计公报》、《2013 年喀什地区国民经济和社会发展统计公报》、《2014 年喀什地区国民经济和社会发展统计公报》整理而得。

2. 喀什地区城镇化水平处全疆较低水平，内部区县差异较大

自 2010 年喀什地区设立经济特区以来，城镇化率依旧在 22% 左右，几乎保持不变。近年来，全疆新型城镇化水平达到 50% 以上，相比全疆，喀什地区城镇化水平较低，只有喀什市达到了全疆的平均水平。喀什市城镇化率为喀什地区最高，比城镇化率最低的疏附县高 4 倍左右。

（三）霍尔果斯口岸外贸快速增长

与疆内大多数口岸相比，2014 年霍尔果斯口岸对外贸易呈快速增长态势。2014 年 1～9 月，口岸对外贸易额 130.5 亿美元，进出口货运量 1617.7 万吨，其中进口 1548.9 万吨、出口 68.8 万吨，同比增长 4.6%，对外贸易额同比增长 7%。

2014 年 1～10 月，新疆口岸总体进出口贸易额 382.3 亿美元，作为新疆向西开放前沿的霍尔果斯口岸进出口贸易额就达 145.3 亿美元，占到全疆口岸进出口贸易额的 38%，货运量和贸易额均居全疆口岸之首。而中哈霍尔果斯国际边境合作中心 2014 年实现入出区货物 275.45 万吨，同比增长超

过500%。

从区域海关2014年进出口贸易额货运量变化情况看，水果作为口岸的一个重点出口商品，出口量持续上涨；自从铁路口岸的建设运营以来，铁路方式进口出口货物量也大幅增加；随着中哈合作中心的建设运营，进出区的人员数、货物车辆也大幅增长。霍尔果斯通过改善通关环境、优化商品结构和落实优惠政策等措施，有效地促进了区域高新技术、机电产品和优势农产品的出口，而进口方面主要是管输天然气、动物产品和中草药[①]。

二　新疆新兴经济特区的新举措

（一）新疆维吾尔自治区从体制、财税、金融、人才等各方面进一步支持特区建设

2014年4月30日，新疆正式公布《关于在喀什、霍尔果斯经济开发区试行特别机制和特殊政策的意见》以保障国家战略的实施，完成“21世纪丝绸之路经济带”的重要窗口、新疆跨越式发展的经济增长极和沿边开发开放的示范区的建设。

1. 完善两个经济开发区的体制机制

通过指定两个经济开发区管委会行使统一的行政管理权来协调各部门的工作；明确经济开发区管委会和各园区管委会的工作内容，进一步简政放权，充分发挥各园区管委会的主体作用；实现优质高效服务，严格落实首问责任制。

2. 加强财税政策支持

第一，加大产业扶持、人才服务、科研资助、创业扶持、基础设施等专项发展资金支持力度，并设立股权专项资金，有突出贡献人员可认购企业股份。自治区允许两个经济开发区可全额留存2012～2021年的地方财政收入，

① 王文伟：《新疆霍尔果斯口岸进出口贸易额跃居全疆之首》，中国广播网，2014年12月1日。

自治区每年根据财力情况给予两个经济开发区专项补助，自2014年起自治区每年向两个经济开发区资助5000万元用于基础设施建设并可根据实际需要灵活增加资助。第二，对中哈霍尔果斯国际边境合作中心开发、经营的企业给予特别的扶持，对两个经济开发区园内企业给予税费补贴。

3. 加强金融政策支持

进一步落实原有的金融支持政策，采取更宽松的金融政策支持经济开发区设立的开发公司，通过绿色通道、补贴等方式扶持企业融资上市；加大与周边国家的金融合作，降低购物旅游成本，完善多层次资本市场政策扶持体系。

4. 加强土地政策支持

在两个经济开发区新增商用用地试行商业用地弹性出让，允许商业及重大功能性项目等用地实行方案出让，给出开发区的土地使用权可依法转让、出租和抵押或者作为合资、合作的条件。

5. 加强产业聚集政策支持

落实加大各类产业扶持资金向两个经济开发区倾斜力度的政策，创建国家级高新产业园区和中亚科技合作平台；落实进出口加工基地和贸易基地建设的政策，支持两个经济开发区开展现代物流技术应用和共同配送综合试点，建设服务业发展示范基地；落实支持设立免税店、实行免税购物游补贴的免税购物政策，推进两个经济开发区综合保税区的建设；落实鼓励引进产业项目的政策，鼓励援疆省市新增引进产业项目；落实航空运输的政策，推动两个经济开发区成为国际航空运输发展综合试验区。

6. 加强人才聚集和发展政策支持

创新人才引进政策，鼓励重点机构和企业引进紧缺人才。实行人才财政奖励和津贴，加强人才住房保障以及其他相关福利，如子女定向招生，给予照顾，并支持两个经济开发区开展户籍制度改革试点。

7. 加大配套服务力度

加大国际运输大通道建设，支持两个经济开发区信息化建设，提高国际通信能力；设立海关报税监管场所，可无限期报税存放或展示；在两个开发区内可建立适度超前的教育和卫生设施，加快喀什大学建设；率先支持商业配套建设，引进外资、民间资本参与开发；提高人员往来查验效率，可持有效证件直接并免费进出中哈国际边境中心及海关监管区等；鼓励优质企业和要素向经济开发区集中，并采取一事一议的方式创新机制，促进与其他产业园区的联动发展并支持两个开发区举办重大赛事、会展活动。

（二）批准设立霍尔果斯市，加强改进口岸通关工作

2014 年 6 月，国务院批准成立霍尔果斯市，行政区域面积 1908.55 平方公里，辖区人口 8.5 万人，辖四个街道办事处、两个乡（镇）场、两个兵团团场（61 团、62 团）。2014 年 7 月 11 日，霍尔果斯经济开发区管委会发布《关于加强和改进霍尔果斯通关工作的实施意见》，加强物流通过企业的综合协调管理，建立信息沟通双向引导和交流机制以及查验单位考核激励机制。为促进对外贸易快速增长，霍尔果斯建立了绿色通道，确保果蔬、重大项目设备车辆出入便捷，实施通关硬件设施改造和通道功能提升工程；同时海关等部门实行了分类通关作业改革模式，70% 的货物可以实行低风险、快速放行的模式，企业有货物需要申报的，随到随办，及时验放，全力保障货物通关快捷。霍尔果斯充分借助亚欧大陆桥这个平台加强与中亚五国及俄罗斯的交流，开展多种贸易往来业务。霍尔果斯正在成为中亚区域的国际综合交通枢纽，连霍高速公路全线贯通，铁路口岸通车运营，伊宁机场口岸的建设，中亚天然气管道实现通气，区域实现了集公路、铁路、航空、管道“四位一体”的交通建设，让霍尔果斯具备良好的对外贸易基础和优越的外部发展条件，为其形成“大通道、大通关、大产业、大物流”的发展格局及实现 2015 年进出口货物量达到 2416 万吨、贸易额 153 亿美元奠定了基础。

三　新疆新兴经济特区面临的问题

喀什地区作为我国西部的经济特区，也是南疆的经济中心，建设新疆喀什经济特区是我国西部大开发非常重要的环节，是我国开发西部的战略性举

措。历史政治等各方面的原因，导致经济长期发展缓慢，城镇化水平不高，政治局势不稳定。

（一）喀什地区城镇化水平较低，内部各区县城镇化水平呈现明显的差异

1. 喀什地区经济发展水平落后，内外需求不足

喀什地区 GDP 排名和人均 GDP 排名仍位于新疆维吾尔自治区的后列，当地居民收入水平低，消费能力弱。喀什地区有 8 个国家级扶贫开发重点县，在喀什地区约占 2/3；有 94 个乡镇为扶贫开发重点乡镇，占比约为 56%。新疆经济特征为相互独立的封闭性绿洲经济，喀什也是如此，所以城镇规模都偏小并且相互之间距离遥远难以形成具有集聚效应的一体化经济体，区域性分布、贫困人口分布范围极广及贫困程度深是区域的贫困特征。区域的弱经济实力及居民的低消费能力无法满足经济发展的需要，更难以推动区域经济快速发展和实现跨越式目标。喀什地区内外需求不足，经济增长大多依靠投资拉动，对外贸易依存度低下，投资仍然是经济稳定增长的主要抓手。喀什地区应当结合自身现有的旅游、贸易、特色农牧业、能源矿产资源、民族手工业等方面优势和特殊的区位优势、人文优势，发挥消费、出口、投资的作用，借助特殊的政策优势尽快形成新的经济增长点。

2. 喀什地区产业结构与地区发展战略不协调

喀什地区 2010 ~2014 年的三大产业的比例都较为平均，产业重点不突出，此类型的产业结构与喀什丝绸之路经济带的发展战略不协调。对一个国家来说，三大产业需要保持平衡发展，而对于一个地区来说，应打造具有地区特色的经济支柱产业，如 2014 年深圳经济特区第一产业增加值占全市生产总值比重不到 0. 1%，而第二和第三产业增加值占全市生产总值的比重分别为 42. 7% 和 57. 2%，福田区第三产业甚至占全区经济总值的 93. 15%①，每个区都在着力发展符合自身特色的支柱产业，如罗湖区的商贸业、福田区

① 深圳统计局：《2014 年国民经济与社会发展统计公报》，http：//www. sztj. gov. cn/xxgk/tjsj/tjgb/。

的金融业、盐田区的物流业、南山区的高新技术产业。

3. 喀什经济开发区公共基础设施落后，资金、技术和人才缺乏

喀什经济特区不完善的交通基础设施导致区域间的交通通达率很低，落后的交通运输业与物流业已成为瓶颈，无法有效实现区域资源优势和经济优势之间的转化，无法为产业发展提供完善的服务配套设施。由于喀什经济特区的经济发展水平低，地区偏远，各种金融、产业、投资等体制不完善，投资吸引力不足，各类吸引人才和资金的政策体系无法发挥其效能，导致各行各业的专业人才严重缺乏。人才培养机制的不完善、人才的创新科研能力弱，无法满足当地经济快速发展的要求。

喀什地处南疆，是暴力事件的多发地，政治不稳定、经济长期发展缓慢、周边国家地区经济落后等，使喀什地区城镇化水平明显落后，非常不利于经济特区的建设。目前，喀什地区的城镇化体系尚未形成，经济总规模较小、产业结构不合理，缺乏对城镇化进行经济、政治、文化、制度等的统一规划。喀什地区各市县的城镇差异化明显，从侧面反映了喀什地区人才分布极其不均衡，资源配置不均，技术落后，没有找到发挥地区优势的发展路子，缩小喀什各市县之间的城乡差距也是未来特区经济建设中所面临的重大问题。

（二）喀什经济特区自然环境恶劣，政治维稳压力大

喀什地区东临世界第二大沙漠——塔克拉玛干沙漠，该区域为极干旱气候，水资源短缺，生态脆弱，资源环境承载力较弱，绿洲面积仅占区域面积的 18.8%，水资源利用率为 39.8%。喀什地处中亚，周边国家大多动荡不安，2014 年新疆发生了多例暴恐事件如“4·23 新疆巴楚暴力恐怖事件”“4·30 新疆乌鲁木齐火车南站暴恐案”“5·22 新疆乌鲁木齐菜市场暴恐案”“6·15 新疆和田暴恐案”等，恐怖活动极大地影响了我国边境的安全，也将造成部分邻国和地区金融市场动荡，使外贸企业面对更大的汇率风险和国际结算风险，为喀什经济发展带来不确定性与高风险。喀什地区为多民族聚集区域，随着各项优惠政策的实施、区域经济开放度的提高及经济的发

展，区域内流动人口会因经济活动的增加而不断增加，流动人口的增加会增加各种危害社会稳定的因素，如出现各种分裂势力、极端分子实施破坏活动等，这将给投资环境的安全带来极大的挑战。投资环境安全的不确定性给喀什地区的发展造成了一定的阻碍，影响投资者和投资机构的信心和决心。喀什地区的边防安全和社会稳定都需要大量的财物支持和保障，这也将部分占用喀什地区的经济发展所需的资源，总之喀什地区的经济发展将会长期处于政治维稳高压的状态。

四　新疆新兴经济特区对策与建议

（一）结合经济特区的地区、政策优势，有质量地推进城镇化进程

由于喀什地区环境恶劣、经济长期低水平发展、暴力恐怖活动猖獗，缺乏统一有效的城镇建设规划，提升喀什地区的新型城镇化水平注定是一项长期、复杂、艰难的历史任务，但是喀什地区在经济特区建设的过程中，必须将新型城镇化作为区域转型时期的重要指导性战略，才能实现经济长期稳定、快速的发展，维护地区繁荣稳定。李克强总理多次强调，城镇化是中国最大的内需，是我国最大的内需潜力之所在，城镇化的过程是农民转为市民的过程，意味着消费观念的更新和消费结构的升级，意味着巨大消费潜力的释放①。喀什地区应当利用我国转型期的契机，结合建设经济特区的政策优势，有效推进新型城镇化进程来实现经济特区的目标。

1. 加快城乡一体的基础设施建设进程

基础设施建设是城镇化的基础工程，是城市发展的重要支撑，是城市经济和社会长期持续稳定发展的重要基础，为切实配合喀什特区经济建设，建立城乡一体的基础设施这一重大任务刻不容缓。建立城乡一体化的基础设施

① 李克强：《协调推进城镇化是实现现代化的重大战略选择》，《行政管理改革》2012 年第 10 期。

可以有效地缩小城乡生活方式的差距，提高农民的生活水平，促进农村就近就地实现城镇化。20 世纪 30 年代，由美国政府主导的大规模的基础设施建设为解决空前的经济危机做出了巨大的贡献，也为后期美国经济的大发展奠定了基础。基础设施建设具有“乘数效应”，能带来数倍于投资额的社会总需求和国民收入。基础设施建设应当包括交通建设、住房建设、办公商用房建设、能源项目建设、环保水利建设、城市信息化建设等。为了促进基础设施建设，应加快引进新技术、新的管理方法，促进基础设施的现代化建设，提高建设效率；加快投融资体制改革，引进民间资本，推动投资主体的多元化，提高投资基础设施建设的积极性。

2. 转变经济增长方式，刺激内部需求

通过分析 2014 年喀什地区的经济运行状况，经济增长主要依靠投资拉动，内需严重不足，进出口贸易规模极其低下，严重制约着喀什地区的经济发展，按照喀什规划的蓝图，至 2020 年，喀什地区生产总值将达 1540 亿元，人均 GDP 达 3 万元，按目前 GDP10. 2% 的增速，人均 GDP5. 6% 的增速，2020 年 GDP 只能达到 1212. 5 亿元，与设定目标差 327. 5 亿元左右，而人均 GDP 只能达到 21042 元，与预定目标 3 万元相去甚远。在建设喀什经济特区进程中，目前经济增长属于投资主导型，寻求新的经济增长方式是喀什急需解决的问题。

第一，构建统一的产业大市场，发展喀什地区的特色产业。

王立胜在《第五代城市与喀什的城镇化之路》中提出，喀什现有的土地制度下分散的小农与统一的大市场之间的矛盾表现得尤为明显。喀什地区土地 30 年承包不变，但每家小农所生产的产品无法转化为商品这个问题反复出现。城镇化的关键是人的城镇化，是人们思想观念的改变。当地政府应当结合当地居民的实际情况，有针对性地做好建设经济特区的宣传工作，做好善后工作，让当地百姓体会到新的政策、制度所带来的好处，进而将建设特区的工作带入良性循环轨道，破解建设难题。通过建立特色产业示范区如特色农业示范区、畜牧业示范区等，引进先进技术，更新管理方式，严格把握质量关，通过举办喀什农博会扩大特色产业的国内和国际市场影响力，使喀什特色产业成为当地的支柱产业。喀什是农村人口占绝大多数的地区，通过发展特色产业，促进大批喀什农民就业，提升农民的收入水平和生活质量，扩大内需，从而拉动喀什地区经济发展。

第二，走多元产业融合道路。

立足喀什的资源水土条件，发挥喀什的“五口通八国，一路连欧亚”的特殊区位优势，以商贸流通产业为主导，围绕商贸流通发展加工、组装产业。在发展喀什地区特色产业的同时，谋求多元产业融合之路，如农业与第二、三产业的融合，高新技术与特色农业的结合等，发展特色产业如农产品、畜牧业相关的加工业，促进大量农村人口就业，提升农村的就业水平。

第三，打造具有喀什文化的民族特色旅游业，提升国际知名度。

通过打造高端旅游业向世界展示喀什的独特面貌，使具有维吾尔族风情和西域特色的旅游业成为喀什良好形象的一张名片。喀什是丝绸之路上的一颗璀璨明珠，距今已有2000多年的历史，对中西经济文化交流发挥着重要的作用，喀什地区众多的宗教古墓古建筑显示了丰富的文化历史内涵，喀什的古老人文景观和沙漠绿洲独特自然景观交相辉映，是追寻西域文化的好去处。独具特色的维吾尔族风情如民族文化艺术、古尔邦节、肉孜节等风俗人情，亦是喀什文化的一大亮点。打造具有独特的民族风情和西域特色的高端旅游业，极力提升服务档次，吸引游客，以此为契机，进一步加强基础设施改造和棚户区改造，形成良好喀什形象，以带动商务发展。

3. 制订合理有效的人才引进计划

人才是喀什特区未来发展的决定因素，人才的培养与引进、充分发挥人才的作用、构建合理的人才结构是特区建设急需解决的问题。人才的培养与引进在于解决人才的来源问题，充分发挥人才的作用和合理的人才结构在于解决人力资源的配置效率问题。从内部人才培养来看，地域的因素，使喀什地区教育水平偏低，区域内人才培养的质量不高，从外部人才引进来看，引进政策的吸引力有限，同时外部引进人才流失也较严重，这对喀什经济特区的建设极为不利。首先，喀什应制定合理的人才政策，营造良好的人才环境。喀什地区是一个以农业为主的地区，是典型的西部贫困区，不可避免地存在一些陋习，当地居民、政府对外来人才的态度、政府的行事作风、人才成长的环境直接关系人才引进和流失问题。其次，积极完善人才保障机制。通过完善人才竞争机制、激励机制、监督和考核机制使人力资源得到充分利用；最后，依据喀什地区发展需要，合理确定人才的引进结构。合理的人才结构，有助于提高人才资源的利用效率，避免人力资源的浪费。

（二）发挥特区金融政策优势，构建全面的金融产业体系

喀什作为全国沿边地区首个金融贸易区，具有丝绸经济带区域中心的战略地位。然而由于喀什经济长期发展水平过低，处于贫困状态，加之当地金融机构服务水平较低、居民消费观念陈旧等，当地金融机构盈利能力较差，对当地经济发展促进作用有限。金融作为经济发展的血液和重要支撑，对喀什特区未来的发展至关重要。喀什应充分利用建设特区金融优惠政策，积极完善金融服务体系，发挥金融在特区产业建设和提升人民生活水平方面的重大作用。积极为特区的六大战略性产业（制造加工产业、电子商务及现代商贸物流产业、金融产业、文化旅游产业、纺织服装产业、特色农业产业）提供资金支持和风险管理服务，同时建立好良好的金融监督协调机制，引进高端金融人才，推动区域金融中心建设，确保金融服务与特区快速的经济发展相对接及产业长期的健康发展。

参考文献

［1］王文伟：《新疆霍尔果斯口岸进出口贸易额跃居全疆之首》，中国广播网，2014年12月1日。
［2］李克强：《协调推进城镇化是实现现代化的重大战略选择》，《行政管理改革》2012年第10期。

[3] 喀什政府信息网（http：//www. kashi. gov. cn/）有关政策和公报。
[4] 霍尔果斯政务网（http：//www. xjhegs. gov. cn/）有关政策和公报。
[5] 深圳统计局：《深圳市 2014 年国民经济与社会发展统计公报》，http：//www. sztj. gov. cn/xxgk/tjsj/tjgb/。
[6] 中哈合作中心网站（http：//www. westgate. com. cn）。

B.22

朝鲜经济特区发展研究报告

罗海平*

经济特区是具有超越意识形态，超越经济、社会和政治制度，超越国情和发展阶段的世界经济发展形态，任何国家都可以通过建立经济特区找到适合自身国情的发展道路。朝鲜作为世界上依然保持传统计划经济体制的少数国家之一，经济特区是其与外界沟通、发展对外贸易和交换的重要形式。罗先经济特区、新义州特别行政区、开城工业园、金刚山观光旅游特区是朝鲜启动较早的四大特区，但总体来看，朝鲜特区发展并不理想。近年朝鲜开启了建设经济开发区的决策与规划，但经济特区能否成为引领朝鲜对外开放，成为朝鲜经济的重要支撑依然存在很多未知因素。

一　引言

经济特区（Special Economic Zone）是在一国国境之内划出的在对外经济活动中采取较国内其他地区更加开放和灵活等特殊政策的特定地区。目前世界上的经济特区有很多类型而且提法不一，按照国别属性可分为：第一类，西方发达国家的“经济特区”，通常这类国家都不叫经济特区，而是具体细分为出口加工区、自贸区、保税区、科技园、特别合作区等；第二类，发展中市场经济国家的经济特区，比如印度、非洲等国家和地区的经济特

* 罗海平，四川南充人，南昌大学中国中部经济社会发展研究中心副研究员，博士，主要研究方向为经济特区及特区模式。

区。这类国家几乎都是效仿我国经济特区，希望能像我国办经济特区一样成功地实现区域开发和城市建设的快速发展，故往往都跟我国一样称之为“经济特区”（Special Economic Zone）；第三类，转型国家或社会主义国家的经济特区。这种类型的经济特区往往承担了区域开发与对外开放的试验功能，具有与他国或世界进行经济合作的“飞地”作用。

当前世界经济特区总体上呈现发展目标和国别的多元化。从世界范围来讲，设立经济特区最主要目的，大多是使该国能够适应全球化，并从中获益进而提升本地经济生活水平和保护本土产业。通过设立经济特区使得本国产业能在全球化冲击下得到缓冲，不至于给整个国家产业带来破坏。在冷战时代，中国台湾、中国香港、韩国和新加坡充分运用这方面的经济策略，成就了“亚洲四小龙”奇迹。苏联解体之后，许多社会主义阵营国家不是全面自由化就是开始采行类似经济特区的渐进政策。随着“亚洲四小龙”在经济特区政策下实现的经济成功，许多国家如越南、巴西、印度、伊朗、约旦、巴基斯坦、菲律宾、波兰、朝鲜、俄罗斯、乌克兰、阿拉伯联合酋长国、韩国、秘鲁和哈萨克斯坦等纷纷开始效仿进而成立经济特区。朝鲜作为依然保持传统社会主义计划经济体制的国家，在20世纪90年代开始经济特区的探索与实践。

二　朝鲜主要经济特区的建设与发展

近年朝鲜加快了经济特区的建设步伐，但朝鲜启动较早，较为成功并具有广泛影响的经济特区只有四个，即分别与我国东北和韩国北部接壤的罗先经济特区、新义州特别行政区、开城工业园和金刚山观光旅游特区（见图1）。

（一）罗先经济特区

罗先市也称作罗津－先锋市，位于朝鲜东北部，与我国和俄罗斯接壤，总人口约15万人。“罗先”由两个地方组成，靠近珲春的是先锋郡，往南

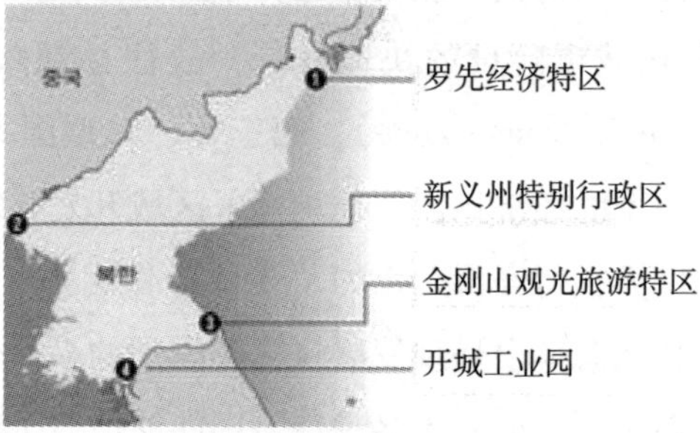

图1　朝鲜的四大经济特区

是罗津市。作为港口城市的罗先，是东北亚区域经济的重要一环。1991 年 12 月时任朝鲜国防委员长的金正日将罗先市设定为“自由经济贸易区”，后将罗先升级为特别市。罗先特区包括罗津、先锋、雄尚、豆满江 4 个城镇，并包含罗津、先锋和雄尚三个常年不冻港口。2010 年 1 月罗津先锋市升级为直辖市，成为朝鲜继开成、平壤之后的第三个特别市，也是唯一一个同时毗邻中俄两国的特别市。2010 年 1 月 19 日，朝鲜批准在罗津、先锋自由经济贸易区设立南北合作区。

罗先市是一个相对独立于朝鲜内地体制的特殊区域，按照朝鲜政府制定的政策，这里不限制所有制形式，不限制产业，外国人短期出入境不实行签证制度。鉴于罗先特区毗邻吉林省的独特区位，罗先特区被中国企业和与之毗邻的省市寄予极大希望，中国方面期望能将长（长春）吉（吉林）图（图们江）开发开放先导区的建设与罗先的开放结合在一起。为加快我国东北三省和罗先特区的共同开发，2011 年中朝推动实施了“共同开发和共同管理罗先经济贸易区”项目，根据协议中国对罗先自由贸易区基础设施投资 20 亿元，朝鲜将罗先港 4、5、6 号码头 50 年的使用权转让给中国，中国负责建设连接中国图们市到罗先港的铁路，以及机场和火力发电厂等配套项目建设[①]。

① 《直击朝鲜罗先经济特区：中国元素遍布各处》，中国新闻网，2012 年 8 月 28 日。

在罗先经济特区建设中，朝鲜方面表现出极大的对外合作和交流的诚意和姿态。如截至2014年已连续成功举办了四届“罗先国际商品展览会”。在2014年8月举办的罗先第四届国际商品展上100多个来自朝鲜国内外的单位进行了日用品、轻工业产品、食品、电器电子产品、运输工具和药品等展示。根据规划，罗先经济特区将打造成为国际性港口城市，从事转口、运输、贸易、投资、金融、旅游、服务等对外业务。其中罗津港建成年吞吐量达亿吨的综合物流港，先锋港建成年吞吐量达2000万吨的工业港，口雄上港建成年吞吐量达500万吨的散货港。除了在城市上下水、铁路、电力、取暖、通信、道路等基础设施建设方面积极引进外国投资外，在尖端科学产业部门、装备制造业、能源产业、轻工业、国际物流产业、旅游业和高效农业等领域积极争取外国资本进入。最终建设目标是将罗先经济特区建设成为具有100万人口的国际贸易中心城市和国际港口城市。为促成建设目标实现，朝方表示将为世界多个国家和地区的企业在罗先转口贸易、加工贸易和旅游观光创造条件，并给予法律和制度保障。

但由于各种原因，罗先经济特区的建设并没有得到国际社会的广泛响应，参与建设的国家极少。仅有中国和俄罗斯真正参与罗先港口的建设，且以中国为主。中国共拥有罗先经济特区三个码头建设权和50年使用权，其中包括罗津港的1号和2号码头。罗津港的3号码头则由俄罗斯出资1.8亿美元（2008年）从朝鲜租借49年。俄罗斯除参与港口建设外，也参与了连接朝鲜的铁路建设和改造项目。2008年10月启动罗津至图们江混合铁轨的改建工程，2010年10月罗津哈桑铁路试运行。2013年9月哈桑至朝鲜罗津的铁路工程竣工。至此，罗津哈桑铁路成为往返于欧亚最短的线路。

受诸多因素影响，罗先经济特区尽管成立20多年，但长期处于停业状态，罗先建成现代化城市的计划并没有实现。市场经济氛围和开放的气息不够，只剩下具有商品经济性质的小商小贩。但随着罗先出入往来签证的放开以及自驾游的开放，以及由此带来的罗先旅游经济得逐渐兴起，罗先经济特区依然是外界社会能够较为深入了解朝鲜的窗口。

（二）黄金坪、威化岛经济区

黄金坪、威化岛经济区是朝鲜与我国的特别合作区，地处鸭绿江下游，毗邻我国辽宁省丹东市。2010 年 5 月中朝两国首脑就共同开发和管理朝鲜罗先经济贸易区和黄金坪、威化岛经济区达成共识。同年 11 月中国商务部与朝方正式签署中朝两国关于共同开发和共同管理罗先经济贸易区和黄金坪、威化岛经济区的相关协议，从而正式达成最基本也是最具法律约束力的纲领性文件。2010 年 11 月《中朝合作开发罗先经济贸易区和黄金坪、威化岛经济区 2011～2015 年及 2025 年远景目标规划纲要》发布，并成为纲领性文件的补充协议。2011 年 6 月朝鲜批准“黄金坪和威化岛经济区的开发计划”。朝鲜《关于朝鲜民主主义人民共和国将黄金坪和威化岛指定为经济区》的政令表示，“为了进一步加强朝中传统的亲善友好关系，并进一步扩大发展对外经济关系，作出了批准黄金坪和威化岛经济区开发计划的决定”。2011 年 6 月 8 日举行中朝黄金坪经济区共同开发启动仪式，9 日举行罗先经济贸易区启动仪式，罗先经济贸易区首批 8 个开发项目在启动仪式上就启动了其中的 5 个，包括从珲春的圈河口岸到罗先的近 50 公里二级公路改造项目、罗津港中国内贸货物跨境运输项目、罗先高效示范农业区项目、长春亚泰罗先 100 万吨水泥厂项目、中国公民罗先自驾游项目，且这些项目在启动仪式之前就已经开始施工和运营。2011 年 12 月朝鲜颁布《朝鲜黄金坪、威化岛经济区法》。该法规定朝鲜对所有经济区内企业给予土地使用、税收等方面的优惠政策。经营 10 年以上的特定企业，还可享受减税、免税的优惠待遇。同时，降低进出经济区门槛，规定凭护照或出入证明，无须签证就可进出。投资者的经营所得汇往朝鲜境外也将不受限制。但外商投资的合资或者合作企业必须雇用朝鲜劳动力，朝鲜普通工作人员的最低工资是 30 欧元每月。2012 年 8 月中朝共同宣布成立黄金坪、威化岛经济区管理委员会。

（三）新义州特别行政区

新义州特别行政区位于朝鲜西北部的平安北道，地处鸭绿江下游左岸的冲积平原上，距河口约40公里，与中国辽宁省丹东市隔江相望。对于中国来说，新义州的重要作用在于其口岸价值，丹东市的对外贸易1/3经由新义州进入朝鲜，且丹东市对朝出口超过中朝贸易的60%。新义州特别行政区设立的背景是2002年5月后朝鲜启动的一系列重大改革，如实施价格改革放开了物价，实施工资改革取消了配给制，全面上调公民工资。在对外上，朝鲜启动了连接中国、朝鲜和日本铁路建设。2002年9月12日，朝鲜颁布《朝鲜民主主义人民共和国新义州特别行政区基本法》。根据这项法律，新义州特别行政区作为特殊的行政单位，将建成国际性金融、贸易、商业、工业、尖端科学、娱乐和旅游区，拥有国家赋予的立法权、行政权和司法权，其法律制度50年不变。基本法规定，新义州特别行政区为中央直辖的特殊行政单位，由国家行使主权，享有立法权、行政权和司法权，且行政区的法律制度50年不变，土地租赁期限至2052年12月31日。新义州特区比我国大陆经济特区拥有更大自治权，接近于我国港澳特区。

（四）开城工业园

开城市位于朝韩军事分界线以北20公里，2002年11月13日朝鲜最高人民会议常任委员会决定设立“开城工业地区”。2002年11月朝鲜颁布《开城工业地区法》以法律保障开发区的各项优惠政策。该法提出，开城工业地区近期发展目标是建成一个出口加工性工业和无关税贸易型经济特区，以生产功能为中心，中长期则是建成集高技术、金融业、商贸、旅游业和国际都市服务功能为一体的城市。

1999年韩国现代集团创始人郑周永与朝鲜签署协议，成立开城工业园区。开城工业园区占地6400公顷，主权属于朝鲜，由朝韩双方共同管理，实行特殊经济政策，规定土地使用年限为50年。2003年韩朝正式动工建设开城工业园，2005年开始正式运营。开城工业园破土动工后，2006年建成面积为9.2万平方米的“示范园区”，示范园区入驻了15家韩国劳动密集型的中小企业。2011年开城工业园区实现年生产额4亿美元。2012年园区企业达到123家，员工5万余人。

开城工业园同样发展曲折，2009年朝方提出提高园区工人工资，并提前支付土地租金等要求。2009 年韩方则提出“稳定发展工业园区三大原则”，即既有协议必须得到遵守、经济事务不应受政治军事形势影响、开城工业园区应具有国际竞争力。2010 年 2 月韩朝就开城工业园区运营问题进行第四次工作会谈。2010 年 3 月 2 日，韩朝就园区的通行、通信、通关“三通”问题进行工作接触。2013 年 4 月朝鲜宣布从开城工业园区撤出全部朝鲜工人，暂时中断园区运转。2013 年 4 月 26 日，韩国宣布撤回所有滞留在开城园区的韩方人员。2013 年 7 月韩朝签署企业重新恢复的相关协议。2013 年 9 月朝韩将试运营恢复园区生产。2013 年 9 月 30 日，开城工业园区韩朝共同委员会办事处正式挂牌成立。

（五）金刚山观光旅游特区

金刚山位于朝鲜和韩国交界，大部分山峰位于朝鲜境内，素有“朝鲜第一山”之称。1998 年来自韩国的旅游船开启了金刚山名胜开发的破冰之旅。2002 年 11 月，朝鲜决定设立“金刚山观光地区”，由韩国企业进行旅游开发和建设。根据朝方的设想，韩方在金刚山建设宾馆、滑道、高尔夫球场、溜冰场、滑雪场等设施，甚至允许韩方轿车直接进入观光，并设想在金刚山观光旅游特区成功的基础上，争取在 2010 年之前，此类做法推广至平壤、白头山、妙香山等地旅游项目。2011 年 4 月朝鲜宣布将金刚山地区设为“朝鲜民主主义人民共和国金刚山国际旅游特区”，特区范围包括朝鲜江原道高城郡高城邑、温井里部分地区和三日浦、海金刚等地区。朝鲜在特区内行使主权，鼓励法人和个人以及其他经济组织为特区开发自由投资，其资本和财产以及企业经营收入和其他收入受法律保护，朝方决定取消同现代集团所签协议中赋予现代方面垄断经营权的条款，改为由朝方和现代方面共同经营金刚山旅游。2012 年 4 月向所有游客开放金刚山。

三　新时期朝鲜经济特区发展与远景规划

2013 年 3 月朝鲜劳动党中央全体会决定，朝鲜将实施对外贸易多元化和多样化改革，推动多地开设旅游特区搞活旅游，允许朝鲜各道成立经济开发区。同时，以重启开城工业园区为契机，将对外公开三大全新经济特区和旅游特区。[①] 其中，新义州、南浦以及海州被指定为朝鲜的三大经济特区；元山、七宝山等地被指定为旅游特区。2013 年 5 月朝鲜出台经济开发区法，将各开发区分为农业开发区、旅游开发区、出口加工区、工业开发区和高新技术开发区。根据开发区法，朝鲜鼓励外商、外资在开发区从事投资开发，外商以及外国团体可在开发区内设立公司、分公司和办事处，自由进行经济活动。开发区内的投资者权利、资产权益以及收益权将予以保障。同时，朝鲜将给予土地使用、员工雇用和纳税等方面给予特别优惠和便利政策。

2015 年朝鲜宣布在朝鲜各道设立经济开发区，并颁布了全国 13 个经济特区的开发规划。该规划覆盖朝鲜经济、工业、旅游、农业发展以及出口制造等领域的经济开发区实施办法。根据朝鲜全国开发区规划，朝鲜对全国进行了行政区划进行了调整：（1）原平安北道义州郡于赤里部分地区划归龙云里，将龙云里归属新义州市管辖并作为平安北道鸭绿江经济开发区；（2）南浦市在卧牛岛区岭南里部分地区设立卧牛道出口加工区；（3）慈江道部分地区和浦上里部分地区设立满浦经济开发区；（4）在渭原郡德岩里部分地区和古城里部分地区设立渭原工业开发区；（5）在惠山市新长里部分地区设置惠山经济开发区；（6）在松林市西松里部分地区设立松林出口加工区；（7）黄海北道在新坪郡平和里部分地区设立新坪旅游开发区；（8）在北青郡文洞里、富洞里、钟山里的部分地区设立北青农业开发区；（9）咸镜南道在咸兴市海岸区部分地区设立兴南工业开发区；（10）咸镜北道在清津市松坪区月浦里、输城洞、南夕里部分地区设立清津经济开发区；（11）在稳城郡稳城邑部分地区设立稳城岛旅游开发区；（12）江原道在元山市岘洞里部分地区设立岘洞工业开发区；（13）在渔郎郡龙田里部分地区设立渔郎农业开发区。13 个经济开发区由朝鲜按照先行进行基础设施建设的原则，统一制定涵盖建筑、公路建设和电力及通讯保障等问题的开发总规划。

---

① 《朝鲜推出三大新经济特区》，国际在线，2013 年 8 月 27 日。

13个新特区出来后，2015年6月2日朝鲜面向全球发布经济特区招商宣传。在其发布的宣传片中系统介绍了经济特区相关的政策及法规，并强调以朝鲜宪法的形式规定，鼓励与外国法人或个人进行企业合营及合作，鼓励在经济特区创办各种企业。特区将为国外的投资活动提供税收优待，并有多部法律保障外国投资者的权益，以表达更积极与外部世界接触促进发展的决心。

四　朝鲜经济特区发展问题与启示

纵观朝鲜四大经济特区及其他经济区的发展，总体而言，朝鲜经济特区的建设与发展异常曲折，均不能算成功，距离特区设立初的规划和计划差距很大。同时，朝鲜经济特区尽管经过20多年的试验和实践，不仅特区本身没有迅速发展起来，对朝鲜整个国民经济的拉动作用亦极为有限。从体制和政策贡献来看，特区并未带领整个朝鲜走上全面的对外开放和改革之路。中国和朝鲜同为社会主义国家，经济特区都设立于传统计划经济体制“堡垒”之内，而最终的发展绩效则完全不同，究其原因，主要有以下几方面。

（1）特区在对外合作中较保守、形式单一，过于强调主权。朝鲜经济特区的开创和建设对促进朝鲜对外开放和融入世界经济具有重要作用。但从20余年朝鲜经济特区的发展实践来看这种作用是极为有限的。主要原因在于朝鲜对外合作较保守。目前，朝鲜对外合作形式主要有现汇贸易、易货贸易、补偿贸易和合营等形式，引入的外来投资和资本主要为中国、韩国和俄罗斯。且在特区对外合作中，合作开发的项目产权往往都被牢牢抓在朝鲜手里，合作方则只能以股份的形式持有一定的股权。且股权仅仅停留在利润分配权上，外国企业根本无法真正拿到企业资产的股权。这种合作模式严重影响外国企业的合作意愿，影响了朝鲜的对外开放。近年朝鲜在对外合作形式上呈现新的突破，外国企业的自主开发的权利进一步增强。如中资企业在与朝鲜政府相关机构就矿产资源开发项目上，中国企业可购买朝鲜矿产一定时间内的开发权，并可自主开发、加工、出口，朝方给予全面的配套的政策支持。这就从根本上改变了原有的合作模式。让外国投资企业可以最大限度地采取自己的方式，稳妥地实现利益最大化。中方企业也将能否实现完全自主权作为是否参与合作的先决条件。如在黄金坪岛开发权中，中方企业要求必须由中方企业独立管理，租赁期在50年以上，朝鲜可以驻军，但不参与管理。但朝鲜几个主要特区在对外合作上并不相同，罗津是朝鲜政府自己开发与管理；开城是朝鲜与韩国的合作。威化岛、黄金坪“经济合作区”初步达成的共识是，中朝合作，合资开发，由中朝双方共同管理，且以中方管理为主。同时相对于2002年的新义州特别行政区，威化岛、黄金坪经济合作区是企业间的经济合作，两国资源优势互补，不带有任何政治色彩。

（2）朝鲜经济特区是“铁丝环绕”隔离的经济特区，而不是开放的经济特区。经济特区作为试验田，在成立初期对内适当的隔离和“圈定”是应当的，但对外却应该完全放开。经济特区本质的属性在于开放。朝鲜应欢迎先进地区的人来投资，同时鼓励朝鲜企业和人员走出去。然而，朝鲜特区明明位于朝鲜国土的最东、最南、最西和最北边四个最有利于与外界对外往来的区域，却被铁丝网环绕①，人为阻碍了与外界沟通。

（3）中央集权，特区缺乏自主权，政策缺乏稳定性，市场经济公平交易的环境缺失。尽管朝鲜经济特区在市场交易等方面明文规定按照国际通行的市场规则进行。朝鲜经济特区实际上发展缓慢。可见，朝鲜经济特区政策和法令不稳定，影响了经济特区发展。

（4）朝鲜发展经济特区的目的是否在于通过经济特区形成全国对外开放的经验并不确定。中国设立经济特区，最重要的目的是为改革开放寻找经验，最终实现整个国家的全面开放。但在朝鲜，经济特区的发展与整个国家的政策不能实现较好的互动。国家政策不能依据特区经验进行跟进和调整，导致二者脱节。故朝鲜设立经济特区的目的很难说是真正为了全面的改革开放。从这个意义讲，如果朝鲜经济特区仅仅立足于赚取外汇、物质互换、解决就业压力等通过外部力量来缓减政府经济问题的话，特区很难真正发展起来。

---

① 《朝鲜经济特区复制中国模式?》，《扬州日报》2012年2月22日。

B.23

后　记

呈现在读者面前的《中国经济特区发展报告（2015）》是教育部人文社科重点基地——中国经济特区研究中心所承担的一个持续了七年的研究项目——“经济特区蓝皮书”的年度成果。自 2009 年起，“经济特区蓝皮书”就以真实反映中国经济特区发展状况、如实记录中国经济特区发展历程、动态记载中国经济特区成长路径的独特地位，以及及时反映国家整体发展战略和区域发展布局调整的大思路，而受到国内外相关领域专家学者乃至政府官员的普遍关注。

从结构上来说，《中国经济特区发展报告（2015）》包括总报告、专题研究报告、特区发展分报告和特区发展动态考察报告 4 个部分 22 篇报告。总报告是全书的概论，是站在国家整体发展战略规划的角度对中国经济特区，包括新特区和新型特区（如自贸区）一年发展状态的整体评述。但从编撰的逻辑上看，我们是以新的增长点为切入点，以特点为出发点，以变革和改变为主要内容展开论述的。我们希望总报告能充分地体现国家整体战略，并准确反映中国改革开放的大方向，能成为具有一定学术分量和政策意义的有关中国经济特区发展现状与趋势的学术报告。当然，由于受编者认识能力、研究水平及对国家整体发展战略理解和对部分数据资料掌握的局限，目前的总报告离我们自己的期望和读者的期待或许还有些距离。

专题研究报告不是泛泛而论的综述，而是问题导向的探索。即分别从特区的发展现状、比较分析、政策建议切入，对特区所面临的产业转型、资源效率与可持续发展、创新发展、体制改革、智慧城市建设、社会保障、金融产业发展、文化产业发展问题进行综述分析，并针对每一个具体问题提出宏观层面的建议。2015 年度报告增加了智慧城市建设的内容，而智慧城市建设从某种意义上说，也包含了《中国经济特区发展报告（2014）》专题研究报告中的社会信用体系建设的内容，所以，《中国经济特区发展报告（2015）》的专题研究报告部分去掉了社会信用体系建设的相关内容。可以说，专题研究报告所涉问题既是经济特区所面临的问题，也是现阶段中国社会发展所遇到的问题，经济特区对上述问题解决的路径与举措，或许会对全国产生先行先试的借鉴意义。这部分研究的重要性在于拓展了对经济特区的研究领域，不是就特区研究特区，而是从简单的历史回顾转向对理论与对策的前沿或前瞻性研究问题的思考；从单纯的经济问题研究转向对经济社会的更广泛问题的研究与探索；从对特区问题的研究转向对中国道路的研究。

特区发展分报告是对五大传统特区及上海浦东和天津滨海新区一年发展状况的历史性记录与梳理，是“经济特区蓝皮书”创立伊始就存在的栏目。但随着经济特区自身的发展及功能的变化，我们的研究增加了相应的分析。如果说专题研究报告是对共性问题的比较，那么特区发展分报告则偏重对不同特区特殊问题的比较研究。由于历史及地域位置的不同，各经济特区及新区或经济圈在所处经济区域所担负的责任有所不同；由于不同经济区域或经济圈的产业结构定位和在中国经济发展布局中的地位、角色、作用不同，各经济特区及新区的发展路径选择也有所差异，而特区发展分报告的分析正是从这些“不同”展开的。

特区发展动态考察报告是为了及时反映中国区域发展战略调整及介绍世界新兴市场经济特区发展状况的一个比较灵活且具有广泛拓展空间的结构安排。喀什、霍尔果斯、图们江特区的建立，意味着中国社会已经开始了由沿海开放向沿边开放的战略转移，鉴于此，2015 年度报告增加了对图们江特区外商投资发展的研究。可以说，从沿海开放到沿边开放是在中国大地上确立、完善市场经济体系的战略大思路，是中国社会实现协调发展的大举措，是全方位开放路径的积极探索，是科学发展的伟大实践，是全面实现现代化的整体部署。它不仅以战略的眼光规划着中国社会全面发展的宏伟蓝图，同时也将促进产业结构区域间的合理布局，促进不同区域间由要素禀赋等构成的比较优势的形成与有效发挥；扩大中国经济增长的对外辐射力，从而开拓更加广阔的国际市场；减弱世界经济危机对以外向型经济为主的经济增长模式的正面冲击，建立具有日益增长空间的稳定而又可持续的内生的经济发展实力；形成全国范围内的逐渐趋于平衡发展的、共同繁荣的、以区域间协调互补为特征的经济共同体。所以它对中国未来的发展将产生深刻而持久的影响，它的战略意义是深远而巨大的。

与喀什、霍尔果斯、图们江特区不同，上海自贸区和深圳前海合作区的建立，不仅是区域发展战略部署的结果，更是以点代面，深化经济体制改革，从而带动中国社会政治体制改革和社会整体协调发展的试验区。如果说35年前以深圳为代表的传统经济特区的成立是为了完成由计划经济向市场经济的转型，那么今天新兴经济特区，尤其是深圳前海合作区和上海自贸区的成立，则更在于扩大特区的示范效应，深化中国社会的改革开放和社会规制建设，以开放促改革，进一步推动中国社会全方位改革的有序进行。2015年度蓝皮书与2014年度蓝皮书相比，不仅更加全面介绍了作为经济特区与时俱进的成果的中国自贸区的发展状况，而且增加了富有特色的深圳湾区经济发展报告。

记录、反映、研究国外新兴经济体的经济特区的发展路径、成长模式、政策支持等问题，在比较中寻找共性规律、探索共同面临的问题及解决方案，寻求共同发展繁荣的途径和方式，是“经济特区蓝皮书”的时代使命。新兴市场经济体面临着某些共性问题，如既依赖于国际分工，又受制于国际分工；都在经历经济高速增长的同时，面临资源过度消耗及污染和环境保护等问题；都遭遇未富先老的社会尴尬和矛盾等。尽管对于经济可持续发展和社会文明、进步而言并没有一条放之四海而皆准的道路或模式，但国与国之间的相互借鉴、学习以及对共同面对的发展问题的解决方案的提出，无疑是一种合作的力量。在2013年度蓝皮书中我们增加了巴基斯坦经济特区发展报告，在2014年度蓝皮书中我们将非洲经济特区发展报告纳入其中，在2015年度蓝皮书中我们又增加了朝鲜经济特区发展研究报告。在后续蓝皮书的撰写过程中，对国外新兴经济体经济特区研究的分量将会不断增加。

其实，在编写“经济特区蓝皮书”的过程中，我们也面临着现实的挑战与考问。因为从概念上讲，特区本来就是“实行特区优惠政策的地区”的简称，一旦这种政策取消了，特区在概念上就不会存在了。从自20世纪末开始的30多年的实践上看，特区已经很好地或者说圆满地完成了当初的特殊的政治、历史使命，即“窗口”“试验田”“排头兵”的使命。1992年之后，当全国都走上市场经济之路时，特区似乎也就没有存在的必要了。也正是在这个意义上，时任总理朱镕基说：“现在特区已经不‘特’了，已经没有什么特区优惠政策了，全中国都是一样的。我们并不是按地区来优惠，而是按产业来优惠。”在经济特区成立二十周年大会上，中央要求特区“增创新优势，更上一层楼”，宣告经济特区将贯穿于中国改革开放的全过程，贯穿于中国现代化建设的全过程。有学者认为，中国经济特区被历史地赋予了双重使命：即从“改革”的意义上讲，要加快完成市场经济的转型，继续当好改革开放的“先锋队”“排头兵”；从“发展”的意义上讲，要加快实现发展方式的转变，早日完成现代化国际性大城市建设，构筑中国区域经济的新版图。

我以为，从根本上说，无论对于中国社会，还是对于一直走在改革开放前沿的特区而言，改革的任务都没有完成，改革的时代也没有结束。所以，无论如何我们都不能得出这样的结论：中国社会已从“改革的时代”进入“发展的时代”，更不能以发展替代改革。从根本上说，只有深化改革，扩大开放，确实建立起社会主义市场经济体制，才能实现发展方式的彻底转变，才能使中国社会真正走上科学发展的道路，才能实现震撼人心的“中国梦”。因为无论从逻辑还是现实上来说，改革与发展之间的关系都不是此先彼后的关系，而是深刻的因果关系。它们不是处于两个不同时代的承上启下的两项任务，而是处于同一时代、同一过程中的共同主题。这正如阿玛蒂亚·森的自由与发展的关系一样。

共筑“中国梦”的过程，依然是改革开放的过程。改革开放37年来，中国社会取得了举世瞩目的巨大成就。可以说，37年来的高速增长，靠的就是改革开放；令世人感叹的“中国奇迹”，靠的也是改革开放；实现科学发展，靠的还是改革开放；共筑“中国梦”的伟大实践，靠的必然是改革开放。以开放促改革，过去是、今后依然是中国改革开放的内在逻辑选择。

经济特区作为特殊政策的产物，已经完美地完成了她特殊的历史使命，但作为中国道路的一种选择，或者说作为中国实现现代化的一条捷径，特区的存在仍有其必然性与必要性，她的使命与功能是与时俱进并逐步拓展的。或许特区作为一种路径选择将伴随着“中国梦”实现的全过程，诸如喀什、霍尔果斯、图们江特区，以及上海自贸区、深圳前海蛇口自贸区等新兴经济特区的出现就是有力的现实说明。

每年度“经济特区蓝皮书”的顺利完成，首先都要感谢整个学术团队。这是一支专业知识扎实、学术功底深厚、对经济特区问题有比较深入思考与研究的学术团队。如果说共同的学术兴趣是“经济特区蓝皮书”团队的凝聚力之所在，那么团结、友善、合作，充满活力与朝气则是这个团队的战斗力之所在。2015 年度蓝皮书的完成不仅是项目的完成，更是学术团队的共同收获。对学术的敬畏和对专业的热爱是这支学术团队已经拥有并将永远拥有的美好品格。另外，作为学术团队的重要成员和负责人之一，袁易明教授为本年度蓝皮书的完成付出了更多的精力。周轶昆博士不仅一直承担着蓝皮书稿件的收集整理工作以及相关事务，还承担了厦门经济特区发展报告的撰写任务，他是一个踏实敬业的学者。2015 年“经济特区蓝皮书”学术团队又增添了年轻、国际化的优秀成员，毕业于美国佛罗里达大学的博士、副教授李凡加入其中，并承担了深圳湾区经济发展报告的撰写。

“经济特区蓝皮书”编委会是由学者和来自几大中国经济特区的实际工作者和地方官员组成的。从前期调研、资料收集到撰写框架的确定和初稿的论证都得到了编委会全体成员的积极参与和大力支持。来自各大特区的编委们以丰富的实践经验，为本蓝皮书的完善提出了许多有针对性的意见与建议，他们为本蓝皮书的撰写贡献了智慧。在这里尤其要说明的是，“经济特区蓝皮书”受到了来自越南广宁经济特区、南非、巴基斯坦、印度、柬埔寨、俄罗斯、哈萨克斯坦等新兴经济体的学者与官员的高度关注。逐步纳入对新兴经济体经济特区、自贸区的研究，将是本蓝皮书未来的一个发展方向。这是国别比较、借鉴的过程，也是宣传、介绍“中国道路”的过程。

在这里还要特别感谢“经济特区蓝皮书”出版项目负责人高雁女士和本书的责任编辑。他们踏实的工作作风和令人敬佩的专业精神为本书的顺利完成提供了不可或缺的指导与帮助。同时还要感谢社会科学文献出版社副总编周丽女士。

“经济特区蓝皮书”是教育部哲学社会科学发展报告立项资助的培育项目，是广东省委宣传部“理论粤军”的专项支持项目。本蓝皮书的出版还获得了深圳市文化宣传基金的资助。深圳市政府的认知能力与智慧不仅会为中国特区发展史、中国改革开放史，而且会为中国现代化进程留下厚重的一笔。它的意义和价值随着时间的延续将越发显现出来。在这里还要特别感谢时任深圳社会科学院院长、市委宣传部副部长，现任深圳市委宣传部常务副部长吴忠同志的支持与帮助，他作为编委会的主任委员不仅为本蓝皮书的撰写贡献了思想与智慧，同时也给予了切实的资助。还要感谢深圳市宣传文化事业发展专项基金领导小组办公室林久华主任对本蓝皮书的支持。可以肯定地说，政府的远见卓识是学术自由发展与繁荣的制度环境保证。

希望本书在以飨读者的同时，能得到同行和读者的批评与指正。

陶一桃

2015 年 12 月 14 日于桑泰丹华府

皮书起源

“皮书”起源于十七、十八世纪的英国，主要指官方或社会组织正式发表的重要文件或报告，多以“白皮书”命名。在中国，“皮书”这一概念被社会广泛接受，并被成功运作、发展成为一种全新的出版形态，则源于中国社会科学院社会科学文献出版社。

皮书定义

皮书是对中国与世界发展状况和热点问题进行年度监测，以专业的角度、专家的视野和实证研究方法，针对某一领域或区域现状与发展态势展开分析和预测，具备原创性、实证性、专业性、连续性、前沿性、时效性等特点的公开出版物，由一系列权威研究报告组成。

皮书作者

皮书系列的作者以中国社会科学院、著名高校、地方社会科学院的研究人员为主，多为国内一流研究机构的权威专家学者，他们的看法和观点代表了学界对中国与世界的现实和未来最高水平的解读与分析。

皮书荣誉

皮书系列已成为社会科学文献出版社的著名图书品牌和中国社会科学院的知名学术品牌。2011 年，皮书系列正式列入“十二五”国家重点出版规划项目；2012~2015 年，重点皮书列入中国社会科学院承担的国家哲学社会科学创新工程项目；2016 年，46 种院外皮书使用“中国社会科学院创新工程学术出版项目”标识。

中国皮书网

www.pishu.cn

发布皮书研创资讯，传播皮书精彩内容

引领皮书出版潮流，打造皮书服务平台

栏目设置：

- ☐ 资讯：皮书动态、皮书观点、皮书数据、皮书报道、皮书发布、电子期刊
- ☐ 标准：皮书评价、皮书研究、皮书规范
- ☐ 服务：最新皮书、皮书书目、重点推荐、在线购书
- ☐ 链接：皮书数据库、皮书博客、皮书微博、在线书城
- ☐ 搜索：资讯、图书、研究动态、皮书专家、研创团队

中国皮书网依托皮书系列“权威、前沿、原创”的优质内容资源，通过文字、图片、音频、视频等多种元素，在皮书研创者、使用者之间搭建了一个成果展示、资源共享的互动平台。

自 2005 年 12 月正式上线以来，中国皮书网的 IP 访问量、PV 浏览量与日俱增，受到海内外研究者、公务人员、商务人士以及专业读者的广泛关注。

2008 年、2011 年中国皮书网均在全国新闻出版业网站荣誉评选中获得“最具商业价值网站”称号；2012 年，获得“出版业网站百强”称号。

2014 年，中国皮书网与皮书数据库实现资源共享，端口合一，将提供更丰富的内容，更全面的服务。

法律声明

S 子库介绍
Sub-Database Introduction

中国经济发展数据库

涵盖宏观经济、农业经济、工业经济、产业经济、财政金融、交通旅游、商业贸易、劳动经济、企业经济、房地产经济、城市经济、区域经济等领域，为用户实时了解经济运行态势、把握经济发展规律、洞察经济形势、做出经济决策提供参考和依据。

中国社会发展数据库

全面整合国内外有关中国社会发展的统计数据、深度分析报告、专家解读和热点资讯构建而成的专业学术数据库。涉及宗教、社会、人口、政治、外交、法律、文化、教育、体育、文学艺术、医药卫生、资源环境等多个领域。

中国行业发展数据库

以中国国民经济行业分类为依据，跟踪分析国民经济各行业市场运行状况和政策导向，提供行业发展最前沿的资讯，为用户投资、从业及各种经济决策提供理论基础和实践指导。内容涵盖农业，能源与矿产业，交通运输业，制造业，金融业，房地产业，租赁和商务服务业，科学研究，环境和公共设施管理，居民服务业，教育，卫生和社会保障，文化、体育和娱乐业等 100 余个行业。

中国区域发展数据库

以特定区域内的经济、社会、文化、法治、资源环境等领域的现状与发展情况进行分析和预测。涵盖中部、西部、东北、西北等地区，长三角、珠三角、黄三角、京津冀、环渤海、合肥经济圈、长株潭城市群、关中－天水经济区、海峡经济区等区域经济体和城市圈，北京、上海、浙江、河南、陕西等 34 个省份。

中国文化传媒数据库

包括文化事业、文化产业、宗教、群众文化、图书馆事业、博物馆事业、档案事业、语言文字、文学、历史地理、新闻传播、广播电视、出版事业、艺术、电影、娱乐等多个子库。

世界经济与国际政治数据库

以皮书系列中涉及世界经济与国际政治的研究成果为基础，全面整合国内外有关世界经济与国际政治的统计数据、深度分析报告、专家解读和热点资讯构建而成的专业学术数据库。包括世界经济、世界政治、世界文化、国际社会、国际关系、国际组织、区域发展、国别发展等多个子库。

社长致辞

我们是图书出版者，更是人文社会科学内容资源供应商；

我们背靠中国社会科学院，面向中国与世界人文社会科学界，坚持为人文社会科学的繁荣与发展服务；

我们精心打造权威信息资源整合平台，坚持为中国经济与社会的繁荣与发展提供决策咨询服务；

我们以读者定位自身，立志让爱书人读到好书，让求知者获得知识；

我们精心编辑、设计每一本好书以形成品牌张力，以优秀的品牌形象服务读者，开拓市场；

我们始终坚持“创社科经典，出传世文献”的经营理念，坚持“权威、前沿、原创”的产品特色；

我们“以人为本”，提倡阳光下创业，员工与企业共享发展之成果；

我们立足于现实，认真对待我们的优势、劣势，我们更着眼于未来，以不断的学习与创新适应不断变化的世界，以不断的努力提升自己的实力；

我们愿与社会各界友好合作，共享人文社会科学发展之成果，共同推动中国学术出版乃至内容产业的繁荣与发展。

社会科学文献出版社社长

中国社会学会秘书长

2016 年 1 月

社会科学文献出版社成立于1985年，是直属于中国社会科学院的人文社会科学专业学术出版机构。

成立以来，特别是1998年实施第二次创业以来，依托于中国社会科学院丰厚的学术出版和专家学者两大资源，坚持“创社科经典，出传世文献”的出版理念和“权威、前沿、原创”的产品定位，社科文献立足内涵式发展道路，从战略层面推动学术出版五大能力建设，逐步走上了智库产品与专业学术成果系列化、规模化、数字化、国际化、市场化发展的经营道路。

先后策划出版了著名的图书品牌和学术品牌“皮书”系列、“列国志”、“社科文献精品译库”、“全球化译丛”、“全面深化改革研究书系”、“近世中国”、“甲骨文”、“中国史话”等一大批既有学术影响又有市场价值的系列图书，形成了较强的学术出版能力和资源整合能力。2015年社科文献出版社发稿5.5亿字，出版图书约2000种，承印发行中国社科院院属期刊74种，在多项指标上都实现了较大幅度的增长。

凭借着雄厚的出版资源整合能力，社科文献出版社长期以来一直致力于从内容资源和数字平台两个方面实现传统出版的再造，并先后推出了皮书数据库、列国志数据库、“一带一路”数据库、中国田野调查数据库、台湾大陆同乡会数据库等一系列数字产品。数字出版已经初步形成了产品设计、内容开发、编辑标引、产品运营、技术支持、营销推广等全流程体系。

在国内原创著作、国外名家经典著作大量出版，数字出版突飞猛进的同时，社科文献出版社从构建国际话语体系的角度推动学术出版国际化。先后与斯普林格、博睿、牛津、剑桥等十余家国际出版机构合作面向海外推出了“皮书系列”“改革开放30年研究书系”“中国梦与中国发展道路研究丛书”“全面深化改革研究书系”等一系列在世界范围内引起强烈反响的作品；并持续致力于中国学术出版走出去，组织学者和编辑参加国际书展，筹办国际性学术研讨会，向世界展示中国学者的学术水平和研究成果。

此外，社科文献出版社充分利用网络媒体平台，积极与中央和地方各类媒体合作，并联合大型书店、学术书店、机场书店、网络书店、图书馆，逐步构建起了强大的学术图书内容传播平台。学术图书的媒体曝光率居全国之首，图书馆藏率居于全国出版机构前十位。

上述诸多成绩的取得，有赖于一支以年轻的博士、硕士为主体，一批从中国社科院刚退出科研一线的各学科专家为支撑的300多位高素质的编辑、出版和营销队伍，为我们实现学术立社，以学术品位、学术价值来实现经济效益和社会效益这样一个目标的共同努力。

作为已经开启第三次创业梦想的人文社会科学学术出版机构，我们将以改革发展为动力，以学术资源建设为中心，以构建智慧型出版社为主线，以“整合、专业、分类、协同、持续”为各项工作指导原则，全力推进出版社数字化转型，坚定不移地走专业化、数字化、国际化发展道路，全面提升出版社核心竞争力，为实现“社科文献梦”奠定坚实基础。

经 济 类

经济类皮书涵盖宏观经济、城市经济、大区域经济，
提供权威、前沿的分析与预测

经济蓝皮书

2016 年中国经济形势分析与预测

李　扬 / 主编　　2015 年 12 月出版　　定价 :79.00 元

◆　本书为总理基金项目，由著名经济学家李扬领衔，联合中国社会科学院等数十家科研机构、国家部委和高等院校的专家共同撰写，系统分析了 2015 年的中国经济形势并预测 2016 年我国经济运行情况。

世界经济黄皮书

2016 年世界经济形势分析与预测

王洛林　张宇燕 / 主编　　2015 年 12 月出版　　定价 :79.00 元

◆　本书由中国社会科学院世界经济与政治研究所的研究团队撰写，2015 年世界经济增长继续放缓，增长格局也继续分化，发达经济体与新兴经济体之间的增长差距进一步收窄。2016 年世界经济增长形势不容乐观。

产业蓝皮书

中国产业竞争力报告（2016）NO.6

张其仔 / 主编　　2016 年 12 月出版　　估价 :98.00 元

◆　本书由中国社会科学院工业经济研究所研究团队在深入实际、调查研究的基础上完成。通过运用丰富的数据资料和最新的测评指标，从学术性、系统性、预测性上分析了 2015 年中国产业竞争力，并对未来发展趋势进行了预测。

G20 国家创新竞争力黄皮书

二十国集团（G20）国家创新竞争力发展报告（2016）

李建平　李闽榕　赵新力 / 主编　　2016 年 11 月出版　估价 :138.00 元

◆　本报告在充分借鉴国内外研究者的相关研究成果的基础上，紧密跟踪技术经济学、竞争力经济学、计量经济学等学科的最新研究动态，深入分析 G20 国家创新竞争力的发展水平、变化特征、内在动因及未来趋势，同时构建了 G20 国家创新竞争力指标体系及数学模型。

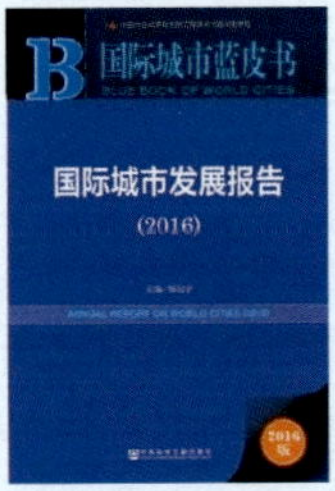

国际城市蓝皮书

国际城市发展报告（2016）

屠启宇 / 主编　　2016 年 1 月出版　　估价 :79.00 元

◆　本书作者以上海社会科学院从事国际城市研究的学者团队为核心，汇集同济大学、华东师范大学、复旦大学、上海交通大学、南京大学、浙江大学相关城市研究专业学者。立足动态跟踪介绍国际城市发展实践中，最新出现的重大战略、重大理念、重大项目、重大报告和最佳案例。

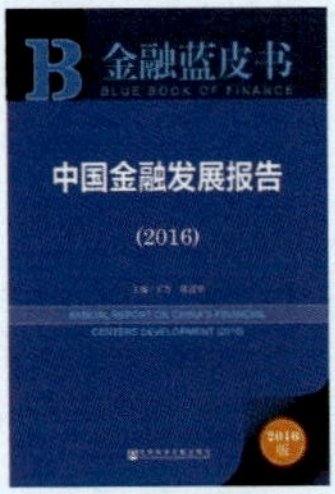

金融蓝皮书

中国金融发展报告（2016）

李　扬　王国刚 / 主编　2015 年 12 月出版　定价 :79.00 元

◆　本书由中国社会科学院金融研究所组织编写，概括和分析了 2015 年中国金融发展和运行中的各方面情况，研讨和评论了 2015 年发生的主要金融事件。本书由业内专家和青年精英联合编著，有利于读者了解掌握 2015 年中国的金融状况，把握 2016 年中国金融的走势。

农村绿皮书

中国农村经济形势分析与预测（2015 ~ 2016）

中国社会科学院农村发展研究所　国家统计局农村社会经济调查司 / 著
2016 年 4 月出版　估价 :69.00 元

◆　本书描述了 2015 年中国农业农村经济发展的一些主要指标和变化，以及对 2016 年中国农业农村经济形势的一些展望和预测。

西部蓝皮书

中国西部发展报告（2016）

姚慧琴　徐璋勇 / 主编　　2016 年 7 月出版　　估价 :89.00 元

◆　本书由西北大学中国西部经济发展研究中心主编，汇集了源自西部本土以及国内研究西部问题的权威专家的第一手资料，对国家实施西部大开发战略进行年度动态跟踪，并对 2016 年西部经济、社会发展态势进行预测和展望。

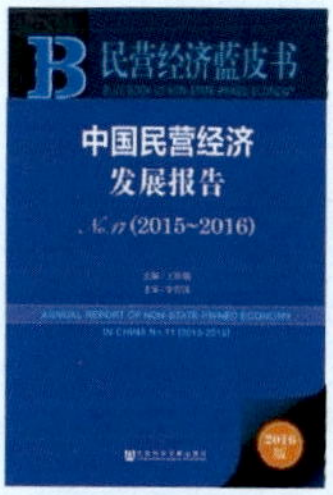

民营经济蓝皮书

中国民营经济发展报告 No.12（2015 ~ 2016）

王钦敏 / 主编　2016 年 1 月出版　估价 :75.00 元

◆　改革开放以来，民营经济从无到有、从小到大，是最具活力的增长极。本书是中国工商联课题组的研究成果，对 2015 年度中国民营经济的发展现状、趋势进行了详细的论述，并提出了合理的建议。是广大民营企业进行政策咨询、科学决策和理论创新的重要参考资料，也是理论工作者进行理论研究的重要参考资料。

经济蓝皮书夏季号

中国经济增长报告（2015 ~ 2016）

李　扬 / 主编　2016 年 8 月出版　估价 :69.00 元

◆　中国经济增长报告主要探讨 2015~2016 年中国经济增长问题，以专业视角解读中国经济增长，力求将其打造成一个研究中国经济增长、服务宏微观各级决策的周期性、权威性读物。

中三角蓝皮书

长江中游城市群发展报告（2016）

秦尊文 / 主编　2016 年 10 月出版　估价 :69.00 元

◆　本书是湘鄂赣皖四省专家学者共同研究的成果，从不同角度、不同方位记录和研究长江中游城市群一体化，提出对策措施，以期为将“中三角”打造成为继珠三角、长三角、京津冀之后中国经济增长第四极奉献学术界的聪明才智。

社会政法类

社会政法类皮书聚焦社会发展领域的热点、难点问题，
提供权威、原创的资讯与视点

社会蓝皮书

2016 年中国社会形势分析与预测

李培林　陈光金　张　翼 / 主编　2015 年 12 月出版　定价 :79.00 元

◆　本书由中国社会科学院社会学研究所组织研究机构专家、高校学者和政府研究人员撰写，聚焦当下社会热点，对 2015 年中国社会发展的各个方面内容进行了权威解读，同时对 2016 年社会形势发展趋势进行了预测。

法治蓝皮书

中国法治发展报告 No.14（2016）

李　林　田　禾 / 主编　　2016 年 3 月出版　　估价 :105.00 元

◆　本年度法治蓝皮书回顾总结了 2015 年度中国法治发展取得的成就和存在的不足，并对 2016 年中国法治发展形势进行了预测和展望。

反腐倡廉蓝皮书

中国反腐倡廉建设报告 No.6

李秋芳　张英伟 / 主编　2017 年 1 月出版　　估价 :79.00 元

◆　本书抓住了若干社会热点和焦点问题，全面反映了新时期新阶段中国反腐倡廉面对的严峻局面，以及中国共产党反腐倡廉建设的新实践新成果。根据实地调研、问卷调查和舆情分析，梳理了当下社会普遍关注的与反腐败密切相关的热点问题。

生态城市绿皮书

中国生态城市建设发展报告（2016）

刘举科　孙伟平　胡文臻 / 主编　2016 年 6 月出版　估价 :98.00 元

◆　报告以绿色发展、循环经济、低碳生活、民生宜居为理念，以更新民众观念、提供决策咨询、指导工程实践、引领绿色发展为宗旨，试图探索一条具有中国特色的城市生态文明建设新路。

公共服务蓝皮书

中国城市基本公共服务力评价（2016）

钟　君　吴正杲 / 主编　2016 年 12 月出版　估价 :79.00 元

◆　中国社会科学院经济与社会建设研究室与华图政信调查组成联合课题组，从 2010 年开始对基本公共服务力进行研究，研创了基本公共服务力评价指标体系，为政府考核公共服务与社会管理工作提供了理论工具。

教育蓝皮书

中国教育发展报告（2016）

杨东平 / 主编　2016 年 5 月出版　估价 :79.00 元

◆　本书由国内的中青年教育专家合作研究撰写。深度剖析 2015 年中国教育的热点话题，并对当下中国教育中出现的问题提出对策建议。

生态文明绿皮书

中国省域生态文明建设评价报告（ECI 2016）

严耕 / 主编　2016 年 12 月出版　估价 :85.00 元

◆　本书基于国家最新发布的权威数据，对我国的生态文明建设状况进行科学评价，并开展相应的深度分析，结合中央的政策方针和各省的具体情况，为生态文明建设推进，提出针对性的政策建议。

行业报告类

行业报告类皮书立足重点行业、新兴行业领域，
提供及时、前瞻的数据与信息

房地产蓝皮书

中国房地产发展报告 No.13（2016）

魏后凯　李景国 / 主编　　2016 年 5 月出版　　估价 :79.00 元

◆　蓝皮书秉承客观公正、科学中立的宗旨和原则，追踪 2015 年我国房地产市场最新资讯，深度分析，剖析因果，谋划对策，并对 2016 年房地产发展趋势进行了展望。

旅游绿皮书

2015 ~ 2016 年中国旅游发展分析与预测

宋　瑞 / 主编　　2016 年 1 出版　　估价 :98.00 元

◆　本书中国社会科学院旅游研究中心组织相关专家编写的年度研究报告，对 2015 年旅游行业的热点问题进行了全面的综述并提出专业性建议，并对 2016 年中国旅游的发展趋势进行展望。

互联网金融蓝皮书

中国互联网金融发展报告（2016）

李东荣 / 主编　　2016 年 8 月出版　　估价 :79.00 元

◆　近年来，许多基于互联网的金融服务模式应运而生并对传统金融业产生了深刻的影响和巨大的冲击，“互联网金融”成为社会各界关注的焦点。本书探析了 2015 年互联网金融的特点和 2016 年互联网金融的发展方向和亮点。

资产管理蓝皮书

中国资产管理行业发展报告（2016）

智信资产管理研究院 / 编著　　2016 年 6 月出版　　估价 :89.00 元

◆　中国资产管理行业刚刚兴起，未来将中国金融市场最有看点的行业，也会成为快速发展壮大的行业。本书主要分析了 2015 年度资产管理行业的发展情况，同时对资产管理行业的未来发展做出科学的预测。

老龄蓝皮书

中国老龄产业发展报告（2016）

吴玉韶　党俊武 / 编著
2016 年 9 月出版　估价 :79.00 元

◆　本书着眼于对中国老龄产业的发展给予系统介绍，深入解析，并对未来发展趋势进行预测和展望，力求从不同视角、不同层面全面剖析中国老龄产业发展的现状、取得的成绩、存在的问题以及重点、难点等。

金融蓝皮书

中国金融中心发展报告（2016）

王　力　黄育华 / 编著　　2017 年 11 月出版　　估价 :75.00 元

◆　本报告将提升中国金融中心城市的金融竞争力作为研究主线，全面、系统、连续地反映和研究中国金融中心城市发展和改革的最新进展，展示金融中心理论研究的最新成果。

流通蓝皮书

中国商业发展报告（2016）

荆林波 / 编著　2016 年 5 月出版　　估价 :89.00 元

◆　本书是中国社会科学院财经院与利丰研究中心合作的成果，从关注中国宏观经济出发，突出了中国流通业的宏观背景，详细分析了批发业、零售业、物流业、餐饮产业与电子商务等产业发展状况。

国别与地区类

国别与地区类皮书关注全球重点国家与地区，
提供全面、独特的解读与研究

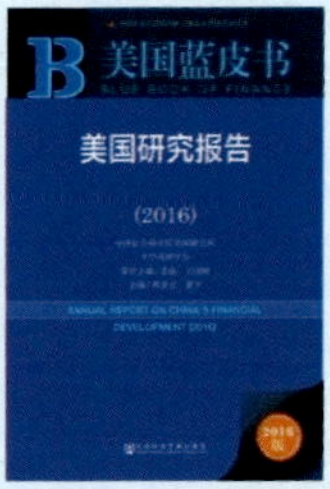

美国蓝皮书

美国研究报告（2016）

黄　平　郑秉文 / 主编　2016 年 7 月出版　估价 :89.00 元

◆　本书是由中国社会科学院美国所主持完成的研究成果，它回顾了美国 2015 年的经济、政治形势与外交战略，对 2016 年以来美国内政外交发生的重大事件以及重要政策进行了较为全面的回顾和梳理。

拉美黄皮书

拉丁美洲和加勒比发展报告（2015~2016）

吴白乙 / 主编　2016 年 5 月出版　估价 :89.00 元

◆　本书对 2015 年拉丁美洲和加勒比地区诸国的政治、经济、社会、外交等方面的发展情况做了系统介绍，对该地区相关国家的热点及焦点问题进行了总结和分析，并在此基础上对该地区各国 2016 年的发展前景做出预测。

日本经济蓝皮书

日本经济与中日经贸关系研究报告（2016）

王洛林　张季风 / 编著　2016 年 5 月出版　估价 :79.00 元

◆　本书系统、详细地介绍了 2015 年日本经济以及中日经贸关系发展情况，在进行了大量数据分析的基础上，对 2016 年日本经济以及中日经贸关系的大致发展趋势进行了分析与预测。

俄罗斯黄皮书

俄罗斯发展报告（2016）

李永全 / 编著　2016 年 7 月出版　估价 :79.00 元

◆　本书系统介绍了 2015 年俄罗斯经济政治情况，并对 2015 年该地区发生的焦点、热点问题进行了分析与回顾；在此基础上，对该地区 2016 年的发展前景进行了预测。

国际形势黄皮书

全球政治与安全报告（2016）

李慎明　张宇燕 / 主编　2015 年 12 月出版　定价 :69.00 元

◆　本书旨在对本年度全球政治及安全形势的总体情况、热点问题及变化趋势进行回顾与分析，并提出一定的预测及对策建议。作者通过事实梳理、数据分析、政策分析等途径，阐释了本年度国际关系及全球安全形势的基本特点，并在此基础上提出了具有启示意义的前瞻性结论。

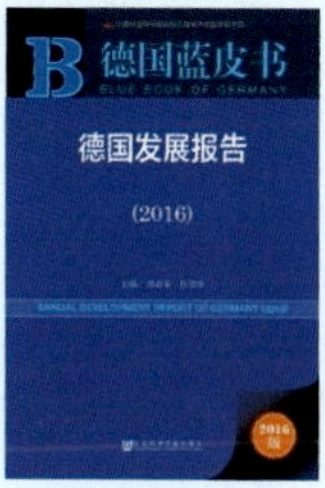

德国蓝皮书

德国发展报告（2016）

郑春荣　伍慧萍 / 主编　2016 年 6 月出版　估价 :69.00 元

◆　本报告由同济大学德国研究所组织编撰，由该领域的专家学者对德国的政治、经济、社会文化、外交等方面的形势发展情况，进行全面的阐述与分析。

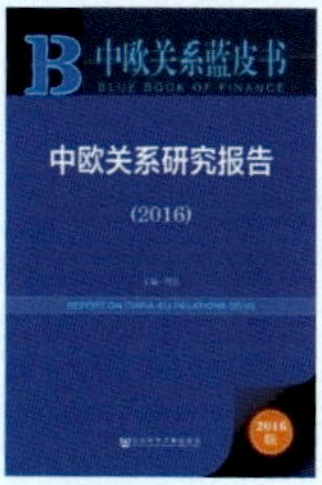

中欧关系蓝皮书

中欧关系研究报告（2016）

周弘 / 编著　2016 年 12 月出版　估价 :98.00 元

◆　本书由欧洲所暨欧洲学会推出，旨在分析、评估和预测年度中欧关系发展态势。本报告的作者均为欧洲方面的专家，他们对欧洲与中国在各个领域的发展情况进行了深入地分析和研究，对读者了解和把握中欧关系是非常有益的参考。

地方发展类

地方发展类皮书关注中国各省份、经济区域，
提供科学、多元的预判与资政信息

北京蓝皮书

北京公共服务发展报告（2015~2016）

施昌奎 / 主编　　2016 年 1 月出版　估价：69.00 元

◆　本书是由北京市政府职能部门的领导、首都著名高校的教授、知名研究机构的专家共同完成的关于北京市公共服务发展与创新的研究成果。

河南蓝皮书

河南经济发展报告（2016）

河南省社会科学院 / 编著　2016 年 12 月出版　估价 :79.00 元

◆　本书以国内外经济发展环境和走向为背景，主要分析当前河南经济形势，预测未来发展趋势，全面反映河南经济发展的最新动态、热点和问题，为地方经济发展和领导决策提供参考。

京津冀蓝皮书

京津冀发展报告（2016）

文　魁　祝尔娟 / 编著　2016 年 4 月出版　估价 :89.00 元

◆　京津冀协同发展作为重大的国家战略，已进入顶层设计、制度创新和全面推进的新阶段。本书以问题为导向，围绕京津冀发展中的重要领域和重大问题，研究如何推进京津冀协同发展。

文化传媒类

文化传媒类皮书透视文化领域、文化产业，
探索文化大繁荣、大发展的路径

新媒体蓝皮书

中国新媒体发展报告 No.7（2016）

唐绪军 / 主编　　2016 年 6 月出版　　估价 :79.00 元

◆　本书是由中国社会科学院新闻与传播研究所组织编写的关于新媒体发展的最新年度报告，旨在全面分析中国新媒体的发展现状，解读新媒体的发展趋势，探析新媒体的深刻影响。

移动互联网蓝皮书

中国移动互联网发展报告（2016）

官建文 / 编著　　2016 年 6 月出版　　估价 :79.00 元

◆　本书着眼于对中国移动互联网 2015 年度的发展情况做深入解析，对未来发展趋势进行预测，力求从不同视角、不同层面全面剖析中国移动互联网发展的现状、年度突破以及热点趋势等。

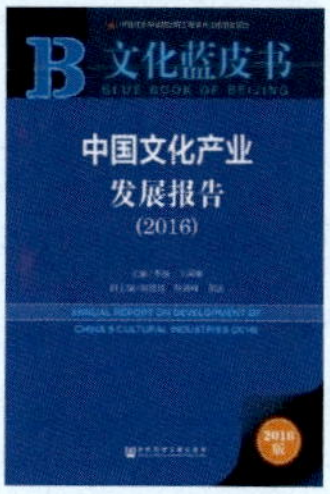

文化蓝皮书

中国文化产业发展报告（2016）

张晓明　王家新　章建刚 / 主编　　2016 年 4 月出版　　估价 :79.00 元

◆　本书由中国社会科学院文化研究中心编写。从 2012 年开始，中国社会科学院文化研究中心设立了国内首个文化产业的研究类专项资金——“文化产业重大课题研究计划”，开始在全国范围内组织多学科专家学者对我国文化产业发展重大战略问题进行联合攻关研究。本书集中反映了该计划的研究成果。

经济类

G20国家创新竞争力黄皮书
二十国集团（G20）国家创新竞争力发展报告（2016）
著(编)者:李建平 李闽榕 赵新力
2016年11月出版 / 估价:138.00元

产业蓝皮书
中国产业竞争力报告（2016）NO.6
著(编)者:张其仔 2016年12月出版 / 估价:98.00元

城市创新蓝皮书
中国城市创新报告（2016）
著(编)者:周天勇 旷建伟 2016年8月出版 / 估价:69.00元

城市蓝皮书
中国城市发展报告 NO.9
著(编)者:潘家华 魏后凯 2016年9月出版 / 估价:69.00元

城市群蓝皮书
中国城市群发展指数报告（2016）
著(编)者:刘士林 刘新静 2016年10月出版 / 估价:69.00元

城乡一体化蓝皮书
中国城乡一体化发展报告（2015～2016）
著(编)者:汝信 付崇兰 2016年7月出版 / 估价:85.00元

城镇化蓝皮书
中国新型城镇化健康发展报告（2016）
著(编)者:张占斌 2016年5月出版 / 估价:79.00元

创新蓝皮书
创新型国家建设报告（2015～2016）
著(编)者:詹正茂 2016年11月出版 / 估价:69.00元

低碳发展蓝皮书
中国低碳发展报告（2016）
著(编)者:齐晔 2016年3月出版 / 估价:89.00元

低碳经济蓝皮书
中国低碳经济发展报告（2016）
著(编)者:薛进军 赵忠秀 2016年6月出版 / 估价:85.00元

东北蓝皮书
中国东北地区发展报告（2016）
著(编)者:马克 黄文艺 2016年8月出版 / 估价:79.00元

工业化蓝皮书
中国工业化进程报告（2016）
著(编)者:黄群慧 吕铁 李晓华 等
2016年11月出版 / 估价:89.00元

管理蓝皮书
中国管理发展报告（2016）
著(编)者:张晓东 2016年9月出版 / 估价:98.00元

国际城市蓝皮书
国际城市发展报告（2016）
著(编)者:屠启宇 2016年1月出版 / 估价:79.00元

国家创新蓝皮书
中国创新发展报告（2016）
著(编)者:陈劲 2016年9月出版 / 估价:69.00元

金融蓝皮书
中国金融发展报告（2016）
著(编)者:李扬 王国刚 2015年12月出版 / 定价:79.00元

京津冀产业蓝皮书
京津冀产业协同发展报告（2016）
著(编)者:中智科博（北京）产业经济发展研究院
2016年6月出版 / 估价:69.00元

京津冀蓝皮书
京津冀发展报告（2016）
著(编)者:文魁 祝尔娟 2016年4月出版 / 估价:89.00元

经济蓝皮书
2016年中国经济形势分析与预测
著(编)者:李扬 2015年12月出版 / 定价:79.00元

经济蓝皮书·春季号
2016年中国经济前景分析
著(编)者:李扬 2016年5月出版 / 估价:79.00元

经济蓝皮书·夏季号
中国经济增长报告（2015～2016）
著(编)者:李扬 2016年8月出版 / 估价:99.00元

经济信息绿皮书
中国与世界经济发展报告（2016）
著(编)者:杜平 2015年12月出版 / 定价:89.00元

就业蓝皮书
2016年中国本科生就业报告
著(编)者:麦可思研究院 2016年6月出版 / 估价:98.00元

就业蓝皮书
2016年中国高职高专生就业报告
著(编)者:麦可思研究院 2016年6月出版 / 估价:98.00元

临空经济蓝皮书
中国临空经济发展报告（2016）
著(编)者:连玉明 2016年11月出版 / 估价:79.00元

民营经济蓝皮书
中国民营经济发展报告 NO.12（2015～2016）
著(编)者:王钦敏 2016年1月出版 / 估价:75.00元

农村绿皮书
中国农村经济形势分析与预测（2015～2016）
著(编)者:中国社会科学院农村发展研究所
国家统计局农村社会经济调查司
2016年4月出版 / 估价:69.00元

农业应对气候变化蓝皮书
气候变化对中国农业影响评估报告 No.2
著(编)者:矫梅燕 2016年8月出版 / 估价:98.00元

企业公民蓝皮书
中国企业公民报告 NO.4
著(编)者:邹东涛 2016年1月出版 / 估价:79.00元

气候变化绿皮书
应对气候变化报告（2016）
著(编)者:王伟光 郑国光 2016年11月出版 / 估价:98.00元

区域蓝皮书
中国区域经济发展报告（2015～2016）
著(编)者:梁昊光 2016年5月出版 / 估价:79.00元

全球环境竞争力绿皮书
全球环境竞争力报告（2016）
著(编)者:李建平 李闽榕 王金南
2016年12月出版 / 估价:198.00元

人口与劳动绿皮书
中国人口与劳动问题报告 NO.17
著(编)者:蔡昉 张车伟 2016年11月出版 / 估价:69.00元

商务中心区蓝皮书
中国商务中心区发展报告 NO.2（2016）
著(编)者:魏后凯 李国红 2016年1月出版 / 估价:89.00元

世界经济黄皮书
2016年世界经济形势分析与预测
著(编)者:王洛林 张宇燕 2015年12月出版 / 定价:79.00元

世界旅游城市绿皮书
世界旅游城市发展报告（2016）
著(编)者:鲁勇 周正宇 宋宇 2016年6月出版 / 估价:88.00元

西北蓝皮书
中国西北发展报告（2016）
著(编)者:孙发平 苏海红 鲁顺元
2015年12月出版 / 估价:79.00元

西部蓝皮书
中国西部发展报告（2016）
著(编)者:姚慧琴 徐璋勇 2016年7月出版 / 估价:89.00元

县域发展蓝皮书
中国县域经济增长能力评估报告（2016）
著(编)者:王力 2016年10月出版 / 估价:69.00元

新型城镇化蓝皮书
新型城镇化发展报告（2016）
著(编)者:李伟 宋敏 沈体雁 2016年11月出版 / 估价:98.00元

新兴经济体蓝皮书
金砖国家发展报告（2016）
著(编)者:林跃勤 周文 2016年7月出版 / 估价:79.00元

长三角蓝皮书
2016年全面深化改革中的长三角
著(编)者:张伟斌 2016年10月出版 / 估价:69.00元

中部竞争力蓝皮书
中国中部经济社会竞争力报告（2016）
著(编)者:教育部人文社会科学重点研究基地
南昌大学中国中部经济社会发展研究中心
2016年10月出版 / 估价:79.00元

中部蓝皮书
中国中部地区发展报告（2016）
著(编)者:宋亚平 2016年12月出版 / 估价:78.00元

中国省域竞争力蓝皮书
中国省域经济综合竞争力发展报告（2015～2016）
著(编)者:李建平 李闽榕 高燕京
2016年2月出版 / 估价:198.00元

中三角蓝皮书
长江中游城市群发展报告（2016）
著(编)者:秦尊文 2016年10月出版 / 估价:69.00元

中小城市绿皮书
中国中小城市发展报告（2016）
著(编)者:中国城市经济学会中小城市经济发展委员会
中国城镇化促进会中小城市发展委员会
《中国中小城市发展报告》编纂委员会
中小城市发展战略研究院
2016年10月出版 / 估价:98.00元

中原蓝皮书
中原经济区发展报告（2016）
著(编)者:李英杰 2016年6月出版 / 估价:88.00元

自贸区蓝皮书
中国自贸区发展报告（2016）
著(编)者:王力 王吉培 2016年10月出版 / 估价:69.00元

社会政法类

北京蓝皮书
中国社区发展报告（2016）
著(编)者:于燕燕 2017年2月出版 / 估价:79.00元

殡葬绿皮书
中国殡葬事业发展报告（2016）
著(编)者:李伯森 2016年4月出版 / 估价:158.00元

城市管理蓝皮书
中国城市管理报告（2016）
著(编)者:谭维克 刘林 2017年2月出版 / 估价:118.00元

城市生活质量蓝皮书
中国城市生活质量报告（2016）
著(编)者:张连城 张平 杨春学 郎丽华
2016年7月出版 / 估价:89.00元

城市政府能力蓝皮书
中国城市政府公共服务能力评估报告（2016）
著(编)者:何艳玲　2016年7月出版 / 估价:69.00元

创新蓝皮书
中国创业环境发展报告（2016）
著(编)者:姚凯 曹祎遐　2016年1月出版 / 估价:69.00元

慈善蓝皮书
中国慈善发展报告（2016）
著(编)者:杨团　2016年6月出版 / 估价:79.00元

地方法治蓝皮书
中国地方法治发展报告 NO.2（2016）
著(编)者:李林 田禾　2016年1月出版 / 估价:98.00元

法治蓝皮书
中国法治发展报告 NO.14（2016）
著(编)者:李林 田禾　2016年3月出版 / 估价:105.00元

反腐倡廉蓝皮书
中国反腐倡廉建设报告 NO.6
著(编)者:李秋芳 张英伟　2017年1月出版 / 估价:79.00元

非传统安全蓝皮书
中国非传统安全研究报告（2015～2016）
著(编)者:余潇枫 魏志江　2016年5月出版 / 估价:79.00元

妇女发展蓝皮书
中国妇女发展报告 NO.6
著(编)者:王金玲　2016年9月出版 / 估价:148.00元

妇女教育蓝皮书
中国妇女教育发展报告 NO.3
著(编)者:张李玺　2016年10月出版 / 估价:78.00元

妇女绿皮书
中国性别平等与妇女发展报告（2016）
著(编)者:谭琳　2016年12月出版 / 估价:99.00元

公共服务蓝皮书
中国城市基本公共服务力评价（2016）
著(编)者:钟君 吴正杲　2016年12月出版 / 估价:79.00元

公共管理蓝皮书
中国公共管理发展报告（2016）
著(编)者:贡森 李国强 杨维富
2016年4月出版 / 估价:69.00元

公共外交蓝皮书
中国公共外交发展报告（2016）
著(编)者:赵启正 雷蔚真　2016年4月出版 / 估价:89.00元

公民科学素质蓝皮书
中国公民科学素质报告（2016）
著(编)者:李群 许佳军　2016年3月出版 / 估价:79.00元

公益蓝皮书
中国公益发展报告（2016）
著(编)者:朱健刚　2016年5月出版 / 估价:78.00元

国际人才蓝皮书
海外华侨华人专业人士报告（2016）
著(编)者:王辉耀 苗绿　2016年8月出版 / 估价:69.00元

国际人才蓝皮书
中国国际移民报告（2016）
著(编)者:王辉耀　2016年2月出版 / 估价:79.00元

国际人才蓝皮书
中国海归发展报告（2016）NO.3
著(编)者:王辉耀 苗绿　2016年10月出版 / 估价:69.00元

国际人才蓝皮书
中国留学发展报告（2016）NO.5
著(编)者:王辉耀 苗绿　2016年10月出版 / 估价:79.00元

国家公园蓝皮书
中国国家公园体制建设报告（2016）
著(编)者:苏杨 张玉钧 石金莲 刘锋 等
2016年10月出版 / 估价:69.00元

海洋社会蓝皮书
中国海洋社会发展报告（2016）
著(编)者:崔凤 宋宁而　2016年7月出版 / 估价:89.00元

行政改革蓝皮书
中国行政体制改革报告（2016）NO.5
著(编)者:魏礼群　2016年4月出版 / 估价:98.00元

华侨华人蓝皮书
华侨华人研究报告（2016）
著(编)者:贾益民　2016年12月出版 / 估价:98.00元

环境竞争力绿皮书
中国省域环境竞争力发展报告（2016）
著(编)者:李建平 李闽榕 王金南
2016年11月出版 / 估价:198.00元

环境绿皮书
中国环境发展报告（2016）
著(编)者:刘鉴强　2016年5月出版 / 估价:79.00元

基金会蓝皮书
中国基金会发展报告（2016）
著(编)者:刘忠祥　2016年4月出版 / 估价:69.00元

基金会绿皮书
中国基金会发展独立研究报告（2016）
著(编)者:基金会中心网 中央民族大学基金会研究中心
2016年6月出版 / 估价:88.00元

基金会透明度蓝皮书
中国基金会透明度发展研究报告（2016）
著(编)者:基金会中心网 清华大学廉政与治理研究中心
2016年9月出版 / 估价:85.00元

教师蓝皮书
中国中小学教师发展报告（2016）
著(编)者:曾晓东 鱼霞　2016年6月出版 / 估价:69.00元

教育蓝皮书
中国教育发展报告（2016）
著(编)者:杨东平　2016年5月出版 / 估价:79.00元

科普蓝皮书
中国科普基础设施发展报告（2016）
著(编)者:任福君　2016年6月出版 / 估价:69.00元

科学教育蓝皮书
中国科学教育发展报告（2016）
著(编)者:罗晖 王康友　2016年10月出版 / 估价:79.00元

劳动保障蓝皮书
中国劳动保障发展报告（2016）
著(编)者:刘燕斌　2016年8月出版 / 估价:158.00元

连片特困区蓝皮书
中国连片特困区发展报告（2016）
著(编)者:游俊 冷志明 丁建军
2016年3月出版 / 估价:98.00元

民间组织蓝皮书
中国民间组织报告（2016）
著(编)者:黄晓勇　2016年12月出版 / 估价:79.00元

民调蓝皮书
中国民生调查报告（2016）
著(编)者:谢耘耕　2016年5月出版 / 估价:128.00元

民族发展蓝皮书
中国民族发展报告（2016）
著(编)者:郝时远 王延中 王希恩
2016年4月出版 / 估价:98.00元

女性生活蓝皮书
中国女性生活状况报告 NO.10（2016）
著(编)者:韩湘景　2016年4月出版 / 估价:79.00元

汽车社会蓝皮书
中国汽车社会发展报告（2016）
著(编)者:王俊秀　2016年1月出版 / 估价:69.00元

青年蓝皮书
中国青年发展报告（2016）NO.4
著(编)者:廉思 等　2016年4月出版 / 估价:69.00元

青少年蓝皮书
中国未成年人互联网运用报告（2016）
著(编)者:李文革 沈杰 季为民
2016年11月出版 / 估价:89.00元

青少年体育蓝皮书
中国青少年体育发展报告（2016）
著(编)者:郭建军 杨桦　2016年9月出版 / 估价:69.00元

区域人才蓝皮书
中国区域人才竞争力报告 NO.2
著(编)者:桂昭明 王辉耀
2016年6月出版 / 估价:69.00元

群众体育蓝皮书
中国群众体育发展报告（2016）
著(编)者:刘国永 杨桦　2016年10月出版 / 估价:69.00元

人才蓝皮书
中国人才发展报告（2016）
著(编)者:潘晨光　2016年9月出版 / 估价:85.00元

人权蓝皮书
中国人权事业发展报告 NO.6（2016）
著(编)者:李君如　2016年9月出版 / 估价:128.00元

社会保障绿皮书
中国社会保障发展报告（2016）NO.8
著(编)者:王延中　2016年4月出版 / 估价:99.00元

社会工作蓝皮书
中国社会工作发展报告（2016）
著(编)者:民政部社会工作研究中心
2016年8月出版 / 估价:79.00元

社会管理蓝皮书
中国社会管理创新报告 NO.4
著(编)者:连玉明　2016年11月出版 / 估价:89.00元

社会蓝皮书
2016年中国社会形势分析与预测
著(编)者:李培林　陈光金　张翼
2015年12月出版 / 定价:79.00元

社会体制蓝皮书
中国社会体制改革报告（2016）NO.4
著(编)者:龚维斌　2016年4月出版 / 估价:79.00元

社会心态蓝皮书
中国社会心态研究报告（2016）
著(编)者:王俊秀 杨宜音　2016年10月出版 / 估价:69.00元

社会组织蓝皮书
中国社会组织评估发展报告（2016）
著(编)者:徐家良 廖鸿　2016年12月出版 / 估价:69.00元

生态城市绿皮书
中国生态城市建设发展报告（2016）
著(编)者:刘举科 孙伟平 胡文臻
2016年9月出版 / 估价:148.00元

生态文明绿皮书
中国省域生态文明建设评价报告（ECI 2016）
著(编)者:严耕　2016年12月出版 / 估价:85.00元

世界社会主义黄皮书
世界社会主义跟踪研究报告（2015～2016）
著(编)者:李慎明　2016年4月出版 / 估价:258.00元

水与发展蓝皮书
中国水风险评估报告（2016）
著(编)者:王浩　2016年9月出版 / 估价:69.00元

体育蓝皮书
长三角地区体育产业发展报告（2016）
著(编)者:张林　2016年4月出版 / 估价:79.00元

体育蓝皮书
中国公共体育服务发展报告（2016）
著(编)者:戴健　2016年12月出版 / 估价:79.00元

土地整治蓝皮书
中国土地整治发展研究报告 NO.3
著(编)者:国土资源部土地整治中心
2016年5月出版 / 估价:89.00元

土地政策蓝皮书
中国土地政策发展报告（2016）
著(编)者:高延利 李宪文 唐健
2016年12月出版 / 估价:69.00元

危机管理蓝皮书
中国危机管理报告（2016）
著(编)者:文学国 范正青　2016年8月出版 / 估价:89.00元

形象危机应对蓝皮书
形象危机应对研究报告（2016）
著(编)者:唐钧　2016年6月出版 / 估价:149.00元

医改蓝皮书
中国医药卫生体制改革报告（2016）
著(编)者:文学国 房志武　2016年11月出版 / 估价:98.00元

医疗卫生绿皮书
中国医疗卫生发展报告 NO.7（2016）
著(编)者:申宝忠 韩玉珍　2016年4月出版 / 估价:75.00元

政治参与蓝皮书
中国政治参与报告（2016）
著(编)者:房宁　2016年7月出版 / 估价:108.00元

政治发展蓝皮书
中国政治发展报告（2016）
著(编)者:房宁 杨海蛟　2016年5月出版 / 估价:88.00元

智慧社区蓝皮书
中国智慧社区发展报告（2016）
著(编)者:罗昌智 张辉德　2016年7月出版 / 估价:69.00元

中国农村妇女发展蓝皮书
农村流动女性城市生活发展报告（2016）
著(编)者:谢丽华　2016年12月出版 / 估价:79.00元

宗教蓝皮书
中国宗教报告（2016）
著(编)者:邱永辉　2016年5月出版 / 估价:79.00元

行业报告类

保健蓝皮书
中国保健服务产业发展报告 NO.2
著(编)者:中国保健协会 中共中央党校
2016年7月出版 / 估价:198.00元

保健蓝皮书
中国保健食品产业发展报告 NO.2
著(编)者:中国保健协会
中国社会科学院食品药品产业发展与监管研究中心
2016年7月出版 / 估价:198.00元

保健蓝皮书
中国保健用品产业发展报告 NO.2
著(编)者:中国保健协会
国务院国有资产监督管理委员会研究中心
2016年2月出版 / 估价:198.00元

保险蓝皮书
中国保险业创新发展报告（2016）
著(编)者:项俊波　2016年12月出版 / 估价:69.00元

保险蓝皮书
中国保险业竞争力报告（2016）
著(编)者:项俊波　2015年12月出版 / 估价:99.00元

采供血蓝皮书
中国采供血管理报告（2016）
著(编)者:朱永明 耿鸿武　2016年8月出版 / 估价:69.00元

彩票蓝皮书
中国彩票发展报告（2016）
著(编)者:益彩基金　2016年4月出版 / 估价:98.00元

餐饮产业蓝皮书
中国餐饮产业发展报告（2016）
著(编)者:邢颖　2016年4月出版 / 估价:69.00元

测绘地理信息蓝皮书
测绘地理信息转型升级研究报告（2016）
著(编)者:库热西·买合苏提　2016年12月出版 / 估价:98.00元

茶业蓝皮书
中国茶产业发展报告（2016）
著(编)者:杨江帆 李闽榕　2016年10月出版 / 估价:78.00元

产权市场蓝皮书
中国产权市场发展报告（2015～2016）
著(编)者:曹和平　2016年5月出版 / 估价:89.00元

产业安全蓝皮书
中国出版传媒产业安全报告（2016）
著(编)者:北京印刷学院文化产业安全研究院
2016年4月出版 / 估价:69.00元

产业安全蓝皮书
中国文化产业安全报告（2016）
著(编)者:北京印刷学院文化产业安全研究院
2016年4月出版 / 估价:89.00元

产业安全蓝皮书
中国新媒体产业安全报告（2016）
著(编)者:北京印刷学院文化产业安全研究院
2016年5月出版 / 估价:69.00元

大数据蓝皮书
网络空间和大数据发展报告（2016）
著(编)者:杜平　2016年2月出版 / 估价:69.00元

电子商务蓝皮书
中国电子商务服务业发展报告 NO.3
著(编)者:荆林波 梁春晓　2016年5月出版 / 估价:69.00元

电子政务蓝皮书
中国电子政务发展报告（2016）
著(编)者:洪毅 杜平　2016年11月出版 / 估价:79.00元

杜仲产业绿皮书
中国杜仲橡胶资源与产业发展报告（2016）
著(编)者:杜红岩 胡文臻 俞锐
2016年1月出版 / 估价:85.00元

房地产蓝皮书
中国房地产发展报告 NO.13（2016）
著(编)者:魏后凯 李景国　2016年5月出版 / 估价:79.00元

服务外包蓝皮书
中国服务外包产业发展报告（2016）
著(编)者:王晓红 刘德军
2016年6月出版 / 估价:89.00元

服务外包蓝皮书
中国服务外包竞争力报告（2016）
著(编)者:王力 刘春生 黄育华
2016年11月出版 / 估价:85.00元

工业和信息化蓝皮书
世界网络安全发展报告（2016）
著(编)者:洪京一　2016年4月出版 / 估价:69.00元

工业和信息化蓝皮书
世界信息化发展报告（2016）
著(编)者:洪京一　2016年4月出版 / 估价:69.00元

工业和信息化蓝皮书
世界信息技术产业发展报告（2016）
著(编)者:洪京一　2016年4月出版 / 估价:79.00元

工业和信息化蓝皮书
世界制造业发展报告（2016）
著(编)者:洪京一　2016年4月出版 / 估价:69.00元

工业和信息化蓝皮书
移动互联网产业发展报告（2016）
著(编)者:洪京一　2016年4月出版 / 估价:79.00元

工业设计蓝皮书
中国工业设计发展报告（2016）
著(编)者:王晓红 于炜 张立群
2016年9月出版 / 估价:138.00元

互联网金融蓝皮书
中国互联网金融发展报告（2016）
著(编)者: 李东荣　2016年8月出版 / 估价:79.00元

会展蓝皮书
中外会展业动态评估年度报告（2016）
著(编)者:张敏　2016年1月出版 / 估价:78.00元

节能汽车蓝皮书
中国节能汽车产业发展报告（2016）
著(编)者:中国汽车工程研究院股份有限公司
2016年12月出版 / 估价:69.00元

金融监管蓝皮书
中国金融监管报告（2016）
著(编)者:胡滨　2016年4月出版 / 估价:89.00元

金融蓝皮书
中国金融中心发展报告（2016）
著(编)者:王力 黄育华　2017年11月出版 / 估价:75.00元

金融蓝皮书
中国商业银行竞争力报告（2016）
著(编)者:王松奇　2016年5月出版 / 估价:69.00元

经济林产业绿皮书
中国经济林产业发展报告（2016）
著(编)者:李芳东 胡文臻 乌云塔娜 杜红岩
2016年12月出版 / 估价:69.00元

客车蓝皮书
中国客车产业发展报告（2016）
著(编)者:姚蔚　2016年2月出版 / 估价:85.00元

老龄蓝皮书
中国老龄产业发展报告（2016）
著(编)者:吴玉韶 党俊武　2016年9月出版 / 估价:79.00元

流通蓝皮书
中国商业发展报告（2016）
著(编)者:荆林波　2016年5月出版 / 估价:89.00元

旅游安全蓝皮书
中国旅游安全报告（2016）
著(编)者:郑向敏 谢朝武　2016年5月出版 / 估价:128.00元

旅游绿皮书
2015～2016年中国旅游发展分析与预测
著(编)者:宋瑞　2016年1月出版 / 估价:98.00元

煤炭蓝皮书
中国煤炭工业发展报告（2016）
著(编)者:岳福斌　2016年12月出版 / 估价:79.00元

民营企业社会责任蓝皮书
中国民营企业社会责任年度报告（2016）
著(编)者:中华全国工商业联合会
2016年7月出版 / 估价:69.00元

民营医院蓝皮书
中国民营医院发展报告（2016）
著(编)者:庄一强　2016年10月出版 / 估价:75.00元

能源蓝皮书
中国能源发展报告（2016）
著(编)者:崔民选 王军生 陈义和
2016年8月出版 / 估价:79.00元

农产品流通蓝皮书
中国农产品流通产业发展报告（2016）
著(编)者:贾敬敦 张东科 张玉玺 张鹏毅 周伟
2016年1月出版 / 估价:89.00元

期货蓝皮书
中国期货市场发展报告(2016)
著(编)者:李群 王在荣　2016年11月出版 / 估价:69.00元

企业公益蓝皮书
中国企业公益研究报告（2016）
著(编)者:钟宏武 汪杰 顾一 黄晓娟 等
2016年12月出版 / 估价:69.00元

企业公众透明度蓝皮书
中国企业公众透明度报告 (2016) NO.2
著(编)者:黄速建 王晓光 肖红军
2016年1月出版 / 估价:98.00元

企业国际化蓝皮书
中国企业国际化报告（2016）
著(编)者:王辉耀　2016年11月出版 / 估价:98.00元

企业蓝皮书
中国企业绿色发展报告 NO.2（2016）
著(编)者:李红玉 朱光辉　2016年8月出版 / 估价:79.00元

企业社会责任蓝皮书
中国企业社会责任研究报告（2016）
著(编)者:黄群慧 钟宏武 张蒽 等
2016年11月出版 / 估价:79.00元

企业社会责任能力蓝皮书
中国上市公司社会责任能力成熟度报告（2016）
著(编)者:肖红军 王晓光 李伟阳
2016年11月出版 / 估价:69.00元

汽车安全蓝皮书
中国汽车安全发展报告（2016）
著(编)者:中国汽车技术研究中心
2016年7月出版 / 估价:89.00元

汽车电子商务蓝皮书
中国汽车电子商务发展报告（2016）
著(编)者:中华全国工商业联合会汽车经销商商会
北京易观智库网络科技有限公司
2016年5月出版 / 估价:128.00元

汽车工业蓝皮书
中国汽车工业发展年度报告（2016）
著(编)者:中国汽车工业协会 中国汽车技术研究中心
丰田汽车（中国）投资有限公司
2016年4月出版 / 估价:128.00元

汽车蓝皮书
中国汽车产业发展报告（2016）
著(编)者:国务院发展研究中心产业经济研究部
中国汽车工程学会 大众汽车集团（中国）
2016年8月出版 / 估价:158.00元

清洁能源蓝皮书
国际清洁能源发展报告（2016）
著(编)者:苏树辉 袁国林 李玉崙
2016年11月出版 / 估价:99.00元

人力资源蓝皮书
中国人力资源发展报告（2016）
著(编)者:余兴安　2016年12月出版 / 估价:79.00元

融资租赁蓝皮书
中国融资租赁业发展报告（2015～2016）
著(编)者:李光荣 王力　2016年1月出版 / 估价:89.00元

软件和信息服务业蓝皮书
中国软件和信息服务业发展报告（2016）
著(编)者:洪京一　2016年12月出版 / 估价:198.00元

商会蓝皮书
中国商会发展报告NO.5（2016）
著(编)者:王钦敏　2016年7月出版 / 估价:89.00元

上市公司蓝皮书
中国上市公司社会责任信息披露报告（2016）
著(编)者:张旺 张杨　2016年11月出版 / 估价:69.00元

上市公司蓝皮书
中国上市公司质量评价报告（2015～2016）
著(编)者:张跃文 王力　2016年11月出版 / 估价:118.00元

设计产业蓝皮书
中国设计产业发展报告（2016）
著(编)者:陈冬亮 梁昊光　2016年3月出版 / 估价:89.00元

食品药品蓝皮书
食品药品安全与监管政策研究报告（2016）
著(编)者:唐民皓　2016年7月出版 / 估价:69.00元

世界能源蓝皮书
世界能源发展报告（2016）
著(编)者:黄晓勇　2016年6月出版 / 估价:99.00元

水利风景区蓝皮书
中国水利风景区发展报告（2016）
著(编)者:兰思仁　2016年8月出版 / 估价:69.00元

私募市场蓝皮书
中国私募股权市场发展报告（2016）
著(编)者:曹和平　2016年12月出版 / 估价:79.00元

碳市场蓝皮书
中国碳市场报告（2016）
著(编)者:宁金彪　2016年11月出版 / 估价:69.00元

体育蓝皮书
中国体育产业发展报告（2016）
著(编)者:阮伟 钟秉枢　2016年7月出版 / 估价:69.00元

投资蓝皮书
中国投资发展报告（2016）
著(编)者:谢平　2016年4月出版 / 估价:128.00元

土地市场蓝皮书
中国农村土地市场发展报告（2016）
著(编)者:李光荣 高传捷　2016年1月出版 / 估价:69.00元

网络空间安全蓝皮书
中国网络空间安全发展报告（2016）
著(编)者:惠志斌 唐涛　2016年4月出版 / 估价:79.00元

物联网蓝皮书
中国物联网发展报告（2016）
著(编)者:黄桂田 龚六堂 张全升
2016年1月出版 / 估价:69.00元

西部工业蓝皮书
中国西部工业发展报告（2016）
著(编)者:方行明 甘犁 刘方健 姜凌 等
2016年9月出版 / 估价:79.00元

西部金融蓝皮书
中国西部金融发展报告（2016）
著(编)者:李忠民　2016年8月出版 / 估价:75.00元

协会商会蓝皮书
中国行业协会商会发展报告（2016）
著(编)者:景朝阳 李勇　2016年4月出版 / 估价:99.00元

新能源汽车蓝皮书
中国新能源汽车产业发展报告（2016）
著(编)者:中国汽车技术研究中心
日产（中国）投资有限公司 东风汽车有限公司
2016年8月出版 / 估价:89.00元

新三板蓝皮书
中国新三板市场发展报告（2016）
著(编)者:王力　2016年6月出版 / 估价:69.00元

信托市场蓝皮书
中国信托业市场报告（2015～2016）
著(编)者:用益信托工作室
2016年2月出版 / 估价:198.00元

信息安全蓝皮书
中国信息安全发展报告（2016）
著(编)者:张晓东　2016年2月出版 / 估价:69.00元

信息化蓝皮书
中国信息化形势分析与预测（2016）
著(编)者:周宏仁　2016年8月出版 / 估价:98.00元

信用蓝皮书
中国信用发展报告（2016）
著(编)者:章政 田侃　2016年4月出版 / 估价:99.00元

休闲绿皮书
2016年中国休闲发展报告
著(编)者:宋瑞
2016年10月出版 / 估价:79.00元

药品流通蓝皮书
中国药品流通行业发展报告（2016）
著(编)者:佘鲁林 温再兴
2016年8月出版 / 估价:158.00元

医药蓝皮书
中国中医药产业园战略发展报告（2016）
著(编)者:裴长洪 房书亭 吴滌心
2016年3月出版 / 估价:89.00元

邮轮绿皮书
中国邮轮产业发展报告（2016）
著(编)者:汪泓　2016年10月出版 / 估价:79.00元

智能养老蓝皮书
中国智能养老产业发展报告（2016）
著(编)者:朱勇　2016年10月出版 / 估价:89.00元

中国SUV蓝皮书
中国SUV产业发展报告（2016）
著(编)者:靳军　2016年12月出版 / 估价:69.00元

中国金融行业蓝皮书
中国债券市场发展报告（2016）
著(编)者:谢多　2016年7月出版 / 估价:69.00元

中国上市公司蓝皮书
中国上市公司发展报告（2016）
著(编)者:中国社会科学院上市公司研究中心
2016年9月出版 / 估价:98.00元

中国游戏蓝皮书
中国游戏产业发展报告（2016）
著(编)者:孙立军 刘跃军 牛兴侦
2016年4月出版 / 估价:69.00元

中国总部经济蓝皮书
中国总部经济发展报告（2015～2016）
著(编)者:赵弘　2016年9月出版 / 估价:79.00元

资本市场蓝皮书
中国场外交易市场发展报告（2016）
著(编)者:高峦　2016年8月出版 / 估价:79.00元

资产管理蓝皮书
中国资产管理行业发展报告（2016）
著(编)者:智信资产管理研究院
2016年6月出版 / 估价:89.00元

文化传媒类

传媒竞争力蓝皮书
中国传媒国际竞争力研究报告（2016）
著(编)者:李本乾 刘强
2016年11月出版 / 估价:148.00元

传媒蓝皮书
中国传媒产业发展报告（2016）
著(编)者:崔保国 2016年5月出版 / 估价:98.00元

传媒投资蓝皮书
中国传媒投资发展报告（2016）
著(编)者:张向东 谭云明
2016年6月出版 / 估价:128.00元

动漫蓝皮书
中国动漫产业发展报告（2016）
著(编)者:卢斌 郑玉明 牛兴侦
2016年7月出版 / 估价:79.00元

非物质文化遗产蓝皮书
中国非物质文化遗产发展报告（2016）
著(编)者:陈平 2016年5月出版 / 估价:98.00元

广电蓝皮书
中国广播电影电视发展报告（2016）
著(编)者:国家新闻出版广电总局发展研究中心
2016年7月出版 / 估价:98.00元

广告主蓝皮书
中国广告主营销传播趋势报告 NO.9
著(编)者:黄升民 杜国清 邵华冬 等
2016年10月出版 / 估价:148.00元

国际传播蓝皮书
中国国际传播发展报告（2016）
著(编)者:胡正荣 李继东 姬德强
2016年11月出版 / 估价:89.00元

纪录片蓝皮书
中国纪录片发展报告（2016）
著(编)者:何苏六 2016年10月出版 / 估价:79.00元

科学传播蓝皮书
中国科学传播报告（2016）
著(编)者:詹正茂 2016年7月出版 / 估价:69.00元

两岸创意经济蓝皮书
两岸创意经济研究报告（2016）
著(编)者:罗昌智 董泽平 2016年12月出版 / 估价:98.00元

两岸文化蓝皮书
两岸文化产业合作发展报告（2016）
著(编)者:胡惠林 李保宗 2016年7月出版 / 估价:79.00元

媒介与女性蓝皮书
中国媒介与女性发展报告(2015~2016)
著(编)者:刘利群 2016年8月出版 / 估价:118.00元

媒体融合蓝皮书
中国媒体融合发展报告（2016）
著(编)者:梅宁华 宋建武 2016年7月出版 / 估价:79.00元

全球传媒蓝皮书
全球传媒发展报告（2016）
著(编)者:胡正荣 李继东 唐晓芬
2016年12月出版 / 估价:79.00元

少数民族非遗蓝皮书
中国少数民族非物质文化遗产发展报告（2016）
著(编)者:肖远平（彝） 柴立（满）
2016年6月出版 / 估价:128.00元

视听新媒体蓝皮书
中国视听新媒体发展报告（2016）
著(编)者:国家新闻出版广电总局发展研究中心
2016年7月出版 / 估价:98.00元

文化创新蓝皮书
中国文化创新报告（2016）NO.7
著(编)者:于平 傅才武 2016年7月出版 / 估价:98.00元

文化建设蓝皮书
中国文化发展报告（2016）
著(编)者:江畅 孙伟平 戴茂堂
2016年4月出版 / 估价:108.00元

文化科技蓝皮书
文化科技创新发展报告（2016）
著(编)者:于平 李凤亮 2016年10月出版 / 估价:89.00元

文化蓝皮书
中国公共文化服务发展报告（2016）
著(编)者:刘新成 张永新 张旭 2016年10月出版 / 估价:98.00

文化蓝皮书
中国公共文化投入增长测评报告（2016）
著(编)者:王亚南 2016年12月出版 / 估价:79.00元

文化蓝皮书
中国少数民族文化发展报告（2016）
著(编)者:武翠英 张晓明 任乌晶
2016年9月出版 / 估价:69.00元

文化蓝皮书
中国文化产业发展报告（2016）
著(编)者:张晓明 王家新 章建刚
2016年4月出版 / 估价:79.00元

文化蓝皮书
中国文化产业供需协调检测报告（2016）
著(编)者:王亚南 2016年2月出版 / 估价:79.00元

文化蓝皮书
中国文化消费需求景气评价报告（2016）
著(编)者:王亚南 2016年2月出版 / 估价:79.00元

文化品牌蓝皮书
中国文化品牌发展报告（2016）
著(编)者:欧阳友权　2016年4月出版 / 估价:89.00元

文化遗产蓝皮书
中国文化遗产事业发展报告（2016）
著(编)者:刘世锦　2016年3月出版 / 估价:89.00元

文学蓝皮书
中国文情报告（2015～2016）
著(编)者:白烨　2016年5月出版 / 估价:69.00元

新媒体蓝皮书
中国新媒体发展报告NO.7（2016）
著(编)者:唐绪军　2016年7月出版 / 估价:79.00元

新媒体社会责任蓝皮书
中国新媒体社会责任研究报告（2016）
著(编)者:钟瑛　2016年10月出版 / 估价:79.00元

移动互联网蓝皮书
中国移动互联网发展报告（2016）
著(编)者:官建文　2016年6月出版 / 估价:79.00元

舆情蓝皮书
中国社会舆情与危机管理报告（2016）
著(编)者:谢耘耕　2016年8月出版 / 估价:98.00元

地方发展类

安徽经济蓝皮书
芜湖创新型城市发展报告（2016）
著(编)者:张志宏　2016年4月出版 / 估价:69.00元

安徽蓝皮书
安徽社会发展报告（2016）
著(编)者:程桦　2016年4月出版 / 估价:89.00元

安徽社会建设蓝皮书
安徽社会建设分析报告（2015～2016）
著(编)者:黄家海 王开玉 蔡宪
2016年4月出版 / 估价:89.00元

澳门蓝皮书
澳门经济社会发展报告（2015～2016）
著(编)者:吴志良 郝雨凡　2016年5月出版 / 估价:79.00元

北京蓝皮书
北京公共服务发展报告（2015～2016）
著(编)者:施昌奎　2016年1月出版 / 估价:69.00元

北京蓝皮书
北京经济发展报告（2015～2016）
著(编)者:杨松　2016年6月出版 / 估价:79.00元

北京蓝皮书
北京社会发展报告（2015～2016）
著(编)者:李伟东　2016年7月出版 / 估价:79.00元

北京蓝皮书
北京社会治理发展报告（2015～2016）
著(编)者:殷星辰　2016年6月出版 / 估价:79.00元

北京蓝皮书
北京文化发展报告（2015～2016）
著(编)者:李建盛　2016年5月出版 / 估价:79.00元

北京旅游绿皮书
北京旅游发展报告（2016）
著(编)者:北京旅游学会　2016年7月出版 / 估价:88.00元

北京人才蓝皮书
北京人才发展报告（2016）
著(编)者:于淼　2016年12月出版 / 估价:128.00元

北京社会心态蓝皮书
北京社会心态分析报告（2015～2016）
著(编)者:北京社会心理研究所
2016年8月出版 / 估价:79.00元

北京社会组织管理蓝皮书
北京社会组织发展与管理（2015～2016）
著(编)者:黄江松　2016年4月出版 / 估价:78.00元

北京体育蓝皮书
北京体育产业发展报告（2016）
著(编)者:钟秉枢 陈杰 杨铁黎
2016年10月出版 / 估价:79.00元

北京养老产业蓝皮书
北京养老产业发展报告（2016）
著(编)者:周明明 冯喜良　2016年4月出版 / 估价:69.00元

滨海金融蓝皮书
滨海新区金融发展报告（2016）
著(编)者:王爱俭 张锐钢　2016年9月出版 / 估价:79.00元

城乡一体化蓝皮书
中国城乡一体化发展报告•北京卷（2015～2016)
著(编)者:张宝秀 黄序　2016年5月出版 / 估价:79.00元

创意城市蓝皮书
北京文化创意产业发展报告（2016）
著(编)者:张京成 王国华　2016年12月出版 / 估价:69.00元

创意城市蓝皮书
青岛文化创意产业发展报告（2016）
著(编)者:马达 张丹妮　2016年6月出版 / 估价:79.00元

创意城市蓝皮书
台北文化创意产业发展报告（2016）
著(编)者:陈耀竹 邱琪瑄 2016年11月出版 / 估价:89.00元

创意城市蓝皮书
无锡文化创意产业发展报告（2016）
著(编)者:谭军 张鸣年 2016年10月出版 / 估价:79.00元

创意城市蓝皮书
武汉文化创意产业发展报告（2016）
著(编)者:黄永林 陈汉桥 2016年12月出版 / 估价:89.00元

创意城市蓝皮书
重庆创意产业发展报告（2016）
著(编)者:程宇宁 2016年4月出版 / 估价:89.00元

地方法治蓝皮书
南宁法治发展报告（2016）
著(编)者:杨维超 2016年12月出版 / 估价:69.00元

福建妇女发展蓝皮书
福建省妇女发展报告（2016）
著(编)者:刘群英 2016年11月出版 / 估价:88.00元

甘肃蓝皮书
甘肃经济发展分析与预测（2016）
著(编)者:朱智文 罗哲 2016年1月出版 / 估价:79.00元

甘肃蓝皮书
甘肃社会发展分析与预测（2016）
著(编)者:安文华 包晓霞 2016年1月出版 / 估价:79.00元

甘肃蓝皮书
甘肃文化发展分析与预测（2016）
著(编)者:安文华 周小华 2016年1月出版 / 估价:79.00元

甘肃蓝皮书
甘肃县域社会发展评价报告（2016）
著(编)者:刘进军 柳 民 王建兵
2016年1月出版 / 估价:79.00元

甘肃蓝皮书
甘肃舆情分析与预测（2016）
著(编)者:陈双梅 郝树声 2016年1月出版 / 估价:79.00元

甘肃蓝皮书
甘肃商务发展报告（2016）
著(编)者:杨志武 王福生 王晓芳
2016年1月出版 / 估价:69.00元

广东蓝皮书
广东全面深化改革发展报告（2016）
著(编)者:周林生 涂成林 2016年11月出版 / 估价:69.00元

广东蓝皮书
广东社会工作发展报告（2016）
著(编)者:罗观翠 2016年6月出版 / 估价:89.00元

广东蓝皮书
广东省电子商务发展报告（2016）
著(编)者:程晓 邓顺国 2016年7月出版 / 估价:79.00元

广东社会建设蓝皮书
广东省社会建设发展报告（2016）
著(编)者:广东省社会工作委员会
2016年12月出版 / 估价:99.00元

广东外经贸蓝皮书
广东对外经济贸易发展研究报告（2015~2016）
著(编)者:陈万灵 2016年5月出版 / 估价:89.00元

广西北部湾经济区蓝皮书
广西北部湾经济区开放开发报告（2016）
著(编)者:广西北部湾经济区规划建设管理委员会办公室
广西社会科学院广西北部湾发展研究院
2016年10月出版 / 估价:79.00元

广州蓝皮书
2016年中国广州经济形势分析与预测
著(编)者:庾建设 沈奎 谢博能 2016年6月出版 / 估价:79.00

广州蓝皮书
2016年中国广州社会形势分析与预测
著(编)者:张强 陈怡霓 杨秦 2016年6月出版 / 估价:79.00元

广州蓝皮书
广州城市国际化发展报告（2016）
著(编)者:朱名宏 2016年11月出版 / 估价:69.00元

广州蓝皮书
广州创新型城市发展报告（2016）
著(编)者:尹涛 2016年10月出版 / 估价:69.00元

广州蓝皮书
广州经济发展报告（2016）
著(编)者:朱名宏 2016年7月出版 / 估价:69.00元

广州蓝皮书
广州农村发展报告（2016）
著(编)者:朱名宏 2016年8月出版 / 估价:69.00元

广州蓝皮书
广州汽车产业发展报告（2016）
著(编)者:杨再高 冯兴亚 2016年9月出版 / 估价:69.00元

广州蓝皮书
广州青年发展报告（2015～2016）
著(编)者:魏国华 张强 2016年7月出版 / 估价:69.00元

广州蓝皮书
广州商贸业发展报告（2016）
著(编)者:李江涛 肖振宇 荀振英
2016年7月出版 / 估价:69.00元

广州蓝皮书
广州社会保障发展报告（2016）
著(编)者:蔡国萱 2016年10月出版 / 估价:65.00元

广州蓝皮书
广州文化创意产业发展报告（2016）
著(编)者:甘新 2016年8月出版 / 估价:79.00元

广州蓝皮书
中国广州城市建设与管理发展报告（2016）
著(编)者:董皞 陈小钢 李江涛 2016年7月出版 / 估价:69.0

广州蓝皮书
中国广州科技和信息化发展报告（2016）
著(编)者:邹采荣 马正勇 冯 元 2016年8月出版 / 估价:79.00元

广州蓝皮书
中国广州文化发展报告（2016）
著(编)者:徐俊忠 陆志强 顾涧清 2016年7月出版 / 估价:69.00元

贵阳蓝皮书
贵阳城市创新发展报告•白云篇（2016）
著(编)者:连玉明 2016年10月出版 / 估价:89.00元

贵阳蓝皮书
贵阳城市创新发展报告•观山湖篇（2016）
著(编)者:连玉明 2016年10月出版 / 估价:89.00元

贵阳蓝皮书
贵阳城市创新发展报告•花溪篇（2016）
著(编)者:连玉明 2016年10月出版 / 估价:89.00元

贵阳蓝皮书
贵阳城市创新发展报告•开阳篇（2016）
著(编)者:连玉明 2016年10月出版 / 估价:89.00元

贵阳蓝皮书
贵阳城市创新发展报告•南明篇（2016）
著(编)者:连玉明 2016年10月出版 / 估价:89.00元

贵阳蓝皮书
贵阳城市创新发展报告•清镇篇（2016）
著(编)者:连玉明 2016年10月出版 / 估价:89.00元

贵阳蓝皮书
贵阳城市创新发展报告•乌当篇（2016）
著(编)者:连玉明 2016年10月出版 / 估价:89.00元

贵阳蓝皮书
贵阳城市创新发展报告•息烽篇（2016）
著(编)者:连玉明 2016年10月出版 / 估价:89.00元

贵阳蓝皮书
贵阳城市创新发展报告•修文篇（2016）
著(编)者:连玉明 2016年10月出版 / 估价:89.00元

贵阳蓝皮书
贵阳城市创新发展报告•云岩篇（2016）
著(编)者:连玉明 2016年10月出版 / 估价:89.00元

贵州房地产蓝皮书
贵州房地产发展报告NO.3（2016）
著(编)者:武廷方 2016年6月出版 / 估价:89.00元

贵州蓝皮书
册亨经济社会发展报告 (2016)
著(编)者:黄德林 2016年1月出版 / 估价:69.00元

贵州蓝皮书
贵安新区发展报告（2016）
著(编)者:马长青 吴大华 2016年4月出版 / 估价:69.00元

贵州蓝皮书
贵州法治发展报告（2016）
著(编)者:吴大华 2016年5月出版 / 估价:79.00元

贵州蓝皮书
贵州民航业发展报告（2016）
著(编)者:申振东 吴大华 2016年10月出版 / 估价:69.00元

贵州蓝皮书
贵州人才发展报告（2016）
著(编)者:于杰 吴大华 2016年9月出版 / 估价:69.00元

贵州蓝皮书
贵州社会发展报告（2016）
著(编)者:王兴骥 2016年5月出版 / 估价:79.00元

海淀蓝皮书
海淀区文化和科技融合发展报告（2016）
著(编)者:陈名杰 孟景伟 2016年5月出版 / 估价:75.00元

海峡西岸蓝皮书
海峡西岸经济区发展报告（2016）
著(编)者:福建省人民政府发展研究中心
福建省人民政府发展研究中心咨询服务中心
2016年9月出版 / 估价:65.00元

杭州都市圈蓝皮书
杭州都市圈发展报告（2016）
著(编)者:董祖德 沈翔 2016年5月出版 / 估价:89.00元

杭州蓝皮书
杭州妇女发展报告（2016）
著(编)者:魏颖 2016年4月出版 / 估价:79.00元

河北经济蓝皮书
河北省经济发展报告（2016）
著(编)者:马树强 金浩 刘兵 张贵
2016年3月出版 / 估价:89.00元

河北蓝皮书
河北经济社会发展报告（2016）
著(编)者:周文夫 2016年1月出版 / 估价:79.00元

河北食品药品安全蓝皮书
河北食品药品安全研究报告（2016）
著(编)者:丁锦霞 2016年6月出版 / 估价:79.00元

河南经济蓝皮书
2016年河南经济形势分析与预测
著(编)者:胡五岳 2016年2月出版 / 估价:69.00元

河南蓝皮书
2016年河南社会形势分析与预测
著(编)者:刘道兴 牛苏林 2016年4月出版 / 估价:69.00元

河南蓝皮书
河南城市发展报告（2016）
著(编)者:谷建全 王建国 2016年3月出版 / 估价:79.00元

河南蓝皮书
河南法治发展报告（2016）
著(编)者:丁同民 闫德民 2016年6月出版 / 估价:79.00元

河南蓝皮书
河南工业发展报告（2016）
著(编)者:龚绍东 赵西三 2016年1月出版 / 估价:79.00元

河南蓝皮书
河南金融发展报告（2016）
著(编)者:河南省社会科学院
2016年6月出版 / 估价:69.00元

河南蓝皮书
河南经济发展报告（2016）
著(编)者:河南省社会科学院
2016年12月出版 / 估价:79.00元

河南蓝皮书
河南农业农村发展报告（2016）
著(编)者:吴海峰 2016年4月出版 / 估价:69.00元

河南蓝皮书
河南文化发展报告（2016）
著(编)者:卫绍生 2016年3月出版 / 估价:79.00元

河南商务蓝皮书
河南商务发展报告（2016）
著(编)者:焦锦淼 穆荣国 2016年4月出版 / 估价:88.00元

黑龙江产业蓝皮书
黑龙江产业发展报告（2016）
著(编)者:于渤 2016年10月出版 / 估价:79.00元

黑龙江蓝皮书
黑龙江经济发展报告（2016）
著(编)者:曲伟 2016年1月出版 / 估价:79.00元

黑龙江蓝皮书
黑龙江社会发展报告（2016）
著(编)者:张新颖 2016年1月出版 / 估价:79.00元

湖南城市蓝皮书
区域城市群整合（主题待定）
著(编)者:童中贤 韩未名 2016年12月出版 / 估价:79.00元

湖南蓝皮书
2016年湖南产业发展报告
著(编)者:梁志峰 2016年5月出版 / 估价:98.00元

湖南蓝皮书
2016年湖南电子政务发展报告
著(编)者:梁志峰 2016年5月出版 / 估价:98.00元

湖南蓝皮书
2016年湖南经济展望
著(编)者:梁志峰 2016年5月出版 / 估价:128.00元

湖南蓝皮书
2016年湖南两型社会与生态文明发展报告
著(编)者:梁志峰 2016年5月出版 / 估价:98.00元

湖南蓝皮书
2016年湖南社会发展报告
著(编)者:梁志峰 2016年5月出版 / 估价:88.00元

湖南蓝皮书
2016年湖南县域经济社会发展报告
著(编)者:梁志峰 2016年5月出版 / 估价:98.00元

湖南蓝皮书
湖南城乡一体化发展报告（2016）
著(编)者:陈文胜 刘祚祥 邝奕轩 等
2016年7月出版 / 估价:89.00元

湖南县域绿皮书
湖南县域发展报告 NO.3
著(编)者:袁准 周小毛 2016年9月出版 / 估价:69.00元

沪港蓝皮书
沪港发展报告（2015～2016）
著(编)者:尤安山 2016年4月出版 / 估价:89.00元

吉林蓝皮书
2016年吉林经济社会形势分析与预测
著(编)者:马克 2016年2月出版 / 估价:89.00元

济源蓝皮书
济源经济社会发展报告（2016）
著(编)者:喻新安 2016年4月出版 / 估价:69.00元

健康城市蓝皮书
北京健康城市建设研究报告（2016）
著(编)者:王鸿春 2016年4月出版 / 估价:79.00元

江苏法治蓝皮书
江苏法治发展报告 NO.5（2016）
著(编)者:李力 龚廷泰 2016年9月出版 / 估价:98.00元

江西蓝皮书
江西经济社会发展报告（2016）
著(编)者:张勇 姜玮 梁勇 2016年10月出版 / 估价:79.00元

江西文化产业蓝皮书
江西文化产业发展报告（2016）
著(编)者:张圣才 汪春翔 2016年10月出版 / 估价:128.00元

经济特区蓝皮书
中国经济特区发展报告（2016）
著(编)者:陶一桃 2016年12月出版 / 估价:89.00元

辽宁蓝皮书
2016年辽宁经济社会形势分析与预测
著(编)者:曹晓峰 张晶 梁启东
2016年12月出版 / 估价:79.00元

拉萨蓝皮书
拉萨法治发展报告（2016）
著(编)者:车明怀 2016年7月出版 / 估价:79.00元

洛阳蓝皮书
洛阳文化发展报告（2016）
著(编)者:刘福兴 陈启明 2016年7月出版 / 估价:79.00元

南京蓝皮书
南京文化发展报告（2016）
著(编)者:徐宁 2016年12月出版 / 估价:79.00元

内蒙古蓝皮书
内蒙古反腐倡廉建设报告 NO.2
著(编)者:张志华 无极 2016年12月出版 / 估价:69.00元

浦东新区蓝皮书
上海浦东经济发展报告（2016）
著(编)者:沈开艳 陆沪根 2016年1月出版 / 估价:69.00元

青海蓝皮书
2016年青海经济社会形势分析与预测
著(编)者:赵宗福 2015年12月出版 / 估价:69.00元

人口与健康蓝皮书
深圳人口与健康发展报告（2016）
著(编)者:陆杰华 罗乐宣 苏杨
2016年11月出版 / 估价:89.00元

山东蓝皮书
山东经济形势分析与预测（2016）
著(编)者:李广杰 2016年11月出版 / 估价:89.00元

山东蓝皮书
山东社会形势分析与预测（2016）
著(编)者:涂可国 2016年6月出版 / 估价:89.00元

山东蓝皮书
山东文化发展报告（2016）
著(编)者:张华 唐洲雁 2016年6月出版 / 估价:98.00元

山西蓝皮书
山西资源型经济转型发展报告（2016）
著(编)者:李志强 2016年5月出版 / 估价:89.00元

陕西蓝皮书
陕西经济发展报告（2016）
著(编)者:任宗哲 白宽犁 裴成荣
2016年1月出版 / 估价:69.00元

陕西蓝皮书
陕西社会发展报告（2016）
著(编)者:任宗哲 白宽犁 牛昉
2016年1月出版 / 估价:69.00元

陕西蓝皮书
陕西文化发展报告（2016）
著(编)者:任宗哲 白宽犁 王长寿
2016年1月出版 / 估价:65.00元

陕西蓝皮书
丝绸之路经济带发展报告（2016）
著(编)者:任宗哲 石英 白宽犁
2016年8月出版 / 估价:79.00元

上海蓝皮书
上海传媒发展报告（2016）
著(编)者:强荧 焦雨虹 2016年1月出版 / 估价:69.00元

上海蓝皮书
上海法治发展报告（2016）
著(编)者:叶青 2016年5月出版 / 估价:69.00元

上海蓝皮书
上海经济发展报告（2016）
著(编)者:沈开艳 2016年1月出版 / 估价:69.00元

上海蓝皮书
上海社会发展报告（2016）
著(编)者:杨雄 周海旺 2016年1月出版 / 估价:69.00元

上海蓝皮书
上海文化发展报告（2016）
著(编)者:荣跃明 2016年1月出版 / 估价:74.00元

上海蓝皮书
上海文学发展报告（2016）
著(编)者:陈圣来 2016年1月出版 / 估价:69.00元

上海蓝皮书
上海资源环境发展报告（2016）
著(编)者:周冯琦 汤庆合 任文伟
2016年1月出版 / 估价:69.00元

上饶蓝皮书
上饶发展报告（2015～2016）
著(编)者:朱寅健 2016年3月出版 / 估价:128.00元

社会建设蓝皮书
2016年北京社会建设分析报告
著(编)者:宋贵伦 冯虹 2016年7月出版 / 估价:79.00元

深圳蓝皮书
深圳法治发展报告（2016）
著(编)者:张骁儒 2016年5月出版 / 估价:69.00元

深圳蓝皮书
深圳经济发展报告（2016）
著(编)者:张骁儒 2016年6月出版 / 估价:89.00元

深圳蓝皮书
深圳劳动关系发展报告（2016）
著(编)者:汤庭芬 2016年6月出版 / 估价:79.00元

深圳蓝皮书
深圳社会建设与发展报告（2016）
著(编)者:张骁儒 陈东平 2016年6月出版 / 估价:79.00元

深圳蓝皮书
深圳文化发展报告(2016)
著(编)者:张骁儒 2016年1月出版 / 估价:69.00元

四川法治蓝皮书
四川依法治省年度报告 NO.2（2016）
著(编)者:李林 杨天宗 田禾
2016年3月出版 / 估价:108.00元

四川蓝皮书
2016年四川经济形势分析与预测
著(编)者:杨钢 2016年1月出版 / 估价:89.00元

四川蓝皮书
四川城镇化发展报告（2016）
著(编)者:侯水平 范秋美 2016年4月出版 / 估价:79.00元

四川蓝皮书
四川法治发展报告（2016）
著(编)者:郑泰安 2016年1月出版 / 估价:69.00元

四川蓝皮书
四川企业社会责任研究报告（2015～2016）
著(编)者:侯水平 盛毅　2016年4月出版 / 估价:79.00元

四川蓝皮书
四川社会发展报告（2016）
著(编)者:郭晓鸣　2016年4月出版 / 估价:79.00元

四川蓝皮书
四川生态建设报告（2016）
著(编)者:李晟之　2016年4月出版 / 估价:79.00元

四川蓝皮书
四川文化产业发展报告（2016）
著(编)者:侯水平　2016年4月出版 / 估价:79.00元

体育蓝皮书
上海体育产业发展报告（2015～2016）
著(编)者:张林 黄海燕　2016年10月出版 / 估价:79.00元

体育蓝皮书
长三角地区体育产业发展报告（2015～2016）
著(编)者:张林　2016年4月出版 / 估价:79.00元

天津金融蓝皮书
天津金融发展报告（2016）
著(编)者:王爱俭 孔德昌　2016年9月出版 / 估价:89.00元

图们江区域合作蓝皮书
图们江区域合作发展报告（2016）
著(编)者:李铁　2016年4月出版 / 估价:98.00元

温州蓝皮书
2016年温州经济社会形势分析与预测
著(编)者:潘忠强 王春光 金浩　2016年4月出版 / 估价:69.00元

扬州蓝皮书
扬州经济社会发展报告（2016）
著(编)者:丁纯　2016年12月出版 / 估价:89.00元

长株潭城市群蓝皮书
长株潭城市群发展报告（2016）
著(编)者:张萍　2016年10月出版 / 估价:69.00元

郑州蓝皮书
2016年郑州文化发展报告
著(编)者:王哲　2016年9月出版 / 估价:65.00元

中医文化蓝皮书
北京中医药文化传播发展报告（2016）
著(编)者:毛嘉陵　2016年5月出版 / 估价:79.00元

珠三角流通蓝皮书
珠三角商圈发展研究报告（2016）
著(编)者:王先庆 林至颖　2016年7月出版 / 估价:98.00元

遵义蓝皮书
遵义发展报告（2016）
著(编)者:曾征 龚永育　2016年12月出版 / 估价:69.00元

国别与地区类

阿拉伯黄皮书
阿拉伯发展报告（2015～2016）
著(编)者:罗林　2016年11月出版 / 估价:79.00元

北部湾蓝皮书
泛北部湾合作发展报告（2016）
著(编)者:吕余生　2016年10月出版 / 估价:69.00元

大湄公河次区域蓝皮书
大湄公河次区域合作发展报告（2016）
著(编)者:刘稚　2016年9月出版 / 估价:79.00元

大洋洲蓝皮书
大洋洲发展报告（2015～2016）
著(编)者:喻常森　2016年10月出版 / 估价:89.00元

德国蓝皮书
德国发展报告（2016）
著(编)者:郑春荣 伍慧萍
2016年5月出版 / 估价:69.00元

东北亚黄皮书
东北亚地区政治与安全（2016）
著(编)者:黄凤志 刘清才 张慧智 等
2016年5月出版 / 估价:69.00元

东盟黄皮书
东盟发展报告（2016）
著(编)者:杨晓强 庄国土　2016年12月出版 / 估价:75.00元

东南亚蓝皮书
东南亚地区发展报告（2015～2016）
著(编)者:厦门大学东南亚研究中心 王勤
2016年4月出版 / 估价:79.00元

俄罗斯黄皮书
俄罗斯发展报告（2016）
著(编)者:李永全　2016年7月出版 / 估价:79.00元

非洲黄皮书
非洲发展报告 NO.18（2015～2016）
著(编)者:张宏明　2016年9月出版 / 估价:79.00元

国际形势黄皮书
全球政治与安全报告（2016）
著(编)者:李慎明　张宇燕
2015年12月出版 / 定价:69.00元

韩国蓝皮书
韩国发展报告（2016）
著(编)者:牛林杰 刘宝全
2016年12月出版 / 估价:89.00元

加拿大蓝皮书
加拿大发展报告（2016）
著(编)者:仲伟合　2016年4月出版 / 估价:89.00元

拉美黄皮书
拉丁美洲和加勒比发展报告（2015～2016）
著(编)者:吴白乙　2016年5月出版 / 估价:89.00元

美国蓝皮书
美国研究报告（2016）
著(编)者:郑秉文 黄平
2016年6月出版 / 估价:89.00元

缅甸蓝皮书
缅甸国情报告（2016）
著(编)者:李晨阳　2016年8月出版 / 估价:79.00元

欧洲蓝皮书
欧洲发展报告（2015～2016）
著(编)者:周弘 黄平 江时学
2016年7月出版 / 估价:89.00元

日本经济蓝皮书
日本经济与中日经贸关系研究报告（2016）
著(编)者:王洛林 张季风
2016年5月出版 / 估价:79.00元

日本蓝皮书
日本研究报告（2016）
著(编)者:李薇　2016年4月出版 / 估价:69.00元

上海合作组织黄皮书
上海合作组织发展报告（2016）
著(编)者:李进峰 吴宏伟 李伟
2016年7月出版 / 估价:98.00元

世界创新竞争力黄皮书
世界创新竞争力发展报告（2016）
著(编)者:李闽榕 李建平 赵新力
2016年1月出版 / 估价:148.00元

土耳其蓝皮书
土耳其发展报告（2016）
著(编)者:郭长刚 刘义　2016年7月出版 / 估价:69.00元

亚太蓝皮书
亚太地区发展报告（2016）
著(编)者:李向阳　2016年1月出版 / 估价:69.00元

印度蓝皮书
印度国情报告（2016）
著(编)者:吕昭义　2016年5月出版 / 估价:89.00元

印度洋地区蓝皮书
印度洋地区发展报告（2016）
著(编)者:汪戎　2016年5月出版 / 估价:89.00元

英国蓝皮书
英国发展报告（2015～2016）
著(编)者:王展鹏　2016年10月出版 / 估价:89.00元

越南蓝皮书
越南国情报告（2016）
著(编)者:广西社会科学院 罗梅 李碧华
2016年8月出版 / 估价:69.00元

越南蓝皮书
越南经济发展报告（2016）
著(编)者:黄志勇　2016年10月出版 / 估价:69.00元

以色列蓝皮书
以色列发展报告（2016）
著(编)者:张倩红　2016年9月出版 / 估价:89.00元

中东黄皮书
中东发展报告 No.18（2015～2016）
著(编)者:杨光　2016年10月出版 / 估价:89.00元

中欧关系蓝皮书
中欧关系研究报告（2016）
著(编)者:周弘　2016年12月出版 / 估价:98.00元

中亚黄皮书
中亚国家发展报告（2016）
著(编)者:孙力 吴宏伟　2016年8月出版 / 估价:89.00元

皮书起源

“皮书”起源于十七、十八世纪的英国，主要指官方或社会组织正式发表的重要文件或报告，多以“白皮书”命名。在中国，“皮书”这一概念被社会广泛接受，并被成功运作、发展成为一种全新的出版形态，则源于中国社会科学院社会科学文献出版社。

皮书定义

皮书是对中国与世界发展状况和热点问题进行年度监测，以专业的角度、专家的视野和实证研究方法，针对某一领域或区域现状与发展态势展开分析和预测，具备原创性、实证性、专业性、连续性、前沿性、时效性等特点的公开出版物，由一系列权威研究报告组成。

皮书作者

皮书系列的作者以中国社会科学院、著名高校、地方社会科学院的研究人员为主，多为国内一流研究机构的权威专家学者，他们的看法和观点代表了学界对中国与世界的现实和未来最高水平的解读与分析。

皮书荣誉

皮书系列已成为社会科学文献出版社的著名图书品牌和中国社会科学院的知名学术品牌。2011 年，皮书系列正式列入“十二五”国家重点出版规划项目；2012~2015 年，重点皮书列入中国社会科学院承担的国家哲学社会科学创新工程项目；2016 年，46 种院外皮书使用“中国社会科学院创新工程学术出版项目”标识。

中国皮书网

www.pishu.cn

发布皮书研创资讯，传播皮书精彩内容
引领皮书出版潮流，打造皮书服务平台

栏目设置：

- □ 资讯：皮书动态、皮书观点、皮书数据、皮书报道、皮书发布、电子期刊
- □ 标准：皮书评价、皮书研究、皮书规范
- □ 服务：最新皮书、皮书书目、重点推荐、在线购书
- □ 链接：皮书数据库、皮书博客、皮书微博、在线书城
- □ 搜索：资讯、图书、研究动态、皮书专家、研创团队

中国皮书网依托皮书系列“权威、前沿、原创”的优质内容资源，通过文字、图片、音频、视频等多种元素，在皮书研创者、使用者之间搭建了一个成果展示、资源共享的互动平台。

自 2005 年 12 月正式上线以来，中国皮书网的 IP 访问量、PV 浏览量与日俱增，受到海内外研究者、公务人员、商务人士以及专业读者的广泛关注。

2008 年、2011 年，中国皮书网均在全国新闻出版业网站荣誉评选中获得“最具商业价值网站”称号；2012 年，获得“出版业网站百强”称号。

2014 年，中国皮书网与皮书数据库实现资源共享，端口合一，将提供更丰富的内容，更全面的服务。

权威报告　热点资讯　海量资源

当代中国与世界发展的高端智库平台

皮书数据库 www.pishu.com.cn

皮书数据库是专业的人文社会科学综合学术资源总库，以大型连续性图书——皮书系列为基础，整合国内外相关资讯构建而成。包含六大子库，涵盖两百多个主题，囊括了近十几年间中国与世界经济社会发展报告，覆盖经济、社会、政治、文化、教育、国际问题等多个领域。

皮书数据库以篇章为基本单位，方便用户对皮书内容的阅读需求。用户可进行全文检索，也可对文献题目、内容提要、作者名称、作者单位、关键字等基本信息进行检索，还可对检索到的篇章再做二次筛选，进行在线阅读或下载阅读。智能多维度导航，可使用户根据自己熟知的分类标准进行分类导航筛选，使查找和检索更高效、便捷。

权威的研究报告，独特的调研数据，前沿的热点资讯，皮书数据库已发展成为国内最具影响力的关于中国与世界现实问题研究的成果库和资讯库。

皮书俱乐部会员服务指南

1. 谁能成为皮书俱乐部成员?

- 皮书作者自动成为俱乐部会员
- 购买了皮书产品（纸质书/电子书）的个人用户

2. 会员可以享受的增值服务

- 免费获赠皮书数据库100元充值卡
- 加入皮书俱乐部，免费获赠该纸质图书的电子书
- 免费定期获赠皮书电子期刊
- 优先参与各类皮书学术活动
- 优先享受皮书产品的最新优惠

3. 如何享受增值服务?

（1）免费获赠100元皮书数据库体验卡

第1步 刮开皮书附赠充值的涂层（右下）；

第2步 登录皮书数据库网站（www.pishu.com.cn），注册账号；

第3步 登录并进入“会员中心”—“在线充值”—“充值卡充值”，充值成功后即可使用。

（2）加入皮书俱乐部，凭数据库体验卡获赠该书的电子书

第1步 登录社会科学文献出版社官网（www.ssap.com.cn），注册账号；

第2步 登录并进入“会员中心”—“皮书俱乐部”，提交加入皮书俱乐部申请；

第3步 审核通过后，再次进入皮书俱乐部，填写页面所需图书、体验卡信息即可自动兑换相应电子书。

4. 声明

解释权归社会科学文献出版社所有

皮书俱乐部会员可享受社会科学文献出版社其他相关免费增值服务，有任何疑问，均可与我们联系。

图书销售热线：010-59367070/7028　图书服务QQ：800045692　图书服务邮箱：duzhe@ssap.cn

数据库服务热线：400-008-6695　数据库服务QQ：2475522410　数据库服务邮箱：database@ssap.cn

欢迎登录社会科学文献出版社官网（www.ssap.com.cn）和中国皮书网（www.pishu.cn）了解更多信息

皮书大事记
（2015）

☆　2015年11月9日，社会科学文献出版社2015年皮书编辑出版工作会议召开，会议就皮书装帧设计、生产营销、皮书评价以及质检工作中的常见问题等进行交流和讨论，为2016年出版社的融合发展指明了方向。

☆　2015年11月，中国社会科学院2015年度纳入创新工程后期资助名单正式公布，《社会蓝皮书：2015年中国社会形势分析与预测》等41种皮书纳入2015年度“中国社会科学院创新工程学术出版资助项目”。

☆　2015年8月7~8日，由中国社会科学院主办，社会科学文献出版社和湖北大学共同承办的“第十六次全国皮书年会（2015）：皮书研创与中国话语体系建设”在湖北省恩施市召开。中国社会科学院副院长李培林，国家新闻出版广电总局原副总局长、中国出版协会常务副理事长邬书林，湖北省委宣传部副部长喻立平，中国社会科学院科研局局长马援，国家新闻出版广电总局出版管理司副司长许正明，中共恩施州委书记王海涛，社会科学文献出版社社长谢寿光，湖北大学党委书记刘建凡等相关领导出席开幕式。来自中国社会科学院、地方社会科学院及高校、政府研究机构的领导及近200个皮书课题组的380多人出席了会议，会议规模又创新高。会议宣布了2016年授权使用“中国社会科学院创新工程学术出版项目”标识的院外皮书名单，并颁发了第六届优秀皮书奖。

☆　2015年4月28日，“第三届皮书学术评审委员会第二次会议暨第六届优秀皮书奖评审会”在京召开。中国社会科学院副院长李培林、蔡昉出席会议并讲话，国家新闻出版广电总局原副局长、中国出版协会常务副理事长邬书林也出席本次会议。会议分别由中国社会科学院科研局局长马援和社会科学文献出版社社长谢寿光主持。经分学科评审和大会汇评，最终匿名投票评选出第六届“优秀皮书奖”和“优秀皮书报告奖”书目。此外，该委员会还根据《中国社会科学院皮书管理办法》，审议并投票评选出2015年纳入中国社会科学院创新工程项目的皮书和2016年使用“中国社会科学院创新工程学术出版项目”标识的院外皮书。

☆　2015年1月30~31日，由社会科学文献出版社皮书研究院组织的2014年版皮书评价复评会议在京召开。皮书学术评审委员会部分委员、相关学科专家、学术期刊编辑、资深媒体人等近50位评委参加本次会议。中国社会科学院科研局局长马援、社会科学文献出版社社长谢寿光出席开幕式并发表讲话，中国社会科学院科研成果处处长薛增朝出席闭幕式并做发言。

皮书数据库

www.pishu.com.cn

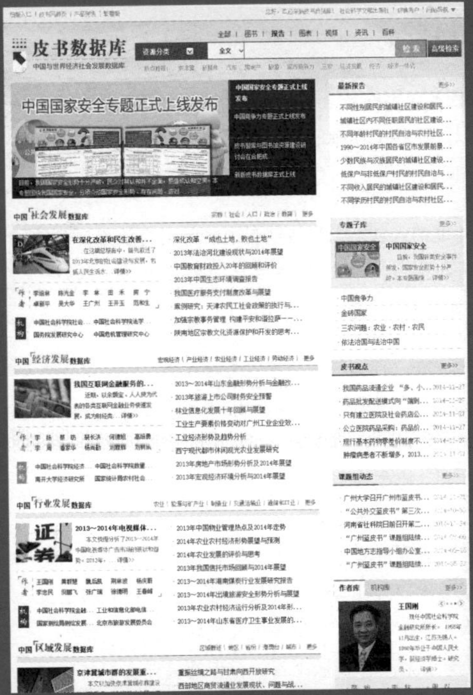

皮书数据库三期

- 皮书数据库（SSDB）是社会科学文献出版社整合现有皮书资源开发的在线数字产品，全面收录“皮书系列”的内容资源，并以此为基础整合大量相关资讯构建而成。

- 皮书数据库现有中国经济发展数据库、中国社会发展数据库、世界经济与国际政治数据库等子库，覆盖经济、社会、文化等多个行业、领域，现有报告30000多篇，总字数超过5亿字，并以每年4000多篇的速度不断更新累积。

- 新版皮书数据库主要围绕存量+增量资源整合、资源编辑标引体系建设、产品架构设置优化、技术平台功能研发等方面开展工作，并将中国皮书网与皮书数据库合二为一联体建设，旨在以“皮书研创出版、信息发布与知识服务平台”为基本功能定位，打造一个全新的皮书品牌综合门户平台，为您提供更优质更到位的服务。

更多信息请登录

中国皮书网
http://www.pishu.cn

中国皮书网的BLOG [编辑]
http://blog.sina.com.cn/pishu

中国皮书网
http://www.pishu.cn

皮书微博
http://weibo.com/pishu

皮书博客
http://blog.sina.com.cn/pishu

皮书微信
皮书说

请到各地书店皮书专架 / 专柜购买，也可办理邮购

咨询 / 邮购电话： 010-59367028　59367070　　**邮　　箱：** duzhe@ssap.cn

邮购地址： 北京市西城区北三环中路甲29号院3号楼华龙大厦13层读者服务中心

邮　　编： 100029

银行户名： 社会科学文献出版社

开户银行： 中国工商银行北京北太平庄支行

账　　号： 0200010019200365434

网上书店： 010-59367070　qq：1265056568

网　　址： www.ssap.com.cn　　www.pishu.cn